INFORMES PSICOLÓGICOS EN EL ABUSO SEXUAL CONTRA LA INFANCIA

María Cecilia López
María Beatriz Müller

EDITORIAL
MAIPUE

Informes psicológicos en el abuso sexual contra la infancia
María Cecilia López, María Beatriz Müller

1ª edición, septiembre de 2022
1ª reimpresión, agosto de 2023

ISBN: 978-987-8461-65-6

Arte de tapa: Mariana Gabor, *Yo creo creo creo*, técnica mixta s/ tela, 120 x 120 cm, 2007
Diagramación: Paihuen
Corrección: Silvina Crosetti

López, María Cecilia
Informes psicológicos en el abuso sexual contra la infancia / María Cecilia López ; María Beatriz Müller. - 1a ed. - Ituzaingó : Maipue, 2022.
472 p. ; 22 x 15 cm. - (Niñez, Adolescencia y Género / Abuso en la infancia)

ISBN 978-987-8461-65-6

1. Abuso Sexual Infantil. 2. Psicología Infantil. I. Müller, María Beatriz. II. Título.
CDD 155.4086

Tel.: 54 (011) 4624-9370 / 4458-0259
Zufriategui 1153 (1714) – Ituzaingó
Pcia. de Buenos Aires – República Argentina
Contacto: promocion@maipue.com.ar / ventas@maipue.com.ar
www.maipue.com.ar

Se terminó de imprimir en agosto de 2023 en Taller Gráfico Buenos Aires Print.
Pte. Sarmiento 459 - Lanús

Queda hecho el depósito que establece la Ley 11.723.

Libro de edición argentina.

Índice

Palabras iniciales[1]

La sensación al terminar de evaluar y diagnosticar un caso de violencia sexual en un niño/a se podría resumir en una sola frase: "Y ahora qué". Podríamos agregar: "Y ahora cómo continúo, qué se hace, dónde, cuándo, de qué manera, quién me podrá asesorar para escribir el informe". Cuando comencé a estudiar psicología en la facultad no existía una materia específica sobre el abuso sexual en la infancia y menos aún sobre cómo hacer un informe de este estilo; hoy en día, más de treinta años después, los estudiantes corren con la misma suerte. En los inicios de mi carrera, atravesé por mil dudas a la hora de tener que elaborar mi primer informe judicial. Y, actualmente, por momentos se me presentan los mismos interrogantes e inseguridades, los mismos temores. Aunque haya quienes sugieran que la nuestra es una tarea divertida, una especie de *hobby* para ganar dinero, quienes trabajamos con sangre en las venas, cada vez que estamos frente a un niño/a víctima, solemos quedar en estado de *shock*, tal y como si estuviésemos frente a un niño/a prendido fuego, frente a un niño/a colgando al borde de un abismo. Al haber descubierto lo que en verdad le está sucediendo, ya no tenemos opción para no ayudarlo: debemos darle una y mil manos si es necesario. No hay opción para decir "Ten paciencia. Debes resignificar tu historia a tu propio ritmo...". Para quienes hemos elegido trabajar con niño/as en esta época histórica en la que una de cada cinco personas ha sufrido algún trauma sexual en su infancia, protegerlos informando a la justicia es nuestra responsabilidad, nuestro deber. Animarse a develar su secreto, contar su historia, al niño/a no le resulta nada fácil; tampoco, a quien desea ayudarlo: ambos están atravesados por el temor de que no se les crea, de que se los acuse de mentirosos, de locos, de ver cosas donde no existen, cosas que nadie quiere que existan... En medio de una

[1] N. del E. En este libro, con excepción del prólogo, se utiliza el género masculino como genérico para evitar una sobrecarga gráfica al escribir el femenino y el masculino en cada ocasión. Esta decisión responde únicamente a una simplificación en la lectura, dado que desde nuestra editorial promovemos la igualdad de género en todos los ámbitos.

guerra de poderes y abogados el desamparo de ambos es notorio: unos porque conviven con su torturador, quien –oh casualidad–, suele ser su propio progenitor; los otros, porque cada vez que firman un informe, su título y matrícula profesional pasará a pender de un hilo frente a la ideología del fiscal o juez de turno; frente a la ideología que suele correr tras bambalinas en el departamento de ética de colegios de psicólogos generalmente obsoletos e indiferentes a la real pandemia de pedofilia de la cual todos, de una u otra manera, somos sobrevivientes. Los efectos de la corrupción moral son devastadores en la historia de estos niños/as, pero también en el ánimo de quien pretende protegerlos denunciando, informando, exigiendo justicia. Para escribir se necesita valor, porque la palabra escrita queda cristalizada en un documento, que es testimonio y testigo de un delito; el peor de todos, aquel que está produciendo estragos en el psiquismo y en la conducta de nuestra juventud, de todos nosotros como sociedad. Mirar para otro lado, poner excusas cada vez que estamos frente a una víctima que nos pide ayuda, tratar de justificar nuestra falta de compromiso alimentando el gran mito de la era moderna: el incesto como fantasía infantil no es otra cosa que pretender tapar el sol con un dedo. Lamentablemente, este mito, refugio ideal de los más temerosos, termina provocando una desconfianza hacia la psicología como ciencia basada en la investigación de evidencias; aunque, por otra parte, si somos sinceros y hacemos un *mea culpa*, el descreimiento hacia nuestra labor no pocas veces proviene de la pésima sintaxis y gramática con la que escribimos nuestros informes; también, este descreimiento se fomenta por no saber comunicar con claridad todo lo relacionado con los intereses específicos de quienes habrán de leerlos, generalmente abogados. Vaya a saber por qué, es común que los psicólogos –especialmente en Argentina y algunos países de América Latina– se inclinen por escribir este tipo de informes de una manera o bien demasiado breve o bien demasiado extensa, tal y como si fuese dirigido a una junta de psicólogos. Suele cometerse este tipo de ingenuidad y se da por supuesto que asesores, abogados, fiscales y jueces, quienes no han estudiado psicoanálisis, entenderán y quedarán fascinados ante una terminología psicoanalítica plagada de detalles fuera de contexto y de confusas sugerencias. Y si bien en otros países europeos tales como España observamos lo opuesto, informes desbordados por tecnicismos y transcripciones literales de resultados de decenas de tests y tablas de tabulaciones en donde el niño/a víctima termina siendo un número más, en ambos casos, por defecto u omisión, quienes logren leer este tipo de documentos en el ámbito judicial se sentirán embargados por el tedio y el hastío, sin lograr jamás conectar empáticamente con el padecimiento real del niño/a víctima. No es casualidad que de cada cien casos denunciados por violencia sexual a menores de edad tan solo diez lleguen a una instancia de juicio oral y tan solo uno de ellos obtenga una sentencia a su favor. Quienes redactamos este tipo de informes debemos ser conscientes de que dichos informes recorrerán un largo camino, en cuyo horizonte, en el mejor de los casos, les esperará la recompensa de ser elegidos como una prueba del daño ocasionado a la víctima, convirtiéndose en una pieza fundamental dentro del contexto de un juicio oral. Y si bien es verdad que siempre se corre el riesgo de que un informe termine diluyéndose en una interminable parodia de prejuicios machistas patriarcales, nuestro desafío será sortearlos, y con ello no solo informar sino formar y educar a profesionales de otros saberes para abrir perspectivas de cómo poder trabajar en conjunta colaboración, sin burlas ni burdas estrategias de defensa. Así, por ejemplo, si algún perito oficial olvida –o evade– redactar lo que la víctima develó, o cómo su propio progenitor se autoincriminó en la pericia psicológica al intentar explicar él mismo su costumbre de hacerle un supuesto juego de cosquillas en la zona genital a su hija, nosotros, como peritos de parte y testigos perspicaces del procedimiento podremos hacérselo saber al juez de la causa mediante otro informe orientado a reflejar dicho lapsus. Particularmente, suelo ser muy positiva. Estoy convencida de que nos encontramos atravesando una época bisagra en la que, especialmente en el área de la salud mental, estamos haciendo historia en lo que se refiere a la reparación de algunas falencias del sistema judicial vinculadas a la protección de los más vulnerables, los niños/as víctimas de traumas sexuales, de incesto, de violencia vicaria. Es hora de aprender entre todos a trabajar con perspectiva de género; sobre todo, a la hora de escribir cada uno de nuestros informes. Soy consciente de que este tipo de problemática no suele ser fácil y está llena de escollos, productos tanto de la burocracia como de la falta de sentido común, así como de la incredulidad e indiferencia; pero, también sé que un informe redactado con la suficiente rigurosidad, compromiso y empatía se transformará en nuestro mejor aliado, en el mejor de los escudos protectores.

Licenciada María Cecilia López

Prólogo

El abuso sexual en las infancias es el delito más impune de la Tierra. Una larga lista de razones avala la afirmación que antecede, de imposible enumeración en este breve espacio. Sin embargo, se impone señalar que cada expediente que recoge las denuncias sobre el tema está atravesado indefectiblemente por una visión patriarcal y misógina que caracterizó tantos siglos de maltrato y abuso del sector más vulnerable de nuestra sociedad: la niñez.

Ese atravesamiento, en la mayoría de los casos, condicionará el desarrollo de los expedientes en cada una de sus etapas. Desde la aceptación de las pruebas ofrecidas por las partes hasta la producción de las mismas, los sistemas de creencias de quienes juzgan y su ideología, definen la suerte final que tendrán las actuaciones. Los hechos son los mismos, los relatos y silencios, también. El enorme poder del abusador y la infinita vulnerabilidad de les niñes son dos características que, si no se tienen en cuenta al tomar cada decisión, la batalla de las víctimas y sus protectores estará perdida. La experiencia indica que les juzgadores, entrenados en universidades de derecho que en su formación reproducen modelos patriarcales de análisis y valoración de pruebas, suelen transitar dos caminos posibles. Uno, el de la reproducción del modelo aprehendido, el cual además coincide con siglos de transmisión comunitaria de esos principios discriminatorios y violentos. El otro, es el que recorren a diario jueces que con gran esfuerzo luchan por superar el modelo establecido, debiendo enfrentar con frecuencia las agresiones de un sistema que se resiste a cambiar y lo hace de manera siempre violenta.

En ese marco, deben producirse los informes que motivan esta obra. Trabajo enorme y esperado. Enorme porque siempre lo que trasgrede lo establecido culturalmente requiere un esfuerzo adicional debido a las reacciones que genera. Esperado, porque quienes deben elaborarlos (en su inmensa mayoría, mujeres), provenientes también de manera mayoritaria de dos disciplinas claves para la temática que son la psicología y el trabajo social, resultan con frecuencia víctimas del propio sistema que solo está dispuesto a escuchar aquello que reafirma lo ya analizado en la mente del juzgador, lo ya decidido. Profesionales que se ven de repente envueltas en una encerrona trágica (al decir del genial Ulloa), un cruce de caminos donde deberán decidir en cada informe si acompañan la inercia aprehendida de un modelo que suele proteger a los poderosos, o se rebelan exponiendo la verdad de los más débiles. El primer camino podrá brindarles algún desahogo económico (la defensa de abusadores suele ser rentable) y la inexistencia de agresiones (las madres protectoras y quienes las asisten, jamás son violentas).

El segundo, por el contrario, les depara algunos sinsabores.

Sucede que la desigual distribución de fuerzas suele generar un desgaste en les profesionales que no solo condiciona los informes que elaboran, sino que además con frecuencia compromete su propia salud (*burnout*). Esa asimetría suele generar además una transformación argumental en los informes que es posible percibir a lo largo del tiempo. Así, profesionales que en el inicio de su carrera presentan informes contundentes acordes a su mejor saber y entender, comienzan a "suavizar" sus argumentos, pasando de "no quedan dudas para la suscripta que el abuso se produjo", a "no es posible descartar la existencia de abuso". Esta segunda redacción genera en los expedientes previos al juicio, o incluso en el juicio mismo, la fatídica pregunta de "¿Usted tiene un 100% de seguridad de que hubo un abuso y que fue como lo relata?". Sabemos cómo continúa el interrogatorio y sobre todo cómo termina el juicio.

Se trata de informes que denominamos "ni", es decir, aquellos que, sin negar la posibilidad de un abuso, utilizan una terminología ambigua y poco contundente. En general, resultan funcionales a las estrategias defensivas de los abusadores. Hay que recordar que una parte importante de las defensas se basa en el ataque a las víctimas, a sus acompañantes, luego a les profesionales que atienden a esas víctimas y elaboran los informes. Finalmente, cuando ello no alcanza, atacan a los propios fiscales y jueces que no sean fieles a la tradición patriarcal y masculina que inundó los claustros en los que se formaron.

Las razones más serias de las dificultades para los operadores radican en las características del fenómeno, en especial, el poder de los agresores hacia las víctimas y la efectividad de las estrategias para mantener en secreto los crímenes. Sin embargo, una vez develados algunos de los hechos, las cartas están echadas.

Como señala con contundencia María Cecilia López en sus palabras iniciales: "Al haber descubierto lo que en verdad le está sucediendo, ya no tenemos opción para no ayudarlo: debemos darle una y mil manos si es necesario".

Ello, por cuanto a partir del momento del develamiento, se ponen en marcha numerosos mecanismos de respuesta en gran mayoría violenta de parte de los agresores en primer término y, luego, se suman sus asesores y quienes se identifican con ellos. Se desarrollan estrategias destructivas pensadas para amedrentar, condicionar y, en muchos casos, silenciar a los operadores (*backlash*).

Para les profesionales, actuar ante un caso de abuso siempre es un antes y un después. En ese sentido, no suele haber conciencia del rol importante y muchas veces definitorio de los informes en los expedientes judiciales. Se trata de un proceso complejo de elaboración intelectual en el que quedan en evidencia tanto los conocimientos académicos de quienes los elaboran, como su integridad ética. Al respecto, inciden numerosos factores que condicionan y muchas veces afectan la libertad del profesional para expresarse respecto del caso. Eso viola, además, el derecho de les niñes víctimas a que su protección incluya operadores libres de presiones a la hora de expresarse.

Sea muy bienvenido este magnífico trabajo que significa un aporte invalorable a la lucha cotidiana por infancias libres de malos tratos y abusos, y al fortalecimiento de las personas adultas protectoras.

Doctor Carlos Rozanski

Ex Juez de Cámara Federal. Ex Presidente del Tribunal Oral en lo Criminal Federal N° 1 de La Plata, provincia de Buenos Aires

Docente de Posgrado de la Facultad de Psicología, Universidad Nacional de Buenos Aires y de las Universidades de la Plata y Mar del Plata

Introducción

La idea de este libro surgió luego de treinta años de investigación y elaboración a fuerza de ensayo y error de distintos tipos de informes psicológicos relacionados con todo tipo de casos de abuso sexual de niñas, niños y adolescentes; también, como respuesta a las dudas que a diario nos manifiestan los distintos equipos de supervisión que dirigimos. Sucede que en la facultad se nos enseña a escribir informes de todo tipo; pero, rara vez se nos enseña a escribir un informe psicológico sobre el caso de un niño/a abusado sexualmente, el cual será leído mayormente por abogados, fiscales y jueces, quienes no suelen saber sobre psicología profunda.

Como psicólogas clínicas y supervisoras de equipos de psicólogos, uno de nuestros trabajos desde hace ya varias décadas es el de supervisar informes. Tras leerlos, siempre nos llama la atención que, a pesar del paso del tiempo, profesionales que son excelentes como terapeutas, continúen cometiendo una y otra vez los mismos errores, que van en desmedro del trabajo llevado a cabo con los niños/as que han evaluado. Con frecuencia, no dan importancia a las reglas sintácticas, olvidan por completo las reglas de puntuación, el uso de mayúsculas, etc.; omiten datos fundamentales como el grado de escolaridad de niño/a, profesión de los progenitores, grupo conviviente actual, no aclaran el motivo de consulta; mencionan a los progenitores y otras personas por su nombre de pila dando por supuesto que el lector adivinará su identidad; escriben con un estilo coloquial, tal y como si fuese una conversación informal entre amigos y no un texto que será dirigido a una sede judicial y leído por un juez; cuando hablan de la actividad lúdica o gráfica del niño/a no proceden a explicar su simbolismo, dando por supuesto que todo el mundo es un psicólogo capaz de saber decodificarlo; sugieren conclusiones sin siquiera explicar cómo arribaron a estas, evitando por todos los medios dar información clara y precisa acerca de datos tan relevantes como fechas y lugar en el que aconteció el o los hechos de violencia sexual, características del daño sufrido o identidad del posible agresor; frecuentemente, ni siquiera mencionan indicadores de abuso sexual; evitan brindar recomendaciones u olvidan enumerar las páginas, por mencionar algunos de los errores más frecuentes.

Teniendo en cuenta que el abuso sexual en la infancia es un tema por demás complejo debido a que suele haber denuncias judiciales y la coexistencia de varios juzgados y organismos intervinientes, nuestro objetivo es poder brindar a nuestros colegas psicólogos herramientas prácticas y claras para elaborar este tipo particular de informes específicamente diseñados con la finalidad de comunicar resultados de investigaciones psicológicas realizadas tanto en ámbitos privados como institucionales.

Este libro está dividido en cuatro partes:

La primera, llamada "Informes psicológicos", consta de dos capítulos que abordan definiciones, objetivos, errores más frecuentes en la redacción de informes y metodología empleada para su redacción.

La segunda parte, denominada "Modelos de informes", incluye 21 capítulos en los que compartimos la estructura de distintas clases de informes; además, detallamos distintos modelos de redacción; por ejemplo: informe unificado, informe escolar, informe para padres y madres, informe para el juzgado penal, informe de juntas médicas, informe técnico de la totalidad del expediente, entre otros.

La tercera parte, titulada "Metodología de la investigación psicológica", contiene dos capítulos que examinan la metodología científica de la investigación; el problema de la medición en la psicología; los aportes de diferentes métodos de investigación y otras técnicas de investigación; la estandarización de los tests y la interpretación de los materiales de prueba; las diferencias existentes entre un psicodiagnóstico y una evaluación forense.

La cuarta parte, "Análisis de informes bajo una perspectiva de género y de infancias", en ocho capítulos, examina las distintas clases de informes con errores, omisiones y preconceptos que excluyen una perspectiva de género y se basan en una ideología machista y patriarcal, subyacente en aquellos profesionales que los escribieron.

PRIMERA PARTE

Informes psicológicos

Capítulo 1

Informes psicológicos

Antes de comenzar a escribir un informe psicológico sobre un caso de abuso sexual debemos tener en claro cuál es su objetivo:

Definición

Un informe psicológico es un documento científico mediante el cual el psicólogo comunica a otro profesional –psicólogo, juez o docente, por ejemplo– los resultados, las conclusiones y el pronóstico derivados de una evaluación psicológica. Se trata de un escrito que refleja de una manera ordenada, clara y sintética una serie de datos relacionados con el sujeto examinado, basados en observaciones objetivas recabadas en una serie de entrevistas y tests.

También se realizan informes de seguimiento cuando el niño/a o adolescente se encuentra en tratamiento luego de realizado el proceso diagnóstico, generalmente por requerimiento del organismo que hubiere solicitado la intervención, o *a posteriori* de la denuncia (penal o civil) con algunas particularidades que señalaremos más adelante.

En los puntos siguientes nos referiremos a los informes que producimos luego de una evaluación psicodiagnóstica.

Objetivos

El objetivo general de un informe es presentar por escrito las conclusiones a las que hemos arribado luego de evaluar al niño/a. Debe escribirse en función del motivo de la demanda, de la evaluación y de su destinatario; por lo tanto, puede tener distintas finalidades. De esta manera, a través de él se puede transmitir un aspecto parcial o global del niño/a evaluado.

De manera general, podemos decir que a través de un informe transmitimos información acerca de las características de las distintas áreas de la personalidad de un sujeto. Así, por ejemplo, describiremos características del área intelectual, emocional, comportamental, cognitiva, social y sexual; también, un diagnóstico al cual hayamos arribado a partir de una serie de datos obtenidos a partir de distintas técnicas (entrevistas, tests, técnicas proyectivas, observación directa, etc.) y de hipótesis causales de un determinado conflicto que, efectivamente, hayamos podido detectar y acerca del cual podremos brindar recomendaciones.

En el caso del abuso sexual y del incesto el informe siempre y en todos los casos, especialmente en las niñas, niños y adolescentes, resultará de vital importancia dado que se constituirá como una prueba fundamental acerca de cómo este tipo de conflicto afecta de manera altamente traumática y, por sobre todas las cosas, del peligro efectivo que constituye para la vida psíquica y la integridad física de una persona.

Cattáneo[2] explica que Fernández Ballesteros considera que un informe debe tener rigor científico:

- **Contrastable**: por otros profesionales que realicen evaluaciones.
- **Comprensible**: para todas aquellas personas a quienes pueda ir dirigido.
- **Útil**: debe orientar y brindar recomendaciones respecto de los objetivos que han sido planteados en la evaluación.

El hecho de tener que escribir un informe psicológico sobre un caso de abuso sexual que debemos presentar en sede judicial suele movilizar hasta al más avezado de los psicólogos. Sucede que en este tipo de informes plasmamos no solo hipótesis de conflictos normales del niño/a, sino, muchas veces, los fundamentos de un diagnóstico sobre uno de los más aberrantes delitos cometidos en nuestro planeta. Esto suele conmocionarnos y hasta cierto punto nos tensiona, ya que de lo que escribamos en nuestras conclusiones dependerá el inicio de una investigación legal que podría llegar a las instancias de un juicio oral en el que estaríamos obligados a participar como una pieza clave dentro de la defensa del niño/a.

Quizás por todo esto, a la hora de escribir un informe sobre un caso de abuso sexual, cometemos una serie de errores que, en otras circunstancias, serían incomprensibles.

2 Cattáneo, BH. (2015) Capítulo 2: "Consideraciones previas a la elaboración de informes", en *Informe psicológico*, Buenos Aires: Eudeba.

Errores más frecuentes

Los errores más frecuentes al escribir un informe de abuso sexual son:

- Obviar escribir los datos del progenitor agresor (muchas veces, se olvidan de mencionar su nombre y apellido, pero, luego, en el informe se refieren a él tal y como si todo el mundo lo conociera).
- En los datos, no mencionar al grupo conviviente actual del niño/a (esto es fundamental, ya que no es lo mismo que viva con un adulto protector que con su agresor).
- Escribir el motivo de consulta casi al finalizar el informe y no al principio.
- Consignar los datos aportados en la entrevista a la madre respecto de la sintomatología del niño/a por el cual consulta, olvidando hacer una introducción que explique mediante un breve resumen la historia del hijo por el que consulta, incluyendo si aún está casada con el progenitor del niño/a, por ejemplo. Sin estos datos es imposible hacer un diagnóstico y, menos aún, entender lo que se informa.
- Olvidar escribir las conclusiones.
- Olvidar escribir todos los indicadores de abuso sexual.
- Mezclar descripciones de las entrevistas de juego proyectivo con interpretaciones confusas de gráficos.
- Olvidar consignar las fechas no solo en las que se redactó el informe sino, además, las fechas en las que se realizaron las entrevistas o la fecha en la que la madre ha denunciado en una fiscalía o de la aparición de la sintomatología del niño/a, por ejemplo.
- Mezclar tiempos verbales en la redacción (verbos en pasado con verbos en presente en una misma oración o párrafo, etcétera).
- No usar los signos de puntuación de modo correcto.
- Cometer faltas ortográficas tales como ausencia de acentos.
- Nombrar como paciente al niño/a a quien se le está administrando un psicodiagnóstico (es un entrevistado, paciente es quien ya ha iniciado una psicoterapia).
- Obviar escribir el nombre y el apellido del agresor en las conclusiones (con lo cual, las conclusiones terminan siendo ambivalentes y confusas).

- En las entrevistas a los agresores solo se consignan datos y se evita analizar las características perversas o psicopáticas de su discurso.
- Escribir sin respetar la espacialidad de la página; por ejemplo, no dejar doble espacio entre título y título.
- Limitarse a transcribir y copiar de un libro indicadores de abuso sexual, sin explicar de dónde salieron.
- Escribir informes cliché, con muchas palabras, pero sin un contenido claro y contundente. Hacer un resumen del motivo de consulta y de las conclusiones en la carta de presentación del informe.
- Transcribir frases y dichos textuales intrascendentes e irrelevantes que ha dicho la madre del niño/a; en lugar de, por el contrario, limitarse a volcar datos que puedan apoyan una hipótesis presuntiva de nuestra investigación.
- Cuando se menciona a un médico, olvidarse de escribir su nombre, apellido y en la fecha e institución sanitaria en el cual ha examinado al niño/a. Lo mismo, en el caso de que el niño/a haya realizado un tratamiento con una psicopedagoga u otro profesional de la salud mental tal como otros psicólogos o psiquiatras, por ejemplo.
- Olvidar mencionar habilidades y aspectos positivos de la personalidad del niño/a y de su familia protectora.
- Repetir la misma palabra o frase innumerables veces a lo largo de todo el informe.
- Escribir informes demasiado breves.
- Transcribir tablas de tabulación o explicaciones teóricas de tests sin aplicar la teoría a la práctica del niño/a que hemos evaluado.
- Omitir consignar, si los hay, indicadores de estrés postraumático.
- Escribir generalidades teóricas evitando hacer un análisis profundo del niño/a particular que se ha evaluado.
- Redactar de manera coloquial, tal como si le estuviésemos hablando a un amigo; sin considerar que nuestro informe va a ser leído por un fiscal o un juez.
- Redactar argumentos a modo de sugerencias, para que el lector del informe se quede pensando y las deduzca por sí mismo. Esto es uno de los errores típicos que cometemos los psicólogos; especialmente en Argentina, donde existe una predominancia del

psicoanálisis. En este aspecto, debemos entender que nuestro informe será leído por abogados, personas que entienden de leyes pero que no son psicólogos ni adivinos –ni tampoco, tienen tiempo– para dedicarse a interpretar un informe. Este debe ser escrito de manera concreta, aportando datos claros y evitando todo tipo de sugerencias.

- Olvidar numerar, firmar y sellar las páginas.

Estos son los principales errores que se pueden observar en las supervisiones de informes de este tipo de casos. Sin embargo, no hay que darse por vencido, con la práctica se va adquiriendo idoneidad. Más adelante, iremos profundizando en las características de los distintos tipos de informes y otras recomendaciones que puedan ser de utilidad no solo para agilizar nuestra tarea sino, además, para cumplir con nuestro objetivo como profesionales: proteger a un niño/a con riesgo de vida.

Capítulo 2

Metodología en la elaboración de informes

Elaborar y escribir un informe en los casos de abuso sexual conlleva muchas horas de trabajo meticuloso. Necesitamos releer y resumir todo el material y los apuntes que hemos ido tomando a lo largo del proceso psicodiagnóstico, los cuales fuimos plasmando en la historia clínica de la niña, niño o adolescente por el que nos han consultado. Luego, en un segundo momento, debemos observar rasgos de conducta y sintomatología, y deducir posibles hipótesis para explicar sus causas. Por último, es preciso elaborar una estrategia para plasmar todo esto por escrito con un lenguaje adecuado para que su destinatario pueda comprenderlo sin mayores dificultades.

Vale aclarar que, en este tipo de casos, lo ideal sería poder grabar todas las entrevistas diagnósticas dentro de un recinto de cámara Gesell; en el caso de no contar con este recurso, es posible reemplazarlo con una videofilmación preparada a tal efecto. El objetivo es contar con todo el proceso videograbado para que al momento de elaborar el informe podamos ver la filmación y redactar en base a los testimonios documentados, así como poner a disposición de la fiscalía o el juzgado de familia ese material respaldatorio del informe que elaboramos. Si bien con niños/as muy pequeños esto puede resultar difícil, el objetivo es prevenir revictimizaciones futuras evitando las múltiples intervenciones que se realizan con los niños, niñas y adolescentes (NNyA) víctimas del delito.

Cada informe debe ser único, no podemos adoptar un mismo modelo para todos tal y como si fuesen una fotocopia. Debemos recordar que, así como cada caso es único y particular, diferente a los demás, también lo son su destinatario y el psicólogo que lo escribe.

A continuación, analizaremos qué cosas debemos tener en cuenta a la hora de escribir un informe:

Selección de los materiales de prueba

Cada informe debe sintetizar los resultados de la evaluación que se ha realizado a un niño/a en particular. A su vez, dicha evaluación debe partir desde una selección de técnicas o materiales de prueba, los cuales deben ser concordantes con los objetivos planteados en la investigación; por ejemplo: exploración de aspectos intelectuales, afectivos, madurativos, sociales, familiares, sexuales, etc. Si nuestra evaluación está orientada a la investigación del área sexual del niño/a, deberemos seleccionar aquellas técnicas que mejor se ajusten a este objetivo, según la edad y el grado de madurez del niño/a en cuestión.

Respecto de este tema en particular, López[3] explica:

> A diferencia de los tests estructurados, las técnicas proyectivas facilitan la evaluación del sujeto evitando hacerlo sentir más presionado de lo que suele estar en cuanto a "rendir bien", a ser clasificado a través de una puntuación numérica, igual que solía hacerse antiguamente en las escuelas. En los casos en los que el niño/a está atravesando un estrés postraumático debido a un trauma sexual, debemos ser muy cuidadosos en lo que a esto respecta. No se trata de evaluar un cúmulo de aspectos de la personalidad aislados sino, más bien, de observar al niño/a en su totalidad, en sus múltiples dimensiones; es decir, en su forma física, emocional, conductual y social. Debemos evaluar cómo el niño/a percibe a su entorno a la vez que cómo se percibe a sí mismo y cómo se siente frente a distintos tipos de situaciones.
>
> Frecuentemente, los niños/as víctimas menores de 5 años se niegan a hacer tests estandarizados y eso no es una casualidad. No se sienten motivados, dado que la mayoría de las técnicas no están adaptadas a ellos. Es imprescindible tener en cuenta esto a la hora de evaluarlos. No podemos pretender que un niño/a de 2, 3, 4 años que apenas está pudiendo sobrevivir a un trauma de semejante calibre se adapte al adulto que lo está evaluando; nuestra obligación como psicólogos es adaptarnos a ellos.
>
> Quienes trabajamos con niño/as pequeños con este tipo de conflictiva sabemos que muchas veces se niegan a obedecer las consignas; es por esta razón, que los profesionales debemos ser muy creativos a la hora de adaptar las técnicas proyectivas a las necesidades y

[3] López, MC. (2021) Capítulo 4: "Innovaciones metodológicas", en *Diagnóstico del abuso sexual en niñas y niños menores de 5 años*, Buenos Aires: Maipue.

capacidades de cada niño/a ya que, si ellos nos "bajan el pulgar", simplemente, no podremos evaluarlos.

Resumiendo, lo que se aconseja a la hora de evaluar a niño/as por sospecha de incesto o abuso sexual es evitar administrarles técnicas psicométricas, ya que debido al estrés postraumático por el que están atravesando suelen darles puntajes negativos o inferiores a los estándares normales de la misma franja etaria. En estos casos particulares lo aconsejable es realizar una evaluación, principalmente, a través de distintos tipos de tests proyectivos. Por ejemplo:

a. **Técnicas gráficas**:

- Dibujos espontáneos.
- Dibujos libres.
- Familia Kinética; actual y prospectiva.
- Familia de Animales.
- Casa, Árbol, Persona (HTP).
- Dos Personas.
- Serie de Árboles.
- Árbol de Fantasía.
- Persona Bajo la Lluvia, etcétera.

b. **Técnicas lúdicas**:

- Hora de Juego Diagnóstica.
- Familia de Animales con juguetes.
- Técnica del Lorito.
- Caja de Arena.
- Las Fotos de mi Familia.
- Aldea Imaginaria.
- Técnicas de arteterapia, etcétera.

c. **Técnicas verbales**:

- Entrevista Libre.
- Entrevista Semidirigida.
- Cuestionario Desiderativo.
- Inventario de Frases, etcétera.

d. **Técnicas temáticas**:

- Pata Negra.
- CAT, etcétera.

e. **Técnicas constitutivas**:

- Test de Manchas.
- Técnica de Completamiento de Dibujos, etcétera.

Evaluación

A la hora de redactar un informe el rol principal del psicólogo es informar y transmitir lo que previamente ha podido observar a lo largo de su investigación.

Especialmente en los casos en los que existe una sospecha de abuso sexual, será de importancia vital realizar una investigación psicodiagnóstica exhaustiva previa que avale y sustente de modo científico todo aquello que estaremos comunicando en este informe.

En su libro *Las técnicas proyectivas y el proceso psicodiagnóstico*, García Arzeno, ME. y Siquier de Ocampo, ML. (1978) explican en qué consiste un proceso psicodiagnóstico:

> El proceso psicodiagnóstico es una situación con roles bien definidos y con un contrato: donde el paciente pide que lo ayuden y el psicólogo/psicopedagogo acepta el pedido. Es una situación bipersonal, de duración limitada cuyo objetivo es una descripción y compresión profunda y completa de la personalidad del paciente o grupo familiar. Abarca aspectos pretéritos, presente (diagnóstico) y futuro (pronóstico).

Un proceso de psicodiagnóstico profundo consta de varias etapas:

1. Primer contacto:

Quien realiza la primera consulta por una demanda de psicodiagnóstico suele ser la madre del niño/a víctima; generalmente, a través de una llamada telefónica o un mensaje de WhatsApp. En esta instancia resulta interesante evaluar el grado de urgencia de la consulta; a través de qué profesional o sede judicial se nos ha hecho la derivación del caso; quién realiza la consulta, si es la madre, el padre o ambos. Si bien es frecuente que, en los casos de abuso sexual quien demanda un psicodiagnóstico sea la madre del niño/a víctima, no siempre es así, muchas veces se puede observar que quien realiza la primera consulta es otro adulto protector como una de las abuelas o tías del niño/a.

Siempre la primera entrevista se realizará con el adulto protector que generalmente es coincidente con quien realiza el primer contacto, pero es fundamental recabar toda la información posible de la situación por la que está atravesando el niño/a o adolescente de acuerdo con la mirada del adulto que protege, que en general será quien ha hecho o hará la denuncia penal pertinente. A veces es necesario realizar más de un encuentro de acuerdo a la situación de cada caso y también es importante que el profesional tenga conocimiento y esté preparado para guiar a este adulto en la ruta que debe recorrer, de manera que este proceso sea lo menos traumático posible. Lo ideal es trabajar en equipo con un abogado para asesorar y patrocinar las acciones a seguir tanto en el ámbito penal como en civil y también en conjunto con el área administrativa gubernamental (servicio local, secretaría de niñez, área de infancia, según como se denomine en cada provincia y en cada municipio). Es sabido que el abuso sexual en la infancia es un tema que se debe abordar de manera conjunta bajo la premisa de la corresponsabilidad, como lo marcan los tratados internacionales y nuestras leyes nacionales y provinciales. Del mismo modo se procede en todos los países que han firmado la Convención de los Derechos del Niño, con las características particulares de cada región.

2. Entrevista inicial con el niño/a víctima:

Cuando recibimos por primera vez al niño/a debemos tener en cuenta que probablemente no se trata de cualquier niño/a que se encuentra transitando por una situación conflictiva típica de la edad, sino que, si hay sospecha de abuso sexual, es posible que esté atravesando un estrés postraumático que lo hace mucho más desconfiado y temeroso a abrirse frente al profesional. Por esta razón, se recomienda al psicólogo mostrar empatía y sensibilidad; alegría y positivismo; explicarle que la función del psicólogo es ayudar a los niños/as a resolver algún conflicto que tengan; evitar interrogarlo en primera persona; esto es, de manera directa, ya que de esta manera el niño/a se asusta y no responde o procede a negar todo como un mecanismo de defensa (vale recordar que estos niños/as suelen estar amenazados de muerte para que no develen el secreto que tienen con su agresor); hacerle preguntas al niño/a en segunda y tercera persona, a través de los muñecos con los que pueda estar jugando, como para facilitar que responda en un contexto lúdico y disociado del temor; ofrecer al niño/a un contexto lúdico con múltiples cajas de juegos y juguetes con variados simbolismos.

3. Administración de tests y técnicas proyectivas:

Es importante que el psicólogo seleccione una batería de técnicas y tests proyectivos (gráficos y lúdicos) de acuerdo a la edad, etapa psicoevolutiva, capacidad de concentración y características generales del niño/a. Especialmente, los niños/as que se encuentran atravesando un estrés postraumático no suelen estar motivados para contestar largos cuestionarios o realizar técnicas psicométricas que demanden demasiada concentración.

4. Cierre del proceso:

Una vez terminada la etapa de investigación psicodiagnóstica, el psicólogo deberá realizar una devolución oral al niño/a y a su madre o a quien haya realizado la demanda. Debemos transmitir qué es lo que pensamos acerca de lo que le ocurre y orientarlo sobre la actitud a asumir respecto al caso.

5. Informe:

Por último, el profesional deberá realizar un informe, que será escrito teniendo en cuenta al destinatario que lo haya demandado. En este punto, es necesario aclarar que no será lo mismo escribir un informe que vaya dirigido a un juzgado penal que a un juzgado de familia o a un colegio, por ejemplo.

Aclarados estos conceptos, es importante recordar que el objetivo de un psicodiagnóstico clínico profundo a un niño/a es poder evaluar:

a. Dinámica de la personalidad:

- Grado de inteligencia.
- Desarrollo cognitivo.
- Pensamientos.
- Comportamientos.
- Emociones.
- Fantasías y deseos.

- Modo de vincularse.
- Sexualidad.
- Grado de adaptación.
- Grado de autoestima.
- Rasgos de personalidad.
- Sintomatología.
- Mecanismos de defensa.

b. Conflictos:

- Aspectos contradictorios de la personalidad.
- Situaciones externas al niño/a que le generan angustia.
- Temor, haciendo foco en sus causas ocultas.

c. Aspectos evolutivos:

Debemos detectar y evaluar si es que la etapa psicosexual por la que se encuentra atravesando el niño/a que estamos evaluando coincide –o, no– con lo esperable para su edad. Por ejemplo, si el niño/a nuevamente ha comenzado a:

- Orinarse encima o a tener pérdidas de esfínteres y necesita pañales.
- Si ha dejado de hablar.
- Si ha comenzado a hablar como un bebé o como un niño/a de menor edad.
- Si se comporta como un niño/a de menor edad, etcétera.

d. Aspectos médicos:

Al realizar un psicodiagnóstico, debemos investigar en qué etapa de su vida el niño/a ha realizado consultas médicas por:

- Operaciones.
- Enfermedades físicas.
- Enfermedades psicosomáticas (asma, dolores de panza recurrentes, etcétera).
- Sintomatología física coincidente con indicadores de abuso sexual (enfermedades de transmisión sexual, sangrado en zona genital y anal), etcétera.

e. Aspectos patológicos y adaptativos:

- Angustias.
- Ansiedades.
- Temores y terrores.
- Comportamientos autodestructivos.
- Conductas no esperables para la edad.
- Indicadores psicológicos de abuso sexual.
- Mecanismos de defensa.

f. Dinámica y características familiares:

- Cómo está estructurada la familia del niño/a.
- Con quiénes convive.
- Características psicológicas generales de cada miembro de la familia.
- Reglas, castigos y recompensas.
- Manejo del dinero.
- Existencia de algún tipo de violencia dentro de la familia: violencia física, sexual, psicológica, emocional, económica, etcétera.
- Roles de cada miembro de la familia.

g. Características de los vínculos:

- Con quién se lleva mejor.
- Con quién tiene un vínculo conflictivo.
- Con quiénes pasa más tiempo.
- Con quién duerme.
- Quien suele bañarlo.
- Quien suele castigarlo.
- Cómo se lo suele castigar.
- A quién rechaza.
- Cómo son los momentos de recreación.
- Cómo los de mayor tensión.

h. Existencia de traumas:

Se debe realizar una investigación exhaustiva orientada a detectar o descartar la existencia de estrés postraumático que aluda a algún posible trauma sexual, dado que las situaciones de incesto suelen permanecer ocultas y camufladas bajo otro tipo de problemáticas como, por ejemplo, un bajo rendimiento escolar.

i. Habilidades:

No solo se deben investigar aspectos conflictivos en el niño/a, sino también con qué recursos cuenta para poder solucionarlos; por ejemplo:

- Grado de fortaleza yoica.
- Habilidades sociales desarrolladas.
- Facilidad para expresarse oralmente.

j. Capacidad de resiliencia:

Generalmente, el niño/a víctima de abuso sexual que tiene mejor pronóstico es aquel que cuenta con al menos un miembro de su familia que es capaz de brindarle contención emocional y que es capaz de demostrarle abiertamente amor incondicional. Se sabe que aquellos niños/as que cuentan con una figura de apego positiva tendrán mayores posibilidades de ser resilientes frente a una tragedia o un trauma personal. La resiliencia es la capacidad para superar un trauma y se caracteriza por:

- Saber afrontar la adversidad.
- Lograr adaptarse frente a la tragedia.
- Autoconocimiento.
- Autoestima.
- Afrontamiento positivo de la adversidad.
- Optimismo.
- Flexibilidad.
- Perseverancia.
- Sociabilidad.
- Tolerancia a la frustración.
- Tolerancia a la incertidumbre.

A su vez, podemos decir que lo que el psicólogo sea capaz de descubrir en un proceso de evaluación psicodiagnóstica dependerá de varios factores:

a. **El contexto:**

No es lo mismo realizar la evaluación de aquello que le sucedió al niño/a en un consultorio acondicionado para niños/as, que en una fría y desconocida sede judicial, la cual, generalmente, posee oficinas demasiado pequeñas, sin materiales acordes al momento evolutivo del niño/a o adolescente y con un profesional absolutamente desconocido para el niño/a o adolescente y, muchas veces, con la presencia de los peritos de parte que los observan de forma altamente intimidante mientras son evaluados.

b. **El tiempo que se invierta:**

No es lo mismo realizar la evaluación de un niño/a en el lapso de una o dos horas –como se suele hacer en la toma de una pericia psicológica forense–, que, en el lapso de ocho o doce horas de entrevistas psicodiagnósticas efectuadas durante varias semanas en las que el niño/a víctima siente que se le respetan sus tiempos subjetivos para hablar y expresar el conflicto que lo aqueja en cualquiera de los idiomas en que quiera expresarlo (lenguaje verbal, paraverbal, corporal, gráfico, lúdico, etcétera).

c. **Las técnicas:**

Las técnicas que el psicólogo decida implementar tendrán una incidencia directa en los resultados de su evaluación. La metodología y las técnicas que utilicemos en nuestra evaluación diagnóstica deberán adecuarse no solo a la etapa evolutiva por la que esté atravesando el niño/a que estemos evaluando sino, además, deben ser adecuadas en relación con la sintomatología propia del trauma sexual; de lo contrario, los resultados a los que arribemos podrían llegar a ser erróneos. Por este motivo, lo que consideramos más apropiado en este tipo de casos son las entrevistas libres y semidirigidas, así como las técnicas proyectivas lúdicas y gráficas. Como más adelante profundizaremos, pretender evaluar a un niño/a que esté atravesando un estrés traumático o postraumático tan solo mediante entrevistas habladas, basadas en interminables cuestionarios verbales o tests de inteligencia largos y tediosos que desafían la capacidad de concentración de cualquier niño/a (incluso, de un adolescente o adulto) es prácticamente imposible.

d. Los materiales:

Los materiales con los que cuente el psicólogo a la hora de evaluar al niño/a también tendrán una incidencia directa en los resultados. Así, de esta manera, es muy común observar cómo en muchas pericias psicológicas realizadas en los juzgados tan solo se le ofrece al niño/a una hoja y un lápiz para dibujar, omitiendo la riqueza del simbolismo otorgada, por ejemplo, por los lápices de colores. Lo mismo sucede cuando se le priva al niño/a de ofrecerle juguetes con una gama variada de simbolismos de los que se pueda servir para contar aquello que de su historia no se anima a verbalizar mediante palabras. Respecto de esto, lamentablemente, lo que comúnmente se observa en las pericias oficiales es una notoria escasez de muñecos.

e. La edad del sujeto:

No es lo mismo realizar un diagnóstico a un niño/a aún no escolarizado que a otro niño/a más grande, a un púber o adolescente, quienes se supone han logrado un mayor desarrollo del pensamiento abstracto, por ejemplo. Si el psicólogo que realiza la investigación diagnóstica omite este tipo de diferencias y pretende que un niño de 3 o 4 años le hable de su trauma sexual de igual manera que podría llegar a hacerlo un adulto, nunca podrá arribar a la verdad de lo que le pudo suceder y lo diagnosticará mal.

f. La capacitación del psicólogo:

Un psicólogo que nunca haya realizado estudios específicos y un exhaustivo entrenamiento en lo que respecta al abuso sexual en la infancia, no se hallará capacitado para detectar con el suficiente grado de certeza y efectividad este tipo de problemáticas en el niño/a que está evaluando. La rama de la psicología clínica es muy amplia y no todos los psicólogos se especializan en lo mismo. Así, de esta manera, un psicólogo que no se haya especializado en la psicología infantil ni en el abuso sexual podrá ser comparable a un médico cardiólogo pretendiendo diagnosticar un problema ocular en su paciente.

Consideramos que a la hora de evaluar a un niño/a no podemos cosificarlo. Contrariamente a esto, cuando se procede a evaluar a un niño/a en uno o dos encuentros, no suele tenerse en cuenta:

a. Su grado de motivación:

Los niños/as que se encuentran inmersos en un estrés postraumático suelen sentirse demasiado cansados, agobiados, desconfiados y con un escaso nivel de concentración para realizar las consignas que el psicólogo les propone. Especialmente, ellos suelen necesitar de un número más extenso de entrevistas (a veces, incluso, más de una docena) que le faciliten tomar confianza con el profesional y abrirse a contar su problema.

En este punto, hay que destacar que no solo los niños/as pueden llegar a padecer de un estrés que los afecte en su rendimiento; también, aquellos profesionales encargados de evaluarlos. Con frecuencia, se puede observar una falta de motivación y cansancio en los psicólogos que trabajan en causas de abuso sexual relacionadas con la infancia. A esto se lo conoce como el síndrome de *burnout* o "síndrome del trabajador quemado", el cual es un indicador de un estrés laboral y tiene múltiples efectos en el profesional, que se manifiestan en un agotamiento físico, emocional y mental crónico (con síntomas tales como depresión, tensión muscular, dolor de cabeza, insomnio, irritabilidad, desmotivación, etc.) que afectan no solo a su autoestima y personalidad sino, especialmente, su rendimiento laboral.

b. Si tiene miedo de hablar:

Se estima que solo un 25% de niños/as víctimas de abuso sexual se anima a pedir ayuda. Esto sucede por varias razones:

- **Por temor**: el niño/a siente pánico frente a las amenazas directas o subliminales de parte de su agresor ("Si cuentas nuestro secreto, te van a castigar"; "Si cuentas lo que acá sucedió voy a asesinar a tu madre y a tu hermanita", etcétera).
- **Por vergüenza**: los temas de la sexualidad adulta le provocan asco al niño/a. Este sentimiento de asco, a su vez, se acentúa aún más debido a que el propio niño/a es manipulado por el agresor para realizar actos sexuales inimaginados en la infancia.

- **Por mecanismos de defensa**: ante la situación traumática el niño/a implementa una serie de mecanismos de defensa para mantener la homeostasis psíquica, los cuales van desde la negación hasta la disociación y represión del trauma, por mencionar tan solo algunos.
- **Por culpa**: el niño/a víctima no se anima a contar lo que le han hecho porque se siente culpable, dado que el agresor suele manipularlo y confundirlo diciéndole "Yo te hago esto porque a ti te gusta…". El sentimiento de culpa, también se puede dar por el hecho de no haber podido cumplir con lo que su familia, colegio o campañas de prevención suelen haberle enseñado: 1) que no se deje tocar los genitales por nadie; 2) que, si alguien lo llegara a abusar, debe pedir ayuda y 3) que debe pedir ayuda de inmediato. Este tipo de consejos, lamentablemente, les suelen jugar en contra a los niños/as víctimas porque les representa una tarea titánica e imposible el hecho de tener ellos mismos que confrontar al adulto agresor; y menos aún, si se trata de su propio progenitor o de alguien valorizado por la comunidad.

c. **Si tiene un problema físico:**

Hay niños/as que previamente a ser entrevistados levantan fiebre, se descomponen con diarreas o vómitos, producto de una crisis nerviosa. Otros, en cambio, sufren de dislexia, problemas audiovisuales u otras enfermedades congénitas, por lo cual se les dificulta hablar y hacerse entender.

Por último, diremos que a la hora de escribir un informe es imprescindible que el psicólogo esté especialmente atento a detectar si es que existen indicadores de abuso sexual en diferentes áreas:

a. **Indicadores de estrés postraumático:**

Como explicamos anteriormente, el 75% de los niños/as víctimas de abuso sexual se niega hablar o a pedir ayuda. Esto no solo sucede porque este tipo de trauma deja huellas muy profundas en lo que respecta a la confianza en los seres humanos (vale recordar que estos niños/as han sido traicionados por personas cercanas en las que ellos confiaban), sino, además, porque suelen estar atravesando un estrés postraumático (o un estrés traumático, en el caso de que aún convivan con su agresor); estrés caracterizado por el despliegue de una sintomatología con ciertas características, muy bien consignadas en el Manual Diagnóstico y Estadístico de los Trastornos Mentales DMS-5. Allí, en la sección "Criterios para el diagnóstico de F43.1. trastorno por estrés postraumático [309.81]".

En esta última versión el manual hace una importante distinción al dividir el análisis para determinar la existencia del trastorno, en niños/as menores de 6 años o mayores de 6 y adultos. En esta división además le da al juego un valor diagnóstico sumamente importante, ya que considera que en los niños/as pequeños/as los síntomas pueden verse en el juego, así como también valora las pesadillas o sueños angustiosos, aunque no se pueda determinar su contenido. Del mismo modo valora las "rabietas" de los niños/as dándoles valor diagnóstico. Esto es muy importante, ya que incluye otros lenguajes aplicables a los niños/as para identificar el trastorno por estrés postraumático.

A continuación, describiremos de modo muy resumido esta sintomatología asociada al estrés postraumático (TEPT):

- **Recuerdos angustiosos, recurrentes, involuntarios e intrusivos del suceso traumático**: en el caso de los niños/as los recuerdos espontáneos e intrusivos pueden no ser en apariencia angustiosos y se pueden expresar en sus juegos.
- **Sueños angustiosos**: en los que el contenido y el afecto del sueño está relacionado con el suceso/s traumático/s. En los niños pueden existir sueños aterradores sin contenido reconocible.
- **Trastornos del sueño**: pueden presentar dificultad para conciliar o continuar el sueño, o sueño inquieto.
- **Reacciones disociativas**: en las que el niño/a siente y actúa como si se repitiera el suceso/s traumático/s. En los niños, la representación específica del trauma puede tener lugar en sus juegos.
- **Malestar psicológico intenso**: al exponerse a factores internos o externos que simbolizan o se parecen a un aspecto del suceso/s traumático/s. Ante el recuerdo del trauma, los niños/as presentan cuadros de ansiedad y angustias extremas.
- **Reacciones fisiológicas intensas**: a factores internos (recuerdos) o factores externos (tales como con su propio agresor) que simbolizan o se parecen a un aspecto del suceso traumático. En estos casos, se observa en los niños/as descomposturas tales como: dolor de cabeza, ganas de vomitar, diarrea, etcétera.

- **Evitación**: hacen esfuerzos para evitar recuerdos, pensamientos o sentimientos angustiosos acerca o estrechamente asociados al suceso traumático. De esta manera, se observa que los niños/as víctimas hacen esfuerzos para evitar recordatorios externos (personas, lugares, conversaciones, actividades, objetos, situaciones) que despierten recuerdos, pensamientos o sentimientos angustiosos acerca o estrechamente asociados al suceso/s traumático.
- **Incapacidad de recordar**: en ciertas oportunidades, se observa una dificultad para recordar un aspecto importante del suceso traumático (debido, por ejemplo, a una amnesia disociativa).
- **Creencias o expectativas negativas persistentes y exageradas**: especialmente, se observa una imagen desvalorizada de sí mismo y una visión negativa de la gente, del mundo y del futuro.
- **Percepción distorsionada de la causa o las consecuencias del suceso traumático**: esto hace que el niño/a se acuse a sí mismo y se niegue a relatar lo que le sucedió por culpa.
- **Estado emocional negativo persistente**: sienten miedo, terror, enojo, culpa o vergüenza.
- **Disminución del interés o la participación en actividades significativas**: los niños/as abandonan deportes, se niegan a ir a cumpleaños, etcétera.
- **Sentimiento de desapego o extrañamiento de los demás**: suelen aislarse porque se sienten muy diferentes a sus pares.
- **Incapacidad persistente de experimentar emociones positivas**: son niños/as que constantemente están insatisfechos, se frustran con facilidad, no se los ve felices ni gustan de demostrar amor.
- **Comportamiento irritable y arrebatos de furia**: con poca o ninguna provocación suelen enojarse de forma exagerada, ante lo cual se expresan mediante agresiones verbales o físicas contra personas u objetos.
- **Comportamiento imprudente o autodestructivo**: tienen una inclinación por jugar a cosas peligrosas tales como trepar escaleras, techos o árboles muy altos; también, se propinan golpes a sí mismos; por ejemplo, se golpean la cabeza contra la pared, se aprietan sus genitales hasta lastimarse, etcétera.
- **Hipervigilancia**: están en un estado de permanente alerta, tienen dificultades para relajarse.

- **Respuesta de sobresalto exagerada**: suelen asustarse fácilmente.
- **Problemas de concentración**: no prestan atención a las consignas, suelen bajar el rendimiento escolar, por ejemplo.
- **Despersonalización**: se sienten como si estuvieran aturdidos, desconectados o como si vivieran en una realidad paralela, viéndose a sí mismos en tercero observador.
- **Desrealización**: por momentos, sienten que todo lo que les ocurrió fue un sueño.

b. Indicadores cognitivos:

Las funciones cognitivas son aquellas que permiten obtener información del mundo exterior e interior, del propio cuerpo, así como de las propias emociones; gracias a ellas, los seres humanos podemos adaptarnos al contexto y circunstancias en las que vivimos. De esta manera, cuando evaluamos a un niño/a debemos rastrear indicadores de abuso sexual en la percepción, atención, memoria, imaginación, lenguaje, aprendizaje y pensamiento; por ejemplo:

- Mirada perdida.
- Ausencia de curiosidad.
- Desinterés en descubrir cosas nuevas de su entorno.
- Ausencia de juego a la hora de comer o a la hora de bañarse.
- Retroceso en el aprendizaje del habla.
- Problemas de concentración.
- Le cuesta cumplir consignas simples.
- Olvidos frecuentes.
- Bajo rendimiento escolar, etcétera.

c. Indicadores psicomotrices:

El abuso sexual también puede tener una incidencia negativa en el logro de habilidades motoras gruesas y finas, dado que estas están íntimamente ligadas no solo a su genética sino, especialmente, a las habilidades cognitivas y al mundo emocional del niño/a, a sus afectos y vínculos familiares y sociales. Dado que el cuerpo es un representante del yo, a través de él se expresan los pensamientos, el placer y el displacer físico y emocional. Por lo tanto, cuando existe un trauma por abuso sexual, esto se puede ver reflejado en los siguientes indicadores:

- Esquema corporal distorsionado.
- Imagen corporal distorsionada.
- Dificultades para escribir su nombre.
- Dificultades para pronunciar.
- Dificultades para dibujar.
- Pérdida de habilidades que había adquirido (por ejemplo, en lo que se refiere a la contención de esfínteres u orina, retroceso en habilidades lingüísticas, psicomotrices, etcétera).
- Caminan en puntas de pie.
- Pasividad, etcétera.

d. Indicadores psicosexuales:

Si bien los niños/as también son seres sexuales, ellos están lejos de tener la misma sexualidad –con idénticas metas, fantasías, deseos, necesidades e intensidades– que la de un adulto. La sexualidad de niños y niñas nada tiene que ver con la genitalidad adulta; de acuerdo al momento evolutivo psicosexual, será oral, anal o fálica; a la genitalidad se arriba al final de la adolescencia, en la adultez. Por lo tanto, la sexualidad en la infancia existe en función del reconocimiento de las distintas áreas del cuerpo en el niño/a, lo cual se verá reflejado en el desarrollo de su psiquismo y personalidad. Cualquier señal de genitalidad en un niño/a debe ser advertida y se debe consultar con un especialista. Nunca, de ninguna manera, puede ser algo normal. Por lo tanto, en líneas generales, el trauma sexual en un niño/a puede verse reflejado en los siguientes indicadores:

- Masturbación compulsiva.
- Coerción sexual hacia otros niños/as.
- Curiosidad sexual inadecuada para su edad.
- Lenguaje sexualizado.
- Exhibicionismo.
- Ausencia de pudor (especialmente, en niños/as mayores de 6 años).
- Conocimientos sexuales inapropiados para su edad.
- Juegos sexuales inapropiados para su edad.

e. Indicadores físicos:

El abuso sexual no suele dejar huellas físicas porque suele desarrollarse por etapas, en las que el acceso carnal puede llegar a ocurrir luego de muchos meses –e, incluso, años– de haber comenzado. No obstante, a la hora de evaluar a un niño/a debemos estar atentos a detectar algunos de los siguientes indicadores de abuso sexual:

- Lesiones en zona genital o anal.
- Sangrado en vagina o zona anal.
- Enfermedades de transmisión sexual: 1) sífilis (llagas en la vulva, en la parte superficial o en la parte más profunda de la vagina o el ano, el pene o el escroto y, a veces, en los labios y la boca; este tipo de lesiones pueden confundirse con un granos o vellos encarnados); 2) gonorrea o blenorragia (necesidad frecuente de orinar, pus, micción dolorosa, aumento del flujo vaginal y excreciones anormales del pene, los testículos o la vagina, dolor en la zona inferior del vientre); 3) condilomas acuminados (verrugas genitales que suelen ser producidas por el virus del papiloma humano HPV o VPH).
- Dilatación del himen.
- Embarazos.
- Dolores abdominales.
- Enfermedades psicosomáticas (dolores de cabeza a repetición, alergias en la piel de la zona genital, etcétera).
- Trastornos alimenticios.
- Mordeduras (en pezones, cuello, genitales).
- Enuresis.
- Encopresis.
- Trastornos alimenticios (anorexia, bulimia, obesidad; comen cosas: heces, basura y otras cosas tóxicas, etcétera).
- Caries y piojos constantes, etcétera.

f. Indicadores psicológicos:

El abuso sexual en los niños/as deja una gran variedad de secuelas a nivel psíquico y comportamental; por ejemplo:

- Relato del abuso.
- Miedo repentino a una persona.

- Pesadillas.
- Conductas regresivas.
- Dificultades de aprendizaje.
- Mala conducta.
- Huida del hogar.
- Dibujos o juegos de naturaleza sexual.
- Comer cosas tóxicas.
- Trastornos alimenticios.
- Trastornos del sueño.
- Trastornos del habla.
- Trastornos escolares.
- Mirada perdida.
- Desobediencia permanente.
- Sumisión llamativa.
- Retraso en el desarrollo madurativo.
- Cansancio extremo.
- Ponerse ropa sobre ropa.
- Romper ropa.
- Negativa a bañarse.
- Preocupación excesiva por la higiene.
- Tics nerviosos.
- Fugas del hogar.
- Se esconden por horas.
- Conflictos con la autoridad.
- Retraimiento excesivo.
- Baja en el rendimiento escolar.
- Baja autoestima.
- Falta de curiosidad.
- Mentiras.
- Robos.
- Pseudomadurez y sobreadaptación.
- Adultización en la comunicación.
- Hiperkinesia.

- Trastornos psiquiátricos.
- Intentos de suicidio.

g. Indicadores emocionales:

El niño/a víctima de abuso sexual no siempre se muestra triste; generalmente, se lo observa muy inestable a nivel emocional; tanto, que puede pasar del llanto y la tristeza a un estado de euforia o alegría inexplicables cuando relata su historia, debido a la implementación de mecanismos de defensa. Por lo tanto, en una evaluación psicológica debemos estar atentos a los siguientes indicadores emocionales de abuso sexual:

- Tristeza.
- Ira y berrinches.
- Hostilidad, agresión.
- Desconfianza.
- Culpa.
- Angustia.
- Ansiedad.
- Miedos y temores intensos.
- Fobias inexplicables.
- Asco o repulsión.
- Sumisión extrema.
- Anestesia emocional.
- Estado de tensión y alarma.
- Rebelión o enojo hacia la madre u otra figura protectora de su familia.
- Ambivalencia hacia la figura del agresor (especialmente, si es su progenitor).
- Nervios.
- Baja tolerancia a la frustración.
- Vulnerabilidad emocional.
- Baja autoestima.
- Miedo a ser nuevamente traicionados.
- Enojo crónico.
- Sentimiento de estigmatización.

- Rechazo ante las muestras de afecto.
- Desilusión.
- Impotencia.
- Desesperación.
- Depresión.
- Resignación.

h. Indicadores sociales:

Las habilidades relacionadas con la interacción y el intercambio social se van desarrollando en el niño/a a través de una serie de conductas a partir de las cuales irá expresando sus percepciones, deseos y sentimientos. Este tipo de habilidades suelen sufrir un daño en el abuso sexual, dado que el agresor siempre intenta infundir miedo en sus víctimas con el objetivo de que no develen su secreto. En los niños/as abusados sexualmente, podemos encontrar indicadores de abuso sexual en una serie de dificultades sociales vinculadas a:

- Hacer amigos.
- Hacer contacto visual.
- Negativa a ir a los cumpleaños.
- Integrarse en un grupo de pares.
- Salir a los recreos en la escuela.
- Responder a una queja.
- Arreglárselas cuando le dejan de lado.
- Defender a un amigo.
- Negarse frente a una persuasión.
- Resolver un fracaso.
- Percibir los mensajes contradictorios.
- Percibir la maldad de la gente.
- Hacer frente a las presiones del grupo.
- Participar en los grupos.
- Dar instrucciones claras.
- Seguir instrucciones.
- Defender sus derechos.
- Negociar.
- Responder a las bromas.

- Evitar los problemas con los demás.
- Tomar iniciativas.
- Tomar decisiones.

Otras dificultades sociales que pueden observarse como indicadores de abuso sexual en la infancia, son:

- Mala conducta.
- Dificultad en establecer contacto visual.
- Molestan o les pegan a otros niños/as.
- Quieren llamar la atención todo el tiempo.
- Se burlan de otros niños/as.
- Son burlados por otros niños/as.
- No responden al cariño de otros (abrazo).
- Se apegan a su madre o cuidadores y les cuesta sociabilizar.
- Evitan jugar con pares de su edad.
- Son agresivos/as, están constantemente a la defensiva (pegan, patean, empujan).
- En el jardín de infantes les quitan las cosas a sus compañeritos.
- Desobedecen las reglas.
- Tienen dificultades para hacer amigos.
- Son miedosos y se asustan sin motivo aparente.
- Son hiperkinéticos, les cuesta quedarse quietos.
- Se resisten a ir a la escuela.
- Prefieren quedarse en la escuela una vez que terminan las clases.
- Son difíciles de contener y consolar cuando se enojan.
- Intimidan y asustan a otros niños/as.
- Son extremadamente celosos.
- Tienen comportamientos repentinos e imprevisibles.
- Actúan como si tuviesen menos edad.
- Destruyen las cosas que pertenecen a otros niños/as o adultos.
- Perturban las actividades que se están desarrollando en la clase.

- Todo el tiempo se están quejando y nada parece conformarlos.
- Son demasiado pasivos y otros niños/as se aprovechan de ellos o les pegan.
- Son demasiado sensibles a las críticas.
- Mienten con frecuencia.
- Roban cosas a sus compañeritos.
- Molestan a otros niños/as en el jardín de infantes, en una fiesta de cumpleaños, etcétera.
- Parecen incapaces de mantener la atención para escuchar y obedecer una consigna.
- Les cuesta mantener una conversación con sus pares.
- No preguntan.
- Tienen dificultades para decir su nombre u otros datos personales como el nombre de su mamá, por ejemplo.
- No piden ayuda a sus docentes o compañeros.
- Se niegan a participar en actividades escolares como, por ejemplo, recreos, actos, canciones, actividades deportivas, etcétera.
- Son desobedientes e, incluso, desafían la autoridad de las maestras o directivos.
- No saben decir "no" cuando no quieren hacer algo, les cuesta imponer su opinión.
- No reconocen sus propias emociones ni las de los demás.
- Tienen muy baja tolerancia a la frustración, por lo que sufren ataques de rabia o abandonan la actividad que estaban haciendo con sus pares.
- No expresan afecto a otras personas.
- Lastiman animales.

i. Indicadores del lenguaje verbal:

Si bien el lenguaje oral constituye tan solo entre el 3 y el 7% de la comunicación humana (el resto de la comunicación se realiza desde otros tipos de lenguajes: corporal, paraverbal, lúdico o gráfico, por ejemplo), el testimonio de los niños/as abusados es fundamental; especialmente, en una instancia judicial. Por lo tanto, cuando se evalúa a un niño/a es importante estar atento a los siguientes indicadores:

- Relato del abuso.
- Negativa a contar lo que les sucedió (debido a que desconocen las diferencias sexuales, ignoran que eso que les hicieron es un delito, carecen de vocabulario).
- Lenguaje sexualizado.
- Dificultad para hablar de una manera coherente.
- Relato del abuso llorando o, por el contrario, sin demostrar emociones (disociación).
- Pronunciación defectuosa del nombre del abusador.
- Grita cuando está enojado y no puede autorregular esta conducta.
- Les cuesta centrar su atención cuando otros les hablan.
- Verbalización de groserías, malas palabras e insultan a otros niños/as.

También, se observan las siguientes dificultades para:

- Iniciar una conversación.
- Expresar sentimientos, pensamientos e ideas.
- Formular una queja.
- Responder o defenderse frente a una acusación.
- Debatir ideas o para entablar una conversación difícil.
- Pedir ayuda.

Otros indicadores en el lenguaje oral son:

- Lenguaje expresivo alterado (suelen hablar de modo desorganizado).
- Desplazamientos metonímicos (confunden el significado de palabras con un sonido similar).
- Alteraciones semánticas y sintácticas.
- Usan neologismos (inventan palabras cuando no las saben).
- Usan simbolismos (por ejemplo, pueden hablar del lobo malo cuando temen referirse de modo directo a su progenitor o a su agresor).
- Su relato suele estar atravesado por las emociones (se angustian y lloran).

- Su relato puede estar carente de emociones (hablan en un tono robotizado o dan la sensación de haber aprendido un discurso de memoria, debido al mecanismo de defensa de la disociación).
- El discurso está atravesado por el mecanismo de defensa de la disociación desmentida (justifican lo que les hizo su agresor).
- El discurso está atravesado por el mecanismo de defensa de la proyección (hablan del abuso que sufrió un amiguito –o un muñeco– como una manera de contar lo que a ellos mismos les sucedió).
- El discurso está atravesado por el mecanismo de defensa de la represión (tienen lagunas en su memoria).
- El discurso está atravesado por el mecanismo de defensa de la disociación (hablan sin afecto).

Desde otro punto de vista, también podemos analizar el relato del niño/a teniendo en cuenta algunos criterios de credibilidad del discurso,[4] los cuales están desarrollados en detalle en el libro de María Cecilia López.[5] A continuación, transcribiremos algunos ejemplos:

- Estructura lógica:

  "Posee estructura lógica cuando los distintos detalles del relato se refieren a idéntico curso de sucesos y se articulan en modo coherente como un todo; cuando las partes 'encajan'. Cuando la declaración tiene 'sentido'".[6]

  Por ejemplo:

  - "Papá me toca acá (se señala la zona genital) cuando miramos los dibujitos. Esto es un secreto. Tengo miedo" (niño/a de 4 años).

[4] Godoy Cervera, V.; Higueras, L. (2005) "Análisis de contenido basado en criterios (CBCA) en la evaluación de la credibilidad del testimonio", en *Papeles del Psicólogo*, Consejo General de Colegios Oficiales de Psicólogos, España, Vol. 26.

[5] López, MC. (2021) *Diagnóstico del abuso sexual en niñas y niños menores de 5 años*, ob. cit.

[6] Todas las definiciones entrecomilladas de esta cita textual del libro de María Cecilia López pertenecen a Moretto, S. "Rol del psicólogo forense en las declaraciones de niños y adolescentes víctimas en el Fuero Penal. Ley 25.852. Testimonio de menores. Instrumento de validación", en *Cuadernos de Medicina Forense*, año 4, N° 2.

- "Lobo chupa"; "Papá pega... en el pis"; "Curar al bebé" (niño/a de 2 años y medio dice esto en diferentes momentos, mientras juega o le pega a un muñeco).

➢ Elaboración inestructurada:

Refiere al estilo y secuencia: la narración debe ser algo desorganizada, poco lineal, fluida y con una secuencia temporal flexible, no rígida en cuanto a la cronología de los hechos. Poseer digresiones espontáneas y cambios de enfoque.

Naturalmente que esto no es esperable en niños muy pequeños donde los relatos son muy escuetos. Y suele faltar cuando se trata de hechos reiterados y de larga data: lo que el niño cuente se aproxima mucho a un *script* o guion, pues suele ser una síntesis de muchos episodios reales.

Por ejemplo:

- "Un día mi papá me pegó con el martillo en la colita. Hace bromas pesadas al oso; pero, él no se da cuenta de nada porque está dormido... Los papás pegan y hay que curar el pis. El lobo es muy malo" (niño/a de 4 años dice esto en diferentes momentos, mientras juega o le pega a un muñeco).

➢ Cantidad de detalles:

"La descripción de personas, lugares, objetos, incrementan la validez. Las declaraciones válidas, en general, constan de mayor cantidad de detalles".

Por ejemplo:

- "Yo me di cuenta: el lobo es mi papá. Siempre hace cosas muy malas. Da besos por donde las nenas hacemos pis. Da besos chupados en la boca de las bebés. El lobo siempre va a mi cama, digo, va a la cama de mi bebé (muñeca) y le toca las tetitas" (niño/a de 5 años).

➢ Contenidos específicos:

"Aluden a segmentos concretos y parciales de la declaración; ponen el énfasis en lo cognitivo, en base a la hipótesis de que un relato inventado difícilmente incluya tales contenidos".

Por ejemplo:

- "Él se ponía la peluca de payaso cada vez que me hacía las cosquillas en mi pis" (niño/a de 4 años).
- "Me hace doler cada vez que me baña. Me mete el dedo adentro de la cola, fuerte; y también, el cuá-cuá pato" (niño/a de 4 años).

- Engranaje contextual:

  "Los hechos relatados se hallan contextualizados respecto a tiempo y a espacio; se hallan entretejidos con las circunstancias de la vida cotidiana; ocurren en un lugar y en un tiempo determinado".

  Por ejemplo:

  - "El monstruo me ahogó ayer. Me hizo tragar su pis" (niño/a de 3 años).
  - "Cada vez que voy a la casa de mi amiga, su papá nos baña desnudas" (niño/a de 4 años).

- Descripción de interacciones:

  "Refiere a acciones y reacciones mutuas entre el niño y su agresor y/o alguna otra persona presente o participante".

  Por ejemplo:

  - "Yo siempre ayudo a mi papá cuando él hace el pis en el inodoro" (niño/a de 4 años).

- Reproducción de conversaciones:

  "Se cumple cuando el niño reproduce diálogos o conversaciones ocurridas durante la trama de los hechos. No debe ser una referencia al contenido de lo conversado sino una réplica en la que el niño despliega una especie de *role-playing* en la que asume alternativamente cada rol.

  Importan insinuaciones que el niño reproduce, pero pudo no haber entendido y el uso de un lenguaje por parte del agresor, no esperable en un niño de su edad".

  Por ejemplo:

  - "El tío siempre dice: '¡El que se baja los calzoncillos más rápido tiene un premio!'. Él nos dijo 'Esto es un juego secreto'" (niño/a de 5 años).

- Complicaciones inesperadas durante el incidente:

  "Problemas inesperados; interrupciones imprevistas; dificultades diversas, no son esperables en relatos de personas que mienten y que se ajustan al *script* o guion".

  Por ejemplo:

  - "¡A papá se le escapó el pis blanco! Se olvidó de ir al baño" (niño/a de 4 años).

- "Justo llegó mi papá y él se hizo el que estábamos jugando. Es un mentiroso" (niño/a de 5 años).

➢ Detalles inusuales:

"Dada la baja probabilidad de que se presentan detalles poco comunes, no se espera que ellos estén presentes en una alegación inventada. Son detalles sobre personas, objetos o sucesos de carácter raro, sorprendente pero no irreal".

Por ejemplo:

- "Mi abuela me metió su vagina peluda en mi pito. Mi papá miraba y prendió las velas negras" (niño de 4 años y medio).

➢ Detalles superfluos:

Son narrados con precisión, pero no hacen al núcleo central del suceso; son periféricos, idiosincráticos y se apartan del *script* o guion.

Por ejemplo:

- "Mi papá y a su novia la hicieron sufrir a mi hermana desnuda. Mi papá cocinaba cosas ricas. Odio el olor a queso rallado. Vomito cada vez que me acuerdo del queso rallado" (niño/a de 5 años).

➢ Detalles relatados con precisión que se malinterpretan (o incomprensión de detalles relatados con precisión):

"Es un criterio poco frecuente, pero de gran peso. Se trata de situaciones que el niño relata con detalle, aunque no comprende su significado, pero esto sí es comprendido por el entrevistador. Naturalmente es un criterio potente cuando los niños son pequeños y con escasos conocimientos sobre la sexualidad; su valor disminuye con la edad".

Por ejemplo:

- "Mi papá siempre dice: 'Las poyas de las nenas son del mismo tamaño que el de las mujeres grandes'" (niña de 4 años y medio).

➢ Asociaciones externas relacionadas:

"Es un criterio confuso en su formulación. Se refiere a relatos o referencias previas acerca de hechos de carácter sexual de escaso valor en sí mismas, pero que cobran significación retroactiva luego de ocurrido el abuso".

Por ejemplo:

- "Mi amor, cómo me gustas. ¡Muévete así!" (jugando en forma de broma mientras mueve su pelvis, niño/a de 4 años).

- Alusiones al estado mental subjetivo:

  "Descripción de sentimientos y cogniciones del menor durante el transcurso del episodio. Esto es válido en tanto sea una expresión espontánea del niño y no una respuesta a una pregunta directa".

  Por ejemplo:

  - "Cada vez que me tocó ponía ojos de loco" (niño/a de 4 años).

- Atribuciones al estado mental del autor del delito:

  "El niño atribuye sentimientos y/o cogniciones al acusado".

  Por ejemplo:

  "Mi papá tiene una enfermedad en el cerebro" (niño/a de 4 años).

- Correcciones espontáneas:

  "Autocorregirse en forma espontánea en una entrevista y ofrecer elementos más claros o explicativos se considera un criterio a favor de la credibilidad. Desde ya no se contabiliza si las correcciones responden a preguntas del entrevistador".

  Por ejemplo:

  - "Una vez que fui a lo de mi abuelo, me hizo chupar su pito. No fue una vez, fueron dos veces. Lo hizo en su cama mientras mirábamos dibujitos, no una película" (niño/a de 5 años).

- Admisión de falta de memoria:

  "Se espera que este ítem intente evitarse cuando se trata de perjudicar a un inocente; cuando se intenta convencer al otro de la veracidad del relato.

  Se contabiliza cuando el niño admite recordar solo parcialmente; cuando ha olvidado algo, pero recuerda otra parte del hecho".

  Por ejemplo:

  - "Un día se tiró arriba mío y eso me asustó mucho. Él siempre hace esa broma. Me hizo doler con un palo en la cola; pero, no me acuerdo del palo. Creo que fue un sueño" (niño/a de 5 años).

- Plantear dudas acerca del propio testimonio:

  "Admitir que temió o teme no ser creído en su relato. Admitir la posibilidad de que no se le crea".

  Por ejemplo:

  - "Mejor cuéntales tú lo que yo te conté. Ellos piensan que soy un mentiroso" (niño/a 5 años).

- ➢ Autodesaprobación:

  "Reconocer conductas propias inadecuadas o que lo expusieron a la situación denunciada. Esto no se espera cuando el niño intenta acusar falsamente a otro".

  Por ejemplo:

  - "Soy una tonta, siempre me engañan. Quise gritar, pero no pude" (niño/a de 4 años y medio).

- ➢ Perdonar al autor del delito:

  "Disculpar, minimizar y/o perdonar al agresor como expresión de la ambivalencia afectiva que lo liga a él, es un criterio fuerte en el sentido de la credibilidad".

  Por ejemplo:

  - "Papá chupa el pito. Quiero ir a la casa de papá, él hace regalos" (niño/a de 3 años).
  - "Él no se dio cuenta de lo que me hacía. Estaba dormido" (niño/a de 4 años).

j. Indicadores del lenguaje paraverbal:

A la hora de evaluar a un niño/a debemos prestar atención no solo a lo que dice (contenido de su discurso) sino, además, a cómo es que dice lo que dice; prestar atención a su lenguaje paraverbal. Observar las características de las cualidades no verbales de la voz puede ser de mucha utilidad para hacer un diagnóstico diferencial.

Cuando relatan el abuso o se refieren a su abusador sexual, los niños/as víctimas suelen reflejarlo en su lenguaje paraverbal. Por ejemplo:

- ➢ Pronunciación defectuosa del nombre del abusador.
- ➢ Tono de voz muy bajo o, incluso, casi inaudible.
- ➢ Presentan un tono de voz con entonación extraña.
- ➢ Ritmo muy acelerado al hablar.
- ➢ Hablan de modo entrecortado o tartamudeando.
- ➢ Hablan muy pausado.
- ➢ Implementando segregados vocales tales como: carraspeos, tos, risa nerviosa, susurros.

A continuación, transcribiremos algunos indicadores de abuso sexual (los cuales suelen observarse cuando el niño/a hace referencia a algún elemento de su trauma), y que han sido extraídos del libro que mencionamos en el punto anterior:

- Volumen: el volumen de la voz es la fuerza, la intensidad, el grado de elevación de un sonido. Puede ser:
  - Elevado: denota enojo, agresión, dominación.
  - Medio: denota contención y consuelo.
  - Bajo: denota timidez, miedo, inseguridad.
- Tono: el tono de la voz es la cualidad sonora que nos permite distinguir sonidos emitidos en diferentes frecuencias. Puede ser:
  - Agudo: se lo asocia a los estados positivos (también se lo llama el tono "si").
  - Grave: se lo asocia a estados negativos (también se lo llama el tono "no").
- Timbre: el timbre de la voz es la resonancia de la voz producida como resultado de las formas de las cavidades orales. Puede manifestarse en distintos tipos de voces:
  - Voz plana: se trata de una voz floja y débil; transmite desamparo, tristeza, enfermedad.
  - Voz hueca: voz con pocas frecuencias altas; transmite vacío y poca vitalidad.
  - Voz robusta: se asocia con una persona segura, extrovertida y con buena autoestima, que le gusta destacarse.
  - Voz aguda: se la describe como la voz que suele utilizarse para quejarse; también, denota inocencia, indefensión.
  - Voz chillona: se identifica con el infantilismo y la inmadurez.
  - Voz aterciopelada: se identifica con la seducción y la vocación artística.
- Ritmo: es la velocidad para expresarse verbalmente. Puede ser:
  - Acelerado: se lo identifica con el nerviosismo, la impulsividad y la rapidez mental.
  - Pausado: asociado con el detallismo, el énfasis en destacar aquello que se dice o la lentitud mental.
  - Entrecortado: denota nerviosismo.

- Articulación: es la posición y movimiento de los órganos de la voz (paladar, dientes, lengua, labios, garganta, etc.) para la pronunciación de una vocal o consonante. Puede ser:
  - Buena: demuestra seguridad.
  - Defectuosa: suele estar asociada con problemas neurológicos, problemas psicológicos y/o emocionales, y nerviosismo ocasionado por la dificultad para proferir determinados fonemas o sonidos.
- Dicción: la dicción es la manera correcta o incorrecta de hablar de una persona, en lo que se refiere al empleo de las palabras y a la construcción de la estructura de las frases. Significa hablar bien, hacer un buen uso del lenguaje. Puede ser:
  - Buena: demuestra seguridad.
  - Defectuosa: puede estar relacionada con problemas neurológicos, problemas psicológicos y/o emocionales, y nerviosismo ocasionado por la dificultad para proferir determinadas frases o segmentos discursivos.
  - Tartamudeo: está asociado en algunos casos con la inseguridad y la baja autoestima.
- Entonación: es el modo de pronunciar al hablar y sirve para comunicar emociones y estados de ánimo. Puede ser:
  - Seductora: denota coqueteo, atracción.
  - Irascible: denota enojo, agresión.
  - Apagada: se asocia con la falta de entusiasmo y baja autoestima.
  - Triste: puede estar relacionada con la tristeza y la depresión.
  - Apática: denota negativismo, pasividad.
  - Monótona: transmite aburrimiento, pasividad.
  - Dinámica: contagia alegría, optimismo, proactividad.
- Dirección: se trata de hacia dónde es que se dirige la voz al ser emitida mientras una persona habla y está relacionada con la postura de la cabeza. La dirección de la voz puede dirigirse hacia:
  - Arriba: transmite superioridad, valentía, desinterés.
  - Abajo: indica derrota, cansancio, vergüenza, desaprobación, crítica, reflexión.

- Frente: demuestra interés, concentración.
- Costado: se asocia con la sumisión, muestra de interés.
- Barbilla pegada al cuello: refleja orgullo, rebeldía.
- Cabeza levantada con la barbilla proyectada hacia adelante: muestra agresividad y poder.

❖ Segregados vocales: son los sonidos que acompañan la narración de un relato. Reflejan las características de personalidad del niño/a y su actitud hacia su interlocutor; también, su interés en aquello que comunica, su estado emocional, sus deseos, etc. Algunos segregados vocales son:

- Bostezos: indican sueño, desinterés, cansancio.
- Pausas de silencio: se asocian con la reflexión, los vacíos mentales, las emociones intensas.
- Carraspeos: necesidad de aclarar ideas, o tensión.
- Tos: puede ser señal de tensión o bloqueos para expresar ideas.
- Risas: es necesario observar de qué tipo de risa se trata, si refleja nerviosismo, picardía, negación maníaca, etcétera.
- Llanto: cuando está acompañado por los otros signos correspondientes a la tristeza del lenguaje corporal refleja tristeza; puede indicar un estado de gran tensión.
- Gemidos: hay niños/as que al hablar tragan demasiada saliva o exhalan demasiado aire, lo cual genera ciertos y determinados tipos de sonidos a los que llamamos gemidos. Los hay de muchos tipos y características y lo más útil para encontrar su significado consiste en poder realizar asociaciones libres.
- Estornudos: alivianan tensiones (cuando el niño/a no está resfriado ni sufre alergias).
- Eructos: representan algo que el niño/a se ha tragado (aire, palabras no pronunciadas) y necesitan ser dichas en voz alta.
- Inhalaciones y exhalaciones: cuando el niño/a por momentos deja de respirar y luego necesita inhalar una profunda bocanada de aire para a continuación exhalarla, esa conducta suele estar asociada a estados de temor o nerviosismo.
- Lamentos: expresan tristeza, depresión, baja autoestima.
- Gritos: reflejan horror, miedo, bronca, ira, agresión.
- Silbidos: demuestra necesidad de atraer la atención o de destacarse, también son un modo de llamar a alguien.

- Tarareos: suelen expresar canciones simbólicamente significativas en relación con aquello que el niño/a está pensando o sintiendo en ese momento.
- Suspiros: indican cansancio, tristeza.
- Jadeos: se trata de respiraciones rápidas y entrecortadas, que suelen reflejar agitación, excitación, entusiasmo y/o nerviosismo.
- Carcajadas: expresan felicidad, cinismo, disimulo.
- Tragar: está asociado con algo que se quiere decir y que por alguna razón se siente que no se puede.
- Murmurar o susurrar: refleja algo que el niño/a no se anima a decir en voz alta pero que, aun así, por alguna razón desea expresar.

❖ Otras vocalizaciones: "Uh", "Um", "Mm", "Oh", "Ah", etc., tienen como finalidad establecer un *rapport* en la conversación que se está llevando a cabo con el interlocutor.

k. Indicadores del lenguaje corporal:

El lenguaje corporal es un modo de comunicación no verbal pero que, muchas veces, nos ofrece información más valiosa que las simples palabras. Es muy importante que quien evalúe a un niño/a preste especial atención a cómo se va expresando corporalmente a medida que habla, especialmente, cuando se refiere a una persona importante de su vida o a un hecho traumático.

A continuación, repasaremos de manera resumida algunos de los indicadores de abuso sexual que pueden observarse en el lenguaje corporal de niños/as, parte de los cuales han sido extraídos del libro *Diagnóstico del abuso sexual en niñas y niños menores de 5 años*,

❖ Movimientos corporales:

Lo primero que debemos evaluar en un niño/a son las características generales de sus movimientos corporales:

- Coordinación: la capacidad de conectar aquello que pensamos y sentimos con nuestro cuerpo no es algo sencillo. Cuando nace, el niño/a no tiene la capacidad de coordinar los movimientos de su cuerpo, eso será algo que irá aprendiendo a medida que crezca. Al evaluar a un niño/a debemos observar si, mientras habla, los movimientos que realiza con sus manos y con sus dedos son armoniosos o, por el contrario, se hallan descoordinados respecto de lo que nos está narrando. La falta de coordinación podría ser un indicador de problemas neurológicos; pero, también podría ser un indicador de trauma.

- Expresividad: cuando evaluamos a un niño/a debemos observar la capacidad que tiene para reflejar sus emociones y pensamientos en su cuerpo. Si cuando el niño/a está hablando o intentando expresarse oralmente no acompaña lo que dice con distintos movimientos de manos, brazos, torso y de todo su cuerpo de forma fluida como un modo de ir siguiendo el tono emocional de la historia que nos está queriendo transmitir y es inexpresivo o tiene una postura en exceso rígida, esto, podría llegar a ser un indicador de una baja autoestima, inseguridad, miedo, vergüenza, inhibición; aunque, también, podría llegar a ser un indicador de trauma. En caso contrario, el exceso de expresividad suele ser un reflejo de mentira y disimulo.

❖ Macromovimientos:

Cuando evaluamos a un niño/a, también debemos estar atentos a sus macromovimientos; es decir, a los movimientos que se pueden ver a simple vista y que realiza de forma consciente y a voluntad: levantarse del asiento y caminar, saltar, cruzarse de brazos, meter las manos adentro de los bolsillos, agitar los brazos, etcétera.

- Apretón débil de manos: inseguridad, temor.
- Frotarse un ojo: duda, esconder una información, mentir, aburrimiento.
- Puños cerrados: tensión, nerviosismo, ocultamiento de la verdad.
- Golpeteo impaciente de dedos: impaciencia.
- Chuparse un dedo: autoconsuelo, regresión.
- Taparse la boca mientras se habla: mentir, dudar o rechazar algo.
- Rascarse el cuello: esconde una información, mentir, aburrimiento.

❖ Movimiento de brazos:

Los movimientos que se realizan con los brazos reflejan cómo es que el niño/a se vincula e interactúa no solo con su interlocutor, sino también con todo su entorno; además, son un indicador de su capacidad de defensa y de cómo pone en acción sus deseos.

Por ejemplo:

- Brazos y manos agarrados en la espalda: furia, ira, frustración, aprensión.

- Brazos cruzados por delante, a la altura del pecho: actitud de estar a la defensiva, desconfianza, nerviosismo.
- Brazos cruzados con puños cerrados: agresividad, hostilidad, enojo.
- Sujetar las piernas con los brazos: cerrazón.
- Brazos colgando a los costados del cuerpo: tristeza, pasividad, poco convencimiento acerca de lo que está diciendo, poco interés en interactuar con el entorno.

❖ Maneras de caminar:

- Caminar de prisa: ansiedad, nerviosismo.
- Caminar de manera vacilante: inseguridad, cansancio, timidez.
- Caminar con los hombros encorvados: abatimiento.
- Balanceo de caderas al caminar: coqueteo.
- Pisadas repetidas en el suelo mientras se está parado en el mismo sitio: nerviosismo, impaciencia, tensión.

❖ Formas de sentarse:

- Postura encogida: aburrimiento.
- Postura rígida: tensión, temor.
- Al borde de la silla: indecisión, estrés, inseguridad, deseo de retirarse del lugar.

❖ Formas de cruce:

- Balanceo de un pie al cruzar las piernas: aburrimiento.

❖ Posiciones:

- Tobillos cruzados: esconde un pensamiento o una emoción negativa.
- Unir los tobillos: aprensión.

❖ Movimientos de cabeza:

Todos aquellos movimientos, gestos y posturas que el niño/a va haciendo con su cabeza mientras va hablando –o también, cuando permanece en silencio– transmiten al interlocutor mensajes respecto de su estado de ánimo, actitud, intensiones y deseos.

Por ejemplo:

- Movimientos hacia arriba y hacia abajo: afirma, está de acuerdo con algo.

- Movimientos de lado a lado: niega, está en desacuerdo con algo.
- Movimientos cortos de lado a lado: duda, tensión, inseguridad, nerviosismo, preocupación.
- Cabeza hacia abajo con barbilla hundida: desconfianza, duda, desacuerdo.
- Cabeza hacia atrás: intento de recordar algo.
- Apoyar la cabeza sobre las manos en actitud de descanso: aburrimiento.
- Mirar hacia abajo: incredulidad sobre lo que se escucha.

❖ Postura de hombros:

A medida que crece los hombros del niño/a irán adquiriendo una postura que refleja su estado de ánimo a la hora de tener que hacer cosas. Por ejemplo:

- Hacia adelante: peso emocional.
- Encogidos: no comprende algo.
- Caídos: depresión, tristeza, dificultades para enfrentar ciertas circunstancias de la vida.

❖ Posturas corporales:

La postura que va adquiriendo el cuerpo de un niño/a nos está hablando de su historia y de sus vivencias; refleja su personalidad y carácter, y la actitud con que enfrenta la vida. Así, la postura de su cuerpo nos puede estar transmitiendo un mensaje de apertura, cerrazón, miedo o indiferencia, por ejemplo.

❖ Posturas territoriales:

A este tipo de postura también se la suele llamar "distancia óptima" o "burbuja de comodidad". La distancia óptima que se considera normal a la hora de comunicarse es la de un brazo extendido. Sin embargo, lo que sucede con los niños/as víctimas de traumas por violencia sexual, es todo lo contrario: frecuentemente, suelen pegarse al cuerpo de su entrevistador; aunque también los hay quienes tienen fobia al contacto, ya que si están demasiado cerca de alguien pueden sentirse invadidos y violentados. Por lo tanto, a la hora de evaluarlos lo que se recomienda es prestar especial atención a respetar una cierta distancia que nos facilite poder observarlos en sus distintas expresiones.

Las posturas territoriales se reflejan en:

- Acercarse más de lo debido al cuerpo del interlocutor: puede reflejar agresividad, violencia, invasión, ausencia de límites con el cuerpo del otro.
- Alejarse más de lo debido del cuerpo del interlocutor: puede reflejar miedo, desinterés.

❖ Simetría corporal:

La postura más o menos torcida que adquiere el cuerpo de un niño/a refleja su estado emocional actual pero también aquello que ha vivenciado. Por ejemplo:

- Columnas encorvadas: niños/as que han sufrido situaciones de agobio, depresiones, presiones y problemas familiares, etcétera.
- Columna desplazada para atrás: niños/as que les cuesta establecer vínculos afectivos y son más bien desconfiados.

❖ Expresiones faciales y gestos:

La expresión facial junto con los ojos y la mirada constituyen el principal medio de comunicación que tiene un ser humano para expresar sus emociones y aquello que piensa de su interlocutor y del medio ambiente en el que se desenvuelve. Si somos observadores y miramos con detenimiento el rostro de una persona por algunos minutos enseguida nos podremos formar una opinión sobre las características de su carácter, temperamento, hábitos, inteligencia y hasta si es que puede ser un buen amigo, amante o socio. Cada área del rostro irá reflejando distintos mensajes según la expresión con que la persona vaya moviéndola en cada gesticulación.

El rostro humano tiene más de cuarenta músculos a partir de los cuales puede realizar unas 10.000 expresiones faciales distintas. Si bien algunos gestos pueden ser realizados de forma consciente, la mayoría de ellos constituyen reacciones musculares involuntarias. Las llamadas microexpresiones de corta duración (que a veces tan solo llegan a durar fracciones de segundo) surgen en el rostro desde el más profundo inconsciente y de forma totalmente involuntaria como un simple reflejo de lo que la persona está sintiendo ante determinada percepción. De esta manera, si continuamos entrenándonos en observar atentamente los gestos de una persona podremos ser capaces de comprender sus emociones.

Existen muchas clases de gestos; entre ellos, los gestos que expresan estados emocionales: enojo, ira, miedo, tristeza, felicidad, rechazo, desprecio, sumisión, autoconfianza, interés, decepción, desagrado, asombro o sorpresa, depresión, asco, vergüenza, mentira, manipulación.

- Posición de la cabeza:
  - Movimientos de lado: negación.
  - Movimientos hacia arriba y hacia abajo: asentimiento.
  - Balanceos: muestran inseguridad.
- Cuello:
  - Rígido: expresa tensión.
- Entrecejo:
  - Ceño fruncido: señal de enojo, molestia, incomodidad, poca sociabilidad.
  - Pliegues en el entrecejo: preocupación.
- Cejas:
  - Completamente levantadas: incredulidad.
  - Completamente fruncidas: enojo.
  - Medio fruncidas: confusión.
  - Inclinadas hacia abajo formando un medio arco: tristeza.
- Venas de la cabeza:
  - Yugular: es aquella que desciende desde la mandíbula hasta la parte central de la clavícula, cuya función es drenar sangre proveniente desde el cerebro, el cuero cabelludo y desde la cara. Esta vena se caracteriza por dilatarse cuando la persona se encuentra sumida en estados emocionales de tensión o ira.
  - Temporal: es una vena que se puede observar en la parte lateral de la frente, y su función es drenar partes laterales del cuero cabelludo. Esta vena, al igual que la vena yugular, se caracteriza por dilatarse cuando la persona se encuentra sumida en estados emocionales de tensión o ira.
- Músculos maxilares:
  - Contraídos: enojo.
  - Sobresalidos: ira.
- Boca:

  La boca suele estar asociada a aquello que la persona dice, dijo, diría, quiere decir, pero no se anima, a aquello que calla y nunca dijo; también, a la voluntad y la firmeza de carácter, y a los estados de ánimo. Mediante el movimiento de los labios la boca va adquiriendo distintos gestos:

- Labio inferior sobresaliente: ganas de llorar, tristeza.
- Labios cerrados con fuerza: autocontrol, tensión, muestra de rechazo.
- Tragar saliva: nerviosismo.
- Babear: nerviosismo.
- Humedecer los labios: duda, nerviosismo.

❖ Sonrisa:

Es uno de los gestos más importantes del ser humano ya que genera un gran impacto en los intercambios que se dan en la comunicación. Se dice que una sonrisa puede marcar la diferencia entre hacer amigos o enemigos, conseguir un trabajo o perderlo, seducir o no a una persona, alentar a alguien a cumplir sus metas o desalentarlo.

A la hora de evaluar a los niños/as, debemos prestar especial atención a si sonríe o no, así como al tipo de sonrisa con que se expresa. Así, cuando juega, dibuja, habla (o está callado), como entrevistadores debemos prestar especial atención a si su sonrisa es:

- Auténtica.
- Sarcástica.
- Falsa o de enmascaramiento.
- Ocultadora.
- De rechazo, aversión y desconfianza.
- Triste.
- De turbación.
- De conquista.
- Contradictoria.
- Cómplice.
- Burlona.
- De bienvenida.
- Confiable.
- Incómoda.
- Fotogénica.

- Respiración:

  Cada estado emocional suele estar asociado a un patrón respiratorio. Si observamos atentos los movimientos torácicos o abdominales podremos descubrir la relación existente entre los distintos tipos de respiración y cada emoción de nuestro interlocutor. Existen dos tipos básicos de respiración:

  - Torácica (superior superficial, agitada, entrecortada): el niño/a infla el pecho al respirar. El porcentaje de oxigenación es menor. Este tipo de respiración refleja actividad física intensa; pero también estados negativos tales como nerviosismo, angustia, miedo o ansiedad.

- Humedad y temperatura de la piel:

  Más allá de la temperatura del medioambiente, cuando las mejillas del niño/a cambian de color y repentinamente se enrojecen o, por el contrario, empalidece, por ejemplo, es indicador de:

  - Coloradas: mentiras, ira, vergüenza.
  - Blancas: miedo.
  - Transpiración: nervios, inseguridad.

- Miradas:

  El niño/a puede estar vestido con las mejores marcas, puede estar riendo a carcajadas, puede aparentar ser feliz o ser el mejor estudiante de su clase; sin embargo, si nos detenemos a observar en profundidad su mirada, podremos tener acceso a la información de su alma, de su ser más profundo. Al entrevistar a un niño/a debemos ser lo suficientemente empáticos y estar muy atentos, especialmente con aquellas miradas que duran tan solo una fracción de segundo y ser capaces de descifrar qué significan. Existen distintas clases de miradas:

  - Huidiza: se desvía de su interlocutor. Refleja timidez, poca iniciativa, miedo.
  - Bajar la mirada: incredulidad y falta de interés.
  - Evadir la mirada al hablar: se ocultan sentimientos o se miente.
  - Pupilas:

  Otra cosa que es de vital importancia al evaluar a un niño/a es saber observar el movimiento de sus pupilas, que va haciendo de manera totalmente inconsciente mientras habla, juega, dibuja... ya que constituye un complemento de su lenguaje corporal y verbal; razón por la que se considera esto como un instrumento de validación para el entrevistador. Con tal fin, hay que tener en cuenta:

- Pupilas contraídas: actitud negativa, enojo, molestia, hostilidad, mal humor, nervios, miedo, mentira.

❖ Enrojecimiento del globo ocular:

De no existir un problema oftalmológico, cansancio o sueño, la presencia de vasos sanguíneos hinchados y dilatados que provoca que la parte blanca de los ojos luzca roja o inyectada en sangre suele estar asociada a estados de ira contenida. Si existen ojeras y los párpados están hinchados, el enrojecimiento ocular podría estar asociado, también, a un estado de tristeza o denota haber llorado.

❖ Movimientos oculares:

- Contacto visual fijo: mentira (con parpadeo lento).
- Poco contacto visual o evasión de la mirada: mentira, inseguridad, nerviosismo.
- Romper contacto visual: molestia, disgusto.
- Frotarse, cubrirse o cerrar los ojos, bajar la mirada: no quiere hacer lo que se le pide.
- Aumento en los parpadeos: nerviosismo, estrés.
- Mirar hacia ambos lados: molestia, se siente "perseguido" u observado.
- Mirar para abajo: sumisión, vergüenza. Trata de conectarse con lo que está sintiendo.
- Entrecerrar los ojos: desconfianza, juzgar, esconder.
- Tics nerviosos: abrir y cerrar los ojos de manera repetida, por ejemplo.

l. Indicadores del lenguaje lúdico:

En el libro *Los juegos en la detección del abuso sexual infantil*[7] explicamos cómo los niños/as, que se caracterizan por tener un tipo de pensamiento concreto (no abstracto como los adultos), suelen pensar jugando y con ayuda de sus juguetes y muñecos. Se dice que cada juguete es una palabra y cada juego una oración. Las secuencias de sus juegos constituyen una narración; así, ellos nos van relatando su

[7] López, MC. (2014) *Los juegos en la detección del abuso sexual infantil*, Buenos Aires: Maipue.

historia mediatizada en el armado de secuencias enteras de escenas y escenarios lúdicos con sus muñecos.

Los indicadores de abuso sexual en los juegos de los niños/as son:

- Juego postraumático:

  Cuando un niño/a establece un juego compulsivo, en el cual repite una y otra vez (a veces, hasta más de diez veces seguidas) una misma secuencia de acciones lúdicas de manera automatizada. Lo que caracteriza a este tipo de juegos compulsivos es que parecería que no pueden detenerse, y se los observa con una gran necesidad de hacer una catarsis emocional de contenidos traumáticos. Por ejemplo, podrían jugar a:

  - Abusar, violar o asesinar de manera sádica a más de diez muñecos, uno tras otro.
  - Cualquier clase de juego vinculado a los ejes temáticos que describiremos a continuación, que el niño/a repita muchas veces.

- Juego sexualizado:

  Cuando el niño/a reproduce escenas de contenido sexual explícito, las cuales estarían reflejan un conocimiento precoz de la sexualidad adulta. En algunas oportunidades, mientras el niño/a juega, se lo observa excitado, sin poder refrenar sus impulsos a manosearse o masturbarse en sus zonas genitales con sus propias manos o con un objeto (como el borde de una silla o la baranda de una escalera). Este tipo de juegos puede hacerlo con muñecos; pero, también, interpretando él mismo distintos roles a través de los cuales, a veces, también puede pretender manosear al propio entrevistador, docente, madre, etc. Por ejemplo, podría jugar a:

  - Interpretar el rol de un abusador sexual.
  - Armar una escena lúdica con muñecos que realizan diferentes tipos de poses sexuales.
  - Interpretar el rol de un médico (o veterinario) que vierte alcohol en gel y/o crema blanca (símbolo del acto eyaculatorio) sobre la zona genital y/o anal de algún muñeco, con el fin de, posteriormente, proceder a querer limpiar esa zona de manera reiterada.
  - Interpretar el rol de una persona (muchas veces, un ladrón malo que quiere raptar a un niño/a), colocando al psicólogo entrevistador en el rol del niño/a para así aprovechar y pretender

manosearle sus zonas genitales o pretender introducirle un muñeco fálico o, por ejemplo, una serpiente en la boca.

❖ Juego relacionado con la muerte:

Se trata de aquellos juegos que giran en torno a la muerte y lo siniestro. Por ejemplo, podrían jugar a:

- Ser médicos o veterinarios que operan personas o animales.
- Interpretar roles en los que ellos mismos se mueren por una grave enfermedad o alguien los asesina.
- Interpretar un rol de asesino.

❖ Juego relacionado con la alimentación:

Frecuentemente, podemos observar que los niños/as víctimas de abusos sexuales arman escenas lúdicas en torno a la alimentación (juego de "la cocinita"). Muchas veces, juegan a este tipo de juegos en apariencia normales y no traumáticos por una necesidad de contención (función que suele estar vinculada con la madre). Sin embargo, también juegan a cocinar; pero, con una actitud extraña y misteriosa, como si estuviesen armando un plan o preparando alguna especie de brebaje para envenenar y dárselo de comer a alguno de los muñecos con los que está jugando. Por ejemplo, podrían jugar a:

- Cocinar una piza envenenada con heces.
- Convidar de tomar alguna gaseosa; pero, preparada a base de pis.
- Cocinar empanadas de carne picada humana.
- Desmembrar el cuerpo de un muñeco para luego jugar a que lo cocina en un horno muy caliente o en una cacerola.

❖ Juegos violentos y de descarga:

Se trata de juegos en donde los niños/as víctimas pretender descargar toda su ira, a la vez que el terror de poder llegar a ser asesinados por su agresor. Por ejemplo, podrían jugar a:

- Interpretar el rol de un asesino serial.
- Juegan a romper muñecos.
- Interpretan el rol de una persona mala, intentando pegar a su psicólogo entrevistador.

- Juego estereotipado:

  El juego estereotipado se caracteriza por ser monótono y repetitivo. A quienes lo observan, llega un momento que les aburre, debido a que carece de historias narradas de forma creativa y se limita a repetir acciones. Por ejemplo, los niños/as podrían jugar a:

  - Cambiarle la ropa a los muñecos durante casi todo el tiempo en que dura una entrevista.
  - Carrera o competencia de autitos.
  - Apilar legos o maderitas.

- Ausencia de juego:

  En ciertas oportunidades, si bien es poco común, nos podemos encontrar con un niño/a que no juega. No es que se niega a jugar por una cuestión de actitud oposicionista; simplemente, se presenta un bloqueo psicológico y por más que se los estimule no se les ocurre ninguna idea para armar una escena lúdica. El caso de estos niños/as suele reflejar los traumas más severos, generalmente referidos a situaciones de incesto crónico que tiene el efecto de dejarlos sumidos en estados depresivos, psicóticos o con una sintomatología similar a la del autismo.

m. Indicadores del lenguaje gráfico:

En el libro *Diagnóstico del abuso sexual en niñas y niños menores de 5 años*, explicamos cómo

> (...) el niño/a no solo dibuja por placer, diversión o para entretenerse; también lo hace para representar una imagen mental o una vivencia. Desde este punto de vista, dibujar es un modo de comunicar sin necesidad de utilizar palabras: a través de los dibujos el niño/a puede evocar recuerdos o expresar percepciones y emociones.

Algunos de los indicadores de abuso sexual que podemos encontrar en el contenido simbólico de los dibujos de los niños/as, son:

- Sombreados en zona genital.
- Ausencia de la zona genital.
- Figuras fálicas.
- Borrones.
- Soles invertidos.
- Soles con feas expresiones en el rostro.
- Soles con anteojos negros.

- Fea impresión general del dibujo.
- Personajes muertos.
- Regresión en el estadio evolutivo del dibujo.
- Firmas tachadas.
- Cambios en la firma.
- Distorsiones en el esquema corporal.
- Figuras descuartizadas o desmembradas.
- Expresión de los personajes.
- Ausencia de piernas.
- Ausencia de ojos.
- Ausencia de nariz.
- Ausencia de boca.
- Tratamiento especial de pies o calzado.
- Casas desmoronándose.
- Varias chimeneas.
- Tratamiento especial del humo.
- Ventanas con rejas destacadas.
- Atmósfera.
- Personajes de la familia tachados.
- Personaje de la familia sosteniendo objetos fálicos.
- Figuras superpuestas.
- Figuras en transparencia.
- Marcas en el tronco del árbol.
- Ramas cortadas.
- Ramas caídas.
- Copa pelada o a punto de derrumbarse.
- Árboles muertos.
- Objetos fálicos.
- Animales con forma fálica.
- Bichos.
- Colores oscuros.
- Atmósfera general.

Además del contenido simbólico en los dibujos, también debemos estar atentos a cómo hace el dibujo; es decir, a los indicadores expresivos de abuso sexual. Algunos de ellos, son:

- **Sombreados**: zonas del cuerpo y personajes conflictivos.
- **Tachones**: angustia.
- **Borrados**: invisibilidad, figuras con doble personalidad.
- **Colores oscuros**: negro, marrón y gris simbolizan estados de angustia, ansiedad, tristeza, miedo.
- **Tamaño**: autoestima, figuras más y menos valoradas. (Este ítem se tiene en cuenta solo a partir de los 5 años):
- **Presión**: grado de energía, agresión (si es fuerte), inseguridad y temor (si es débil).
- **Calidad de la línea**: la línea entrecortada, por ejemplo, puede representar nerviosismo relacionado con el simbolismo de aquella parte del dibujo en que la hizo.
- **Emplazamiento de la hoja**: el lado izquierdo de la hoja está asociado al pasado, a la familia, a la madre, a lo femenino; el lado derecho de la hoja está asociado al futuro, al trabajo, colegio, padre, a lo masculino; el lado superior está asociado a lo intelectual, las ideas, los pensamientos, los sueños, lo espiritual; el lado inferior de la hoja está asociado al pensamiento concreto de los niños/as (es normal que en la primera infancia dibujen debajo de la hoja), a las acciones, a la impulsividad.
- **Completamiento**: debe prestarse atención a qué parte del dibujo ha dejado sin completar; generalmente, es aquello que más angustia al niño/a.
- **Simetría**: es un ítem que se evalúa en niños/as de más de 10 años. La falta de simetría suele ser un indicador de desequilibrios emocionales o ambivalencia afectiva.
- **Perspectiva**: aérea indica alejamiento afectivo, por ejemplo.
- **Proporciones**: aquellos personajes más grandes suelen ser los más valorados o aquellos a los que el niño/a quiere destacar por alguna razón.
- **Reforzamiento de líneas**: indica inseguridad.

n. Indicadores en las secuencias:

Es importante destacar que no podemos evaluar un abuso sexual solo por un dibujo o un juego, siempre hay que observar que se repitan patrones comportamentales y distintos tipos de indicadores que tengan una correlatividad entre sí a lo largo de todas las entrevistas psicodiagnósticas. De esta manera, a la hora de evaluar a un niño/a debemos estar especialmente atentos a las siguientes secuencias:

- Secuencias en los juegos:
  - Secuencias en los juegos desarrollados dentro de un mismo juego.
  - Secuencias de juegos dentro de una misma entrevista.
  - Secuencias de juegos a lo largo de las semanas.
- Secuencias de juegos a lo largo de todo el proceso psicodiagnóstico.
- Secuencias en el relato:
  - Secuencia de palabras.
  - Secuencia de dichos.
- Secuencia de temas:
  - La sexualidad infantil y la sexualidad adulta.
  - La infancia y la adultez.
  - La vida y la muerte.
  - La memoria y el olvido.
  - La justicia y la injusticia.
  - La familia y la sociedad.
  - El empoderamiento y el desvalimiento.
  - La valoración y la humillación.
- Secuencias en el lenguaje paraverbal:
  - No solo debemos estar atentos a las secuencias del contenido simbólico de lo que el niño/a dice o juega; además, debemos prestar atención al volumen de voz que suele utilizar ante tales expresiones, el tono, el ritmo, etcétera.
- Secuencia de segregados vocales:
  - Debemos registrar en qué momentos de la entrevista diagnóstica el niño/a que estamos evaluando, por ejemplo, hace silencios,

murmura, llora, etc., y observar si esta manera de expresarse se repite en distintas entrevistas cada vez que se habla del mismo tema o desarrolla determinado juego, agarra ciertos muñecos o dibuja ciertas figuras.

- Secuencias conductuales:
  - También, debemos prestar atención a las conductas y movimientos corporales del niño/a mientras dice algo, juega o dibuja, por ejemplo. Saber analizar y saber interpretar este ítem puede resultar fundamental a la hora de hacer un diagnóstico diferencial. En este aspecto, es preciso estar atentos a:
  - Las secuencias de macromovimientos.
  - Las secuencias de micromovimientos.
  - Las secuencias del lenguaje facial.
- Secuencias gráficas:
  - Debemos prestar atención a aquellos símbolos que el niño/a repite en todas sus expresiones gráficas. También, a la secuencia de dichos que verbaliza mientras suele mostrar tal o cual personaje en sus distintos dibujos.
- Correlatividad general de todas las secuencias:
  - Por último, el psicólogo encargado de evaluar al niño/a deberá hacer un análisis de todas las correlatividades que ha ido encontrando a lo largo de todas las secuencias que acabamos de mencionar para determinar si pueden o no ser interpretadas como manifestaciones de abuso sexual.

Análisis de las producciones

La interpretación de cada una de las técnicas administradas al niño/a dependerá de su edad, nivel madurativo, intereses, grado de motivación, etc. Pero, su interpretación también dependerá de la formación y entrenamiento que tenga el psicólogo a cargo de la evaluación en lo que respecta a la aplicación de la metodología científica de investigación en los casos por sospecha de abuso sexual, así como también, de su ideología y ética de trabajo.

Evaluación de cada técnica

La evaluación de cada una de las técnicas deberá hacerse a través del método científico, teniendo en cuenta la información tabulada y estandarizada de cada uno de los tests y siguiendo distintos niveles de inferencia para ir construyendo hipótesis parciales hasta, finalmente, arribar a una teoría explicativa de la sintomatología del niño/a que estamos evaluando.

Análisis formal

Debemos evaluar la información que se desprende del modo en cómo cada niño/a ha ido estructurando las técnicas que se le han administrado. Por ejemplo, en las técnicas gráficas este punto se refiere al tamaño, presión, emplazamiento, etc., con que se ha realizado cada dibujo; en las técnicas verbales se refiere al tiempo de respuesta, al lenguaje paraverbal; en las técnicas lúdicas, a los muñecos y juegos seleccionados.

Análisis de contenido

Consiste en el análisis de datos cualitativos; es decir, de los simbolismos proyectados en cada técnica, los cuales suelen ser un fiel reflejo de los conflictos, deseos, vínculos y personalidad del niño/a. Por ejemplo, en las técnicas gráficas los personajes dibujados, sus roles, el modo de vincularse; en las técnicas verbales o lúdicas, el argumento de las historias.

En este punto, vale destacar que, además, debemos analizar las características del discurso y los dichos del niño/a evaluado, de su madre, padre, o del agresor, en caso de que lo podamos entrevistar.

Análisis de los sucesos imprevistos

Cada una de las técnicas que le administramos al niño/a será evaluada en el contexto en el que se la administró. La interpretación deberá tener en cuenta:

- **El grado de motivación**: frecuentemente, los niños/as llegan al lugar a donde han sido citados para ser evaluados cansados y agotados después de un largo viaje, o de haber tenido que madrugar; asustados y temerosos por tener que ponerse a relatar su historia o a jugar y dibujar delante de un total desconocido (el psicólogo); aterrorizados, debido a las amenazas que su agresor les hubo hecho para que no hablen; etcétera.
- **La edad del entrevistado**: los niños/as pequeños son más propensos a cansarse y distraerse rápidamente debido a que no cuentan con el alto nivel de concentración que demandan muchas de las técnicas que se les administran.

- **Estado de salud**: muchas veces, sucede que el niño/a está tan asustado que, a la hora de ser evaluado, sufre descomposturas (diarreas, vómitos, dolor de panza, etc.), hecho que dificulta mucho el proceso de evaluación.
- **Tiempo de espera**: otro factor que tiene una incidencia altamente negativa es el tiempo que se deja esperando a un niño/a antes de entrevistarlo. Especialmente en el ámbito judicial, suelen ser citados en un determinado horario y se los atiende una, dos, tres o muchas horas más tarde. Así, al entrar al despacho en donde será evaluado, el niño/a se encuentra absolutamente devastado por el cansancio, el aburrimiento y la tensión que previamente atravesó.
- **Características del consultorio**: el lugar en donde se evalúa al niño/a no solo debe estar limpio y bien iluminado, sino que debe tener elementos infantiles tales como un globo, variedad de muñecos, juguetes, hojas y lápices, una pared o techo pintado de un color cálido. También, nunca estará de más recordar que deberá contar con instalaciones sanitarias en excelente estado de limpieza.
- **Interferencias auditivas**: como sonidos de ambulancias, coches de policías, conversaciones de vecinos, etcétera.
- **Materiales a disposición del niño/a**: ausencia de juguetes con simbolismos que hagan referencia al abuso sexual o a agresores, tales como, por ejemplo, serpientes, brujas, cerdos, lobos, etcétera.

Cotejo intratests

En cada una de las técnicas, analizaremos:

- Las secuencias (de temas, verbalizaciones, etcétera).
- Verbalizaciones.
- Respuestas esperables.
- Indicadores de abuso sexual, etcétera.

Cotejo intertests

Para arribar a una hipótesis teórica respecto de lo que le sucede al niño/a es necesario hacer una comparación de los indicadores más comunes que se van repitiendo en las diferentes técnicas. En lo que refiere al objetivo de este libro, debemos estar atentos a rastrear todos los indicadores de abuso sexual y elaborar una síntesis de los mismos.

Por último, siempre es necesario aclarar que no se puede hacer un diagnóstico de abuso sexual a partir de un solo dibujo o de un solo juego, por ejemplo. En estos casos, es imprescindible realizar la interpretación de cada técnica en base a un análisis integral y comparativo de las mismas que permita establecer un patrón de variables observables que se repita a lo largo de toda la investigación psicodiagnóstica.

Redacción del informe

Confeccionar el informe de un caso que hemos diagnosticado como de abuso sexual es una tarea que suele generar ansiedad y mucha presión a los psicólogos; especialmente, cuando se trata de un informe que será dirigido a una sede judicial, cuyos destinatarios (jueces, fiscales, abogados, asesores de menores, etc.), a partir de su lectura, serán quienes tomen ciertas y determinadas medidas que incidan sobre su destino, pudiéndolo favorecer o perjudicar. A partir de esto, debemos considerar:

a. Contenido:

En relación con los aspectos técnicos formales referidos al contenido de su redacción, tendremos en cuenta las siguientes sugerencias:

➢ Transmitir:

Como ya hemos explicado anteriormente, el objetivo del informe psicológico es transmitir los datos que hemos ido rastreando a lo largo del proceso psicodiagnóstico en relación con el material y las pruebas aportadas por cada una de las técnicas administradas. Por ejemplo:

- En lugar de escribir: "En la cuarta entrevista se le administró el test Familia Kinética; en el mismo se podrían observar algunos indicadores de abuso sexual".
- Debemos redactar: "En la cuarta entrevista se le administró el test Familia Kinética; en el mismo se observan los siguientes indicadores de abuso sexual: borrones en el área genital; manos escondidas, tratamiento especial de pies y nariz en el dibujo que hizo de su progenitor".

- Describir:

No solo describiremos la personalidad del niño/a que hemos evaluado sino, además, aquellos juegos, comportamientos y dichos con los cuales se ha expresado. Por ejemplo:

- En lugar de escribir: "En su primera entrevista la niña jugó con muñecos; pero, no verbalizó nada con relación a una situación que pudiera dar cuenta de un abuso sexual".
- Debemos redactar: "En su primera entrevista, Lilibeth desarrolló las siguientes secuencias de escenas lúdicas: a) procedió a desnudar a una muñeca bebé con la finalidad de colocar en su zona anal crema blanca de manos; b) bañó a la muñeca y terminó mojándose con agua la zona trasera de su propia falda; c) asesinó ahorcando y luego ahogando a la muñeca en la bañadera; d) ahorcó a otros muñecos; e) luchó contra un muñeco monstruo hasta terminar por matarlo con la espada; f) jugó a que se escondía y hacía invisible; g) dibujó una flor con cara triste.

  Estas secuencias de juegos se podrían interpretar de la siguiente manera: Lilibeth estaría simbolizando un posible abuso sexual por parte de un varón adulto, quien pudo haber vertido líquido seminal sobre su área genital (a-b). Dicho abuso podría haber sucedido a la hora del baño (b). Lilibeth teme por su vida (d), y estaría percibiendo a quien la abusa como una especie de monstruo contra quien debe luchar para defenderse (e). Guardar el secreto e invisibilizar lo que sucede es el modo que ha encontrado hasta ahora para defenderse (f). Toda esta situación, la deprime y entristece (g)".

- Explicar:

Debemos explicar algunos conceptos con el objetivo de hacer más clara nuestra descripción del niño/a, de su sintomatología y de nuestra hipótesis diagnóstica. Por ejemplo:

- En lugar de escribir: "Ramón suele jugar al doctor y a las luchas".
- Debemos redactar: "A lo largo de todas las entrevistas se ha observado un juego de tipo traumático (aquel juego que el niño repite de modo compulsivo, una y otra vez, de manera casi idéntica). En referencia a esto, Ramón suele jugar de modo compulsivo a ser un médico que cura y opera el pene con una grave enfermedad de los muñecos; también, suele jugar a ser perseguido, golpeado y asesinado".

- Claridad:

Es importante saber expresar conceptos complejos mediante palabras simples, que no necesiten de un esfuerzo para entender. La idea es que nuestro informe pueda ser leído en pocos minutos y de corrido, ya que, de lo contrario, su destinatario evitará leerlo o leerá tan solo las conclusiones. Por ejemplo:

- En lugar de escribir: "La progenitora solicita tratamiento psicológico para la niña de referencia debido al conflicto entre adultos existente con el progenitor. Y preocupación de la misma debido a denuncias realizadas por la progenitora en relación con maltrato físico hacia la hermana mayor de la niña denuncia de abuso sexual del progenitor hacia Carmiña".
- Debemos redactar: "La Sra. Hilda P. realiza una consulta debido a una sospecha –y para confirmar o descartar–, un posible abuso sexual hacia su hija Carmiña por parte de su progenitor, el Sr. Leonardo H., ya que este habría tenido antecedentes de violencia física y sexual hacia una hija mayor, Mercedes, hecho por el cual habría realizado una denuncia en el Juzgado de Mercedes el día (N° de I. P. P. ...)".

- Síntesis:

Es imprescindible no escribir con un estilo barroco, con frases rebuscadas, elípticas, repitiendo conceptos que puedan sonar redundantes. En este aspecto, debemos evitar las sobreinterpretaciones y sobreexplicaciones. La calidad de un informe va más allá de la cantidad de páginas escritas. Por ejemplo:

- En lugar de escribir: "Siendo que el contacto puede resultar iatrogénico en la recuperación y el procesamiento psicológico de las situaciones de traumas como el de la niña Lucrecia, los cuales podrían incidir en las condiciones de seguridad y contención que la situación amerita y habiendo visto que muchas veces estas situaciones llevan a los niños a retractarse de lo mismo que han develado por miedo, conflicto de lealtades o influencia de quien descree de sus dichos, se considera de fundamental importancia y se recomienda que Lucrecia pueda continuar con el espacio de psicoterapia individual".
- Debemos redactar: "Se recomienda que Lucrecia no tenga contacto con su progenitor, quien la habría abusado sexualmente, con el objetivo de que pueda continuar elaborando su trauma en el espacio de su psicoterapia sin sufrir amenazas".

- Sencillez:

Para que el informe pueda resultar de utilidad debe estar redactado con un vocabulario adaptado al destinatario. En este aspecto, no será lo mismo escribir para un docente en el ámbito escolar, o para un fiscal en un juzgado penal, o para otro psicólogo. Por ejemplo:

- En lugar de escribir: "La niña Elda, de 8 años, se encuentra atravesando la etapa anal y ha sufrido una regresión a una etapa previa de su desarrollo psicosexual debido al trauma por el que habría atravesado".
- Debemos redactar: "La niña Elda, de 8 años, tiene episodios de encopresis debido a que hizo una regresión a un estadio evolutivo similar al de sus 2 años, edad en la que habría comenzado a ser abusada".

- Coherencia:

Respecto de esto, Cattáneo[8] destaca que el informe debe tener coherencia y consistencia interna, tanto en su redacción final como en las estrategias de exploración. No tiene que presentar contradicciones. A su vez, esta autora explica que "Los datos que se incluyan no deben quedar aislados, sino relacionados entre sí en un todo coherente. (…) El enlace de la información de un párrafo a otro le da, a la redacción del informe, el sentido de continuidad e integración que debe tener". Por ejemplo:

- En lugar de escribir: "Recomendaciones: a) teniendo en cuenta el abuso sexual que la niña habría sufrido por parte de su progenitor, se recomienda una medida de restricción perimetral, para que no tenga contacto con este; b) que la niña continúe con psicoterapia para elaborar su trauma; c) brindar un espacio de orientación a sus padres".
- Debemos redactar: "Recomendaciones: a) impedir de forma urgente e inmediata todo contacto con su progenitor hasta no sean esclarecidos y/o confirmados o descartados los hechos de violencia física y el potencial abuso sexual por parte de este a través de los procedimientos indicados por quienes el Sr. Juez y/o Fiscal de la causa consideren; b) brindar a la niña la posibilidad de realizar una terapia psicológica con el objetivo de contar con un espacio para poder elaborar las situaciones traumáticas vividas; c) realizar

[8] Cattáneo, BH. (2015) Capítulo 2: "Consideraciones previas a la elaboración de informes", en *Informe psicológico*, ob. cit.

un peritaje por un Cuerpo Médico Forense especializado con la aparatología y la profundidad necesaria, con el objetivo de verificar o descartar si es que efectivamente hubo o no acceso carnal en lo que respecta a un potencial abuso; d) realizar un peritaje especializado en las computadoras del progenitor con el fin de investigar acerca de la posibilidad de ser un potencial consumidor de pornografía infantil o de poseer archivadas fotos o filmaciones con relación a abusos sexuales con su propio hijo y/o con otros niños/as menores de edad; e) realizar un peritaje psicológico y psiquiátrico al progenitor y a la madre de la niña, el Sr. ... y la Sra. ...".

- Consistencia:

El informe será "contundente"; es decir, debemos evitar disgregarnos o hacer alarde de nuestro nivel cultural. Por ejemplo:

- En lugar de escribir: "Conclusiones: se infiere en la evaluación psicológica un alto monto de ansiedad y vulnerabilidad, un buen criterio de realidad, poca tolerancia a la frustración y falta de control de sus impulsos. También se pudo detectar en Vicente contenido sexualizado en algunas técnicas gráficas, en las cuales, además, se infiere la proyección de un posible conflicto emocional en el área familiar con predominancia a posibles hechos abusivos".
- Debemos redactar: "Conclusiones: de las secuencias de manifestaciones verbales, paraverbales, lúdicas, gráficas y conductuales de Vicente realizadas en el marco de la Técnica Psicodiagnóstica Hora de Juego, podría inferirse que habría sido sometido a vivencias abusivas de índole sexual en el ámbito de la casa paterna con la posible participación de su progenitor, el Sr. Julio P... A partir de los dichos del niño y de la secuencia de conductas correlativas a tales dichos, también podría inferirse que, quizás, dichas situaciones de abuso sexual podrían haber constado de manoseos en las zonas genitales y/o prácticas masturbatorias, así como también de sexo bucogenital y prácticas de violación con acceso carnal. A partir de lo investigado podría desprenderse que el abuso en cuestión se habría caracterizado por la violencia física, así como por la coerción, una coerción de índole psicológica y moral, producto de lo que se sospecha una situación de incesto que podría haber sucedido desde hace varios años, y en donde la cualidad sexual explícita del vínculo entre el niño y su progenitor y abuelo paterno habría quedado naturalizada".

- Estrategia:

Saber organizar todo el material según los puntos de pericia que debamos explicar o según los objetivos que demande cada caso en particular es, quizás, una de las cuestiones más complejas a la vez que imprescindibles si queremos que quien lea nuestro informe no solo lo entienda, sino que lo recuerde y valorice. En este aspecto, no podemos perder tiempo en transcribir extensos relatos que nos ha hecho la madre en lo que se refiere a detalles superfluos de la vida cotidiana del niño/a; sino que, por el contrario, resulta mucho más conveniente centrarnos en escribir todo aquello que haga referencia directa a la situación de mayor conflicto o, en el caso que nos compete, de haberlo, al abuso sexual. Por ejemplo:

- o En lugar de escribir: "La madre dijo: 'Carlitos nunca se quiere levantar temprano porque suele acostarse muy tarde por las noches. Suele quedarse jugando con el teléfono celular a distintos juegos como el Minecraft o al Fortnite'. Más adelante hizo referencia a otros juegos que también solía jugar con su progenitor a modo de bromas".
- o Debemos redactar: "La madre hizo referencia a ciertos y determinados juegos que su hijo solía hacer con su progenitor, tales como bajarse los pantalones y tocarse los penes en forma de chiste, o darse besos en la boca".

- Objetividad:

Se supone que el informe es un documento científico que se basa en una investigación rigurosa, es por esta razón que debemos evitar redactarlo desde una visión subjetiva, acotada y parcial. Por tal motivo, es importante descartar comentarios y palabras cargadas de dramatismo. Por ejemplo:

- o En lugar de escribir: "Néstor me dijo que Alberto siempre le da besos y abrazos".
- o Debemos redactar: "El Sr. Néstor P..., progenitor de Alberto, en la entrevista que se realizó el día 6-5-99 le manifestó a quien abajo suscribe que su hijo suele darle muestras frecuentes de afecto".

- Utilidad:

El informe debe ayudar de forma concreta al niño/a evaluado; por lo tanto, a través de este el psicólogo tiene que brindar una serie de recomendaciones (como la sugerencia de un tratamiento psicológico o psicopedagógico); advertencias (pronóstico); posibles intervenciones (como una restricción perimetral con su agresor sexual) o la derivación a otro profesional (un psiquiatra, un médico, por ejemplo).

- Indicar lo singular del caso:

Respecto de esto, Cattáneo[9] dice que "Las palabras que se usen deben respetar y responder a su individualidad, de tal forma que se lo pueda reconocer [al niño/a] en esa descripción, incluyendo siempre aquellos comportamientos más accesibles a la observación". Por ejemplo:

- En lugar de escribir: "Elda es una niña educada, bien aseada, que cumple las consignas y dispuesta a jugar".
- Debemos redactar: "Si bien Elda dice escuchar voces e, incluso, por momentos ver a un nene malo de su propia edad o de 4 años (la edad en la cual habría comenzado su trauma), queda descartado que puedan ser alucinaciones propiamente dichas producidas por una esquizofrenia infantil, dado que cada vez que manifiesta esto, lejos de perder la consciencia, siempre lo hace en el marco de una expresión lúdica y como exteriorización de mecanismos mentales mediante los cuales estaría proyectando y poniendo fuera de sí un conflicto que la angustia para que otros lo puedan ver, puedan darse cuenta y la puedan ayudar. Por lo demás, Elda no presenta trastornos en cuanto a su desarrollo físico, mental ni en las áreas cognitivas o de psicomotricidad. En estos meses de evaluación psicológica, la profesional actuante ha podido observar a través de múltiples comportamientos y dichos que la conducta de la niña presenta signos y síntomas compatibles con vivencias abusivas de índole sexual".

- Evitar informes estereotipados:

Cada informe tiene que ser único y original. El psicólogo que lo redacte debe tomarse su tiempo para elaborarlo de manera tal que cada dato, cada comentario, cada descripción e interpretación estén alineados con la hipótesis explicativa de la sintomatología de ese niño/a en particular que ha sido evaluado y necesita ayuda.

Así, podemos limitarnos a relatar de una manera meramente descriptiva las entrevistas que hemos tenido con el padre y la madre

[9] Cattáneo, BH. (2001) "Evaluación psicológica y ética", en *Psicodiagnóstico de Rorschach y otras técnicas proyectivas*, año 22, N° 1, pp. 21-30, Buenos Aires. Citado en Cattáneo, BH. (2015) *Informe psicológico*, ob. cit.

del niño/a o, por el contrario, realizar además un análisis comparativo de las mismas que pueda servir para clarificar la dinámica familiar y, por sobre todas las cosas, echar un manto de luz sobre sus verdaderas identidades. Por ejemplo:

- "Análisis de las entrevistas al progenitor y a la madre: A lo largo de la entrevista con el Sr. Pedro, llama la atención que en ocasión de transmitirle la posibilidad de que su hija pudiera estar siendo abusada sexualmente no haya dado muestras de angustia ni de otra emoción displacentera. A su vez, también llama la atención que cuando hablara de sí mismo en cuanto víctima de supuestas falsas acusaciones de haber sido el abusador de su propia hija tampoco diera muestras de negarlo enfática ni rotundamente; sino por el contrario, se dedicara a desplegar un sólido argumento racional de cómo habrían sido los hechos según él, minimizando cada una de las cosas por las que se lo denunció a nivel judicial. A lo largo de toda la entrevista, el Sr. Pedro pone el énfasis argumentativo de su defensa descalificando constantemente a la Sra. Marta, la madre de su hija, y dejando a la luz un posicionamiento misógino y violento hacia los niños y las mujeres… Por el contrario, a la Sra. Marta se la observa desbordada por la angustia a lo largo de toda la entrevista, manifestando tener consciencia del hecho de que muchas de las conductas de su hija están lejos de ser normales. En todo momento, se muestra predispuesta a ofrecer toda la ayuda necesaria para que su hija pueda ser evaluada con eficacia en el marco de un psicodiagnóstico exhaustivo. Se siente culpable por no haberla sabido cuidar con mayor esmero. A su vez, llama la atención que lejos de hablar mal del progenitor de la niña, intenta por todos los medios buscar otra explicación de lo sucedido con el fin de evitar aceptar que, quizás, su pareja pueda llegar a ser el abusador de su hijo/a. En su discurso no se observan contradicciones lingüísticas ni semánticas y su lenguaje corporal es coherente con su relato, lo que refleja ausencia de mentiras, fabulaciones o intentos de manipulaciones".

- Evitar hacer descripciones de los tests:

No describir los objetivos de cada técnica que hayamos administrado es de vital importancia; nuestro propósito no es escribir un libro –o varios– sino redactar un informe en el cual se pueda identificar de manera clara la problemática del niño/a; quien requiera de este tipo de datos puede averiguarlos fácilmente en diversas fuentes bibliográficas.

- o En lugar de escribir: "Para evaluar credibilidad del niño tal y como se demanda en el objeto de la pericia, se opta por evaluar su relato mediante el SVA o Análisis de Validez del Testimonio (Steller y Köhnken, 1989) El Statement Validity Assessment (SVA) o Evaluación de la Validez de la Declaración, es la técnica más empleada para evaluar la veracidad de las declaraciones verbales. El desarrollo del SVA está fundamentado en la hipótesis de Undeutsch: 'Un testimonio basado en una experiencia real difiere en cuanto a su calidad y contenido de un testimonio basado en un acontecimiento imaginado'. El Criteria-Based Content Analysis (CBCA) (Análisis de Contenido Basado en Criterios) es el componente principal del SVA. El SVA está formado por tres componentes: a) una entrevista estructurada; b) el CBCA que evalúa el contenido de la declaración de la persona; c) la integración del CBCA con la información derivada de un set de preguntas (Lista de Validez), que combina la información extraída del análisis del contenido de la declaración con otra información relevante del caso y con la información obtenida a partir de la entrevista previamente realizada".
- o Debemos redactar: "Se ha observado que el discurso de Juan Martín refleja una serie de indicadores de veracidad del discurso concordantes con el CBCA: Análisis de Contenido Basado en Criterios, uno de los elementos principales para la Evaluación de Validez de las Declaraciones (SVA); por ejemplo: 1) estructura lógica; 2) elaboración inestructurada; 3) cantidad de detalles (por ejemplo, en la segunda y cuarta entrevista, el niño dijo...); 4) engranaje contextual; 5) descripción de interacciones (por ejemplo, en la quinta y sexta entrevista, el niño dijo...); 6) reproducción de conversaciones; 7) detalles inusuales (por ejemplo, en la quinta y sexta entrevista, el niño dijo...; 8) detalles superfluos (por ejemplo, en la octava entrevista, el niño dijo...); 9) correcciones espontáneas (por ejemplo, en la séptima entrevista dijo...); 10) admisión de falta de memoria (por ejemplo, en la segunda y cuarta entrevista, el niño dijo...)".

➢ Evitar un exceso de citas:

Citar fuentes bibliográficas o textos escritos por autores referentes del abuso sexual u otras especialidades no está mal; sin embargo, no debemos abusar de esto porque podría ser interpretado como inseguridad o falta de confianza del profesional en su propio criterio a la hora de redactar el informe. No obstante, es importante fundamentar lo que se infiere de los juegos, los dibujos y demás manifestaciones simbólicas de los niños/as o adolescentes durante la evaluación y posterior informe.

➢ Evitar generalidades:

No se trata de escribir conceptos generales y abstractos que no se ajustan a las características particulares del niño/a real que ha sido evaluado. Por el contrario, se recomienda siempre expresarnos en términos que puedan ser entendidos no solo por un psicólogo, sino también por cualquier otro profesional: un abogado, un juez o un fiscal, como ya lo hemos mencionado.

- o En lugar de escribir: "Isidro se encuentra atravesando el Complejo de Castración".
- o Se recomienda redactar: "Isidro se encuentra en una etapa en la cual teme ser castigado por su curiosidad sexual".

➢ Evitar todo aquello que no hace al diagnóstico:

Frecuentemente, se observan informes en los que el profesional se pierde en detalles que no aportan datos de relevancia y generan confusión. En este aspecto, es importante centrar la redacción en los objetivos del diagnóstico.

- o En lugar de escribir: "En la segunda entrevista la madre cuenta que ella es la encargada de levantar a su hijo todas las mañanas para ir al colegio, debe tirarle agua en la cara para que se despierte, ante lo cual el niño suele reaccionar con fastidio y expresiones de ira; por ejemplo, se tira al suelo, sale corriendo mientras ella va detrás de él para vestirlo...".
- o Se recomienda redactar: "En una segunda entrevista la madre se refirió a la resistencia que su hijo pone a la hora de ir a la escuela...".

➢ Omitir conceptos teóricos:

A la hora de escribir un informe es relevante prescindir del uso de palabras técnicas o de un vocabulario psicoanalítico, por ejemplo, que resulte incomprensible para cualquier destinatario que no sea psicólogo. Al respecto, el libro de Cattáneo (2015) menciona a Luciano L'Abate, quien aporta algunos ejemplos dados por Kopfer, que ilustran cómo se pueden traducir los conceptos en un lenguaje básico:

❖ "El paciente es sumamente narcisista", puede ser traducido como: "El paciente está tan preocupado por sí mismo que le resulta difícil interesarse por otra gente".

- "El paciente es extremadamente defensivo", puede ser traducido como: "El paciente trata de no aceptar sus propios sentimientos por cuanto amenazan su seguridad, al hacerlo aparecer como un individuo irracional e inestable".

- "Las defensas que emplea el paciente son...", puede ser traducido como: "Los métodos que suele emplear el paciente para reducir su estado de ansiedad son..."

- "El paciente sufre de ansiedad fluctuante", puede ser traducido como: "El paciente se siente generalmente muy incómodo y molesto sin realmente conocer las razones para ello, ni ser capaz de hacer algo para vencer este estado".

- "La hostilidad del paciente parece estar muy reprimida", puede ser traducido como: "El hacerle notar al paciente sobre su estado de hostilidad origina un estado de rechazo de su parte, debido a la incomodidad que ello le ocasiona".[10]

b. Semántica y sintaxis:

En relación con los aspectos técnicos formales referidos a la semántica y sintaxis, tendremos en cuenta las siguientes sugerencias:

- Cuidar la semántica:

Se recomienda no escribir con un estilo informal, coloquial, utilizando palabras demasiado comunes o expresiones que resulten subjetivas o ambiguas; pero, también, debemos cuidarnos de ser demasiados formales y redactar frases estereotipadas.

- o En lugar de escribir: "Pablo me dijo que su hijo es un niño que se está tocando su pene permanentemente...".
- o Debemos redactar: "El Sr. Pablo, progenitor del niño, ha manifestado a quien abajo suscribe que este suele tocarse su área genital permanentemente...".

- Cuidar la gramática y la sintaxis:

Cada una de las oraciones que escribamos deben estar bien estructuradas, según las reglas y principios que gobiernan la combinatoria de constituyentes sintácticos (sujetos, predicados, tiempos verbales, objetos directos e indirectos, etcétera).

[10] L'Abate, L. (1967) *Principios de psicología clínica*, Buenos Aires: Paidós. Citado en Cattáneo, BH. (2015) *Informe psicológico*, ob. cit.

- o En lugar de escribir: "Cuando el perito le **preguntó** si todo esto lo había contado a otra persona, el niño **responde** que no tanto como ahora...".
- o Debemos redactar: "Cuando el perito le **preguntó** si todo esto lo había contado a otra persona, el niño **respondió** que no tanto como ahora...".

➢ Ortografía:

Las faltas de ortografía quitan valor a cualquier escrito. Si se nos presentan dudas a la hora de redactar nuestro informe profesional, nunca estará de más recurrir a un diccionario en línea.[11] Una vez finalizada su redacción, es imprescindible revisarlo con el corrector ortográfico del procesador de textos que estemos usando.

- o En lugar de escribir: "La **grabedad** del **echo** fue confirmada por el equipo **medico**.
- o Debemos redactar: "La **gravedad** del **hecho** fue confirmada por el equipo **médico**.

➢ Puntuación y otros signos ortográficos:

El correcto uso del punto y aparte, de las comillas, de las comas y puntos y comas, de los dos puntos, de las mayúsculas en los comienzos de oración, resultan fundamentales e imprescindibles para aportar sentido a cada párrafo y al texto en general, favoreciendo una lectura dinámica. Por ejemplo:

- o En lugar de escribir: "En la segunda sesión la niña se mete debajo del escritorio y verbaliza ...esto que está acá es un monstruo, ¿quieres conocerlo? Dice esto mientras se mete la mano dentro de la bombacha y sale corriendo. En la segunda sesión se toca la zona genital por encima de la ropa, le ofrezco juguetes y empieza a manipularlos con la mano que tenía libre, luego de un rato empieza a jugar con un muñeco bebé y el juego de la medicina abandonando la actividad anterior, en esta secuencia de hechos no muestra signos de angustia o vergüenza, sino que por lo contrario sonríe, en esa misma sesión ve un cuento y pide que se lo lean. Se trata de una niña que está triste, en ese momento Irene dice 'la nena está triste porque el tío le da besos chupados'. Ante la pregunta de en qué parte del cuerpo suele darle ese tipo de besos responde: 'no sé yo soy mala mi tío es bueno' y ante la pregunta por qué eres

[11] El Diccionario de la Real Academia Española es una buena opción. Disponible: <https://dle.rae.es/>.

mala, responde ...porque dije que mi tío me tocaba y era cierto, pero ahora quiero verlo y no me dejan porque soy muy mala y me pueden encerrar en la cárcel".

- o Se recomienda redactar: "En la segunda **sesión**, la niña se mete debajo del escritorio y verbaliza: "**Esto** que está acá es un **monstruo**. **¿Quieres** conocerlo? [*sic*]". Dice esto mientras se mete la mano dentro de la bombacha y sale corriendo. En la segunda **sesión, Irene procede a tocarse** la zona genital por encima de la **ropa. La** psicóloga tratante le ofrece juguetes y **la niña comienza** a manipularlos con la mano que tenía **libre**; luego de un rato, empieza a jugar con un muñeco bebé y el juego de la medicina abandonando la actividad **anterior. En** esta secuencia de **hechos**, no muestra signos de angustia o **vergüenza**, sino **que**, por lo **contrario, sonríe. Más tarde, en** esa misma **sesión, descubre** un cuento y pide que se lo lean. **Dice: "La nena está** triste porque el tío me da besos chupados". Ante la pregunta acerca de cómo es que le da besos chupados, **la niña** responde: "**No** sé. Yo soy **mala, mi** tío es **bueno** [*sic*]". **Ante** la pregunta de en qué parte del cuerpo suele darle ese tipo de besos responde: **"Porque** dije que mi tío me tocaba y era **cierto; pero,** ahora quiero verlo y no me dejan porque soy muy **mala, y** me pueden encerrar en la cárcel [*sic*]".

➢ Tipografía:

Debemos utilizar una tipografía que no represente esfuerzo para leerla; por ejemplo, la Arial o Times New Roman.

- o En lugar de usar esta tipografía: ***"El padre comenta que él siempre estuvo seguro que la angustia de su hija se debía a sus dificultades de aprendizaje y a la mala relación con sus compañeros del colegio, pero luego el niño siguió presentando episodios de tristeza, llanto, mostrándose cada vez más cerrado y menos comunicativo. La madre agrega que Filipa tiene tics, se come las uñas, se golpea la cabeza contra la pared o tartamudea, comportamientos que se intensificaron en el último año. A su vez, agrega que tiene asma y que, por momentos, según el día, camina en puntas de pie".***
- o Debemos usar esta otra: "El padre comenta que él siempre estuvo seguro de que la angustia de su hija se debía a sus dificultades de aprendizaje y a la mala relación con sus compañeros del colegio, pero luego el niño siguió presentando episodios de tristeza, llanto, mostrándose cada vez más cerrado y menos comunicativo. La madre agrega que Filipa tiene tics, se come las uñas, se golpea la cabeza contra la pared o tartamudea, comportamientos que se intensificaron en el último año.

A su vez, agrega que tiene asma y que, por momentos, según el día, camina en puntas de pie".

- Espaciado e interlineado:

El espacio óptimo entre renglón y renglón (interlineado) es necesario para agilizar la lectura. Este tipo de informes suele ser muy denso por la cantidad de datos aportados, y tener que leer varias veces una misma línea termina desmotivando el interés en el caso. Lo ideal es configurar un interlineado de párrafo de 1,5 o 1,15 líneas. Para el espacio entre párrafos, lo ideal es configurar un espaciado anterior y posterior de 6 puntos.

  - En lugar de este interlineado:

    "El padre comenta que él siempre estuvo seguro de que la angustia de su hija se debía a sus dificultades de aprendizaje y a la mala relación con sus compañeros del colegio, pero luego el niño siguió presentando episodios de tristeza, llanto, mostrándose cada vez más cerrado y menos comunicativo. La madre agrega que Joaquina tiene tics, se come las uñas, se golpea la cabeza contra la pared o tartamudea, comportamientos que se intensificaron en el último año. A su vez, agrega que tiene asma y que, por momentos, según el día, camina en puntas de pie".

  - Debemos usar este otro:

    "El padre comenta que él siempre estuvo seguro de que la angustia de su hija se debía a sus dificultades de aprendizaje y a la mala relación con sus compañeros del colegio, pero luego el niño siguió presentando episodios de tristeza, llanto, mostrándose cada vez más cerrado y menos comunicativo. La madre agrega que Joaquina tiene tics, se come las uñas, se golpea la cabeza contra la pared o tartamudea, comportamientos que se intensificaron en el último año. A su vez, agrega que tiene asma y que, por momentos, según el día, camina en puntas de pie".

- Encuadre:

El texto debe estar alineado con márgenes regulares para obtener un aspecto más formal y prolijo; los márgenes irregulares, en general, son característicos de otros géneros discursivos.

- o En lugar de usar estos márgenes:

  "El padre comenta que él siempre estuvo seguro de que la angustia de su hija se debía a sus dificultades de aprendizaje y a la mala relación con sus compañeros del colegio, pero luego el niño siguió presentando episodios de tristeza, llanto, mostrándose cada vez más cerrado y menos comunicativo. La madre agrega que Joaquina tiene tics, se come las uñas, se golpea la cabeza contra la pared o tartamudea, comportamientos que se intensificaron en el último año. A su vez, agrega que tiene asma y que, por momentos, según el día, camina en puntas de pie".

- o Debemos usar este otro:

  "El padre comenta que él siempre estuvo seguro de que la angustia de su hija se debía a sus dificultades de aprendizaje y a la mala relación con sus compañeros del colegio, pero luego el niño siguió presentando episodios de tristeza, llanto, mostrándose cada vez más cerrado y menos comunicativo. La madre agrega que Joaquina tiene tics, se come las uñas, se golpea la cabeza contra la pared o tartamudea, comportamientos que se intensificaron en el último año. A su vez, agrega que tiene asma y que, por momentos, según el día, camina en puntas de pie".

➢ Extensión:

La extensión del informe debe adecuarse a la cantidad de información que debamos transmitir. El informe judicial de una evaluación por abuso sexual en un niño/a, debería llevar no menos de diez páginas; aunque, frecuentemente, llevan entre veinte y treinta y, en ciertos casos (en niños/as aún no escolarizados) hasta cincuenta.

➢ Uso del condicional:

El modo condicional en la gramática de nuestro idioma español es uno de los modos del verbo que se utiliza para referirse a acciones hipotéticas o posibles; suele emplearse para expresar probabilidades o relatar acciones de las que no hemos sido testigos.

Cuando redactamos un informe judicial debemos ser muy cuidadosos al afirmar hechos o cosas que la madre o el padre del niño/a nos han relatado en una entrevista, ya que no sabemos si son verdaderos. Por esa razón, el uso del condicional es un excelente recurso que nos evitará ser juzgados como profesionales parciales.

- o En lugar de escribir: "Quien motivó la consulta el día 2 de noviembre de 2001 fue la Sra. Mabel debido a que su hija Inesita **le contó** a dos compañeritas del colegio que su padre **le había** mostrado sus genitales".
- o Debemos redactar: "Quien motivó la consulta el día 2 de noviembre de 2001 fue la Sra. Mabel debido a que su hija Inesita **le habría contado** a dos compañeritas del colegio que su padre **le habría** mostrado los genitales".

➢ Uso de mayúsculas:

Las mayúsculas se utilizan para resaltar los títulos principales del informe, que, además, deben ir subrayados. Esto crea un mapa de lectura de mucha utilidad a la hora de organizar una serie de datos que pueden ser identificados rápidamente por el lector.

o En lugar de escribir:

Datos de filiación: Ernesto, 5 años, primer grado, etcétera.

Modalidad de abordaje: el psicodiagnóstico se realizó en un total de 8 sesiones realizadas, etcétera.

Motivo de consulta: quien realizó la consulta fue la madre del niño, debido a una sospecha de abuso sexual.

o Debemos resaltar:

<u>DATOS DE FILIACIÓN</u>

<u>Nombre</u>: Ernesto…

<u>Edad</u>: 5 años…, etcétera.

<u>METODOLOGÍA DE ABORDAJE</u>

El psicodiagnóstico se realizó en un total de 8 sesiones realizadas…

<u>MOTIVO DE CONSULTA</u>

Quien realizó la consulta fue la madre del niño, debido a una sospecha de abuso sexual…

➢ Frases resaltadas:

El recurso del uso de la letra negrita, subrayada, cursiva o de mayor tamaño, por ejemplo, resulta muy útil para destacar aquellas causas sobre las cuales estamos fundamentando nuestra hipótesis diagnóstica. Además, teniendo en cuenta que quien leerá este informe, en general, será un abogado, juez o fiscal, por ejemplo, quienes, a su vez, suelen leer decenas de expedientes con este tipo de causas al día, siempre resulta muy positivo resaltar las frases que el niño/a ha dicho en primera persona en referencia directa a su trauma sexual para que no pasen inadvertidas.

- En lugar de escribir: En la cuarta entrevista, Marcos le dijo a quien abajo suscribe: "Mi tío me toca el trasero y el pene. Pero eso no es malo, solo está jugando a los novios [*sic*]".
- Debemos resaltar: En la cuarta entrevista, Marcos le dijo a quien abajo suscribe: "***Mi tío me toca el trasero y el pene***. Pero eso no es malo, solo está jugando a los novios [*sic*]".

➢ Subrayado:

El subrayado simple de una frase tiene como finalidad destacar algo que nos hayan contado que esté directamente relacionado con el abuso sexual o la conflictiva del niño/a y que consideremos importante.

- En lugar de escribir: "En una tercera entrevista (realizada el día 8-4-97) la Sra. Ester y su pareja actual, el Sr. Antonio, comentaron un par de diálogos que habrían tenido con el niño, a raíz de lo que se enteraron en el colegio. Entre ambos, le habrían preguntado al niño si alguien le había mostrado o tocado la cola y este habría respondido que a su progenitor siempre le vería la zona anal y genital".
- Debemos resaltar: "En una tercera entrevista (realizada el día 8-4-97) la Sra. Ester y su pareja actual, el Sr. Antonio, comentaron un par de diálogos que habrían tenido con el niño, a raíz de lo que se enteraron en el colegio. Entre ambos, le habrían preguntado al niño si alguien le había mostrado o tocado la cola y este habría respondido que ***a su progenitor siempre le veía la zona anal y genital***".

➢ Comillas:

Las transcripciones de los dichos de nuestro entrevistado deben figurar entre comillas, para señalar que se trata de algo textual que ha dicho. Aquí, tenemos que tener en cuenta dos cosas: 1) la frase que precede y da inicio a aquella que vaya entre comillas debe finalizar con dos puntos, y 2) si la oración que vamos a escribir entre comillas es algo que dijo alguien debe comenzar con una letra mayúscula, o una letra minúscula si está precedida de tres puntos (los cuales se utilizan para transcribir una frase que ha sido cortada). Por ejemplo:

- En lugar de escribir: La Sra. Irma refirió sobre una infección vaginal de su hija, cuando esta llegó de la casa de **su progenitor, estuvo** todo el fin de semana con ella y ni siquiera fue capaz de llevarla al médico. Cuando vi a Petra, ella **me dijo mamá,** me pica mucho la vagina. La Sra. Irma continuó **diciendo "Y entonces,** ella me mostró la bombacha que tenía unas gotas de sangre".

- o Debemos anotar: La Sra. Irma refirió sobre una infección vaginal de su hija, cuando esta llegó de la casa de su **progenitor: "Estuvo** todo el fin de semana con ella y ni siquiera fue capaz de llevarla al médico". Cuando vi a Petra, ella **me dijo: "Mamá,** me pica mucho la vagina. La Sra. Irma continuó **diciendo: "... y entonces,** ella me mostró la bombacha que tenía unas gotas de sangre".

➢ Uso de la palabra *sic*:

Luego de haber citado entre comillas una frase que hemos escuchado decir al entrevistado o a nuestro paciente, escribiremos en itálica, entre corchetes, y dentro de esa misma frase, el adverbio latino *sic*, que significa "así" y proviene de la frase latina *sic erat scriptum* ("así fue escrito"). Suele utilizarse especialmente en los informes judiciales con el objetivo de dar a entender que una palabra o frase empleada, aunque pudiera parecer inexacta, chocante o incorrecta, es textual.

- o En lugar de escribir: "Mi papá me hizo el pis blanco"; le dijo el niño a la psicóloga que abajo suscribe; luego de lo cual, habría agregado: "Yo tengo un secreto, y los secretos no se pueden contar".
- o Debemos redactar: "Mi papá me hizo el pis blanco [*sic*]"; le dijo el niño a la psicóloga que abajo suscribe; luego de lo cual, habría agregado: "Yo tengo un secreto, y los secretos no se pueden contar [*sic*]".

➢ Enumeración de las páginas:

Este es un dato que muchos psicólogos olvidan, pero que se considera imprescindible si es que se quiere evitar la mezcla o la pérdida de una hoja del informe en un expediente judicial o escolar, por ejemplo.

➢ Firma y sello:

Al terminar de escribir un informe judicial, debemos firmar y sellar (con nuestro sello debe tener nuestro nombre y apellido completos, nuestra profesión y número de matrícula correspondiente) sobre el margen izquierdo inferior de cada una de las hojas de nuestro informe, así como al pie de página al finalizar. Esta práctica tiene el objetivo de evitar espacios en blanco en los que se pudieran agregar datos falsos. Con respecto a esto, debemos recordar que un informe psicológico tiene la validez de un certificado y de un documento científico.

Estructura de informe estándar

Existe una estructura estándar propuesta por Bleger[12] para realizar un informe psicológico general que resulta de utilidad para presentar en distintos ámbitos; esta incluye los siguientes datos:

- **Fecha**.
- **Datos del evaluador**: nombre, apellido, domicilio, número de matrícula profesional.
- **Datos del solicitante**: nombre, cargo profesional, nombre del colegio en el que trabaja o la dependencia judicial que lo solicita, si corresponde.
- **Nombre y apellido del niño/a**.
- **Datos del niño/a**: edad, escolaridad y nombre del colegio. Nombres, edades, profesiones de la madre, padre y hermanos.
- **Procedimientos utilizados**: entrevistas, técnicas y tests.
- **Motivos del estudio**: quién fue la persona que motivó la consulta (por ejemplo, la directora, la psicopedagoga, la dependencia judicial, etc.) y objetivos de la evaluación.
- **Descripción sintética del grupo familiar**: miembros de la familia, roles y la dinámica familiar, etcétera.
- **Descripción del niño/a**: si se halla aseado o desprolijo en su vestimenta, cómo se expresa verbal y gestualmente, su actitud frente al entrevistador, si está motivado y cumple las consignas, etcétera.
- **Problema vital**: conflictos actuales y pasados (temores, aspiraciones, deseos, inhibiciones, etcétera).
- **Descripción de estructuras de conductas**: descripción de comportamientos ante determinadas circunstancias, cambios observados, etcétera.
- **Descripción de rasgos de carácter y de la personalidad**: desarrollo y grado de madurez psicosexual, intelectual, emocional, social, profesional, etcétera.

[12] Bleger, J. (1985) *Temas de psicología (entrevista y grupos)*, Buenos Aires: Nueva Visión.

- **Resultados de tests y exámenes**: si el destinatario lo requiere, se pueden incluir resultados de cada test.
- **Conclusión**: diagnóstico y caracterización psicológica del individuo según los objetivos de la evaluación.
- **Pronóstico**: proyección estimativa de lo que podría acontecer al sujeto en un futuro.
- **Orientación**: recomendaciones que puedan ayudar al sujeto a resolver su conflicto.

Vale destacar que, como en un principio explicamos, el informe debe ser redactado con el objetivo de que su destinatario lo pueda llegar a entender sin dificultades. Desde este punto de vista, si bien al escribir un informe psicológico en el ámbito clínico –cuyo destinatario es otro colega– podemos incluir datos teóricos propios de nuestro saber y terminología específica (tal como Complejo de Edipo, etapa oral, anal, fálica, etc.), no recomendamos hacer lo mismo en el ámbito judicial, ya que, en el mundo de la abogacía –centrado en las leyes y la recopilación de pruebas concretas del delito– no lograrían entenderlo en su total profundidad. Por lo tanto, en los casos de abuso sexual contra niñas y niños lo que se aconseja es redactar dicho informe haciendo hincapié en lo que se refiere principalmente al testimonio del niño/a, reflejado en sus dichos, juegos, gráficos, tests, etcétera.

Es importante centrarse en la situación de abuso del niño, niña o adolescente y evitar incluir información que no hace a la cuestión de fondo. Hay un viejo dicho que se puede aplicar aquí para comprender el sentido de estas recomendaciones: "No aclares, que oscurece".

Debemos ser directos en estos temas en los que se pone en juego la seguridad y muchas veces la vida del niño/a o del adulto protector. Nuestra ciencia psicológica tiene herramientas para detectar y diagnosticar un abuso sexual, a pesar de las campañas que intentan desacreditar a la psicología como ciencia y a los psicólogos como científicos. Leer este tipo de campañas de acuerdo al lugar del que surgen forma parte de nuestra tarea. Pueden llegar a ser organizaciones que dicen proteger a la infancia cuando en realidad están compuestas por pedófilos, abusadores de niños y niñas, sus familiares y sus abogados defensores; también, por psicólogos y trabajadores sociales; y necesitan de nuestro desprestigio para mantener su impunidad.

SEGUNDA PARTE

Modelos de informes

Capítulo 1

Informe unificado

La estructura de un informe psicológico, sus características y su extensión en páginas dependerá del motivo de consulta, el tipo de diagnóstico, las modalidades de evaluación y a quién esté dirigido. No será lo mismo escribirlo para una institución escolar que para otro colega, o para el área judicial, por ejemplo.

Partiendo de nuestra experiencia tanto en la práctica privada, como en la escolar, en la institucional y en la judicial, consideramos que la estructura para elaborar las diferentes clases de informes dependerá, principalmente, de su destinatario. De modo general, mencionaremos algunas clases de informes a través de los cuales se suele brindar información sobre los distintos casos de abuso sexual de niñas y niños.

El modelo de Informe Unificado fue creado y diseñado por la licenciada María Cecilia López, una de las autoras de este libro, luego de muchos años de prueba, ensayo y error redactando informes sobre casos de abuso sexual de niñas y niños, haciendo uso de distintos tipos de estructuras. En aquel entonces, lo que sucedía era que luego de un corto plazo de tiempo de haber entregado el informe, siempre solían convocarme desde distintos juzgados (juzgados de paz, penal, de familia), fiscalías o unidades fiscales de investigación (UFI), organismos no gubernamentales (ONG), oficinas de violencia doméstica (OVD), comisarías, casas de acogida u hospitales, por ejemplo, con el objetivo de aclarar dudas o cosas que no se comprendían; también, por el contrario, como suele suceder en este tipo de casos, podía ocurrir que me convocasen a dar mi testimonio muchos años después, cuando había datos que ya no podía recordar. Así, de esta manera, para evitar malentendidos y continuar dilatando tiempos tan valiosos inherentes a la resolución de este tipo de causas, se me ocurrió idear una estructura de informe completo, en la cual pudieran quedar unificadas cuestiones de interés para todos los organismos intervinientes. El tiempo me demostró que este tipo de informe es el más práctico, dado que no solo contiene el motivo de consulta, la historia vital del niño/a, la explicación y el análisis de los distintos tests, por ejemplo; sino que, además, incluye una breve reseña de la historia clínica y de las entrevistas que se tuvieron con el niño/a (con el previo permiso de su familia protectora para levantar el secreto profesional).

Esto quiere decir que en el Informe Unificado vamos a no solo transcribir alguna frase aislada del niño/a víctima sino todo aquello, de su relato verbal, que esté directamente relacionado o vinculado a su trauma, a la vez que, paralelamente, iremos describiendo sus gestos, su lenguaje corporal y todo lo que va diciendo a lo largo de todas las entrevistas a través de otros tipos de lenguajes propios de la niñez, tales como el lenguaje lúdico y los gráficos.

Como ya hemos explicado, los niños/as suelen tener dificultades para expresarse oralmente dado que, entre otras cosas, están aprendiendo el idioma humano desde el punto de vista de la semántica, la gramática y la sintaxis. Pero, si a esto agregamos que los niños/as con los que trabajamos, además de ser niños/as, son niños/as que están sufriendo un trauma sexual y, frecuentemente, un trauma por abuso sexual intrafamiliar crónico (equiparado a los peores traumas de la humanidad tal como haber vivido en un campo de concentración), debemos considerar, además de sus palabras textuales, su relato gestual, corporal, lúdico o gráfico, por ejemplo, los cuales constituyen elementos probatorios imprescindibles a la hora de fundamentar la o las causas de su sintomatología en la que se basará nuestro diagnóstico.

A continuación, compartimos una ficha técnica a modo de guía para elaborar y redactar el informe unificado en los casos de niños/as diagnosticados como víctimas de abuso sexual.

Ficha técnica

Fecha

Consignar la fecha en la que se terminó de redactar el informe es fundamental para otorgar un marco temporal a la investigación. Por ejemplo:

- **Margen derecho**: se debe colocar la fecha en la cual se finalizó de escribir el informe.

Encabezamiento

Es preciso recordar que un informe es un documento legal y que como tal debe iniciarse con un encabezamiento que, junto a nuestros datos como psicólogos, debe consignar a quien va dirigido. Por ejemplo:

- **N° de I. P. P. de la causa**: en el caso de que haya una denuncia penal.
- **Nombre y apellido de la psicóloga**: o de quien haya escrito el informe, matrícula, domicilio legal.
- **Nombre del juez o fiscal de la causa**: al cual va dirigido el informe.
- **Nombre, número y localidad del juzgado**.

Luego, dejando un espacio, se debe escribir:

- **Nombre de la causa denunciada**: por ejemplo: "Causa del Sr. (nombre y apellido del imputado), por Delito contra la Integridad Sexual agravado por el vínculo".
- **Nombre del psicólogo tratante**: por ejemplo: "Licenciada (nombre de la psicóloga que ha escrito el informe), M. N. ... (número de matrícula nacional y/o provincial), Domicilio Legal (dirección)".
- **Líneas de presentación**: por ejemplo: "Como psicóloga tratante a cargo del diagnóstico de (nombre y apellido del niño/a) emito el presente informe a pedido de la Sra. (nombre y apellido de la madre o el padre) a la Jueza (nombre y apellido de la jueza o juez a cargo de la causa) del Juzgado (por ejemplo: del Juzgado de Garantías N° X del departamento judicial Buenos Aires, con sede en...)".

Datos del niño/a

En este punto, es importante consignar todos los datos que podamos. Por ejemplo:

- **Nombre y apellido**: nombres y apellidos que figuran en el DNI, en letra mayúscula.
- **Edad**: años y meses.
- **Fecha de nacimiento**: día, mes y año en el que nació.
- **DNI**: documento de identidad.
- **Escolaridad**: grado que está cursando el niño.

- **Escuela**: nombre y dirección.
- **Madre**: nombre, apellido, edad, estudios, profesión.
- **Pareja de la madre**: nombre, apellido, edad, estudios, profesión.
- **Padre**: nombre, apellido, edad, estudios, profesión.
- **Pareja del padre**: nombre, apellido, edad, estudios, profesión.
- **Hermanos**: nombre, apellido, edad, estudios, trabajo.
- **Medios hermanos maternos**: nombre, apellido, edad, estudios, trabajo.
- **Medios hermanos paternos**: nombre, apellido, edad, estudios, trabajo.
- **Familia conviviente actual**: consignar con quién convive el niño/a en la actualidad y si suele visitar a su progenitor.

Motivo de consulta

En este punto, es fundamental dejar en claro quién, por qué y para qué ha solicitado la ayuda de un psicólogo. Por ejemplo:

- **Quién realiza la consulta**: madre, padre, abuela, tía, abogado, fiscal, juez, etcétera.
- **Indicadores**: consignar aquellos indicadores conductuales y la sintomatología observada por la madre, el padre o la familia protectora del niño/a.
- **Derivación**: en caso de ser un niño/a derivado desde un juzgado, se deben consignar los puntos de pericia.

Metodología de abordaje

En este punto es importante explicar qué metodología de investigación se ha utilizado. Por ejemplo:

- **Número de entrevistas**: deben consignarse cuántas entrevistas llevó arribar a un psicodiagnóstico.
- **Fechas**: consignar cada una de las fechas en las que se realizaron cada una de las entrevistas.
- **Técnicas y tests utilizados**: escribir cada una de las técnicas y tests que se han utilizado para evaluar al niño/a.
- **Modalidad de interpretación**: especificar desde qué perspectiva se ha realizado la interpretación de cada una de las técnicas.

Entrevista con la madre

En este punto, es importante recopilar la mayor cantidad posible de datos del niño/a al que iremos a evaluar. Por ejemplo:

- **Puntos de pericia**: si han sido solicitados por el juez de la causa.
- **Historia familiar**: cómo conoció al padre de su hijo; cómo se relacionaban; por qué y en qué fecha se divorciaron o se separaron; cómo se llevan cada miembro de la familia con el niño/a, etcétera.
- **Datos de anamnesis**: cómo fue su concepción (si fue un niño/a deseado, si su padre o madre tomaron a bien o rechazaron la idea de tenerlo, etc.); cómo fue el embarazo y si hubo acontecimientos familiares traumáticos o, si durante su transcurso o en los primeros meses de vida hubo un cambio en la conducta o en el comportamiento sexual del padre del niño/a o en la pareja de la madre, etcétera.
- **Tratamientos previos**: si el niño/a ya ha realizado otros psicodiagnósticos o tratamientos psicológicos, psicopedagógicos, psiquiátricos, médicos; fechas, nombre de los profesionales intervinientes; datos en referencia a otros informes anteriores.
- **Informes escolares**: de docentes, directivos o que figuren en el legajo escolar.
- **Indicadores de estrés postraumático y abuso sexual en distintas áreas**: relato del niño/a (a quién le dijo, cuándo, dónde); indicadores conductuales, psicológicos, emocionales, sociales, cognitivos, sexuales, juegos extraños, indicadores en dibujos que el niño/a haya realizado en la escuela o en su casa y que hayan llamado la atención, etcétera.
- **Breve análisis del discurso de la madre**: en el que se tengan en cuenta los distintos puntos de veracidad del discurso.

Entrevista con el progenitor

Se procede a investigar acerca de los mismos puntos que en la entrevista a la madre. Es importante recopilar la mayor cantidad posible de datos del niño/a al que iremos a evaluar. También, por ejemplo:

- **Puntos de pericia**: al igual que el punto anterior, se investigan puntos de pericia y de anamnesis, se recopilan datos de la historia familiar.

- **Datos de anamnesis e historia familiar**: ídem que los de la entrevista a la madre.
- **Breve análisis del discurso del padre**: aquí, deberán tenerse en cuenta los siguientes ítems: a) análisis de la veracidad del discurso; b) contradicciones que puedan llegar a surgir al momento de contrastar el testimonio de la madre y el padre y c) contradicciones en el relato.
- **En caso de que el progenitor no se presente a la entrevista**: consignar las fechas en que se lo citó y por qué medios (por ejemplo, teléfono, WhatsApp, correo electrónico).

Entrevistas psicodiagnósticas con el niño/a

En este punto, describiremos brevemente cómo se desenvolvió el niño/a a lo largo del psicodiagnóstico:

- **Indicadores**: consignar especialmente si es que se encontraron signos de abuso sexual en la actividad lúdica del niño/a o en sus gráficos.
- **Breve resumen de las entrevistas**: hacer un recorrido por las diferentes entrevistas (con fecha) en las cuales se hayan observado signos, síntomas e indicadores de abuso sexual y redactar esto de forma resumida.
- **Interpretación**: luego de describir el resumen de lo que el niño/a dijo, jugó o dibujó, por ejemplo, hacer una breve interpretación acerca del simbolismo de sus dichos, juegos y dibujos; con el objetivo de que los profesionales intervinientes en la causa que no sean psicólogos (por ejemplo, los abogados, fiscales y jueces) puedan acceder de una forma más comprensible al significado de los mismos.

Conclusiones parciales

En este punto, se debe hacer un breve análisis general de las entrevistas que se tuvo con el niño/a. Se deberán consignar:

- **Resumen**: relatar brevemente aquello que el niño/a expresó mediante sus distintos lenguajes; especialmente, mediante sus juegos y dibujos.
- **Resultado de tests y técnicas**: exponer datos relevantes observados en los distintos tests y técnicas administradas.

- **Correlatividad**: explicar si lo expresado por el niño/a tiene o no una correlatividad con lo expresado por su madre, padre u otro adulto protector que haya realizado la consulta.

Indicadores de abuso sexual

En este punto, se hará un listado detallado de todos los indicadores de abuso sexual que hemos podido identificar a lo largo de nuestro diagnóstico. Esto incluye: a) datos observados por el psicólogo tratante a partir de las entrevistas con el niño/a y b) datos aportados por la madre, el padre o familia protectora. Al consignar estos indicadores se debe aclarar de dónde surgieron, si de la observación directa o del testimonio de su familia. Por ejemplo:

- Indicadores de estrés postraumático.
- Indicadores cognitivos.
- Indicadores psicomotrices.
- Indicadores psicosexuales.
- Indicadores físicos.
- Indicadores psicológicos.
- Indicadores emocionales.
- Indicadores sociales.
- Indicadores del lenguaje verbal.
- Indicadores del lenguaje paraverbal.
- Indicadores del lenguaje corporal.
- Indicadores del lenguaje lúdico.
- Indicadores del lenguaje gráfico.
- Indicadores en la correlatividad de secuencias.
- Aclaración sobre los juegos proyectivos.

Marco teórico

En este punto, redactaremos en pocas líneas el marco de referencia teórico desde el cual hemos realizado la evaluación, describiendo, por ejemplo, lo que significan:

- Los mecanismos de defensas utilizados por los niños/as con estrés postraumático por abuso sexual.
- Personalidad del niño/a víctimas de abuso sexual.
- Perfil de personalidad de los agresores sexuales de niños/as.

- Modo de comunicación de los niños/as con traumas sexuales.
- Modo de comunicación de los agresores sexuales.

Conclusiones diagnósticas

En este punto, procederemos a redactar de forma objetiva y concreta los resultados de nuestra investigación o evaluación, teniendo en cuenta las evidencias y las concordancias encontradas entre la hipótesis diagnóstica y la sintomatología del niño/a. Por ejemplo, debemos especificar:

- **Nombre y apellido completo**: del niño/a víctima y de los o el sospechoso de ser el agresor sexual.
- **Características del abuso sexual**: en qué consistió y en qué lugar ocurrió.
- **Tiempo**: especificar durante cuánto tiempo se extendió el abuso sexual; es decir, si sucedió en una o varias ocasiones, a lo largo de cuánto tiempo (semanas, meses, años); de ser posible, se deben consignar las fechas.
- **Tipo de abuso sexual**: especificar si el abuso sexual se dio en un contexto extrafamiliar o de incesto, por ejemplo; si fue crónico y si es que ha sido producto de un acto de coerción, en el marco del cual haya habido una naturalización del abuso por parte del niño/a víctima que le haya podido impedir pedir ayuda.

Pronóstico

En este punto se deberá especificar a partir de los hechos acontecidos la calidad de vida que el niño/a víctima podrá tener, tomando en cuenta criterios tales como: los adultos protectores con los que este cuenta, el grado de motivación y compromiso para recuperarse y las habilidades de resiliencia que pueda poseer. Por ejemplo, se consignarán:

- **Consecuencias generales**: explicar en pocas líneas cuáles son las consecuencias de un trauma sexual en el aparato psíquico de un niño/a.
- **Pronóstico**: incidencia del abuso sexual en el niño/a a corto, mediano y largo plazo.

Recomendaciones

En este punto, escribiremos las medidas preventivas que consideramos importantes e imprescindibles para proteger al niño/a y poder continuar de la manera más rápida y eficaz con la investigación la causa. Por ejemplo:

- **Impedir todo contacto con su progenitor (u otro agresor sexual)**: hasta no sea esclarecido, confirmado o descartado el potencial abuso sexual por parte de este a través de los procedimientos indicados por quienes el juez o fiscal de la causa consideren.
- **Realizar una terapia psicológica**: con el objetivo de que el niño/a cuente con un espacio para poder elaborar las situaciones traumáticas vividas.
- **Realizar un peritaje por el Cuerpo Médico Forense especializado**: que revise al niño/a víctima a nivel ginecológico u otro con la aparatología y la profundidad necesaria, con el objetivo de verificar o descartar si es que efectivamente hubo o no acceso carnal en lo que respecta a un potencial abuso.
- **Realizar un peritaje especializado en las computadoras del progenitor (o el sospechoso de ser el agresor sexual)**: con el fin de investigar acerca de la posibilidad de ser un potencial consumidor de pornografía infantil o de poseer archivadas fotos o filmaciones en relación con abusos sexuales con su propio hijo o con otros niños/as menores de edad.
- **Realizar un peritaje psicológico y psiquiátrico**: a cada uno de sus progenitores.
- **Impedimento de contacto con la familia del agresor sexual**: para evitar el riesgo de que intenten persuadir al niño/a víctima para que se retracte.
- **Otras recomendaciones**: se puede recomendar, por ejemplo, que el niño/a víctima continúe viviendo con su madre o familia protectora.

Fotografías

Opcionalmente, pueden proponerse fotografías como material probatorio en la causa en la que se está investigando, que pueden adosarse al final del informe. Por ejemplo: fotografías de material lúdico o gráfico con signos evidentes y explícitos de abuso sexual.

Modelo de redacción de un informe unificado

A continuación, a modo de ejemplo, compartimos el informe sobre un caso de abuso sexual de una niña. Como se acostumbra en este tipo de estudios, todos los datos han sido modificados, con el propósito de preservar la identidad de todas las personas involucradas. Este informe se realizó como resultado de una evaluación psicodiagnóstica privada, a pedido de su madre, para ser presentado en el marco de una denuncia penal.

Vale aclarar que la idea de compartir modelos de redacción de textos de informes psicológicos no es tanto para que el profesional los copie exclusivamente de manera literal (tal como se podría quizás hacer en la abogacía, asistencia social o medicina, por ejemplo), sino más bien para que los pueda utilizar como una guía práctica u orientativa.

14-10-12

Como psicóloga tratante, emito el presente informe psicológico el cual se hizo a pedido de la Sra. García, María Paz de las Mercedes para ser presentado en la Fiscalía N° 1 del Departamento judicial de Mercedes con sede en..., a cargo del agente Fiscal, el Dr. ..., en la Causa por el Delito contra la Integridad Sexual agravado por el vínculo contra Gutiérrez, Lilibeth: Denunciante García, María Paz de las Mercedes - Imputado Gutiérrez, Armando, I. P. P. ...

Lic. María..., M. N. ..., Domicilio Legal...

LILIBETH GUTIÉRREZ

Edad: 4,5 años.

Fecha de nacimiento: 11-11-08.

Escolaridad: pasó a Salita de 5 años.

Escuela: Jardín N° 1, Colegio...

Madre: María Paz de las Mercedes García, 30 años, traductora de inglés.

Progenitor: Luis Armando Gutiérrez, 40 años, sin estudios secundarios completos, comerciante.

Medio hermana paterna: Ana María del Rosario Gutiérrez, 2 años.

Pareja actual de la madre: José Antonio Pérez Esquivel, 30 años, cirujano.

Grupo familiar conviviente: actualmente, Lilibeth convive con su madre y la pareja de esta, el señor José Antonio.

MOTIVO DE CONSULTA

Quien motivó la consulta el día 9 de agosto de 2012 fue la Sra. María Paz de las Mercedes García debido a su preocupación por el hecho de que se habría enterado a través de las autoridades del jardín de infantes al que asiste su hija que ***su hija Lilibeth habría estado contando a tres de sus compañeritas que ella solía jugar a secretos prohibidos tales como "darle besos al pene de su papá [sic]"***. A raíz de esta situación, la Sra. María Paz de las Mercedes procedió a realizar la correspondiente denuncia primero en el juzgado de Familia de Mercedes y luego en el juzgado Penal de Mercedes contra su ex marido y progenitor de su hija, el Sr. Luis Armando Gutiérrez. A partir de entonces, le habrían otorgado una orden de Restricción Perimetral y la Sra. María Paz de las Mercedes se decidió a consultar con una psicóloga para que su hija pudiera ser evaluada por una psicóloga especializada en niñez y delitos sexuales contra la infancia con el objetivo de aportar más elementos probatorios a la causa.

METODOLOGÍA DE ABORDAJE

Para la evaluación, se realizaron un total de once encuentros: dos entrevistas a la madre (realizadas los días 9-8-12 y 7-10-12); una entrevista al progenitor (el día 15-8-12) y otra a la pareja conviviente de la madre (el día 20-8-12) y siete entrevistas a Lilibeth (16-8, 23-8, 30-8, 7-9, 14-9, 21-9, 28-9 de 2012), a partir de las cuales se procedió a evaluarla respetando las características propias de comunicación en la infancia; mediante las siguientes técnicas proyectivas:

- **Entrevista Libre**: investiga al sujeto, su entorno y su motivo de consulta a partir de preguntas abiertas, sin un orden preestablecido en el marco de una conversación espontánea.
- **Hora de Juego Psicodiagnóstica**: investiga la personalidad y la conflictiva del niño/a a partir de su juego simbólico proyectivo libre.

- **Test Casa, Árbol y Persona** (HTP): evalúa la forma en que el sujeto experimenta su yo en relación con los demás.
- **Familia Kinética**: evalúa la dinámica y la estructura de personalidad del sujeto, así como las relaciones vinculares con su grupo familiar.
- **Familia de Animales**: evalúa la dinámica y la estructura de personalidad del sujeto, así como las relaciones vinculares con su grupo familiar.
- **Dibujo Libre**: evalúa aspectos cognitivos y emocionales, percepciones, fantasías y deseos del sujeto.
- **Árbol de Fantasía**: evalúa las percepciones, fantasías y deseos del sujeto.
- **Persona Bajo la Lluvia** (PLL): evalúa los mecanismos de defensa de un sujeto frente a una situación de estrés, así como su estabilidad emocional, conducta y puntos de conflicto.
- **Ejercicio con fotos de la familia**: evalúa el nivel de reacción cognitiva y emocional, así como el nivel de ansiedad y angustia del niño/a al ver la imagen de cada miembro de la familia.

Para la interpretación:

Se estableció un análisis de la correlación de las secuencias entre los aspectos verbales y no verbales que se pudieron asociar en el relato y en la producción lúdica de Lilibeth. Para tal motivo, se tuvieron en cuenta no solo los dichos de la niña sino la totalidad de las acciones y gestos desplegados consciente e inconscientemente, de forma totalmente espontánea, a lo largo de las entrevistas. Por lo tanto, para evaluar a la niña se tuvo en cuenta los datos aportados por:

a. Lenguaje digital (palabras):
   - o Asociaciones libres.
   - o Verbalizaciones espontáneas.

b. Lenguaje analógico (imágenes):
   - o Lenguaje corporal.
   - o Lenguaje paraverbal.
   - o Microexpresiones faciales.
   - o Lenguaje gráfico.
   - o Juegos proyectivos.

ENTREVISTAS CON LA MADRE

Se realizaron dos entrevistas a la madre: una entrevista inicial (9-8-12), otra de devolución (7-10-12). En dichas entrevistas, la Sra. María Paz de las Mercedes se presentó bien vestida, aseada, en tiempo y forma, dispuesta al diálogo, demostrando preocupación y angustia por lo que ella manifestó que, hacía unos días atrás se había enterado respecto de un posible abuso sexual por parte del progenitor a su hija Lilibeth.

En la primera entrevista, Sra. María Paz de las Mercedes contó que ella solía observar que su hija tendría severos trastornos de la conducta: ***"Desde hace un año, más o menos, casi todos los días Lilibeth se está haciendo pis y caca encima. Además, también sufre de pesadillas en las cuales sueña con un lobo que la quiere atrapar; tiene conductas muy sexualizadas con amiguitos y está muy agresiva, especialmente, cuando llega luego de haber visitado a su padre los fines de semana. Últimamente, la veo triste, desganada, hasta se está negando a ir a las fiestas de cumpleaños [sic]"***.

También contó que desde que, desde hace un año estimativamente, Lilibeth comenzó a masturbarse en cualquier horario y lugar, incluso, delante de la gente. Esta conducta sexualizada disminuyó notoriamente desde que su hija ya no tuvo contacto con su progenitor debido a la orden de restricción perimetral otorgada por el juez interviniente.

Agregó; ***"Lilibeth iba de visitas a la casa de su padre los días sábados y domingos. Solía dormir en la cama de este; y cuando regresaba, con mi mamá la hemos visto con la zona genital totalmente irritada y enrojecida; aunque, jamás imaginé que se tratara de un abuso hasta que un día llegó con sangrado en la zona anal [sic]"***.

Recordó: *"Al principio, mi mamá adjudicaba esto a una alergia debido a que el padre no la bañaba. Mil veces me peleé con este señor por esta razón; pero, siempre minimizaba todo lo que yo le decía y me acusaba de exagerada [sic]"*.

En cuanto a los síntomas de hipersexualización, los trastornos de conducta y del sueño de su hija, la Sra. María Paz de las Mercedes creyó podría tratarse de síntomas propios de su edad y/o por celos, puesto que había nacido una hermanita por parte del padre (Ana María del Rosario). En definitiva, ella no le supo dar demasiada importancia a todos estos hechos hasta que, a mediados del mes de julio pasado, recibió una notificación por parte de las autoridades del jardín de infantes al cual asistía su hija, en donde la informaban respecto de que Lilibeth le habría dicho a tres compañeritas que ***"Lilibeth habría estado contando a tres de sus compañeritas que ella solía jugar a secretos prohibidos tales como 'darle besos al pene de su papá [sic]'"***.

Respecto al padre de su hija, el Sr. Luis Armando, refiere haberlo conocido en unas vacaciones. Con él mantuvieron alrededor de seis meses de noviazgo hasta que decidieron casarse. Muy pronto, la Sra. María Paz de las Mercedes quedó embarazada de Lilibeth. Este acontecimiento, si bien ella lo tomó con mucha felicidad, no fue lo mismo para el progenitor de la niña, quien habría insistido en reiteradas oportunidades en no tenerla. Luego de un año de convivencia, decidieron divorciarse, no solo por esta razón sino porque, además, este había comenzado a ejercer violencia de género contra ella, humillándola, descalificándola como mujer e, incluso, llegando a romper fotografías familiares muy apreciadas por ella. Reflexionó: ***"Siempre fue un padre muy negligente, descuidado; aunque, también, muy agresivo. Solía utilizar la violencia física como metodología de castigo para Lilibeth [sic]"***.

En una segunda entrevista (realizada el día 1-11-12) la Sra. María Paz de las Mercedes hizo referencia a un par de diálogos que habrían tenido con Lilibeth, luego de haber tenido la entrevista con los directivos del colegio de su hija. En dicha ocasión, le habría preguntado a la niña si alguien le había mostrado sus genitales y esta habría respondido: ***"Siempre juego con el pito de papá. Mi papá no es malo. Todos los papás juegan a esos secretos con sus hijos [sic]"***.

La niña también habría contado en varias ocasiones: ***"En la casa de papá hay un lobo [sic]"***; aunque este tipo de dichos siempre se lo había asociado a simples fantasías infantiles y nunca como un recurso simbólico para pedir de ayuda.

La Sra. María Paz de las Mercedes también refirió estar viendo a su hija muy distraída, desobediente. Según lo que le manifestó su maestra, la niña habría bajado su rendimiento, tendría dificultad para concentrarse. Especialmente, cuando llega de la casa de su progenitor se mostraría poco cariñosa y distante. Además, otra cosa que recordó la madre de la niña es que hace tres meses atrás le habría lastimado con un cuchillo a su gato.

Por último, refirió que Lilibeth asistió a una pericia médica forense en la cual, si bien se llegó a la conclusión que no habría sido penetrada en su zona genital ni anal, sí se pudo registrar dilatación en el himen y condilomas acuminados (verrugas genitales que suelen ser producidas por el virus del papiloma humano HPV o VPH).

A lo largo de toda la entrevista, se pudo observar que la Sra. María Paz de las Mercedes no solo se vio desbordada por la angustia, sino que, además, a través de su relato manifestó ser una persona reflexiva y consciente en lo que refiere al hecho de que las conductas de su hija lejos de ser normales podrían tratarse de síntomas psicológicos producto de alguna otra situación más grave que le pudo haber pasado, sin descartar una potencial situación abusiva. En todo momento, se mostró predispuesta a ofrecer toda la ayuda necesaria para que su hija pueda ser evaluada con eficacia en el marco de un psicodiagnóstico exhaustivo. Lejos de hablar mal del progenitor de Lilibeth, ella misma se confesó culpable por no haber sabido cuidar con más esmero a su hija. En su discurso no se observan contradicciones lingüísticas ni semánticas y su lenguaje corporal es coherente con su relato, lo que refleja ausencia de mentiras, fabulaciones o intentos de manipulaciones.

ENTREVISTAS CON EL PROGENITOR

Se realizó una entrevista con el Sr. Sr. Luis Armando el día 15-8-12 en la cual coincidió en muchos de los temas comentados por su ex esposa y madre de su hija; aunque, negó rotundamente los dichos de la niña por los que se lo acusa. En dicha entrevista, llamó la atención que en ocasión de transmitirle la posibilidad de que su hija pudiera estar siendo abusada sexualmente no haya dado muestras de angustia ni de otra emoción displacentera. A su vez, también llamó la atención que cuando hablara de sí mismo en cuanto víctima de supuestas falsas acusaciones de haber sido el abusador de su propia hija tampoco diera muestras de negarlo enfática ni rotundamente; sino que, por el contrario, se dedicara a desplegar un sólido argumento racional de cómo habrían sido los hechos según él, minimizando cada una de las cosas de las que la progenitora de su hija lo acusó.

El Sr. Luis Armando puso el énfasis argumentativo de su defensa en la descalificación de la Sra. María Paz de las Mercedes, pronunciándose abiertamente con una postura misógina al hablar mal de ella como mujer y como madre.

Por último, también *llamó la atención que cuando la profesional que abajo suscribe le preguntó respecto de si es que acaso sospechaba de alguien más que haya podido abusar de Lilibeth, el Sr. Luis Armando no solo haya descalificado tal pregunta, sino que, además, no haya evidenciado en su lenguaje verbal ni paraverbal indicadores de verdadera angustia. Respecto de esto último, se observó lo que bien podría interpretarse como un intento de manipulación, hecho el cual quedó reflejado en la contradicción que se detectó entre su discurso verbal y su gestualidad; si bien en un momento de la entrevista lloró por unos segundos, muy pronto derivó la conversación en lugar de mostrar indignación, ira u otro sentimiento negativo (como sed de justicia, por ejemplo) frente a la sospecha de que alguien le pudiera haber hecho algo tan aberrante a su propia hija.*

ENTREVISTA CON LA PAREJA DE LA MADRE

El día 20-8-12 se realizó una entrevista con el Sr. José Antonio Pérez Esquivel, con el objetivo de conocer su opinión respecto de Lilibeth, dado que, en la actualidad, se encontraría ejerciendo el rol de padre protector con la niña. A lo largo de toda la entrevista aportó datos con relación a la crianza y al excelente vínculo que lo une a quien considera como una hija. En un momento dado, refirió haber observado que Lilibeth solía jugar a "descuartizar" a muchos de sus muñecos masculinos, lo cual no solo le llamó la atención, sino que lo preocupó, dado que la niña, según él, no mantendría este tipo de conducta lúdica como una diversión, sino más bien como un reflejo de odio e ira. También, expresó su imperiosa necesidad de realizar una investigación exhaustiva con la finalidad de que se haga justicia y para proteger a la niña. En todo momento, se manifestó indignado con la posibilidad de que Lilibeth pudiera sufrir lo que denominó como "la peor de las aberraciones".

ENTREVISTAS CON LILIBETH

Lilibeth siempre tuvo muy buena predisposición en las entrevistas que se le realizaron, siendo una niña cuyos relatos siempre surgieron de una forma fluida. Cabe destacar que los mismos, a lo largo de las siete entrevistas a través de las que se la evaluó, mostraron como hilo conductor una fuerte tendencia a los temas relacionados con el abuso sexual.

Se pudo observar en las 7 entrevistas realizadas (16-8, 23-8, 30-8, 7-9-, 14-9, 21-9, 28-9 del presente año), que cada uno de los juegos que Lilibeth elaboró, los elaboró de forma espontánea y fluida.

En el marco de entrevistas semidirigidas, la niña solicitó jugar con los muñecos y fue así que en dicho contexto se estableció un diálogo espontáneo con la psicóloga tratante, quien procedió a realizarle preguntas de forma indirecta, esto es, en segunda y tercera persona (valiéndose del recurso de la psicología y el juego proyectivo) con el objetivo de respetar la modalidad propia que se tiene en la infancia para hablar. De esta manera, Lilibeth fue respondiendo a todas las preguntas a través de los muñecos, en los cuales fue proyectando una serie de percepciones, pensamientos y emociones concordantes con una situación traumática de índole sexual.

Vale destacar que cada vez que Lilibeth se refirió a situaciones abusivas, su relato se vio reflejado en su lenguaje corporal: mirada perdida, tocándose su propia zona genital por encima de la ropa o desarrollando juegos con un simbolismo concordante con dicho relato oral, por ejemplo.

A su vez, en todas las actividades lúdicas que la niña fue desarrollando a lo largo de las horas de juego se pudo observar como **hilo conductor temas relacionados con la sexualidad, los secretos y la figura de un lobo, figura que bien podría simbolizar a su progenitor y a una situación de índole abusiva sexual por parte de este**.

A modo de ejemplificación, se relatarán algunos de sus comentarios y juegos proyectivos espontáneos relacionados con dichos ejes temáticos:

1° ENTREVISTA (16-8-12)

a. Lilibeth dibujó en una hoja un total de veinte papas.

b. A continuación, dijo: —*"Las papas son malas. No me gustan, me dan asco [sic]"* —con expresión de asco.

c. Luego, agarró un muñeco Pony y dijo: —*"Su padre estaba muerto [sic]"* —muy seria.

d. Por último, jugó a que dicho Pony se dormía y *venía un monstruo que se metía en su cama.*

Interpretación: a través de las asociaciones lúdico-simbólicas que hizo, Lilibeth estaría diciendo que su progenitor (a) es alguien malo, asqueroso (b) y ausente en su función (c), alguien a quien estaría vivenciando como un monstruo cada vez que se mete en su cama (d).

2° ENTREVISTA (23-8-12)

a. Agarró un muñeco monstruo y dijo que era malo porque quería morder a un muñeco bebé con cara triste. Luego, hizo como que el muñeco monstruo le mordía la zona genital al Pony.

b. Luego, eligió una muñeca niña, le quitó la ropa, y la acostó a dormir. Tomó un muñeco Ken y dijo que era un papá malo, lo desnudó y lo metió en la cama de la niña. Por último, reboleó el muñeco con furia y dijo: —*"El papá es malo porque se porta mal [sic]".*

c. Por último, se escondió detrás de un sillón.

Interpretación: a través de las secuencias de su juego, Lilibeth estaría contando de manera simbólica que ella percibe a su padre como un monstruo malo, quien la estaría sometiendo a prácticas de sexo bucogenital (a), a la noche, en su propia cama (b). Dicha situación le provoca miedo y prefiere mantenerla en secreto (c).

3° ENTREVISTA (30-8-12)

En el transcurso de la entrevista, de manera espontánea, Lilibeth dijo:

a. —***"Mi papá es bueno. Yo, nada más tuve un sueño en donde él me chupaba la colita [sic]"*** —dijo muy seria, en tono de vergüenza.

b. A continuación, agarró un muñeco con cara triste y se escondió detrás de un sillón.

c. Dijo: —***"Estoy protegiendo a mi hijo de un lobo que quiere asustarlo [sic]".***

d. Repitió este juego una decena de veces.

Interpretación: ante un posible abuso de sexo bucogenital paternofilial, Lilibeth estaría implementando el mecanismo de defensa de la negación (a). Sin embargo, a pesar de esto, ella estaría percibiendo a su progenitor como si fuera un lobo; es decir, alguien astuto, mentiroso y amenazante (c), de quien debería defenderse y esconderse (b). Necesita elaborar esta situación, la cual estaría vivenciando como un trauma (d).

4° ENTREVISTA (7-9-12)

a. Con una expresión muy seria, Lilibeth procedió desnudar a un **muñeco bebé y a colocarle crema blanca (de manos) sobre el área genital**. Luego, llenó la bañadera de juguete con agua y procedió a bañarlo. Procedió a repetir esta escena unas diez veces.

b. En el transcurso del juego, le pidió a la psicóloga tratante que manejase el títere lobo. Se produjo el siguiente diálogo:

Lilibeth: —*"El lobo era malo y quería bañar al bebé para asustarlo [sic]"*.

Psicóloga: —"Hola, bebé ¿Quieres jugar conmigo?".

Lilibeth: —***"¡No le vas a chupar la cola, lobo malo! Siempre quieres asustar a mi bebé cuando duerme o lo bañas [sic]"*** —gritó con furia y revoleó el muñeco al otro lado del consultorio.

Psicóloga: —"Señor lobo, ¿qué más cosas feas le quiere hacer usted al bebé?".

Lilibeth: —***"El lobo quiere tocarle las partes íntimas al bebé****. Esas partes del cuerpo no se pueden tocar [sic]"* —dijo esto con enojo. A continuación, procedió a encerrar al lobo en penitencia, en una jaula—. *"¿Quieres comer?* ***¡Cómete tu pis!*** *[sic]"* —dijo con expresión de odio.

Interpretación: a través de las secuencias de su juego Lilibeth estaría contando de manera simbólica que un hombre a quien ella compararía con un lobo (b), la habría abusado sexualmente en el momento de bañarla (a-b-c) o en la noche cuando se va a dormir (d) mediante una actividad masturbatoria, de sexo bucogenital y eyaculatoria. (a-c-d)

5° ENTREVISTA (14-9-12)

En el marco del juego proyectivo, se produjo el siguiente diálogo espontáneo entre Lilibeth y la psicóloga tratante:

Lilibeth: —*"Todo lo que me hizo mi papá fue algo que soñé. No fue verdad [sic]" —manifestó con la mirada perdida.*

Psicóloga: —¿Qué te hizo tu papá?

Lilibeth: —*"Un día se hizo pis porque no aguantó ir al baño. Él es bueno [sic]" —con gesto de inocencia.*

Psicóloga: —¿En dónde se hizo el pis?

Lilibeth: —*"En mi cama. Fue un sueño, te dije [sic]" —bajó el tono de voz.*

Psicóloga: —**¿De qué color era el pis?**

Lilibeth: —***"Blanco [sic]"***.

Psicóloga: —¿Qué más hizo tu papá?

Lilibeth: —*"¡Te dije que mi papá es bueno! [sic]" —gritó furiosa, y se cubrió la zona genital por una fracción de segundo con una de sus manos.*

Psicóloga: —"Señor lobo: ¿Qué más le hizo a mi amigo, el bebé?".

Lilibeth: —*"Es un secreto [sic]" —se escondió debajo de unos almohadones.*

La psicóloga agarró al lobo y lo hizo hablar: —"Bebé, fue todo un sueño. Nada fue verdad".

Lilibeth: —***"¡Maldito! ¡Siempre me haces tragar tu pis! [sic]"*** *—gritó muy enojada, y se tapó la boca con una de sus manos.*

Interpretación: Lilibeth habría sido abusada por su progenitor mediante actos de sexo bucogenital con eyaculación incluida (b-d-g) en su cama (c). Recordar esto la aterroriza, por lo cual, implementaría mecanismos de defensa tales como la negación (a-c-e-f).

6° ENTREVISTA (21-9-12)

Lilibeth quiere dibujar y pintar con témperas. Hace un arcoíris de colores, que termina pintándolo todo de negro con sus manos. Se produce el siguiente diálogo:

Psicóloga: —¿Arcoíris, por qué te pusiste oscuro?

Lilibeth: —*"Eso es un secreto" —a continuación, mirando al muñeco lobo que estaba en una de las cajas de juego, dijo—: "Hazlo hablar [sic]".*

Psicóloga: —¿Qué te hice de malo para que me odies tanto? —dijo imitando la voz del lobo.

Lilibeth: — ***"Me metiste el dedo en mi colita [sic]"*** *—procedió a cubrirse la zona genital por unos segundos.*

Psicóloga: —Adivina qué más te hice —manejando el muñeco lobo.

Lilibeth: —***"Me dolió [sic]"*** *—dijo con expresión de dolor.*

Psicóloga: —Adivina en dónde te hice eso.

Lilibeth: —***"En mi cama, mientras dormía [sic]"***.

Psicóloga: —Adivina en qué otro lugar te hice eso.

Lilibeth: —***"Cuando me bañabas [sic]"***.

Psicóloga: —Adivina quién soy yo.

Lilibeth: —***"Eres igual a mi papá. Siempre me pegas, ¡maldito! [sic]"*** —dijo con expresión de enojo, y apretando los puños.

Psicóloga: —Adivina qué más te hice —pregunta adoptando el rol lúdico de lobo.

Lilibeth: —***"Me diste besos con una lengua [sic]"***.

Psicóloga: —Adivina qué más te hice —sigue preguntando adoptando el rol lúdico de lobo.

Lilibeth: —***"Siempre me pegas. Esto es un secreto [sic]"*** *—en un tono de voz casi inaudible.*

Psicóloga: —Adivina qué más te hice.

Lilibeth: —*"No me acuerdo de nada [sic]"*.

Interpretación: a través de las secuencias del juego proyectivo Lilibeth se animó a hablar acerca de lo que le habría hecho su progenitor (f); esto es, un abuso sexual con posible penetración (b-c), a la hora de bañarla (e) o en su habitación, a la hora de acostarse (d). También, su progenitor la habría besado en la boca con su lengua (g). Aun le costaría hablar de esto en primera persona por temor y por considerarlo algo secreto (a-h-j).

7° ENTREVISTA (28-9-12)

a. Se realizó una técnica a partir de una serie de fotografías de sus familiares maternos y paternos. Lilibeth fue reconociendo con alegría a cada uno de sus parientes; pero, cuando vio la foto de su progenitor, procedió a hacerla un bollo con furia y a tirarla en el inodoro.

b. A continuación, se le ofreció una caja con más de cien pequeños muñecos de plástico y se le solicitó armara una familia. Lilibeth, eligió unos patitos para representar a la mamá y a una hija; y a un murciélago para representar la figura de un padre.

Interpretación: Lilibeth estaría expresando un sentimiento de odio y rechazo frente a la figura de su progenitor (a), a quien vivenciaría como un animal peligroso que ataca durante las noches (b).

CONCLUSIONES GENERALES

Se puede observar en las siete entrevistas realizadas que cada uno de los juegos que Lilibeth ha elaborado, los ha elaborado de forma espontánea y fluida. En todos ellos se pudo observar como **hilo conductor los temas de la muerte, la sexualidad, los secretos y la figura de un lobo, figura que bien podría simbolizar a su progenitor y a una situación de índole abusiva sexual por parte de este**.

A lo largo de toda la evaluación, se han podido encontrar los siguientes indicadores de abuso sexual:

a. **Indicadores de estrés postraumático**:

- **Recuerdos angustiosos, recurrentes, involuntarios e intrusivos del suceso traumático**: en el caso de Lilibeth los recuerdos espontáneos e intrusivos se expresaron en el contexto de sus juegos proyectivos.
- **Sueños angustiosos**: según el testimonio de su madre, dichos sueños, en su contenido y el afecto estarían relacionados con el suceso/s traumático/s. Vale destacar que en los niños/as pueden existir sueños aterradores sin contenido reconocible. La niña hizo referencia a esto en su actividad lúdica.
- **Trastornos del sueño**: según su madre, Lilibeth estaría teniendo dificultades para conciliar o continuar el sueño. La niña habló de esto a través de sus juegos proyectivos.
- **Reacciones disociativas**: en distintos momentos de su evaluación, Lilibeth sintió y actuó como si estuviese repitiendo el suceso traumático. Vale destacar que, en los niños/as, la representación específica del trauma puede tener lugar en sus juegos.
- **Malestar psicológico intenso**: al exponerse a factores internos o externos que simbolizan o se parecen a un aspecto del

suceso/s traumático/s. Ante el recuerdo del trauma, en varios momentos de la evaluación, presentó cuadros de ansiedad y angustias extremas; esto se ha observado, por ejemplo, cuando ha gritado o revoleado juguetes que simbolizaban a su agresor.

- **Evitación**: se observó en Lilibeth que, en varias entrevistas hizo esfuerzos para evitar recuerdos, pensamientos o sentimientos angustiosos acerca o estrechamente asociados al suceso traumático (por ejemplo, cuando utilizó los mecanismos de la negación).
- **Percepción distorsionada de la causa del suceso traumático**: Lilibeth ha adjudicado a los actos eyaculatorios que habría realizado su progenitor a sus deseos incontrolables de orinar.
- **Estado emocional negativo persistente:** Lilibeth ha manifestado sentir miedo, terror, enfado, culpa o vergüenza.
- **Disminución del interés o la participación en actividades significativas**: según su madre, últimamente, Lilibeth se suele negar a ir a los cumpleaños.
- **Sentimiento de desapego o extrañamiento de los demás**: del discurso de su madre, se deduce que la niña tendería a aislarse en el último tiempo.
- **Incapacidad persistente de experimentar emociones positivas**: según su madre y lo observado por la psicóloga tratante, a Lilibeth no se la percibe como una niña feliz, sino, por el contrario, como una niña con un gesto de preocupación y enojo, angustiada por momentos.
- **Comportamiento irritable y arrebatos de furia**: por ejemplo, en la séptima entrevista cuando rompió y tiró al inodoro la foto de su progenitor.
- **Desrealización**: por momentos, Lilibeth expresa que todo lo que le ocurrió fue un sueño.
- **Recuerdos del acontecimiento recurrentes e intrusivos**: que provocan malestar y en los que se incluyen imágenes, pensamientos o percepciones. En los niños/as pequeños esto puede expresarse en juegos repetitivos en donde aparecen temas o aspectos caracterizados por el trauma. En el caso de Lilibeth, esto se ha observado reflejado en sus juegos proyectivos con el lobo.

- **Sueños de carácter recurrente sobre el acontecimiento**: en los niños puede haber sueños terroríficos de contenido irreconocible que producen malestar. En el caso de Lilibeth, esto se vería reflejado en un trastorno del sueño caracterizado por pesadillas recurrentes, expresado por su madre en la primera entrevista.
- **Tiene la sensación de que el acontecimiento traumático está ocurriendo**: se incluye la sensación de estar reviviendo la experiencia, ilusiones, alucinaciones y episodios disociativos de *flashback*. En los niños/as pequeños como Lilibeth puede re-escenificar el acontecimiento traumático específico a través de escenas de juegos que repiten compulsivamente; por ejemplo, aquellas escenas lúdicas que ha desarrollado en torno a la figura simbólica del títere lobo, muñecos desnudos, muñeco monstruo asustando a los niños a la hora del baño o en la cama, a la hora de dormir.
- **Malestar psicológico intenso al exponerse a estímulos internos o externos que simbolizan o recuerdan un aspecto del acontecimiento traumático**: en el caso de Lilibeth, cuando se le ha intentado preguntar de forma directa por su posible trauma sexual manifiesta enojo y malestar.
- **Respuestas fisiológicas al exponerse a estímulos internos o externos que recuerdan un aspecto del acontecimiento traumático**: según su madre, Lilibeth estaría con una sintomatología de enuresis y encopresis, especialmente, a su regreso de la casa paterna.
- **Evitación persistente de estímulos asociados al trauma**: esto se observa cada vez que Lilibeth se niega a recordar y responder en primera persona cosas relacionadas con su trauma.
- **Esfuerzos para evitar pensamientos, sentimientos o conversaciones sobre el suceso traumático**: en el caso de Lilibeth, cuando se le intenta preguntar de forma directa por su posible trauma sexual manifiesta enojo y malestar.

b. **Indicadores cognitivos**:

- Mirada perdida.
- Problemas de concentración.
- Bajo rendimiento escolar.

c. **Indicadores psicomotrices**:
   - Pérdida de habilidades que había adquirido: contención de esfínteres y orina.

d. **Indicadores psicosexuales**:
   - Masturbación compulsiva: según lo observado por la madre y las maestras.
   - Coerción sexual hacia otros niños/as: según lo escrito en el legajo escolar.
   - Curiosidad sexual inadecuada para su edad: reflejada en sus juegos proyectivos.
   - Juegos sexuales inapropiados para su edad: en el marco de su psicodiagnóstico.

e. **Indicadores físicos**:
   - Lesiones en zona genital o anal: según lo observado por la madre, abuela e informe de pediatra.
   - Enfermedades de transmisión sexual: según pericia ginecológica se detectaron condilomas acuminados (verrugas genitales que suelen ser producidas por el virus del papiloma humano HPV o VPH).
   - Dilatación del himen: según pericia ginecológica.

f. **Indicadores sociales**:
   - Dificultad para hacer amigos.
   - Dificultad para hacer contacto visual.
   - Negativa a ir a los cumpleaños.
   - Dificultad para integrarse en un grupo de pares.
   - Actúa como si tuviesen menos edad.
   - Dificultad en mantener la atención para escuchar y obedecer una consigna.
   - No suele expresar afecto, especialmente, cuando regresa de la casa de su progenitor.
   - Lastimó con un cuchillo a su gato.

g. **Indicadores del lenguaje verbal**:
   - Relato del abuso: Lilibeth ha hablado del abuso sexual que habría sufrido por parte de su progenitor de forma directa e indirecta, a través de su lenguaje lúdico y gráfico.

- Dificultad para hablar: específicamente, para contar su secreto y pedir ayuda en primera persona.
- Su discurso estuvo atravesado por el mecanismo de defensa de la negación.
- Su discurso estuvo atravesado por el mecanismo de la proyección: habla de lo que le sucedió a través de sus muñecos, en el marco de su actividad lúdica.
- Su discurso estuvo atravesado por el mecanismo de defensa de la disociación, en cuanto se la observó hablar sin afecto de situaciones traumáticas. Este mecanismo también se vio reflejado en su mirada perdida.
- Usó simbolismos: por ejemplo, habló del lobo malo por temor a referirse de modo directo a su progenitor o a su agresor.
- Se han observado los siguientes criterios de credibilidad del discurso:

Desde otro punto de vista, también podemos analizar el relato de Lilibeth teniendo en cuenta algunos criterios de credibilidad del discurso. A continuación, transcribimos algunos ejemplos:

- **Estructura lógica**: "Posee estructura lógica cuando los distintos detalles del relato se refieren a idéntico curso de sucesos y se articulan en modo coherente como un todo; cuando las partes encajan". A lo largo de las semanas, en casi todos sus juegos, Lilibeth habló de modo claro y de forma directa y metafórica acerca de la figura de un padre con características de perversión sexual contra los niños/as y de violencia tanto física como psicológica.
- **Elaboración inestructurada**: "Se refiere al estilo y secuencia: la narración debe ser algo desorganizada, poco lineal, fluida y con una secuencia temporal flexible, no rígida en cuanto a la cronología de los hechos. Poseer disgresiones espontáneas y cambios de enfoque". Lilibeth narró de forma fluida, inestructurada y espontánea recuerdos en torno a ejes temáticos que giraron en referencia a: la muerte, el abuso, la sexualidad, los secretos, asociando su contenido discursivo y lúdico a la figura de su progenitor en el marco de su juego proyectivo.
- **Cantidad de detalles**: "La descripción de personas, lugares, objetos, incrementan la validez. Las declaraciones válidas, en general, constan de mayor cantidad de detalles". En algunos

de sus dichos, Lilibeth recordó y expresó a través de su lenguaje oral y lúdico, por ejemplo, cómo su progenitor solía amenazarla con golpes si contaba el secreto; cómo solía darle besos con su lengua, chuparle las zonas genitales, etcétera.

- **Engranaje contextual**: "Los hechos relatados se hallan contextualizados respecto al tiempo y al espacio; se hallan entretejidos con las circunstancias de la vida cotidiana; ocurren en un lugar y en un tiempo determinado". A la hora de relatar las situaciones abusivas Lilibeth fue perfectamente capaz de contextualizarlas en las horas nocturnas, esto es, durante la noche, en su cama y habitación, tanto de ella como la de su progenitor, por ejemplo. También, pudo relatar de forma lúdica que dichas situaciones de abuso sexual habrían sucedido desde que era muy pequeña y en reiteradas oportunidades.
- **Descripción original**: Lilibeth se comunicó de forma espontánea y sin usar clichés ni frases estereotipadas, cuando relata de forma oral, metafórica y lúdica cómo habría sido el abuso sexual que habría sufrido.
- **Admisión de falta de memoria**: "Se espera que este ítem intente evitarse cuando se trata de perjudicar a un inocente; cuando se intenta convencer al otro de la veracidad del relato. Se contabiliza cuando el niño solo admite recordar parcialmente; cuando ha olvidado algo, pero recuerda otra parte del hecho". En la séptima entrevista, por ejemplo, Lilibeth hizo referencia a no recordar.

En el relato de Lilibeth, se descartan criterios pocos fiables de credibilidad; por lo tanto, no se observan factores que indiquen que la niña esté mintiendo o fabulando debido a que su discurso carece de: 1) dramatismo exagerado, 2) falta de consistencia interna, 3) falta de consistencia con las leyes de la naturales, 4) falta de consistencia externa o discrepancia con otros hechos incontrovertibles, 5) falta de persistencia o firmeza, 6) falta de consistencia con otras declaraciones que hizo a lo largo de los meses en los que ha sido evaluado.

h. **Indicadores del lenguaje paraverbal**:

- Lilibeth utilizó un tono de voz muy bajo o, incluso, casi inaudible. Por ejemplo, en la sexta entrevista, cuando hizo referencia a los secretos.

i. **Indicadores de lenguaje corporal**:
   - Lilibeth procedió a cubrirse la zona genital y la boca con sus manos. Por ejemplo, en la quinta entrevista, cuando hizo referencia al hecho abusivo.

j. **Indicadores emocionales**:
   - Ira, odio y enojo.
   - Miedo.

k. **Indicadores psicológicos**:
   - Relato.
   - Masturbación compulsiva.
   - Coerción sexual hacia otros niños/as.
   - Trastorno del sueño.
   - Actitud de secreto.

l. **Indicadores en el lenguaje gráfico**:
   - **Test HTP**: a) casa: sin puertas ni ventanas; b) marca en el tronco del árbol; árbol con ramas cortadas; c) persona: con expresión facial de tristeza y zona genital tachada.
   - **Test Familia Kinética**: a) figura del padre sosteniendo un elemento fálico (banana); b) figura del padre sin zona genital ni piernas (única figura dibujada solo hasta la cintura); c) figura del padre con expresión de enojo; d) dibujo de ella misma en otra hoja; e) dibujo de la madre sin ojos.
   - **Técnica Familia de Animales**: a) representó a la madre y a los hijos como patitos; b) al padre como un lobo con zona genital sobresaliente, con forma similar a un pene.
   - **Dibujos libres**: en la primera entrevista, dibujó compulsivamente papas y las asoció (símbolo semánticamente ligado a la palabra "papá") a algo asqueroso. En la sexta entrevista, dibujó un arcoíris pintado de negro, que asoció en su discurso a la emoción del miedo y, más tarde, a la figura de un lobo, al que a su vez asoció con la figura del padre.
   - **Árbol de Fantasía**: dibujó un sauce llorón con tres marcas en el tronco.
   - **Persona Bajo la Lluvia**: a) persona sin paraguas; b) lluvia copiosa; c) truenos; d) figura desnuda, sin ropa; e) zona genital borroneada; e) cara triste.

m. **Indicadores en el lenguaje lúdico**:

- **Juego sexualizado**: es aquella actividad lúdica en la que el niño/a reproduce escenas de tipo sexual o relacionadas con la genitalidad. Por ejemplo: en la segunda entrevista (puntos a, b y c); en la cuarta entrevista (puntos a, c y d); también, hizo referencia a este tema en el marco del diálogo lúdico-proyectivo de la sexta entrevista.
- **Juego traumático**: el niño/a juega compulsivamente a algo, repitiendo una y otra vez la misma secuencia de acciones. Mediante este juego, el niño/a intenta comprender y elaborar un trauma que sufrió. Por ejemplo: en los juegos desarrollados en la primera, tercera y cuarta entrevista.
- **Juego en relación con la muerte**: frecuentemente, el eje temático que desarrollan los niños/as abusados en sus juegos gira en torno de la muerte y lo siniestro. Por ejemplo: en la primera entrevista (puntos a, c y d); en la tercera entrevista (punto c); en la cuarta entrevista (punto b).

n. **Indicadores en las secuencias de correlatividades**:

Es importante destacar, que a lo largo de las 7 entrevistas que se tuvo con Lilibeth, la psicóloga que abajo suscribe pudo observar las siguientes secuencias de correlatividades:

- **Lenguaje digital o hablado**: 1) lo largo de las distintas entrevistas, Lilibeth siempre suele asociar de una u otra manera y a nivel metafórico a la figura del lobo con su progenitor y a este con alguien malo, intrusivo y abusivo; 2) ha asociado a la figura de su progenitor a hechos de abuso sexual de forma explícita; por ejemplo, en la 3° y 5° entrevista.
- **Lenguaje corporal**: cada vez que Lilibeth ha nombrado al lobo o a su progenitor (su representante lúdico-simbólico), Lilibeth procedió a cubrirse el área genital (por encima de la ropa).
- **Lenguaje paraverbal**: cada vez que en su juego proyectivo Lilibeth interactuó lúdica y/o verbalmente con la figura del lobo (símbolo del progenitor), elevó el tono de la voz (reflejando furia, enojo y violencia); en cambio, cuando hablaba de secretos, solía bajar el tono de voz.
- **Secuencias lúdicas**: 1) primera entrevista: papas malas - padre muerto - monstruo en la cama; 2) segunda entrevista: monstruo

que muerde la zona genital - niña desnuda en la cama - padre malo que se porta mal - secretos; 3) tercera entrevista: dice que su padre le chupa la colita - se esconde - protege a un hijo de un lobo que quiere asustarlo; 4) cuarta entrevista: coloca crema blanca sobre zona genital de muñeco bebé - habla del lobo malo; 5) séptima entrevista: asocia la foto del padre con un inodoro y con la emoción del odio; asocia la figura del padre con el simbolismo de un murciélago.

- **Secuencias de juegos a lo largo de todo el proceso psicodiagnóstico**: asocia la figura de un padre a comentarios y expresiones negativas (miedo, odio, furia) y también, a juguetes que simbolizan el peligro (monstruo, lobo, murciélago), así como a comentarios en relación con la muerte, a la violencia física, a la sexualidad o a los secretos.
- **Secuencias en el relato**: 1) en la quinta entrevista: papá - pis blanco - secretos - enojo; 2) en la sexta entrevista: papá - secretos - lobo - meter dedo en la cola - dolor - cama - baño - besos con la lengua - violencia física.
- **Secuencias de temas**: figura de un padre - sexualidad adulta - miedo - odio - secretos.
- **Secuencias conductuales**: cada vez que Lilibeth hablaba de la figura de un padre solía angustiarse (lo cual se reflejaba en una gestualidad de tristeza), ansiosa (se movía, procedía a cubrirse su zona genital, se escondía detrás de los sillones), comenzaba a rebolear muñecos o a romper fotos, por ejemplo.
- **Secuencias gráficas**:
  - Correlatividad general de todas las secuencias: de manera general, se podría decir que a lo largo de las siete entrevistas psicodiagnósticas realizadas a Lilibeth, se puede observar una alta correlatividad de los temas y simbolismos asociados a un abuso sexual por parte de la figura de un hombre adulto asociada a la figura de un padre.

Es importante destacar que a partir de todo lo expuesto se podría observar la veracidad de los dichos y juegos de la niña, que son concordantes con el relato expuesto por la Sra. María Paz de las Mercedes, descartando absolutamente cualquier modalidad de inducción en el mismo. No se observa ningún tipo de indicador que diera cuenta de inculcación, manipulación o coconstrucción de

memoria por parte de la progenitora hacia su hija dado que todos los juegos fueron desarrollados de forma absolutamente espontánea, habiendo hecho uso de variados y múltiples símbolos a la hora de representar distintas escenas abusivas.

Lilibeth es una niña inteligente y lúcida, que se ubica en tiempo y espacio. Se descarta en ella cualquier tipo de patología psiquiátrica que le impidiera discriminar la realidad de la fantasía. A través de la secuencia de todas las producciones lúdicas, gráficas, discursivas y conductuales, se podría deducir que habría atravesado por un trauma sexual; específicamente, un trauma por incesto paternofilial, lo cual se deduce no solo de lo que la propia niña expresó de manera oral sino, además, a través de lo que expresó de modo inconsciente, mediante otros múltiples lenguajes de tipo analógico.

Así, de esta manera, la veracidad de los dichos de Lilibeth, quedan reflejados en la alta correlatividad entre su *lenguaje digital* (palabras) proveniente desde la conciencia, y su *lenguaje analógico* proveniente desde el inconsciente y transmitido a través de las imágenes metafóricas de sus dibujos, juegos proyectivos, de su lenguaje corporal (macromovimientos corporales, microexpresiones faciales) y de su lenguaje paraverbal (volumen, tono y ritmo de voz).

Vale destacar que, en el juego, el niño/a va proyectando todo lo que le sucede en la vida, lo que piensa y lo que siente. El juego diagnóstico constituye un recurso técnico que el psicólogo utiliza dentro del proceso psicodiagnóstico, y su finalidad es poder conocer el mundo interno del niño/a: sus deseos, percepciones, emociones, vivencias y conflictos.

De esta manera, a través de sus juegos, Lilibeth proyectó sus temores más profundos, así como el terror a ser castigada si es que puede contar un secreto; también, el odio, la hostilidad y la rabia manifiestamente dirigida hacia la figura de un lobo a quien relacionó en todas las ocasiones a la figura paterna. Este análisis coincide cuando se analiza la producción lúdica de la niña desde el punto de vista de las secuencias de asociaciones libres en lo que se refiere a sus dichos y acciones espontáneas en el marco de su juego proyectivo, ya que, por ejemplo, allí se puede observar claramente cómo cada vez que jugó con el títere lobo malo (símbolo de la astucia y el engaño) lo vinculó directamente a su progenitor, pero nunca, en ninguna ocasión, a una figura femenina, de su familia o de su entorno, por ejemplo.

Si bien cuando Lilibeth se refirió a su progenitor se pudo percibir en ella un cambio en su lenguaje corporal y gestual asociado al miedo y tensión, por el contrario, no se pudo evidenciar un exceso de angustia sino más bien emociones como la ira; aunque, también, por otros momentos, se observó en ella una anestesia emocional y una frialdad llamativas que bien podrían estar asociadas a un mecanismo de defensa psíquico llamado disociación, el cual suele activarse automáticamente ante las situaciones traumáticas y de gran estrés (al igual que Lilibeth en sus juegos, frecuentemente, los niños/as abusados sexualmente suelen disociarse mentalmente, dejando momentáneamente a un lado sus emociones negativas que pudieran llegar a provocarles un colapso psíquico).

Cabe destacar la importancia de la secuencia de los juegos con sus dichos espontáneos y su lenguaje paraverbal y corporal, lo cual reflejaría que los mismos habrían sido realizados sin previo ensayo y con total espontaneidad.

MARCO TEÓRICO

Comportamientos de los niños/as incestuados

Los niños/as, al carecer del total desarrollo del pensamiento abstracto, suelen relatar y elaborar sus experiencias cotidianas a través de las distintas escenas que van desplegando en sus juegos. Cuando, como en el caso de Lilibeth, juegan una y otra vez al mismo juego (o juegos distintos con algunas variantes, pero conservando el mismo núcleo en el desarrollo de su historia), esto quiere decir que estarían desplegando secuencias de pensamientos a través de su juego con la intención de transmitir y/o elaborar situaciones traumáticas con el objetivo de encontrarles un significado y así poder entenderlas.

Vale destacar que no todos los niños/as víctimas de delitos sexuales (en especial, aquellos que han sido incestuados y que aún tienen contacto con su agresor) manifiestan abierto rechazo hacia su agresor: por el contrario, en determinados casos –especialmente, cuando el agresor es su propio progenitor– se observa una actitud ambivalente hacia ellos: si bien por un lado los odian, por el otro manifiestan quererlos al idealizarlos, ya que estos suelen posicionarse como padres cariñosos, haciéndoles regalos y adoptando una actitud cómplice y seductora. Es por esta razón que muchas veces, **cuando se interroga a niños/as que han sido víctimas de incesto de manera directa por sus sentimientos hacia su abusador progenitor, en ciertas oportunidades, manifiestan querer seguir teniendo contacto con este, ya que debido a la corrupción del vínculo podrían llegar a padecer de una especie de Síndrome de Estocolmo** (vale recordar, además, que estos niños/as han sido víctimas de manipulaciones psicológicas y de amenazas).

Los niños/as y/o adolescentes víctimas de trauma por abuso sexual suelen activar ciertos mecanismos de defensa

A nivel inconsciente, pueden llegar a implementar los mecanismos de la disociación, desmentida, negación, cuya función es proteger del colapso a su aparato psíquico. La utilización de estos mecanismos defensivos, pueden conllevar ciertos efectos secundarios en el relato testimonial de las víctimas; por ejemplo: a) pérdida de memoria o lagunas mnémicas, b) contradicciones lingüísticas, c) relato sin emociones, d) retractación del relato y/o e) negación del abuso que han sufrido o aún están sufriendo en la actualidad. Esto sucede porque dichos mecanismos tienen la función de:

- **Disociación**: al ser abusado el niño/a es como si se dividiera en dos: deja a un lado sus emociones y comienza a manejarse mentalmente para no llegar a bloquearse a nivel intelectual (dado que si se dejara llevar por las emociones negativas correría el riesgo de volverse loco). Debido a este mecanismo, los recuerdos del abuso y sus emociones concomitantes terminan siendo reprimidos en el inconsciente y, en consecuencia, con el tiempo pueden sucumbir en amnesia; es por esa razón que, en un gran porcentaje de casos, con el pasar del tiempo, las personas abusadas se terminan olvidando de su trauma y responden negativamente cuando se las interroga de forma directa respecto a si han sufrido de algún tipo de agresión sexual.
- **Desmentida**: es un mecanismo mediante el cual se procede a justificar los acontecimientos, así como las consecuencias aberrantes y peligrosas de este. Este tipo de mecanismo, entre otras cosas, sirve para tranquilizar y/o estabilizar emocionalmente a un individuo que convive dentro de un contexto perverso, estresante y peligroso. Por ejemplo: si se le preguntara a un niño/a víctima de incesto qué es lo que siente respecto a su progenitor, podría llegar a justificar sus actos como producto del amor; una mujer

golpeada haría lo propio con su marido, pudiendo justificar la agresión de este como parte de su sufrida infancia.

- **Negación**: es un mecanismo mediante el cual se procede a desestimar toda percepción o recuerdo. Este tipo de mecanismo le sirve al individuo para hacer de cuenta que nada malo en realidad ha sucedido en su vida. Por ejemplo, si a un niño/a o adolescente abusado se le pregunta si ha sido abusado, verbalmente podría llegar a asegurar que no lo fue con total seguridad (aunque, le sea imposible ocultar la verdad desde su lenguaje corporal y paraverbal, sus microexpresiones faciales, su lenguaje lúdico y gráfico, etcétera).
- **Retractación**: podría ser considerado tanto como un mecanismo de defensa como, a la vez, la última etapa del abuso sexual. Muchas veces, se manifiesta, por ejemplo, cuando los niños/as víctimas son interrogados en la sede judicial y entran en pánico al recordar las amenazas para no develar su secreto. También, es producto de sentirse culpables de la crisis familiar que se desata con el develamiento y la retractación es un intento de volver al precario equilibrio que había previamente.

Características de comunicación de los niños/as víctimas de traumas sexuales

Muchos niños/as, especialmente los aún no escolarizados, pasan por períodos en los que darían la sensación de ser incapaces de relatar su trauma sexual de forma oral y a través de un discurso con principio, desarrollo y final, valiéndose de la correcta utilización de los tiempos verbales, sujetos y predicados, etc., a la manera en que lo haría un adulto; y, a veces, tampoco han logrado la adquisición de facultades tales como la reversibilidad témporo-espacial a través de la cual se les facilitaría ir mentalmente hacia atrás y hacia delante en los recuerdos de dicho trauma para poder relatarlo de forma entendible.

Otros niños/as, en cambio, no se animan a contar el secreto de su abuso por el terror, la vergüenza y la humillación que eso les significaría hasta no bien se sienten en un ambiente seguro, empático y/o con una sensación de estar protegidos.

También, se sabe que muchos niños/as niegan admitir que están siendo abusados (e incluso, fingen estar fe lices en el ámbito escolar o al ser entrevistados, por ejemplo) a modo de mecanismo de defensa que le permite sobrevivir, ya que como es sabido en los casos en los que el abuso sexual se ha cronificado desde hace años por tratarse de un incesto intrafamiliar en el cual la víctima convive en la misma casa que su abusador, esta suele estar amenazada (no solo contra su propia integridad física sino contra la integridad física de su madre, hermanos y todas aquellas personas que más ama: "Si cuentas nuestro secreto voy a matar a tu mamá, a tu hermanito... Si cuentas nuestro secreto te voy a castigar, te voy a pegar...", suelen ser las típicas amenazas).

Vale destacar que a pesar de que muchos niños, niñas y adolescentes víctimas de violencia sexual suelan negar su trauma a causa de los mecanismos de defensa antes mencionados y a causa de la vergüenza, el miedo por las amenazas, etcétera; no obstante esto, el abuso siempre se manifiesta a través del lenguaje corporal, del lenguaje paraverbal, en el lenguaje gráfico, en el lenguaje lúdico y en el comportamiento general, en los diversos síntomas corporales y psicológicos: alucinaciones, pesadillas recurrentes, enuresis, trastornos en la sexualidad, trastornos de alimentación, etcétera.

Finalmente, podemos decir que hay niños/as que, como en el caso de Lilibeth, no presentan mayores dificultades para relatar su trauma de manera verbal: oralmente y/o lúdicamente, en el marco de las entrevistas realizadas con las técnicas del juego y el dibujo proyectivo, por ejemplo.

Personalidad del agresor sexual

Si bien no existe un perfil de personalidad definido para el agresor sexual de niños/as, se sabe que en su mayoría son hombres heterosexuales de mediana edad, que se encuentran en pareja y que tienen una especie de doble personalidad: si bien por un lado son personas trabajadoras y agradables a nivel social, a nivel íntimo suelen ser descriptos como hombres agresivos, manipuladores, fríos y poco empáticos, muchas veces con signos de perversión a nivel sexual y que suelen ser muy carismáticos así como también suelen tener un muy buen manejo del discurso (se dice que cuando hablan suelen "hechizar" a su interlocutor a través de la utilización de un discurso de tipo paradojal, con contradicciones semánticas, que tiene por objetivo dejar perplejo a todo aquel quien lo oiga; desvitalizándolo a la hora de tener que refutar aquello que dice).

CONCLUSIONES DIAGNÓSTICAS

De las secuencias de manifestaciones verbales, paraverbales, lúdicas, gráficas y conductuales de Lilibeth realizadas en el marco de la Técnica Psicodiagnóstica Hora de Juego podría inferirse que habría sido sometida a vivencias abusivas de índole sexual en el ámbito de la casa paterna con la posible participación de su progenitor, el Sr. Luis Armando Gutiérrez. A partir de los dichos de la niña y de la secuencia de conductas correlativas a tales dichos, también podría inferirse que dichas situaciones abusivas podrían haber constado de manoseos, sexo bucogenital, actos de eyaculación e intentos de penetración en el área anal y/o genital. A partir de lo investigado podría desprenderse que el abuso en cuestión se habría caracterizado por momentos en los que se pudo haber privado de la libertad a la niña, así como por la coerción, una coerción de índole psicológica y moral, producto de lo que se sospechan estimativamente alrededor de más de dos años de abuso durante los cuales la cualidad sexual explícita del vínculo entre la niña y su progenitor habría quedado naturalizada.

PRONÓSTICO

El pronóstico de Lilibeth es reservado. Al día de la fecha, son innumerables los perjuicios tanto sexuales, físicos, mentales, emocionales, psicológicos y/o morales que el anterior abuso descrito podría causar en la vida de la niña (hay autores especialistas en el tema que describen el abuso sexual infantil como un "balazo al aparato psíquico"). Se considera que la introducción de la sexualidad adulta en la vida del niño/a es nociva para su psiquismo aún inmaduro que al ser incapaz de procesar y/o tramitar tan alto nivel de impacto energético queda expuesto a una experiencia de índole traumática con las concomitantes fallas en los procesos de simbolización que en la mayoría de estos casos adquieren consecuencias de índole negativas en los distintos procesos mentales que requiere el desarrollo del pensamiento y del mundo emocional, intelectual y conductual en la vida de una persona. Por todo lo anteriormente dicho, se recomienda continúe con su terapia hasta que se considere necesario según vaya siendo su evolución.

Es necesario recordar que cuando al niño/a víctima de abuso sexual se lo confronta a su agresor, uno de los mecanismos que suele implementar para preservarse es la *retractación* de su relato así como la exteriorización de una *conducta ambivalente hacia este,* producto del mecanismo defensivo de la disociación anteriormente explicada –por la cual podría llegar a mostrarse, incluso, hasta contento de verlo a pesar de estar aterrado– debido al temor de que este pudiera vengarse por el hecho de haberse animado a romper el pacto de silencio propio de este tipo de abuso (ya que los abusadores suelen infundir amenazas manifiestas y/o subliminales al niño/a).

RECOMENDACIONES

- Impedir todo contacto con su progenitor: se recomienda que Lilibeth no mantenga contacto con su progenitor ni con la familia de este hasta que no sea esclarecida en su totalidad esta causa por el Sr. Juez o y el/la Fiscal de la causa.

  En este punto es necesario aclarar que los niños/as abusados por un miembro cercano a su familia suelen comenzar a hablar con más detalle y/o a explayarse en sus dichos acerca del abuso una vez que se sienten seguros, sin temor y lejos de quien se supone los habría abusado y lastimado tanto física como psicológica y emocionalmente. Lilibeth ha comenzado a expresar cada vez más mediante sus juegos una situación de tipo abusiva una vez que fue separada de su progenitor y ya no convivió bajo su mismo techo. Es por esta razón que se recomienda que ella no mantenga ningún tipo de contacto con el Sr. Luis Armando Gutiérrez, para poder observar si es que sigue –o no– explayándose en sus dichos y actividad lúdica recordando más detalles.

- Se recomienda que Lilibeth no mantenga contacto con su familia paterna: dado que se correría el riesgo de que, por ejemplo, la madre o el padre del agresor (abuelos paternos) no le crean a su nieta e intenten manipularla o confundirla al intentar defender y/o justificar al agresor.

- Se recomienda que Lilibeth continúe viviendo con su madre, la Sra. María Paz de las Mercedes García, no solo porque se ha observado en el marco de la presente evaluación la buena relación y el cariño que hay entre ambas; sino, porque, además, se ha podido observar que esta es una figura de apego positivo que la niña percibe como empática, contenedora y protectora.

- Realizar un peritaje especializado en las computadoras del progenitor con el fin de investigar acerca de la posibilidad de ser un potencial consumidor de pornografía infantil o de poseer archivadas fotos o filmaciones en relación con abusos sexuales con su propia hija y/o con otros niños/as menores de edad.
- Realizar un peritaje por el Cuerpo Médico Forense especializado con la aparatología y la profundidad necesaria, con el objetivo de verificar o descartar si es que efectivamente hubo o no acceso carnal a nivel vaginal o anal.
- Realizar un peritaje psicológico y psiquiátrico a cada uno de sus progenitores; esto es, al Sr. Luis Armando Gutiérrez y a la Sra. María Paz de las Mercedes García.
- Realizar una terapia psicológica con el objetivo de que Lilibeth cuente con un espacio para poder elaborar las situaciones traumáticas vividas.

Como psicóloga a cargo de la evaluación psicológica de Lilibeth García emito el presente informe a pedido de la Sra. María Paz de las Mercedes García para ser presentado ante quien corresponda.

Lic. María...

M. N. … / M. P. …

Capítulo 2

Informe escolar denunciando el abuso sexual de un estudiante

Si bien existen muchas clases de informes escolares, en lo que concierne al objetivo de este libro nos focalizaremos en la estructura y redacción de aquellos informes referidos a niños/as y adolescentes víctimas o potenciales víctimas de abuso sexual.

Cuando desde la escuela detectamos un niño/a del cual sospechamos puede ser una víctima de abuso sexual, no solo debemos derivarlo a un psicólogo externo a la institución escolar para que investigue el caso a través de un psicodiagnóstico y para que pueda brindar una orientación acerca de cómo ayudar mejor a ese niño/a; además, debemos realizar una denuncia, ya que en nuestro país explícitamente el abuso sexual en la infancia es un delito de acción pública y debe ser denunciado. De todas maneras, esto rige para todos los países que han avalado la CDI,[13] porque este organismo determina que siempre debe denunciarse este delito.

En tales circunstancias, como profesionales a cargo de un niño/a menor de edad tenemos la obligación moral y ética de dejar constancia por escrito en un acta del colegio, así como informar y proceder a realizar una denuncia a las autoridades correspondientes; por ejemplo, en la fiscalía más cercana a la escuela, en una Comisaría de la Mujer y la Familia o en cualquier dependencia policial. Respecto a los servicios de protección y promoción de derechos se debe informar desde la escuela o desde el lugar en el que se radica la denuncia para que el servicio local de promoción y protección de los derechos del niño o lugar similar sea el encargado de la protección de ese niño, niña o adolescente. Cuando se radica una denuncia de estas características debe ponerse en marcha lo que se denomina corresponsabilidad respecto de la protección de ese niño, niña o adolescente, por lo que se le dará también intervención al juzgado

[13] CDI: Comisión de Derecho Internacional, organismo creado por la Asamblea General de las Naciones Unidas en 1947 con el objetivo de codificar y promocionar el Derecho Internacional.

de familia que corresponda y de ser necesario al área de salud en ese mismo momento o en los días posteriores como parte de la tarea de los servicios de protección de derechos, a los que les corresponde el seguimiento del caso.

Vale destacar que, si bien algunos docentes temen realizar este tipo de denuncias, en el ámbito judicial el testimonio de los docentes y directivos suele tener un peso considerable y fundamental a la hora de dar credibilidad a este tipo de delitos, así como de otorgar una protección rápida y eficaz a los niños/as víctimas.

También, como decíamos más arriba, los docentes son funcionarios públicos y la obligación de denunciar está determinada por la ley. La denuncia se puede hacer de forma verbal, pero a los fines de este libro vamos a considerar hacerla mediante un informe escrito.

La redacción del informe escolar puede estar a cargo tanto del psicólogo educativo, del psicopedagogo, del docente a cargo o de los directivos de la institución escolar. Principalmente, tiene que focalizarse en los indicadores conductuales que podrían estar haciendo referencia a este tipo de denuncia.

Si bien está claro que es obligatoria la denuncia de la sospecha, es necesario articularla con una garantía de protección para ese niño/a que va a quedar expuesto si no se tiene en cuenta el después de la denuncia. Debemos contar con un adulto protector, intervención del servicio local, cualquier otra acción que garantice la protección del niño o de la niña.

Ficha técnica

- Fecha.
- Nota de presentación: con el motivo u objetivo del informe, y a quién va dirigido.
- Nombre de la escuela y dirección.
- Nombre y apellido del niño/a.
- Edad.
- Fecha de nacimiento.
- Grado y turno.
- Nombre y apellido de la madre: edad, profesión.
- Nombre y apellido del padre: edad, profesión.

- Grupo familiar conviviente actual: con quién convive actualmente el niño/a.
- Conducta del niño/a en la escuela:
  - o Dichos o relato de abuso sexual por parte del niño/a.
  - o Historia escolar.
  - o Comportamiento en el aula y los recreos.
  - o Quejas de otros padres y madres.
  - o Modo de relacionarse con los docentes, las autoridades y los compañeros; por ejemplo, si se distrae, si interrumpe, golpea, etcétera.
  - o Verbalizaciones en relación con la sexualidad inadecuadas para su edad y que podrían llegar a ser un indicador de alerta en cuanto a un posible abuso sexual.
- Antecedentes personales del niño/a:
  - o Características del grupo familiar.
  - o Antecedentes familiares (datos importantes, dinámica de los vínculos).
  - o Eventos significativos de su historia vital y pautas evolutivas relevantes.
  - o Si hace o ha hecho tratamiento psicológico y/o psicopedagógico previo.
- Datos aportados por la entrevista con el padre y/o la madre:
  - o Salud del niño/a.
  - o Comportamientos y costumbres.
  - o Indicadores de violencia familiar.
  - o Indicadores de abuso sexual.
- Datos aportados por las observaciones del docente y/o del equipo del gabinete escolar: breve descripción de la conflictiva escolar del niño/a, evitando dar datos de test; pero, sí haciendo una descripción de manera generalizada de las distintas áreas de su personalidad del niño/a:
  - o Área intelectual:
    - - Dificultades madurativas: perturbaciones en el proceso de aprendizaje; limitaciones cognitivas, psicomotricidad fina y gruesa, organización espacial, expresión verbal, si se comporta como un niño/a de menor edad, etcétera.

- Rendimiento escolar: si es esperable para su edad o si ha bajado; dificultades de aprendizaje; capacidad de concentración baja o fluctuante; baja tolerancia a la frustración, etcétera.
- Observación de los cuadernos de clase: presentación, prolijidad, orden, descuido, suciedad, hojas en blanco, incumplimiento de tareas, organización espacial, tipo de letras, psicomotricidad fina, tachaduras, nivel de rendimiento alcanzado, dificultades de aprendizaje (en qué áreas), creatividad, relatos y/o dibujos llamativos, etcétera.
- Otros datos registrados: en el legajo escolar, boletín de calificaciones, cuaderno de comunicados, etcétera.

o Área social:
- Problemas de sociabilización.
- Problemas en la dinámica grupal.
- Relación con sus compañeros y autoridades (agresividad, aislamiento, dificultad para hacer amigos, conducta oposicionista o desafiante, etcétera).

o Área emocional:
- Estado de ánimo del niño (tal como, por ejemplo, tristeza, ira, vergüenza llamativa, etcétera).

o Área verbal: relato de abuso sexual; verbalizaciones de obscenidades, dichos de contenido sexual frente a compañeros, docentes o autoridades escolares, etcétera.

o Área psicológica: ausencia de pudor (se quita la ropa interior en lugares públicos del colegio, por ejemplo); autoagresiones (cortes en el cuerpo, golpearse a sí mismo, romperse o morderse la ropa, etcétera).

o Área sexual: intentos de coerción sexual a compañeros; masturbación compulsiva; dibujos o juegos de naturaleza sexual, etcétera.

Modelo de redacción de un informe escolar denunciando abuso sexual

11-10-21

Comisaría de la Mujer y la Familia
Fiscalía N°...
Departamento Judicial de...

A quien corresponda:

El Colegio... [nombre y dirección del colegio] denuncia la sospecha de posible abuso sexual en el niño Vicente Hernández Orellana, para que se investigue y se adopten las medidas necesarias al caso.

Nombre y apellido del niño/a: Vicente Hernández Orellana.

Edad: 6 años.

Fecha de nacimiento: 3-5-15.

Grado: 1° grado.

Nombre y apellido de la madre: Marta Orellana, 30 años, empleada de comercio.

Nombre y apellido del padre: Ernesto Hernández, 33 años, electricista.

Grupo familiar conviviente actual: actualmente, Vicente convive con su mamá y su abuela materna.

Conducta del niño/a en la escuela:

Los directivos del colegio informan su preocupación respecto del niño Vicente... [nombre y apellido], debido a que el día... [fecha] le contó a su maestra de primer grado... [nombre y apellido de la maestra] que su progenitor le habría estado tocando su área genital.

Con respecto a su conducta en la escuela, desde mediados del presente año se caracteriza por: distracciones, bajo rendimiento, agresividad hacia sus compañeros y un lenguaje obsceno en el aula que provoca interrupciones en el aprendizaje del grupo. Esto ha motivado quejas por parte de padres y madres de sus compañeros, por lo cual se han realizado dos reuniones con los mismos en lo que va del año.

Antecedentes personales del niño/a:

A partir de esto, como primera medida, se citó a su madre, la señora... [nombre y apellido] para informarla de lo sucedido y entrevistarla. En dicho encuentro se pudo averiguar algunos antecedentes de la dinámica familiar. La señora... comentó que se separó de su ex marido y padre de su hijo hace tres años por una situación de violencia física y psicológica por parte de este; también, explicó que, últimamente, ha estado observando que su hijo regresa de las visitas que hace todos los fines de semana a la casa de su padre muy angustiado y agresivo, así como con marcas en el cuerpo por haber sido sometido a maltrato físico.

En un segundo momento y por separado de la madre, se procedió a citar al padre de Vicente, el señor... [nombre y apellido] y se arregló un encuentro con él para el día... [fecha de la reunión]. En la misma, cuando se lo informó respecto de los dichos de su hijo, negó haber abusado de él y, en cambio, describió como muy bueno su vínculo tanto con el niño como con su ex esposa.

Datos aportados por la entrevista con la madre y el padre:

Ambos progenitores del niño se manifestaron asombrados por la información que surgió de los dichos de su hijo en la escuela. Si bien la madre refirió violencia por parte del padre, en la actualidad se estarían llevando bien. Respecto de la salud de su hijo, refieren que siempre ha sido buena; pero, que últimamente, ha manifestado episodios de encopresis y enuresis.

Datos aportados por las observaciones del docente:

La maestra de Vicente, la señorita Laura... [nombre y apellido] le comentó a los directivos del colegio que el día... [fecha] del presente año, que en una charla que tuvo con el niño en uno de los recreos, este le habría dicho: "*Mi papá me toca la cola cada vez que voy a su casa*".

También, ha manifestado que, si bien Vicente siempre fue buen estudiante y compañero, desde hace unos meses se ha manifestado muy irritable, agresivo, nervioso y ha estado haciendo dibujos de naturaleza extraña y llamativa en los cuadernos (por ejemplo, figuras con genitales masculinos y personas muertas, descuartizadas, ensangrentadas). También, en dos ocasiones, hace un mes atrás, se orinó en el aula.

Datos aportados por el equipo del gabinete escolar:

En el área intelectual no se observan limitaciones cognitivas ni madurativas de base; pero, Vicente ha bajado su nivel de concentración, así como su rendimiento escolar, viéndose esto reflejado en sus calificaciones. Si bien siempre fue un niño prolijo, en los últimos meses se ha podido observar que, de modo recurrente, ha cambiado a una letra desprolija, ha estado dejando hojas en blanco y tareas sin completar.

En el área social, manifiesta una conducta oposicionista, un modo de hablar obsceno, le cuesta insertarse en el grupo de pares y suele ser burlado por sus compañeros, hecho ante el cual reacciona de modo agresivo, intentando pegarles.

En el área emocional, en las últimas semanas, se lo ha observado con estados de ánimo fluctuantes, triste y solitario en los recreos.

En el área verbal, cada vez que se pelea con sus compañeros, suele decir obscenidades de carácter sexual, incluso, en el aula.

En el área psicológica, tiene conductas extrañas como morder y romper su ropa. También, en un par de oportunidades, se bajó los pantalones delante de todos en la clase de gimnasia.

En el área sexual, se lo ha podido observar que tiene por costumbre tocarse sus genitales (por encima de la ropa), casi constantemente.

Como conclusión, transmitimos nuestra preocupación como docentes y directivos de esta institución educativa respecto a que el niño Vicente Hernández Orellana, de seis años, pueda estar sufriendo algún tipo de abuso sexual; siendo así que denunciamos los hechos antes citados para ser considerados y evaluados por quien corresponda.

Estamos a su disposición,

Firma y sello

Capítulo 3

Informe psicológico para la escuela

Una de las mayores demandas que tenemos los psicólogos para hacer informes sobre niños/as proviene de la escuela. Especialmente, cuando se trata de un niño/a víctima de abuso sexual, muchas veces suele bajar el rendimiento escolar y despliega una serie de sintomatología que se refleja en conductas desafiantes ante la autoridad, agresión hacia sus compañeros, distraimientos, incumplimiento de las consignas, etcétera.

En el informe psicológico dirigido al ámbito escolar debe ser breve y conciso, sin la utilización de terminología psicoanalítica que no se pudiera llegar a entender o que pueda generar confusión. El objetivo principal es explicar el conflicto del niño/a de manera general (sin profundizar demasiado en la dinámica familiar, en indicadores conductuales, en dichos del niño/a o en los resultados de tests, por ejemplo). Consideramos que evaluar el CI (coeficiente intelectual) no es necesario cuando estamos frente a un niño/a que está atravesando una situación de estrés postraumático, la cual, generalmente, suele condicionarlo negativamente a la hora de tener que concentrarse para cumplir con las consignas que requieren los tests de inteligencia.

Con motivo de evitar estigmatizaciones, otra cosa que deberemos evaluar antes de redactar un informe que será leído por directivos y docentes en la escuela será la de si comunicaremos cuestiones más delicadas que hacen referencia a detalles de la sexualidad del niño/a o a traumas por abuso; para transmitir esta clase de información a la escuela deberemos contar con el consentimiento de los padres, madres o tutores del niño/a.

Otra cuestión importante a destacar es que en los casos de incesto ya judicializados –y en los que haya una orden de restricción perimetral al abusador–, será importante alertar a las autoridades de la escuela para que en caso de ser necesario se le brinde una protección rápida y eficaz al niño/a.

Cuando escribimos un informe a pedido del colegio del niño/a que atendemos o hemos evaluado por causa de abuso sexual, recomendamos consignar los siguientes datos:

Ficha técnica

- Fecha.
- Datos del evaluador: nombre, apellido, domicilio, número de matrícula profesional.
- Destinatario del informe: nombre, cargo profesional, nombre del colegio en el que trabaja. Nombre de la institución educativa.
- Nombre y apellido del niño/a.
- Datos del niño/a: edad, escolaridad y nombre del colegio. Nombres, edades, profesiones de la madre, padre y hermanos.
- Motivos por el cual el niño/a se encuentra haciendo un psicodiagnóstico o está realizando una psicoterapia: descripción general del conflicto del niño/a.
- Antecedentes personales del niño/a aportados por la madre y/o padre:
    - Características del grupo familiar.
    - Antecedentes familiares (datos importantes, dinámica de los vínculos).
    - Eventos significativos de su historia vital y pautas evolutivas relevantes.
    - Si hace o ha hecho tratamiento psicológico y/o psicopedagógico previo.
    - Salud del niño/a.
    - Comportamientos y costumbres.
    - Indicadores generales de violencia familiar y/o abuso sexual.
- Datos aportados por las observaciones del psicólogo: breve descripción de la conflictiva escolar del niño/a, evitando dar datos de tests; pero, sí haciendo una descripción de manera generalizada de las distintas áreas de su personalidad:
    - Área intelectual:
        - Dificultades madurativas: perturbaciones en el proceso de aprendizaje; limitaciones cognitivas, psicomotricidad fina y gruesa, organización espacial, expresión verbal, si se comporta como un niño/a de menor edad, etcétera.

- o {Área social:
  - Problemas de sociabilización.
  - Problemas en la dinámica grupal.
  - Relación con sus compañeros y autoridades (agresividad, aislamiento, dificultas para hacer amigos, conducta oposicionista o desafiante, etcétera).
- o Área emocional:
  - Estado de ánimo del niño (tal como, por ejemplo, tristeza, ira, vergüenza llamativa, etcétera.
- o Área verbal: relato de abuso sexual; verbalizaciones de obscenidades, dichos de contenido sexual frente a compañeros, docentes o autoridades escolares, etcétera.
- o Área psicológica: ausencia de pudor (se quita la ropa interior en lugares públicos del colegio, por ejemplo); autoagresiones (cortes en el cuerpo, golpearse a sí mismo, romperse o morderse la ropa, etcétera).
- o Área sexual: intentos de coerción sexual a compañeros; masturbación compulsiva; dibujos o juegos de naturaleza sexual, etcétera.
  - Aptitudes: aquellas áreas en las que se destaca el niño/a.

- Conclusión: conflictos del niño/a y recursos para superarlo.
- Recomendaciones: brindar a los docentes una orientación concreta para que puedan ayudar al niño/a desde el ámbito educativo (planificación de estrategias psicológicas, recursos didácticos, metodología para motivar, dialogar y relacionarse con el niño/a). También, sugerencia de apoyo escolar, psicopedagógico, etcétera.
- Firma y sello con matrícula.

Modelo de redacción de un informe psicológico para la escuela

7-11-21

Como psicóloga tratante, emito el presente informe psicológico el cual se hizo a pedido de la Lic. Mariela Pérez, psicóloga del gabinete escolar del Colegio... [nombre y dirección de la institución escolar].

Lic. María..., M. N. ..., Domicilio Legal..., Número de teléfono...

Nombre y apellido de la niña: Cayetana Lorca.
Edad: 8 años.
Fecha de nacimiento: 6-8-13.
Grado: primaria, 3° grado, turno mañana.
Colegio: [nombre de la institución].
Nombre y apellido de la madre: Marcela Benítez, 35 años, farmacéutica.
Nombre y apellido del padre: Pedro Lorca, 33 años, médico.
Grupo familiar conviviente actual: actualmente, Cayetana vive con su madre y sus abuelos maternos.

Cayetana, de 8 años, en la actualidad se encuentra realizando psicoterapia debido a que atraviesa un cuadro de estrés postraumático producto de una situación de abuso sexual por parte de su progenitor, a quien, desde la justicia, se le ha extendido una orden de restricción perimetral para que no se acerque a la niña.

La madre de Cayetana se separó del progenitor de la niña (con quien no estaba casada) hace unos tres meses atrás, cuando su hija le contó los abusos que sufría de parte de este. Por esta razón, en la actualidad la niña vive junto a su madre en la casa de los abuelos maternos, con quienes la relación es muy buena.

Cayetana siempre ha sido una niña muy sana y cariñosa, que ha ido evolucionando acorde a su edad. Desde hace unos meses atrás comenzó a tener pesadillas, a negarse a comer, a manifestar angustia, ataques de ira y una conducta oposicionista. Le contó a su mamá que estaba siendo abusada por su progenitor y esta procedió a hacer la correspondiente denuncia en la Fiscalía... A partir de esto, la niña comenzó un proceso psicodiagnóstico a través del cual se confirmaron sus dichos. Actualmente, se encuentra realizando un tratamiento psicológico para elaborar su trauma.

A nivel intelectual no se observan perturbaciones ni limitaciones cognitivas. Se expresa muy bien verbalmente; aunque, a nivel emocional ha estado manifestando nervios, temores y tristeza.

Si bien es una niña sociable, últimamente se la ha visto retraída y sin ganas de jugar ni de ir a los cumpleaños de sus amiguitos; también, opone resistencia a la hora de ir a la escuela.

A nivel psicológico, además del relato de su trauma a su entorno familiar y a su psicóloga, se han podido observar indicadores de abuso sexual tales como baja autoestima, inseguridad, pesadillas, angustia, golpearse a sí misma, etcétera.

Es una niña inteligente, que, si bien en este momento suele distraerse y dispersarse cuando se le da una consigna, cuenta con recursos y aptitudes tales como facilidad para expresarse oralmente, creatividad y rápido nivel de procesamiento del lenguaje no verbal de su interlocutor.

Se recomienda a los docentes no presionarla y brindarle contención cada vez que lo necesite, evitar exigirla en el cumplimiento de las consignas, reforzarla positivamente cada vez que cometa un error, estimular en ella la socialización con sus compañeritos a través de actividades lúdicas, artísticas o recreativas. En este momento, Cayetana necesita que estimulen su autoestima; razón por lo cual, su maestra podría ayudarla dándole consignas que la hagan sentir especial, tales como pedirle que le alcance algo o que la ayude con ciertas tareas.

Se recomienda también, hacer un seguimiento con la psicopedagoga del gabinete escolar para que sea orientada en la metodología de estudio.

A su vez, se sugiere a los directivos tener especial cuidado en asegurarse que a la salida de la escuela solo sea retirada por su madre o abuela materna y nunca por su progenitor hasta que desde el sistema judicial resuelva lo contrario.

Sin otra cosa que agregar, estoy a disposición de seguir colaborando con el equipo docente de la escuela.

Firma, sello y matrícula del psicólogo

Capítulo 4

Informe para padres y madres

Generalmente, la manera en que los psicólogos damos una devolución a la madre y al padre del niño/a es bajo la modalidad oral. Sin embargo, pueden existir algunas excepciones en las que sea necesario entregarles un informe de su hijo por escrito; por ejemplo, cuando la familia está próxima a mudarse a una ciudad lejana y allí van a buscar otro profesional que pueda atenderlo de forma presencial.

Acerca del informe para padres, Cattáneo dice:

> García Arzeno (2000) plantea que, cuando los padres desean llevarse algo escrito, es conveniente redactar de manera sencilla lo transmitido en la entrevista de devolución y, a su vez, [ella] estaría dispuesta a brindar información más técnica si hubiese otros interesados.[14]

Coincidimos con esto, y de tener que redactar un informe, lo hacemos utilizando como guía la estructura del informe estándar o del informe escolar.

[14] García Arzeno, ME. (2000) *Reflexiones sobre el quehacer psicodiagnóstico*, Buenos Aires: Nueva Visión. Citado en Cattáneo, BH. (2015) *Informe psicológico*, ob. cit.

Capítulo 5

Informe para el juzgado de familia

A partir de que la madre (u otro tutor responsable) tiene la sospecha de que su hijo podría estar siendo abusado sexualmente y hace la correspondiente denuncia en la Comisaría de la Mujer y la Familia, esta le da intervención a la fiscalía (UFI) más cercana a la localidad en la que vive, y también a un juzgado de familia y al organismo de protección que corresponda, servicio local de promoción y protección de los derechos del niño, según el municipio en el que se encuentren. Este servicio de protección, luego de agotar las medidas transitorias que puede llevar adelante, es el que le dará intervención al juzgado de familia que corresponda para brindar protección de forma urgente y eficaz.

La función de un juzgado de familia es otorgar justicia en lo que respecta a todo lo relacionado con los conflictos familiares. En los casos de violencia intrafamiliar o de violencia sexual contra niñas y niños, los procedimientos en los tribunales de familia se centran en los acuerdos que puedan lograrse y, fundamentalmente en los casos de sospecha de abuso sexual o violencia, en la aplicación de medidas de protección (restricción perimetral), cuidado personal de los hijos (régimen de visitas) o cuota alimentaria, por ejemplo.

De acuerdo al tipo de denuncia y de causa, el juzgado comienza su intervención con el consejero tratando que las partes en conflicto logren algún tipo de acuerdo. En el caso de los delitos contra la integridad sexual de niños/as, si aún no lo ha hecho el adulto protector, el juzgado de familia tiene la obligación de realizar la pertinente denuncia penal y mantener las medidas de protección mientras la justicia penal realiza las investigaciones e intervenciones pertinentes. Generalmente, como las investigaciones penales suelen ser lentas, es muy importante que el juzgado de familia mantenga la protección del niño/a supuesta víctima.

Otro escenario posible es que se inicien las acciones en la justicia penal y que el presunto progenitor abusador recurra a la justicia de familia solicitando régimen de visita o cuidado personal sin mencionar que se encuentra bajo sospecha y tiene una medida de prohibición de acercamiento; también, el presunto progenitor abusador suele recurrir a la misma justicia penal en otra jurisdicción aduciendo impedimento de contacto y denunciando al adulto protector mediante la Ley 24.270, que sanciona penalmente el impedimento de contacto.[15] La falta de comunicación entre los fueros, la mala praxis jurídica, la desidia de los operadores, terminan perjudicando siempre al niño, niña o adolescente que queda como rehén en ese proceso.

Por otro lado, muchas veces la justicia penal no obtiene las pruebas suficientes como para iniciar una investigación, y archiva la causa o la inicia y la elevación a juicio se produce mucho tiempo después y no hallan pruebas suficientes que convenzan al tribunal de juicio y sobreseen al imputado; ante la duda, siempre se resuelve a favor del imputado. Inmediatamente el sospechado inicia las acciones en el juzgado de familia, o si ya estaban en curso se presenta y pide el cuidado compartido del niño o la niña.

Si el juzgado trabaja bien, ha hecho las intervenciones correctas y ha podido en ese ámbito comprobar la existencia o posibilidad del delito tiene la potestad de seguir protegiendo al niño o la niña impidiendo el contacto con quien fuera su progenitor, aunque no se haya probado en la justicia penal, porque el juzgado de familia tiene otras herramientas para intervenir, equipos interdisciplinarios que pueden hacer seguimientos diferentes a la justicia penal. En principio la justicia penal tiene como objetivo demostrar el delito y sancionar al culpable, y la justicia de familia tiene como objetivo la protección de la víctima y del adulto protector, ya que debe velar por quienes están en desigualdad frente a quien pudo ser su agresor, sobre todo en niños/as muy pequeños que no han podido dar su testimonio en sede penal, pero sí han sido evaluados por los equipos de los juzgados de familia.

La realidad es que generalmente no es eso lo que ocurre, sino que frente al archivo o al sobreseimiento dan curso al pedido del sospechado y ordenan las revinculación forzada del niño, niña o

[15] Esta ley fue sancionada a instancias de agrupaciones de padres separados de sus hijos que han ido mutando su nombre, pero que sus integrantes suelen ser progenitores que enfrentan denuncias de abuso sexual hacia los hijos o denuncias de violencia de género graves, en su gran mayoría.

adolescente con quien fuera su agresor, llegando a medidas extremas como la reversión del cuidado personal a favor del agresor.

Es en estas situaciones cuando los informes de quienes están protegiendo y ayudando mediante tratamiento psicológico a los niños/as víctimas son fundamentales para evitar acciones iatrogénicas.

Ficha técnica

Los datos que debemos incluir en un informe psicológico para el juzgado de familia son:

- Fecha. Carta de presentación: nombre del consejero y/o juez/a de la causa; y a qué número de juzgado. Carátula y número de expediente.
- Datos personales del niño/a y su grupo familiar (el mismo que en otros informes).
- Motivo de consulta (si trabajamos de manera privada).
- Metodología de abordaje: se describen las técnicas y tests a través de los que se procedió a evaluar al niño/a.
- Entrevista a padre y madre: breve resumen de lo hablado, luego de lo cual se procede a realizar un comentario o análisis respecto de las impresiones que han dejado en el profesional.
- Historia familiar: ...
- Resumen de la historia vital del niño/a: ...
- Síntesis de las entrevistas realizadas con el niño/a: ...
- Características de personalidad del niño/a: ...
- Indicadores de abuso sexual: ...
- Diagnóstico: si se trata de un abuso sexual, consignar los indicadores de abuso; y de modo estimativo características del mismo, tiempo de duración y posible autor del delito con nombre y apellido.
- Pronóstico: si el pronóstico de su caso es positivo, negativo o reservado, si es que existe riesgo de vida, etcétera.
- Recomendaciones: 1) se solicita impedir todo contacto con el denunciado como posible agresor sexual hasta que el juez de la causa lo considere, explicando el porqué de la necesidad de este tipo de medidas; 2) se sugiere que el niño/a realice una psicoterapia que le permita elaborar su trauma; 3) se sugiere con quién

y por qué sería más apropiado y saludable que el niño/a conviva; 4) se sugiere mantener las medidas de protección a pesar del resultado penal escuchando la palabra del niño/a y respetando su interés superior.

Todas estas sugerencias debemos tenerlas presentes y según la situación de cada caso aplicarlas para cerrar nuestro informe y lograr la efectiva protección.

A continuación, ejemplificaremos con un informe psicodiagnóstico presentado al juzgado de familia sobre el caso de una niña muy pequeña, menor de 3 años, víctima de violencia sexual por parte no de uno sino de dos agresores.

Modelo de redacción de un informe para el juzgado de familia

15-5-18

Como psicóloga tratante, emito el presente informe psicológico el cual se hizo a pedido de la jueza Dra. Carmen Díaz para ser presentado en el Juzgado de Familia N° 2 departamento judicial de... con sede en..., Expediente N°... García María Paz de las Mercedes C/ Gómez Armando S/ violencia familiar.
Lic. María..., M. N. ..., Domicilio Legal...

RENATA GÓMEZ

Edad: 2,10 meses.

Fecha de nacimiento: 9-10-2015.

DNI: ...

Madre: María Paz de las Mercedes García, 24 años, odontóloga.

Padre: Armando Gómez, 43 años, comerciante.

Medio hermanos paternos: Ramón (18 años, estudiante de odontología); Adela (14 años, estudiante de secundaria).

Grupo familiar conviviente actual: Renata vive con su madre.

MOTIVO DE CONSULTA

Quien motiva la consulta el día 8 de abril de 2015 fue la Sra. María Paz de las Mercedes, madre de Renata, debido a su preocupación por el hecho de que el día 1 de abril su hija habría llegado de una visita a la casa de su progenitor con moretones en el cuerpo, el pañal sucio y con toda **la zona genital enrojecida y muy inflamada**. En dicha oportunidad, la niña se habría mostrado irritable y agresiva; y cuando su madre le quiso quitar la ropa para bañarla, esta, señalando su zona genital, le habría dicho ***"Ramón malo. Ramón y papá pegaron acá [sic]"***.

A partir de esta sospecha, la Sra. María Paz de las Mercedes se acercó a solicitar ayuda al servicio Local de protección a la niñez de la ciudad de... quienes le indicaron que debía realizar la denuncia en la Comisaría de la Mujer y la Familia de la zona, que al recibirla notifican a la Fiscalía correspondiente y al Juzgado de Familia, que en este caso ya estaba interviniendo por un régimen de comunicación. Luego, hizo una consulta con la psicóloga especializada en abuso sexual de niñas/os que abajo suscribe, quien procedió a realizar un psicodiagnóstico a Renata.

METODOLOGÍA DE ABORDAJE

Se realizaron dos entrevistas con la madre y un total de 6 entrevistas con Renata, en las cuales se procedió a evaluarla aplicando la Técnica de Entrevista Semidirigida; Hora de Juego Proyectivo y una técnica basada en fotos de familiares. Vale aclarar que no se le administró ningún test gráfico porque la niña aún no tiene desarrollada su psicomotricidad fina.

Para la interpretación se estableció un análisis de la correlación de las secuencias entre los aspectos verbales y no verbales que se pudieron asociar en el relato y en la producción lúdica de Renata. Para tal motivo, se tuvieron en cuenta no solo los dichos de la niña sino la totalidad de las acciones y gestos desplegados consciente e inconscientemente, de forma totalmente espontánea, a lo largo de las entrevistas. Por lo tanto, para evaluar a la niña se tuvo en cuenta los datos aportados por:

1. **Lenguaje digital (palabras)**: asociaciones libres; verbalizaciones espontáneas.

2. **Lenguaje analógico (imágenes)**: lenguaje corporal; lenguaje paraverbal; microexpresiones faciales; lenguaje gráfico y juegos proyectivos.

ENTREVISTAS CON LA MADRE

Se realizan dos entrevistas los días 8-4 y el 28-5 de 2018 con la Sra. María. A lo largo de las mismas, cuenta que conoce al Sr. Armando, progenitor de su hija, en un cumpleaños de una conocida. Luego de seis meses de conocerse ella quedó embarazada y se fueron a vivir juntos. Decidieron separarse por incompatibilidad de caracteres poco antes de que Renata cumpliera dos años. A partir de esto, el Sr. Armando se habría mudado a una casa a 30 km de la localidad en donde ella vive. La relación entre ambos siempre fue en el marco de buenos términos, con buen diálogo. Entre ambos acordaron que Renata iría a visitar a su padre fin de semana por medio.

En cuanto a la figura de los abuelos, la Sra. María relata que sus propios padres ya han fallecido, y que la relación con los abuelos paternos es inexistente, dado que nunca se interesaron por su nieta y que luego de la denuncia solo la llamaron en una oportunidad para manifestar su disconformidad en el asunto.

En lo que se refiere a los síntomas por los que realiza la denuncia anteriormente mencionada, dice que el último día que visitó a su progenitor (el 1 de abril) su hija habría tenido un cambio de conducta notorio, manifestándose agresiva y muy angustiada. Recuerda que ese día su hija llegó con moretones en el cuerpo, y con la zona genital irritada e inflamada. A la hora de bañarla opuso resistencia para que le sacase la ropa. En dicha ocasión, le habría dicho: ***"Ramón malo. Ramón y papá pegaron acá [sic]"***. Explica que Renata tiene dos medio hermanos paternos y que Ramón es el hijo mayor del Sr. Ramón, quien tiene 18 años y ha comenzado a estudiar la carrera de odontología.

A la Sra. María le llamó la atención que cuando ella habría pretendido indagar más sobre lo sucedido, la niña le habría dicho con una expresión de miedo en su rostro: ***"Secreto [sic]"***.

Según la Sra. María, a partir de esta situación, comenzó a observar con detenimiento a su hija y pudo darse cuenta de un cambio notorio en su conducta. Por ejemplo:

- Constantemente, se frota su zona genital con sus manos o con objetos.
- Le cuesta conciliar el sueño.
- Tiene pesadillas.
- Si bien ya había dejado de usar pañales, se habría vuelto a hacer pis de día y de noche.
- Habría intentado en varias oportunidades comer su caca.
- Estaría muy agresiva con las personas y con las mascotas de la familia (un perro y un gato).
- Habría intentado varias veces tocar la zona genital de ella, de su tía y amiguitos.
- Se negaría a comer.
- Habría dicho palabras que nunca antes había dicho; por ejemplo: "coge", "pija", "puta".

ENTREVISTAS CON EL PADRE

La profesional que abajo suscribe intentó comunicarse por medio de llamadas telefónicas y mensajería de WhatsApp con el Sr. Arnaldo Gómez (los días 9-4, 10-4, 20-4 y 20-5 del presente año) para entrevistarlo; pero, le fue imposible, dado que su teléfono se hallaba desconectado y no tenía tono.

ENTREVISTAS CON RENATA

Renata siempre tuvo muy buena predisposición hacia las entrevistas, siendo una niña cuyos **juegos** surgían de una forma fluida. Cabe destacar que los mismos, a lo largo de las semanas en los que se la evaluó, mostraron como hilo conductor una fuerte tendencia a los **temas relacionados con la sexualidad, los secretos y la figura del padre**.

Vale destacar que Renata, como toda niña de 2,10 meses de edad, aún está aprendiendo el idioma, razón por la cual suele expresarse oralmente a media lengua, con dificultades en la pronunciación y mediante el armado de frases cortas de una, dos o tres palabras. No obstante, se hace entender bien, ya que complementa su comunicación oral con mímica y una extensa gama gestual. Otra cosa que es necesario aclarar es que la madre de Renata nunca le habló de las diferencias sexuales y la niña desconoce las palabras "pene" y "vagina".

A modo de ejemplificación se relatarán algunos comentarios y juegos proyectivos espontáneos de la niña, relacionados con dichos ejes temáticos:

1° ENTREVISTA (10-4-18)

Luego de que Renata se presentara y que la psicóloga le explicara que su función era ayudarla con algún problema que pudiera llegar a tener, de forma espontánea, estableció el siguiente juego: agarró una muñeca bebé, hizo como que le preparaba la comida, y luego la hizo dormir. Posteriormente, agarró un muñeco Ken, le quitó los pantalones y lo acostó a su lado. Dijo: "*Papá malo [sic]*"; y, a continuación, procedió a arrojarlo al otro extremo del consultorio.

Interpretación: este juego podría ser un reflejo de lo que lo que la niña ha vivido.

2° ENTREVISTA (17-4-18)

Renata jugó a un juego similar al de la primera entrevista. En esta oportunidad, procedió a revolear a todos los muñecos Ken, mientras que, muy enojada, gritaba: "*Papá malo. Papá malo*". Finalmente, procedía a encerrarlos en una jaula para que no se escaparan y, a modo de penitencia, les tiraba allí adentro bichos de plástico. Entre la niña y la psicóloga, se estableció el siguiente diálogo en segunda persona (la psicóloga le pregunta a los muñecos para que la niña responda a través de ellos):

Psicóloga: —Señor papá, ¿por qué le dicen que usted es malo?

Renata: —"*Pega [sic]*".

Psicóloga: —¿A dónde pega?

Renata: —***"Cola, nena. Duele [sic]"***.

Psicóloga: —¿Con qué le pega a la nena?

Renata: —***"Con el pis [sic]"***.

Interpretación: con las palabras propias de una niña de su edad, Renata podría estar relatando una escena de abuso sexual.

3° ENTREVISTA (22-4-18)

En la tercera entrevista, Renata procedió a quitar el pañal al muñeco bebé, luego, tomó el títere cerdo e hizo como que este le hacía pis sobre la zona genital del muñeco bebé (le tiró alcohol en gel). Un rato después castigó al cerdo metiéndolo junto a un muñeco Ken (con el que en la anterior entrevista había estado jugando al papá malo) en un horno de juguete para que se quemaran. Imitaba los gritos de estos por el dolor de quemarse en el horno.

Interpretación: este juego podría estar simbolizando una escena de eyaculación; quizás, por parte de su progenitor.

4° ENTREVISTA (22-4-18)

En esta entrevista, la psicóloga le propuso a Renata que armase una familia con animalitos. Para ello, le ofreció una caja con unos cincuenta animales de cotillón, de tamaño pequeño. La niña formó el siguiente grupo familiar: una vaca como madre, tres terneros como hijos y un murciélago negro y con colmillos para representar al padre.

Interpretación: Renata podría tener una imagen negativa y/o agresiva de su progenitor.

5° ENTREVISTA (29-4-18)

En esta entrevista, la psicóloga le propuso a Renata un juego con fotografías. Para ello, le fue mostrando distintas fotografías de su círculo familiar (las cuales le facilitó su madre). A medida que las fue viendo, los fue reconociendo y sonrió; pero, cuando vio las fotos de Ramón (su medio hermano mayor) y de su progenitor, dejó de sonreír y procedió a tocar su área genital en un par de oportunidades.

Interpretación: Renata asocia a su progenitor y hermano con la sexualidad.

6° ENTREVISTA (5-5-18)

Renata agarró distintos juguetes, todos ellos con una connotación simbólica negativa (un títere monstruo, un lobo y un cerdo). Se los fue acercando al muñeco bebé y a medida que hacía esto, hizo la mímica de temblar, imitando tener miedo en su juego. En tal ocasión dijo: ***"Shhh... Shhh... [sic]"***. Mientras jugó a esto, se tocó varias veces su zona genital por encima de la ropa. Repitió esta escena de forma compulsiva, más de diez veces.

De forma espontánea, se produce el siguiente diálogo:

Psicóloga: —¿Cómo te llevas con tu hermano, Ramón?

Renata: *No responde nada; pero evita mirar a la profesional. Luego, agarra el títere lobo y le dice:* —***"Pega. Duele [sic]"***.

Psicóloga: —¿Dónde pega Ramón?

Renata: —***"En pis [sic]"***.

Psicóloga: —¿El lobo está vestido o sin ropa?

Renata: —***"Sin ropa [sic]"***.

Psicóloga: —¿Con qué parte del cuerpo pega Ramón? —señala en este muñeco.

Renata: ***(Le toca la zona genital a un muñeco Ken. Luego, agarra el muñeco bebé)***.

Psicóloga: —¿Dónde están?

Renata: —***"Casa de papá [sic]"***.

Interpretación: Renata estaría relatando con las palabras propias de una niña de su edad, un abuso sexual por parte de su hermano.

SÍNTESIS DE LAS ENTREVISTAS

Se pudo observar que, en las seis entrevistas realizadas a Renata, cada uno de los juegos que elaboró, los elaboró de forma espontánea y fluida. En todos ellos, se pudo observar como **hilo conductor los temas del miedo, la sexualidad, los secretos y la figura de un padre y un hermano malos**.

En los juegos simbólicos que Renata desarrolló en sus entrevistas psicodiagnósticas se pudieron encontrar varios indicadores de abuso sexual. Por ejemplo:

Indicadores de abuso sexual en Hora de Juego:

1. **Juego sexualizado**: cuando colocó elementos líquidos directamente sobre la zona genital del muñeco padre, como una supuesta manera de describir un acto eyaculatorio.
2. **Juego postraumático**: procedió a repetir varias veces seguidas escenas que podrían relacionarse con escenas de carácter abusivo, las cuales le producen temor.
3. **Juego de alimentación**: jugó a cocinar a muñecos, quienes serían símbolos de su progenitor.

Algunas aclaraciones sobre el juego de los niños/as víctimas de abusos sexuales:

Al tener un tipo de pensamiento concreto, los niños/as pequeños (que no cuentan con un psiquismo ni con una psicomotricidad desarrollados que les permita dibujar ni realizar tests) suelen relatar sus experiencias a través del armado de escenas lúdicas simbólicas (según Jean Piaget el juego simbólico se comienza a desarrollar en los niños/as a partir del año y medio de edad). Cuando, como en el caso de Renata, juegan una y otra vez al mismo juego (o juegos distintos y con algunas variantes, pero conservando el mismo núcleo en el desarrollo de su historia), esto quiere decir que están desplegando secuencias de pensamientos a través de su juego e intentando transmitir y/o elaborar situaciones traumáticas, que les cuesta entender y otorgarles un significado.

En el juego, el niño/a va proyectando todo lo que le sucede en la vida, lo que piensa y lo que siente. El juego diagnóstico constituye un recurso técnico que el psicólogo utiliza dentro del proceso psicodiagnóstico, y su finalidad es poder conocer el mundo interno del niño: sus deseos, percepciones, emociones, vivencias y conflictos.

De esta manera, a través de sus juegos Renata proyectaría sus temores más profundos, así como el odio, la hostilidad y la rabia manifiestamente dirigida hacia la figura de un padre, a quien ella suele denominar un "papá malo", de quien intenta huir y a quien en sus juegos pretende tenerle miedo y luego castigarlo.

En sus juegos Renata nunca relaciona a ninguna figura femenina negativa o abusadora sino que, por el contrario, las figuras de las mujeres siempre cumplen un rol protector.

En el desarrollo de su actividad lúdica, por momentos Renata se angustia y busca refugio en los brazos de la psicóloga. También, se observa que cuando habla de su progenitor comienza a temblar visiblemente, tal y como si estuviese muy asustada.

Cabe destacar la importancia de concordancia en las secuencias de los juegos con sus dichos espontáneos y su lenguaje paraverbal y corporal, lo cual reflejan que los mismos habrían sido realizados sin previo ensayo y con total espontaneidad.

Es importante destacar que a partir de todo lo expuesto se podría observar la veracidad de los dichos y juegos de la niña, que han sido concordantes con el relato expuesto por la Sra. María Paz de las Mercedes, descartando absolutamente cualquier modalidad de inducción en el mismo. No se observa ningún tipo de indicador que diera cuenta de inculcación, manipulación o coconstrucción de memoria por parte de la progenitora hacia su hija dado que todos los juegos fueron desarrollados de forma absolutamente espontánea, habiendo hecho uso de variados y múltiples símbolos a la hora de representar distintas escenas abusivas.

CONCLUSIONES GENERALES

A través de la secuencia de todas las producciones lúdicas, discursivas y conductuales, se pudo deducir que Renata presenta sintomatología compatible con estrés postraumático producto del abuso sexual.

En estas semanas de evaluación psicológica, la profesional actuante ha podido observar a través de múltiples comportamientos y dichos que la conducta de Renata presenta signos y síntomas compatibles con vivencias abusivas de índole sexual. Por lo demás, Renata no presenta trastornos en cuanto a su desarrollo físico, mental ni en las áreas cognitivas o de psicomotricidad.

Según el testimonio de su madre y de quien abajo suscribe, Renata presentaría los siguientes indicadores de abuso sexual:

Indicadores de abuso sexual:

1. Relato del abuso.
2. Pesadillas.
3. Hipersexualización.
4. Lenguaje sexual obsceno.

5. Enuresis.
6. Tristeza, ira y hostilidad.
7. Miedo.
8. Recuerdos angustiosos y recurrentes del suceso/s traumático/s.
9. Malestar psicológico intenso al exponerse a factores internos o externos que simbolizan o se parecen a un aspecto del suceso/s traumático/s.
10. Estado emocional negativo persistente (por ejemplo, miedo, terror, enfado, culpa o vergüenza).
11. Comportamiento irritable y arrebatos de furia (con poca o ninguna provocación), que se expresan típicamente como agresión verbal o física contra personas u objetos (según testimonio de su madre).
12. Comportamiento imprudente o autodestructivo (según su madre, se pega contra la pared).
13. Respuesta de sobresalto y/o miedo exagerado (especialmente, luego de hablar de lo que le hacían su padre y/o hermano).
14. Alteración del sueño y pesadillas (según el testimonio de su madre).

CONCLUSIONES DIAGNÓSTICAS

De las secuencias de manifestaciones verbales, paraverbales, lúdicas y conductuales de Renata realizadas en el marco de las entrevistas psicodiagnósticas y de la Técnica Hora de Juego podría inferirse que habría sido sometida a vivencias abusivas de índole sexual en el ámbito de la casa paterna con la posible participación de su progenitor, el Sr. Armando Gómez y su hijo mayor Ramón Gómez. A partir de los dichos de la niña y de la secuencia de conductas correlativas a tales dichos, también podría inferirse que, quizás, dichas situaciones abusivas podrían haber constado de manoseos en las zonas genitales, prácticas masturbatorias y eyaculatorias, así como también, un posible intento de penetración.

PRONÓSTICO

El pronóstico de Renata es reservado. Al día de la fecha, son innumerables los perjuicios tanto sexuales, físicos, mentales, emocionales, psicológicos y/o morales que el anterior abuso descrito podría causar en la vida del menor (hay autores especialistas en el tema que describen el abuso sexual infantil como un "balazo al aparato psíquico"). Se considera que la introducción de la sexualidad adulta en la vida del niño/a es nociva para su psiquismo aún inmaduro que al ser incapaz de procesar y/o tramitar tan alto nivel de impacto energético queda expuesto a una experiencia de índole traumática con las concomitantes fallas en los procesos de simbolización que en la mayoría de estos casos adquieren consecuencias de índole negativas en los distintos procesos mentales que requiere el desarrollo del pensamiento y del mundo emocional, intelectual y conductual en la vida de una persona. Por todo lo anteriormente dicho, se recomienda continúe con su terapia hasta que se considere necesario según vaya siendo su evolución.

Es necesario recordar que cuando al niño/a víctima de incesto se lo confronta a su abusador, uno de los mecanismos que suele implementar para preservarse es la "retractación" de su relato, así como la exteriorización de una *conducta ambivalente hacia su abusador*, producto del mecanismo defensivo de la disociación anteriormente explicada –por la cual podría llegar a mostrarse contento de ver a su abusador a pesar de tenerle miedo– por el temor a que este pudiera vengarse por el hecho de haber roto el pacto de silencio propio de este tipo de abuso (ya que los abusadores suelen infundir amenazas manifiestas y/o subliminales al niño/a).

MEDIDAS PREVENTIVAS

1. **Impedir todo contacto con su progenitor** hasta que no sea esclarecido y/o confirmado o descartado el potencial abuso sexual por parte de este a través de los procedimientos indicados por la Fiscalía interviniente.[16]

[16] Se debe tener en cuenta que la función del juzgado de familia es la protección de la víctima, inclusive si no hubiesen pruebas suficientes para un procesamiento, ya que el ámbito de la justicia de familia cuenta con otras herramientas que pueden abarcar la situación de manera mucho más integral que la justicia penal.

2. **Se recomienda que Renata viva con su madre**, ya que se trata de una figura contenedora y afectiva, muy comprometida con la educación y la sana crianza de su hija.

3. **Se recomienda que Renata no tenga contacto con los abuelos paternos** hasta que no se esclarezca el caso, dado que estos han manifestado estar del lado de su hijo.

4. **Realizar una terapia psicológica** con el objetivo de contar con un espacio para poder elaborar las situaciones traumáticas vividas.

El abuso sexual en la infancia para quien sobrevive a él deja secuelas imposibles de predecir, se lo compara a un balazo en el aparato psíquico, nunca se sabe cuál será la magnitud del daño. La irrupción de la sexualidad adulta en el universo infantil corrompe el normal desarrollo psicosexual del niño/a; por lo tanto, el pronóstico de Renata es reservado; mucho dependerá su futuro de la correcta intervención de la justicia y del adecuado tratamiento que reciba.

Firma, sello y número de matrícula

Capítulo 6

Informe para el juzgado penal

En un juzgado civil se trabaja para resolver conflictos referidos a los deberes y responsabilidades legales de personas particulares y cuyos delitos, generalmente, suelen castigarse con sanciones menos graves, tales como indemnizaciones económicas, o en el caso de los juzgados de familia, tal como explicamos en el capítulo anterior, se toman medidas de protección, exclusiones del hogar, restituciones, prohibiciones de acercamiento, regímenes de comunicación, etcétera.

En el juzgado penal se juzgan aquellos delitos que se consideran ofensivos contra el Estado y peligrosos para la sociedad en su conjunto como, por ejemplo, los actos de violencia sexual contra niñas, niños y adolescentes.

En este tipo de delitos será un fiscal, en algunos lugares como la Provincia de Buenos Aires, y en otros un juez, quien, como representante del Estado, investigue la causa para, posteriormente, con el acuerdo del juzgado de garantías interviniente determinar la elevación a juicio oral frente a un tribunal de jueces que la evalúen, enjuicien y lleguen a una conclusión con una sentencia en la cual se exponen castigos que pueden llevar a la privación de la libertad por el tiempo que el delito amerite acorde al Código Penal.

Muchas veces, las víctimas o los adultos protectores presuponen que el fiscal se ocupa de representar a la víctima, pero la realidad es que el fiscal tiene como función ocuparse del imputado y lograr su condena, no cuida a la víctima ni la representa; por lo tanto, se aconseja que siempre se tenga un abogado para presentarse como querellante o particular damnificado y de este modo poder controlar el proceso, aportar elementos y representar a la víctima o a su adulto protector.

En un juzgado penal el delito denunciado debe ser comprobado "más allá de toda duda razonable"; es por esa razón, que suele ser un proceso largo y tedioso; puede llevar varios años de investigación exhaustiva, a través de la cual el fiscal va recabando información a partir de entrevistas testimoniales y/o en cámara Gesell; pericias médicas, socioambientales, psicológicas y psiquiátricas; informes escolares; también, a través de la demanda de informes de psicodiagnósticos solicitados a profesionales de ámbitos privados y públicos, así como de ONG.

Si nosotros somos los psicólogos particulares que hemos estado evaluando al niño/a víctima por el cual se ha realizado una denuncia por sospecha de abuso sexual en el ámbito penal, la demanda del informe suele llegarnos a través de su abogado defensor de la querella o del particular damnificado, quien es el que nos comunicará acercándonos una cédula expedida por el propio fiscal o juez de la causa, que nos indica la obligatoriedad de redactar un informe acerca de aquello que hemos estado investigado mediante técnicas y tests psicológicos.

En el caso particular de nuestra ONG tenemos como norma que toda evaluación de sospecha de abuso sexual la realizamos dentro del recinto de cámara Gesell particular procediendo a videograbar todo el proceso (también se puede realizar en un consultorio si no se cuenta con la tecnología necesaria de una Cámara utilizando un dispositivo de videograbación).

El objetivo es contar con el material videograbado respaldatorio de lo que luego vamos a describir en el informe que presentaremos, así como poner a disposición de la justicia ese material, tanto en el ámbito penal como de familia, y de esta manera puede ser observado por las partes y dar cuenta de la transparencia de lo que se vuelca luego en el informe.

Ficha técnica

El objetivo de un informe psicológico para ser presentado en un juzgado penal debe estar centrado en brindar información a las autoridades judiciales sobre:

- Fecha: en la cual se ha realizado el diagnóstico (y/o tratamiento).
- Datos personales: del niño/a y su grupo familiar (el mismo que en otros informes).
- Puntos de pericia: a pedido del fiscal o juez de la causa.

- Datos de interés: aquello que suponemos podría ser de interés para el caso e imaginamos que podrían llegar a preguntarnos a nosotros, los psicólogos, en una entrevista testimonial.
- Motivo de consulta.
- Metodología de abordaje: se describen las técnicas y tests a través de los que se procedió a evaluar al niño/a.
- Entrevista a padre y madre: breve resumen de lo hablado, luego de lo cual, se procede a realizar un comentario o análisis respecto de las impresiones que han dejado en el profesional.
- Resumen de la historia vital del niño/a.
- Características de personalidad del niño/a.
- Indicadores de abuso sexual.
- Diagnóstico: si se trata de un abuso sexual, consignar los indicadores de abuso; y de modo estimativo características del mismo, tiempo de duración y posible autor del delito con nombre y apellido.
- Pronóstico: si el pronóstico de su caso es positivo, negativo o reservado, si es que existe riesgo de vida, etcétera.
- Recomendaciones: por ejemplo, 1) se sugiere impedir todo contacto con el agresor sexual hasta que el fiscal o el juez de la causa lo considere; 2) que el niño/a realice una psicoterapia que le permita elaborar su trauma; 3) realizar un peritaje por un Cuerpo Médico Forense especializado con la aparatología y la profundidad necesaria, con el objetivo de verificar o descartar si es que efectivamente hubo o no acceso carnal en lo que respecta a un potencial abuso; 4) realizar un peritaje especializado en las computadoras del progenitor con el fin de investigar acerca de la posibilidad de ser un potencial consumidor de pornografía infantil o de poseer archivadas fotos o filmaciones con relación a abusos sexuales con su propio hijo o con otros niños/as menores de edad.

Otra modalidad de estructura para hacer este tipo de informe puede incluir:

- Carátula: datos del juzgado al cual va dirigido el informe.
- Informe psicológico: en qué consta y descripción de los tests.
- Datos del niño/a: consignar todos los datos del niño/a evaluado.
- Reseña del caso: breve descripción de la historia vital del niño/a.

- Actitud general y estado del examinado durante el proceso psicodiagnóstico.
- Observaciones de la entrevista y análisis del discurso: desde el análisis de contenido basado en criterios en la evaluación de credibilidad del testimonio (CBCA).
- Análisis de las distintas áreas de la personalidad: aquellas características más sobresalientes en relación con el trauma.
- Conclusiones: incluyen la descripción de indicadores específicos e inespecíficos de abuso sexual y las consecuencias de este tipo de trauma.
- Recomendaciones: se incluye en estas la necesidad de realizar una psicoterapia para elaborar el trauma.

Modelo de redacción de un informe para el juzgado penal

A modo de ejemplo, presentaremos otra clase distinta de modelo de informe tal como lo podríamos enviar a la justicia penal cuando realizamos una evaluación diagnóstica, que como mencionamos anteriormente, la llevamos a cabo dentro del recinto de cámara Gesell, obteniendo una videograbación del proceso.

De mi mayor consideración y por medio de la presente me dirijo a usted con el fin de entregar el informe de la evaluación psicodiagnóstica de A. El proceso evaluativo tuvo lugar los siguientes días del presente año, en el horario de 14 a 15 hs: 6-5, 13-5, 17-6, 24-6, 1-7, 15-7, 22-7, 29-7, 12-8 y 26-8.

Carátula/I. P. P: ... Fiscalía N° X de Morón.

INFORME PSICOLÓGICO

R, Lic. en Psicología, M. N. ..., Maestranda en Evaluación Psicológica y Psicodiagnóstico, ex Docente en la materia en carrera de grado (UBA) y profesional de la ONG Salud Activa, con domicilio en..., eleva informe sobre la niña evaluada.

Todo lo especificado en este informe fue obtenido a través de las siguientes técnicas de trabajo:

Entrevista Operativa: El análisis psicológico profundo del discurso del paciente es el objetivo de la entrevista diagnóstica, la que permite a través de preguntas semidirigidas y una escucha psicológica, inferir sobre aspectos de la dinámica del entrevistado.

Gráficos: Dibujo Libre, Dos Personas, Test Gráfico Persona Bajo la Lluvia, HTP: Facilitan la proyección de características y conflictos del mundo interno, la modalidad de interacción, pensamiento y afectividad predominante.

TRO: Es un método proyectivo que estudia el sentido dinámico de las diferencias individuales en la percepción de un estímulo estándar, porque a través de la producción de los relatos obtenemos respuestas verbales singulares del funcionamiento del niño.

Test de Rorschach: Es un método proyectivo que permite un estudio profundo de la personalidad en todo lo que refiere a los aspectos interpersonales, pensamiento y afectos entre otras cosas.

DATOS PERSONALES DE LA NIÑA EVALUADA

Nombre y apellido: A.

Edad: 11 años.

DNI: ...

Nivel de instrucción: actualmente cursando ciclo primario.

Madre: ...

Padre: ...

Grupo familiar conviviente actual: ...

RESEÑA DEL CASO

A es la mayor de 3 hermanos: E, de 7 años, y B, de 4 años, hijos del matrimonio entre É y J. La niña vive con su madre É, sus hermanos y su hija, T, de 7 meses al momento de la evaluación, producto de los abusos sexuales de los que ha sido víctima. Llega a nuestra institución solicitándose se le realice la evaluación en cámara Gesell a A, dado que quien es el denunciado, es su padre, J de 35 años de edad.

Según relata A, a lo largo del presente proceso evaluatorio, fue violada en distintas oportunidades a partir de los 10 años de edad, refiriendo que el victimario no estaba bajo efecto de ninguna sustancia en esos momentos. Por otro lado, debía callar lo que le estaba sucediendo: *"Yo lo quería decir, pero no me animaba. Él (el padre) me decía que no le diga nada a ella, porque sino él la iba a matar a ella (a la mamá) y a mis hermanos".* En función de esto, es a tener en cuenta que *"La víctima tiene no solo restringido su poder de acción y reacción, sino también censurada la palabra y pasa a vivir bajo el signo del miedo: miedo de la coacción, de la revelación"* (Barilari; Beigbeder de Acosta; Colombo, 2007, p. 17) la víctima *solo podrá rescatarse de este cercenamiento de su libertad y de su autonomía en la medida en que pueda recuperar el poder de su propia palabra, tornando pública la violencia de la que ha sido víctima.*

"Antes él era bueno con nosotros, por eso yo no entiendo... Él antes discutía con mi mamá porque mi mamá me retaba a mí...". Cuenta que fue en el cuarto mes cuando se enteró del embarazo, dado que fue su madre quien se dio cuenta de ello. Según relata É, madre de la menor, se dio cuenta del embarazo de su hija, dado que la veía más "gorda", pero jamás imaginó lo que podía haber pasado. La llevó al baño, se fijó si estaba segregando leche, y cuando lo comprobó comenzó a preguntarle a su hija "*¿Que te pasó, A?*". Continúa relatando: "*... Empecé a gritar, no me iba a imaginar que estaba embarazada. Y ella me dice 'Má, cuando vos estabas durmiendo papá me agarró y me hizo esto...'. 'Yo miro la panza, la miro a ella y empecé a gritar...' ahí él escuchó se levantó, me mira le digo: '¡Qué le hiciste a mi hija!'. Me agarró me tapó la boca; me levantó para arriba y me dijo: 'Cállate porque te mato'. Yo después de eso lo único que hacía era llorar y empecé a mentir antes de que mi hija quede como una zorra, él me dijo que tenía que decir que ella había estado con un chico*". É continúa: "*Yo me quise escapar, el me agarró de los pelos, y me dijo: 'Si vos me querés denunciar, tus hijos terminan todos en un reformatorio. Vos vas a terminar presa y yo muerto'. Y me decía: 'Vos sos culpable, y no me vas a denunciar a mí porque yo te voy a matar'*". A refiere: "*Mi papá le decía a mi mamá que ella tenía la culpa de lo que me había pasado, y no sé por qué [le decía eso] si él tenía la culpa*".

Luego de lo apenas relatado, fueron secuestrados por el victimario, viviendo en un departamento del que no los dejaba salir. Una vez que lograron escapar y el padre fue denunciado por otras causas de abuso, fue cuando É realizó la denuncia del abuso perpetrado a su hija A.

Es en una de las sesiones en las que A refiere, dice que si realmente se contactara con lo que sentía respecto de lo sucedido, temía respecto de cómo podría llegar a reaccionar, por ello se infiere la dificultad y resistencia a abrirse al otro a lo largo de la evaluación.

Actitud general y estado del examinado durante el proceso psicodiagnóstico

A es traída a la mayoría de las sesiones evaluatorias por su madre, acompañada también de su pequeña hija T.

Se presenta a las instancias acordadas del proceso evaluatorio, en condiciones psíquicas normales, dando cuenta de una adecuada orientación autopsíquica (capacidad de reconocerse y orientarse sobre la propia persona) y alopsíquica (orientación en tiempo y espacio).

A lo largo de todo el proceso evaluatorio A se mostró contenida, y risueña, resultando difícil por momentos una mayor implicación en el proceso, se infiere ello fuera como consecuencia del dolor que le suscita la presente evaluación y toda la situación de la que ha sido, y aún es, víctima.

Observaciones de la entrevista y análisis del discurso desde el análisis de contenido basado en criterios en la evaluación de credibilidad del testimonio (CBCA)

A pesar de cierto grado de resistencia presente en A a la hora de tener que relatar los hechos (por lo que supone para ella el tener que revivir lo sufrido) el discurso de la niña presenta los siguientes criterios desde el análisis del CBCA:

1) **Estructura Lógica**: su discurso presenta una estructura lógica, siendo coherente a la hora de relatar los hechos. 2) **Engranaje Contextual**: los hechos que ha relatado se encuentran contextualizados respecto del tiempo y espacio en el que sucedieron, ocurriendo en un lugar y tiempo determinado. 3) **Cantidad de detalles**: su narrativa se encuentra enriquecida por una adecuada cantidad de detalles. 4) **Descripción de interacciones**: especifica las reacciones e interacciones que iban sucediendo. 5) **Alusiones al estado mental subjetivo**.

En función del análisis apenas realizado, para poder referir que un discurso es válido debe cumplir con al menos 5 criterios, pudiéndose ellos observar en lo relatado.

Área intelectual y cognitiva

Se entienden como procesos cognitivos la percepción, la memoria, el lenguaje, el razonamiento y la inteligencia. A presenta recursos intelectuales adecuados, y proporcionales a los estudios por ella alcanzados. De adecuada secuencia del pensamiento, una idea antecede a la acción. Al momento de la evaluación presenta una adecuada lectura de la realidad, excepto ante aquellas circunstancias que la conducen o las puede asociar con el hecho traumático vivido, presentando en ese caso distorsiones cognitivas. Es como consecuencia del abuso hacia ella perpetrado la utilización del mecanismo de la disociación, y la proyección. La disociación es uno de los mecanismos defensivos utilizados por excelencia entre los niños que han sido víctima de abuso, ya que "(…) *resuelve conflictos, permite escapar de la realidad cuando esta es inaceptable, ayuda a separarse a sí mismo de una experiencia catastrófica*". (Barilari; Beigbeder de Acosta; Colombo, 2007, p. 12). A través de dicho mecanismo A busca separar los afectos negativos que son insoportables para ella, separándose así de la realidad para poder convivir con lo traumático (Barilari; Beigbeder de Acosta; Colombo, 2007, p. 12).

Área emocional y afectiva

Al referirnos al área emocional se pueden explicar todos aquellos aspectos que tienen que ver con las emociones, pasiones y sentimientos. En casos de ASI los estados de ánimo están directamente ligados a estas vivencias ya que los miedos que sienten estos niños no son infundados, sino que fueron construidos a partir de los sentimientos de inseguridad y angustia.[17] A presenta altos grados de angustia asociados al hecho traumático, como así también sentimiento de culpabilidad por lo sucedido y las consecuencias de ello, característico ello de niños que han sido víctima. Sus sentimientos de ambivalencia respecto del victimario se encuentran presentes a lo largo de toda la evaluación. Se siente en una situación de vulnerabilidad, sin recursos para accionar contra la presión que sobre ella recae. Presión esta última que la agobia, sintiéndose inestable, y sin identidad.

[17] Barilari, Z.; Beigbeder de Acosta, C.; Colombo, RI. (2007) *Abuso y maltrato infantil, inventario de frases revisado*, Buenos Aires: Cauquén., p. 18.

Al momento de la evaluación A da cuenta de necesidad de apoyo, de una depresión que subyace a su estado anímico, resignada a su destino, encontrándose decepcionada, y presentando una tendencia a la pasividad e introversión.

Presenta un alto grado de control sobre ella misma, dado que teme a su propia desorganización. Es este uno de los aspectos más importantes a tener en cuenta, dado que es posible en algún momento A ya no pueda controlarse, pudiendo las consecuencias de ello ser irreparables. Presenta una dificultad en la canalización de sus ansiedades.

Por otro lado, el grado de tensión y rigidez que presenta al momento de la evaluación se encontraría también asociado al temor a sufrir otro ataque sexual.

Área familiar e interaccional

De escaso interés social y por lo tanto tendencia al aislamiento, presenta un empobrecimiento personal, ya que en esta tarea de protegerse a sí misma, mediante el aislamiento y la disociación, el mundo se le va haciendo más estrecho. Se siente aislada, desadaptada y falta de libertad.

Presenta fallas en el sostén y sentimientos internos de desprotección. La hostilidad del medio la hace sentir desamparada e inmovilizada. De cierto grado de agresión para con el otro, frente a los conflictos interpersonales que se presentan, encuentra solo desenlaces negativos en sus vínculos con quienes la rodean.

CONCLUSIONES

Citando a la Dra. Rosa Colombo (2007) "*En todo menor que fue sometido a un maltrato intrafamiliar crónico se produce un daño psíquico que se expresa a través de sus representaciones gráficas y de su comportamiento*" y es dicho daño el que se ha evidenciado a lo largo de todo el proceso realizado a A, habiendo presentado indicadores relacionados con un daño psíquico, definido, según Mariano Castex, como el "deterioro, disfunción, disturbio o trastorno, o desarrollo psicogénico, que afectando sus áreas afectivas y/o intelectiva y/o volitiva, limita su capacidad de goce individual, familiar y social y/o recreativo".[18] O bien refiriendo a la Dra. Rosa Inés Colombo

> (...) todo niño que fue sometido a un abuso o maltrato intrafamiliar crónico sufre un daño psíquico, y por consiguiente se estructurará de una manera particular que lo lleva a tipos de comportamiento y a distorsiones perceptivas que dificultan un adaptado y evolutivo desarrollo personal.[19]

El **indicador traumático específico** de abuso sexual infantil es el relato de A, en el que detalla cómo se han sucedido los hechos de los que ha sido víctima, confirmándose la validez de su discurso en base al análisis del mismo con la herramienta del CBCA.

En base al proceso de evaluación psicodiagnóstica realizada se cuenta con cantidad de **indicadores traumáticos no específicos** de abuso pero que sí suelen estar asociados a la ocurrencia de dichos hechos. Dichos indicadores recurren y convergen en todas las técnicas realizadas, siendo que esto aporta mayor información, válida y confiable que confirmaría la hipótesis de trabajo en relación con el abuso sexual, sufrido por:

Indicadores traumáticos no específicos de abuso:

- Utilización del mecanismo de disociación.
- Utilización del mecanismo de proyección.
- Indicadores de depresión.
- Trastornos emocionales (inmadurez emocional, sentimientos de inestabilidad, culpa, depresión y angustia).
- Trastornos del comportamiento (introversión y aislamiento).
- Trastornos sociales (conflictos familiares).
- Falta de recursos internos y de defensas ante la hostilidad, sentimientos de indefensión.
- Sensación de abatimiento y falta de ilusión.
- Controles internos pobres.

Es por todo lo antes expuesto que se recomienda, en grado de urgencia, que A realice tratamiento psicológico con un especialista

[18] Castex, M. (1997) *El daño psíquico en la medicina y la psicología forense*, Buenos Aires: CEP, Facultad de Psicología, UBA, Buenos Aires.

[19] Beigbeder de Acosta, C.; Barilari, Z.; Colombo, RI. (2007), ob. cit., p. 18.

en la temática de ASI, dado que presenta riesgo de poder hacerse mal a sí misma o a terceros. Es necesario que se la pueda acompañar en la elaboración de la situación traumática, y reducir el impacto ocasionado, evitando mayores secuelas que incidan en su desarrollo y en su adultez.

Es a tener en cuenta, muy especialmente en el presente caso que

> La magnitud del trauma tendrá relación con el tipo de vínculo que el ofensor tiene con la víctima (el incesto paternofilial es reconocido como el más devastador del psiquismo del niño) con el tipo de maltrato, la duración del mismo, el grado de coerción física y psíquica y la ausencia de cualquier figura cercana protectora. Lo que encontramos en la clínica es un niño atascado en su desarrollo psicofísico, totalmente incapacitado para defenderse y con una sintomatología que no le permite relacionarse armónicamente con el mundo externo ni consigo mismo.[20]

Cuando el niño no puede escapar porque no hay ningún lugar seguro se crea un sitio seguro en su mundo interior, y es lo que está intentando hacer A a través del extremo control de sí misma, por un lado, y del aislamiento, protegiéndose de la hostilidad externa, dado que, por otro lado, como consecuencia del trauma, se siente sin recursos para enfrentarla.

Cabe por otro lado también aclarar, que, la intervención de la Justicia cumpliría una función reparatoria: "La intervención legal ofrece una posibilidad de reparación de lo que ha sufrido... es un elemento más para que las víctimas puedan iniciar el proceso de elaboración del duelo por las certezas familiares perdidas, que no recuperaran jamás...".[21] Los niños víctimas del maltrato, requieren la reivindicación del daño.

Sin otro particular quedo a disposición para cualquier aclaración.

Lic. R.

M. N. ... - M. P. ...

[20] Colombo, R; Gurvich, M. (2012) *Evaluación Psicológica. Actualización de la Prueba Gráfica HTP*, Buenos Aires: Cauquén, p. 144.

[21] Intebi, I. (1998) *Abuso sexual infantil: en las mejores familias*, Buenos Aires: Noveduc, p. 296.

Capítulo 7

Informe actualizado

Desde los juzgados penales y de familia, suelen enviar a los psicólogos tratantes de niños/as con causas judiciales por abuso sexual cédulas (en la actualidad, vía correo electrónico) solicitando la actualización de informes de nuestros pacientitos. En estos casos, es necesario tener en cuenta las distintas áreas de la personalidad en las cuales se ha ido trabajando con el niño/a sobreviviente, haciendo referencia a sus avances y retrocesos especialmente en las áreas emocionales, sociales, conductuales y verbales, por ejemplo.

Ficha técnica

- Carta de presentación.
- Datos del niño/a.
- Resumen de motivo de consulta e historia vital.
- Descripción del trabajo sobre las distintas áreas de la personalidad: por ejemplo, del área emocional, social, conductual y verbal.
- Pronóstico.
- Recomendaciones.

Modelo de redacción de un informe actualizado

15-12-21

Marta X, DNI..., Licenciada en Psicología, M. N. ...

De mi mayor consideración, me dirijo a:

La Sra. Agente Fiscal de la Unidad Funcional de Instrucción Descentralizada de... del Departamento Judicial..., sita en la calle... de la Localidad y Partido de... (C. P. ...).

Mediante la presente me dirijo a Ud., en el marco de la **I. P. P. N°...**, caratulada: **"Pérez, X s/Abuso sexual"**, en mi carácter de psicóloga de la niña Amelia Pérez [nombre ficticio], con el fin de enviarle un informe actualizado de su tratamiento psicológico.

Amelia Pérez, de 5 años, realizó un psicodiagnóstico con quien abajo suscribe entre los días 11 de octubre y 20 de diciembre de 2019, a través del cual se pudo inferir que habría sido sometida a vivencias abusivas de índole sexual en el ámbito de la casa paterna con la posible participación de su progenitor, el Sr. Pérez, X. A partir de los dichos de la niña y de la secuencia de conductas correlativas a tales dichos, también se pudo inferir que dichas situaciones abusivas podrían haber constado de manoseos; sexo bucogenital; besos con lengua e inducción de objetos en la zona anal.

Luego del psicodiagnóstico, Amelia comenzó una psicoterapia con el fin de elaborar las secuelas postraumáticas del correspondiente abuso sexual. Dicho tratamiento psicológico se realizó desde finales de diciembre de 2019 hasta abril de 2020 con una frecuencia semanal y de forma presencial; luego de lo cual, debió realizarse hasta el día de la fecha (15 de diciembre de 2020) bajo una modalidad virtual debido a las restricciones por la pandemia del covid-19.

Actualización del informe

Desde hace un año Amelia, de cinco años, se encuentra realizando una psicoterapia con quien abajo suscribe, en la cual se fueron trabajando mediante una terapia de juego proyectivo las secuelas de lo que se consideraría un trauma por incesto paternofilial. Así, de esta manera, se ha ido trabajando sobre los siguientes temas:

1. **Área emocional**:

- Se ha trabajado sobre *miedos* recurrentes a ser abusada, engañada, traicionada y asesinada por una figura masculina, la cual, en sus juegos Amelia ha simbolizado mediante un muñeco monstruo, a quien, por momentos, se refiere como el "monstruo papá" y con quien –especialmente, en los primeros meses de terapia– ha realizado juegos simbólicos al abuso sexual (por ejemplo, manchar su zona genital con crema blanca o alcohol en gel, símbolos de la actividad eyaculatoria).
- Se ha trabajado sobre sentimientos de *indefensión y vulnerabilidad*, de manera tal de estimular *sentimientos de empoderamiento* que la

animen a pedir ayuda y hablar respecto de su secreto y de lo que siente; especialmente, respecto de su miedo frente a la posibilidad de, algún día, encontrarse con su progenitor, lo cual, suele desencadenar en ella estados persistentes de angustia y temor.

- Se ha trabajado sobre la ira y el enojo que le provoca haberse sentido engañada y traicionada por su progenitor (en sus juegos, suele gritarle, reprocharle y pegarle al muñeco monstruo que, según ella, es muy malo y mentiroso ya que engaña a los niños tocándoles "la colita" o haciéndoles "pipí" sobre el cuerpo, por ejemplo.
- Se ha trabajado sobre el temor a dormir sola, lo cual, en la actualidad ha superado ya que duerme en su propia habitación.

2. **Área social**:

- Este año, Amelia se mudó junto a su madre a otro barrio lejano al que vive su progenitor, a partir de lo cual se pudo observar una notoria mejoría en cuanto a una disminución de la angustia y el miedo.
- Se ha trabajado con Amelia sobre la *inserción de un nuevo grupo de pares* en el contexto de un nuevo jardín de infantes y en esta nueva ciudad donde ha comenzado a vivir. Su evolución ha sido altamente positiva, en la actualidad se anima a ir a cumpleaños y a jugar en la casa de sus nuevos amiguitos.

3. **Área conductual**:

- Desde que se mudó de ciudad y ya no tiene contacto con su progenitor debido a la restricción perimetral, se observó en Amelia una disminución de sus pesadillas y temores, así como un aumento de sus estados de ánimo positivos, lo cual se vio reflejado en sus juegos. En la actualidad, ha logrado desarrollar juegos que hacen referencia a su trauma; aunque de forma más espaciada y menos recurrente. No obstante, a pesar de esto, por momentos tiene la necesidad de seguir integrando el símbolo del "muñeco monstruo papá" a su actividad lúdica con la finalidad de continuar elaborando situaciones traumáticas (por ejemplo, preguntándole al monstruo en su juego, el porqué le hizo daño a su hija cuando le tocó la "colita" y castigándolo por ello).

4. **Área verbal**:

- Amelia aún no es capaz de hablar del trauma sufrido en primera persona; aunque, sí lo hace en segunda y tercera persona, mediante los muñecos.

- Cuando la psicóloga ha intentado en varias oportunidades hacerle preguntas de forma directa respecto de lo que le pasó, en esos momentos, la niña se niega a continuar hablando oralmente; aunque, en algunas oportunidades ha respondido valiéndose del lenguaje lúdico (el cual suele ser utilizado normalmente por los niños pequeños; especialmente, por los niños/as víctimas de traumas).

Pronóstico:

Si bien su evolución ha sido favorable, en la actualidad el pronóstico de Amelia es reservado.

Recomendaciones:

Por todo lo dicho anteriormente, se sugiere respetar los tiempos subjetivos que Amelia tiene como víctima para animarse a hablar de su trauma. No se recomienda obligarla a hacer una declaración testimonial en la cámara Gesell, dado que aún no se encuentra psicológicamente preparada para hacer un relato en primera persona, siendo que este hecho podría desencadenar en ella un retroceso psicoevolutivo.

Se sugiere que la niña no mantenga contacto con su progenitor ni con nadie de su familia paterna que le haga recordar el trauma sufrido por su parte.

Por último, se recomienda que Amelia continúe con su psicoterapia para seguir elaborando las situaciones traumáticas vividas.

Sin más que agregar, este informe se hizo a pedido de cédula comunicada a quien abajo suscribe mediante correo electrónico, por Lorenza X, Auxiliar Letrada, Depto. Judicial de...

Lic. Marta X, psicóloga M. N. ...

Capítulo 8

Informe sobre el régimen de comunicación (intentos de "revinculaciones")

En los casos de delitos sexuales intrafamiliares es muy común que desde los juzgados de familia se solicite al psicólogo tratante del niño/a actualización de informes con distintos motivos: 1) evaluar la posibilidad de una revinculación entre el niño/a y su progenitor agresor; 2) evaluar la posibilidad de que el niño/a víctima pueda visitar a sus abuelos y/o familia paterna o materna; 3) informar respecto de su evolución psicológica, etcétera.

Debemos tener muy en claro que de ninguna manera vamos a considerar la posibilidad de "revincular" a un agresor sexual con su víctima. Esto no será posible, en primer lugar, no se puede "revincular", si nunca existió un vínculo, ya que una persona que usa a su hijo como un objeto sexual, no es un padre, nunca lo fue y, por lo tanto, nunca hubo vínculo paternofilial y, consecuentemente, no hay nada para "revincular".

Además, algo básico e imprescindible para brindar protección efectiva en este tipo de casos es implementar como primera medida la separación de los cuerpos físicos entre el agresor y el niño/a víctima para, entonces, poder comenzar el camino de la reparación y la elaboración del trauma. Este alejamiento, por lo general, debe ser extensivo a la familia ampliada del agresor, ya que, de una u otra manera, suele ser cómplice al manifestar estar de su lado y defenderlo. En los casos de incesto paternofilial en particular, resulta altamente perjudicial para los niños/as víctimas visitar a abuelas, abuelos, tíos y otros familiares paternos, ya que es muy común que estos suelan pedir tener encuentros con ellos no porque los quieran sino, por el contrario, para facilitar que el agresor se pueda contactar con ellos de forma personal, telefónica o a través de regalos a modo de extorciones, con el objetivo de confundirlos, manipularlos e impedir o entorpecer su recuperación. Vale destacar que, en ciertas oportunidades, estas medidas no se respetan por los juzgados de familia, con lo cual, se dejan desamparados a los niños/as víctimas a merced del agresor y su familia.

Debemos tener en claro que independientemente de lo que ocurra en el ámbito de los juzgados penales (a los cuales, generalmente, nunca les alcanzan las pruebas recolectadas), la justicia civil cuenta con herramientas para continuar protegiendo a los NNyA del contacto con su agresor. Lamentablemente, no es eso lo que ocurre, sino que, en cambio, ni bien la justicia penal cierra el expediente por el motivo que sea, la justicia civil suele comenzar con un proceso de revinculaciones, aunque el trámite penal aún continúe abierto. Podemos observar que esta es una posición ideológica imperante en la justicia patriarcal que es la dominante en Argentina y también en muchos otros países.

Teniendo presente este posicionamiento ideológico, cuando se nos solicite un pedido de informe con el fin de revincular a las víctimas con sus victimarios, debemos dejar bien en claro que el pedido es inviable en cualquier momento de la terapia de los niños/as, ya que nada hará posible algo que solo tenga en cuenta el bienestar del agresor sin importar nada acerca de la salud mental de los NNyA.

A continuación, compartimos a modo de ejemplo un informe que se hizo a pedido de un juzgado de familia, con el objetivo de saber si una niña víctima de violencia sexual estaba en condición de revincularse con su progenitor agresor, actualizando los datos referidos a su evolución en la psicoterapia.

Ficha técnica

- Carta de presentación.
- Datos del niño/a.
- Motivo inicial de consulta.
- Diagnóstico.
- Actualización de la historia clínica: puede incluir la descripción de lo que ha manifestado el niño/a a través de su lenguaje lúdico o gráfico, por ejemplo.
- Conclusiones.
- Recomendaciones.

Modelo de redacción de un informe sobre el régimen de comunicación N° 1

Buenos Aires, 14 de julio de 2009

María Lorenza X, DNI…, Licenciada en Psicología, M. N. … y M. P. …

De mi mayor consideración, me dirijo al Sr. Juez…, del Juzgado de Familia N°… del Departamento Judicial de…, en el marco de la causa caratulada: **"X, Nelson s/Abuso sexual"**, en mi carácter de psicóloga de la niña Carmela X, con el fin de enviarle un informe actualizado de su tratamiento psicológico que responda a si es que la niña estaría en condiciones de revincularse con su progenitor, con el fin de someterlo a su consideración.

CARMELA X

Edad: 7 años.

Fecha de nacimiento: 2-10-07.

DNI: …

Escolaridad: segundo grado, en la escuela…

Madre: Nélida X, 28 años (secretaria).

Progenitor: Nelson X, 33 años (profesor de hockey de niños).

Familia conviviente: Carmela vive en la actualidad con su progenitora y con sus abuelos maternos (la Sra. X y el Sr. X).

MOTIVO INICIAL DE CONSULTA:

Quien realiza la consulta es la Sra. Nélida (a principios de mayo de 2008) por la sospecha de que su hija Carmela pudiese estar siendo abusada sexualmente por parte de su progenitor, el Sr. X. Dicha sospecha se origina en el marco de un viaje de vacaciones a Italia, en el cual el día 15 de abril de 2007, estando la niña jugando con su madre le habría dicho: *"El pito no se chupa [sic]"*; mientras que, en otra oportunidad, días después, le habría descripto un juego que habría estado jugando con su progenitor: *"No me gusta jugar con papá. Él me abre la cola así y me hace así"*, a la vez que procedería introducirse un dedo en la zona anal [*sic*]".

DIAGNÓSTICO:

De la actividad lúdica y dichos surgidos en las 10 entrevistas psicodiagnósticas que se administraron a Carmela (realizadas entre los días 3 de mayo y 10 de julio del año 2008), se ha podido deducir que siempre relacionó a un muñeco "papá" (generalmente, simbolizado por un títere cerdo) con actividades sexuales intrusivas y/o abusivas hacia una muñeca niña, siendo que en ninguna oportunidad mencionó ni involucró a otra persona con dichas actividades. A partir de esto, y sumado a los resultados de la toma de una batería de tests mencionados en el anterior informe presentado, se ha podido arribar a un diagnóstico sobre **violencia sexual con la posible participación de su progenitor**.

ACTUALIZACIÓN DE LA HISTORIA CLÍNICA:

Luego de realizar el psicodiagnóstico, la psicóloga que abajo suscribe continuó trabajando con Carmela con el objetivo terapéutico de brindarle la oportunidad de ser escuchada no solo a través del relato que pudiera realizar mediante el lenguaje natural de los niños/as, esto es: el juego, sino, además, a través de su relato verbal.

Carmela siempre tuvo muy buena predisposición hacia la tarea terapéutica, siendo una niña cuyos juegos surgían de una forma fluida. Cabe destacar que los mismos siempre mostraron como hilo conductor una fuerte tendencia a los temas relacionados con la sexualidad, los secretos y la figura del padre.

A modo de ejemplo, a continuación, se procederá a describir algunos de ellos, actualizando la historia clínica desde que se hiciera el último informe hasta la actualidad; esto es, desde el mes de julio de 2008 hasta el presente mes de julio de 2009:

Juegos realizados entre los meses de julio y diciembre de 2008:

Carmela continuó desarrollando juegos en los que, al personaje del cerdo, le fue sumando el de un monstruo y un payaso (personajes asociados por ella a un simbolismo directamente relacionado a la figura de su progenitor). Más adelante, de forma gradual, fue incorporando figuras de serpientes que acosaban a niñas-princesas por debajo de sus polleras y/o bombachas, así como también fue incorporando cada vez más en la trama de sus juegos la necesidad de rebelarse frente a dicha situación. Así, de esta manera, en cada oportunidad en la cual ella hizo que el cerdo, el monstruo, el payaso o la serpiente tocaran –o intentaran tocar– la zona genital de alguna de las muñecas, ella las hizo gritar con el objetivo de pedir ayuda a la policía para que descubrieran lo sucedido y así pudieran rescatarla de lo que solía denominar como ***"Maldito asqueroso que le chupaba la colita a las niñas-princesas [sic]"***. A su vez, se pudo observar que en sus actividades lúdicas relacionadas a nivel simbólico con lo que se supone fue su propio abuso sexual, en muchas oportunidades, Carmela comenzó a gritar con todas sus fuerzas pidiendo auxilio, tras lo cual, algunas veces, por ejemplo, terminaba envolviendo en trapos al ***"Cerdo malo que es mi papá y que me hizo cosas asquerosas [sic]"*** hasta hacerlo una pelota que terminaba por patearla con furia y odio por todas partes del consultorio.

El día 7 de diciembre del año 2008 se produjo un suceso que perturbó de forma negativa a Carmela: su progenitor se presentó de improvisto a la fiesta de fin de cursada que organizó su escuela **y Carmela debió solicitar a su maestra y a la directora del colegio que le hicieran el favor de echar a su progenitor de la institución dado que ella no quería verlo**. Este incidente, no solo quedó reflejado en el legajo escolar sino, también, en la actividad lúdica de la niña desarrolló en los meses posteriores que a continuación se procederán a describir:

Juegos realizados entre los meses de enero y junio de 2009:

De enero hasta finales de abril, en casi todas sus sesiones Carmela jugó a que había dos escuelas: una buena y la otra mala. En la escuela buena, había maestras buenas quienes enseñaban religión y valores humanos, pero en la escuela mala había un cerdo disfrazado de docente que engaña a todo el mundo tratando de convencer a los niños/as a que entren y vayan a estudiar a ese colegio. Los niños/as (muñecos) que comenzaban a estudiar en la escuela del cerdo terminaban siendo engañados por este ya que siempre intentaba manosearlos en la zona genital o, incluso, lastimándoles dicha zona. Así, de esta manera, frecuentemente, Carmela comenzaba jugando a las escuelas buenas y malas y terminaba jugando a ser una médica que curaba a alguna muñeca alumna que el cerdo había lastimado con sangre (témpera roja) en su zona genital.

En el mes de mayo y junio la actividad lúdica de Carmela comenzó a normalizarse y, poco a poco, los juegos patológicos anteriormente mencionados fueron cediendo, dando paso a juegos de princesas con argumentos más alegres y positivos.

Juegos realizados en julio de 2009:

El día 3 de julio Carmela debió ir al Juzgado de Familia N°... de la ciudad de... para revincularse con su progenitor por orden de la Cámara de Familia Sala N°... de la ciudad de... Si bien, finalmente no tuvo contacto con su progenitor porque este se ausentó, a partir de ese día hasta la fecha, la actividad lúdica desarrollada en la psicoterapia de la niña sufrió un retroceso, ya que nuevamente comenzó a desarrollar juegos cuyos argumentos comenzaron a girar en torno a la muerte y a la sexualidad.

La última sesión realizada el día jueves 25, en medio de uno de dichos juegos, de forma espontánea, Carmela le dijo a su psicóloga:

"Cuando era chiquita, mi papá me agarraba la mano así y me la metía adentro de acá (tocándose la vagina) y después me la hacía chupar. Y después me metía su pito en la boca y me hacía chupar su pis blanco mientras que se reía [sic]".

CONCLUSIONES

A partir de lo investigado, se podría corroborar una vez más que Carmela habría sido víctima de violencia sexual por parte de su progenitor. Este diagnóstico está basado no solo en sus actividades lúdicas sino, también, en su propio **RELATO**, principal indicador psicológico de abuso sexual.

A partir de todo lo dicho, una vez más se podría arribar a la siguiente conclusión:

De las manifestaciones verbales y conductuales de Carmela podría inferirse que habría sido sometida a vivencias abusivas de índole sexual en el ámbito de la casa paterna y materna con la posible participación de su progenitor, el Sr. Nelson X. A partir de los dichos de la niña y de la secuencia de conductas correlativas a tales dichos, también podría inferirse que dichas situaciones abusivas podrían haber constado de manoseos en las zonas genitales y/o prácticas masturbatorias, así como también de sexo bucogenital y, quizás, actos de eyaculación sobre el cuerpo de la niña. A partir de lo investigado podría desprenderse que el abuso en cuestión se habría caracterizado por la violencia física y por la coerción, una coerción de índole psicológica y moral, producto de lo que se sospecha más de un año de abuso en donde la cualidad sexual explícita del vínculo entre la niña y su progenitor habría quedado naturalizada.

El pronóstico de Carmela al día de la fecha es reservado, dado que las secuelas negativas del trauma por violencia sexual en la infancia son innumerables e impredecibles.

Carmela ha manifestado verbalmente a quien abajo suscribe en más de una veintena de oportunidades a nivel verbal explícito no querer ver ni mantener ningún tipo de contacto con su progenitor, razón por la que se recomienda se respete este su derecho, no solo por tratarse de un pedido suyo sino por la potencial peligrosidad en cuanto a su integridad a nivel físico, emocional y psíquico que dicho encuentro podría llegar a implicar.

Este informe se realizó para ser presentado en el Juzgado de familia N°... del Departamento judicial de...

María Lorenza X

Licenciada en Psicología

Matrícula Nacional...

A continuación, ejemplificamos con otro informe actualizado en el cual la psicóloga particular tratante recomienda al juez de familia la no revinculación de una niña víctima con su progenitor agresor:

Modelo de redacción de un informe sobre el régimen de comunicación N° 2

3-4-19

"X, Felisa c/ X Rolando s/ Protección contra la Abuso Sexual", expte. N°..., en trámite por ante el Juzgado de Familia N° 2 de Morón, a cargo de la Sra. Jueza Dra. X.

Lic. X

De mi mayor consideración:

Mediante la presente me dirijo a usted en calidad de psicóloga a fines de informar la evolución de la niña Amparo X, de 11 años de edad.

AMPARO X

Informe actualizado:

Amparo, de 11 años, comenzó una evaluación psicológica el 1-7-16, seguida de psicoterapia hasta el día de la fecha. En estos meses de terapia, se ha ido trabajando con ella en distintas áreas de su vida:

1. **Área emocional**: se ha ido trabajando respecto de sentimientos de miedo: la niña manifiesta temores constantes de quedar huérfana, sin una mamá que la pueda proteger y cuidar; también, manifiesta temor de volver a convivir con su progenitor por el hecho de que este vuelva a abusarla, tal como lo hacía antes de que se le diera la restricción de acercamiento.
2. **Área cognitiva**: se ha ido trabajando sobre una distorsión de la percepción que Amparo tiene con respecto de sí misma y de su imagen corporal; por ejemplo, respecto de sentimientos de fealdad o de no ser lo suficientemente linda.
3. **Área psicosomática**: se ha ido trabajando respecto de la manifestación de caminar arrastrando los pies, o de tener tics nerviosos

tales como cerrar un ojo al hablar, especialmente, al recordar hechos de violencia sufridos por parte de su progenitor.

4. **Área social**: se ha ido trabajando respecto de sentimientos de estigmatización y de vínculos de amistad de con sus compañeros de escuela. Vale destacar que dicha sintomatología en Amparo estaría asociada a una posible situación traumática de violencia familiar vivida por parte de su madre.

Durante estos últimos meses de tratamiento, cada vez que se le consultó a Amparo si quería seguir viviendo con su madre expresó con mucha alegría que sí, sin dudarlo. Pero, cuando se le preguntó si quería volver a tener algún tipo de contacto con su progenitor, el Sr. Rolando X, la niña respondió de modo negativo a nivel oral, siendo dicha respuesta concordante con las manifestaciones de su lenguaje corporal y expresiones faciales de negatividad y angustia.

Por todo lo dicho anteriormente, se recomienda que Amparo X no tenga contacto con su progenitor, y continúe con terapia.

Firma, sello y matrícula

PEDIDOS DE REVINCULACIONES

Vale destacar que también puede ocurrir que nos llegue un pedido de revinculación en el cual no hemos tenido intervención previa. Esto nos suele ocurrir a menudo desde los diferentes juzgados de familia.

Cuando llega este tipo de pedido, siempre debemos tener en claro que la postura institucional es no vincular a una víctima con su victimario y mucho menos una víctima con su incestuador.

Tenemos dos posibilidades: rechazar de plano el pedido o recibirlo con el objetivo de evitar que se lleve a cabo en otro lugar. Eso lo evaluaremos según el caso y siempre ubicándonos en la vereda de la víctima, tomando la decisión que proteja su integridad y evite su victimización. El objetivo de aceptar el pedido, siempre de acuerdo con la madre protectora o su abogado, es para evitar que se realice, fundamentando por qué sería dañoso para la víctima y evitar que se intente realizar en lugares que sí lo hacen, por desconocimiento o por algún otro motivo, sin tener en cuenta el daño irreversible que puede producir en la víctima de este delito el contacto con su agresor, tal y como ha ocurrido en muchos de los casos que nos han llegado luego de realizarse, en los que todos los avances logrados se retrotraen al inicio del tratamiento.

No se debe realizar ningún tipo de contacto entre víctima y victimario, incluso cuando dicen hacerlo con la asistencia de un profesional que "cuidaría" el desarrollo de la misma. Esto da cuenta de un profundo desconocimiento de la dinámica del abuso sexual en la infancia, ya que el modo comunicacional entre ambos esta fuera del lenguaje verbal o de acciones específicas, se trata de una comunicación que se basa en miradas, frases, gestos, cuestiones que involucran todos los sentidos del niño/a que lo transportan al momento de las agresiones sexuales. Por este motivo, es que no debemos permitir nunca más el encuentro de ambos, por lo que se ha logrado la modificación del Código Civil y Comercial de la Nación mediante la Ley 27.363, que regula la privación del cuidado parental al genitor condenado por abuso sexual o violencia de género.

Capítulo 9

Informe sobre la renovación de la restricción perimetral

La psicología del agresor sexual es comparable a la de un asesino en serie. Además de ser un gran simulador y manipulador, tiene una inclinación a no respetar los límites y puede llegar a tornarse muy agresivo con el niño/a víctima y su madre o adulto protector, especialmente cuando lo han denunciado. Algo similar sucede con la figura de todo aquel que ejerce violencia física sobre sus hijos. Desde este punto de vista y teniendo en cuenta que los procesos de investigación judicial suelen extenderse en el tiempo –a veces, incluso, varios años–, hasta que no se demuestre la inocencia del imputado es imprescindible brindar protección integral a los damnificados.

Por este motivo, frecuentemente, a los psicólogos clínicos nos piden tanto desde el ámbito judicial como desde el particular un informe en el que expliquemos la necesidad de renovar la restricción perimetral. En estos casos, no es necesario hacer un informe muy extenso, tan solo basta con transmitir de forma sintética al juez de la causa los fundamentos de nuestro pedido.

A continuación, compartimos un modelo de informe en el que el psicólogo de una niña víctima de violencia física por parte de su progenitora, solicita la renovación perimetral transcribiendo (con autorización de su padre) algunos fragmentos de sus dichos en los que expresa su altísimo nivel de angustia y en donde, fundamentalmente, se informa sobre el deseo del propio y la necesidad de tenerlos en cuenta.

Ficha técnica

- Carta de presentación.
- Datos.
- Actualización del informe.
- Conclusiones.

Modelo de redacción de informe sobre la renovación de la restricción perimetral

26-8-12

"X, Atilio c/ X, Betina s/ Protección contra la Violencia Familiar", expediente..., en trámite por el Juzgado de Familia N° 1 de la ciudad... a cargo de la Sra. Jueza Dra. Matilda X.

Lic. Ernestina X, M. N. ... Domicilio Legal: ...

Como psicóloga tratante de la niña Berta X, a pedido del padre de la niña, el Sr. Atilio X, emito el presente informe.

BERTA X

Informe actualizado:

Berta, de diez años, comenzó una evaluación psicológica el 20-8-10, seguida de psicoterapia hasta el día de la fecha. Desde que se realizó el último informe, el día 9 de marzo pasado, se ha continuado trabajando con ella especialmente en el área emocional y social.

El día 13 de mayo pasado, la psicóloga de Berta, quien abajo suscribe, se comunicó con la Lic. Emilia X, del Equipo de Orientación del colegio..., al cual la niña asiste. La Lic. Emilia X le transmitió la preocupación que existe en el colegio por Berta; ya que la niña, luego de haber sido golpeada por un compañero en un recreo, no solo habría entrado en una crisis nerviosa (la cual terminó en desmayo y derivación a un centro médico), sino que, además, en dicho contexto Berta habría manifestado verbalmente que aquella situación de los golpes sufridos por parte de aquel niño le habrían recordado a cuando su madre solía golpearla.

A este acontecimiento, se suma otro hecho anterior, en a finales de marzo: cuando Berta se enteró de que la medida de restricción de acercamiento de su madre estaba vencida, habría escrito textos referidos al suicido, los cuales publicó en el grupo de WhatsApp que tiene con sus compañeros de clase; quienes, fueron los que informaron de esto a las autoridades del colegio. Dichos textos decían lo siguiente:

"No quiero asustar a nadie. Les pido disculpas, a veces, quiero morir para no recordar cómo mi mamá me pegaba. Por más que me esfuerzo, ya no la puedo querer. No quiero más insultos, ni burlas [sic]".

Vale destacar que además de lo mencionado, Berta tuvo otras manifestaciones de llamados de atención que pusieron en alarma a las maestras del colegio al cual asiste; especialmente, en una ocasión cuando ella habría mostrado en la escuela las heridas de un par de cortes que ella misma se habría infringido con un cuchillo delante de su hermana menor; siendo que más tarde explicó que se las habría hecho por haber estado atravesando una situación de angustia, pensando que nadie le creería si ella decía no quería ver a su progenitora.

Cuando su psicóloga le ha preguntado a Berta si querría tener contacto con su madre, su respuesta ha sido la siguiente: ***"No quiero verla. Ella nunca va a cambiar, me va a seguir odiando y pegando [sic]".***

Por todo lo dicho anteriormente, se recomienda que Berta no tenga contacto con su madre, y que continúe con terapia.

Firma, sello y matrícula

Capítulo 10

Informe sobre el cambio de apellido

Frecuentemente, los niños/as sobrevivientes desean cambiarse el apellido paterno. El hecho de ser nombrados por el mismo apellido que su progenitor, por ejemplo, cada vez que la maestra toma lista o los llama a dar una lección, suele desencadenar en ellos una serie de conductas y estados emocionales provocados por el recuerdo de su trauma. Estos estados pueden generar en ellos la imposibilidad de superar el estrés postraumático, así como elevados montos de angustia, ansiedad e ira, con una multitud de consecuencias tales como síntomas corporales, conflictos y peleas en la relación con sus pares, hasta la disminución del rendimiento escolar, etcétera.

Tener que soportar ser nombrado por el apellido de su agresor (violador) para un niño/a es igual a someterlo a una revictimización permanente. En estos casos, debemos entender la importancia de tener en cuenta que, si bien cualquier persona puede engendrar un hijo, eso no lo hace padre o madre y, menos aún, su dueño. Siempre es bueno recordar algo que desde el sistema judicial no siempre se tiene en cuenta –especialmente, en este tipo de casos–, que la parentalidad se define por el ejercicio de su rol, el amor y respeto del hijo como sujeto de derechos y nunca como objeto sexual. Debemos destacar que un individuo que utiliza a su hijo como un objeto sexual nunca fue su padre, y por tanto no lo asiste ningún derecho y el hijo necesita quitarse el peso de ese apellido que lo daña.

El informe para solicitar el cambio de apellido del niño/a que ha sufrido de incesto suele ser a pedido de su abogado defensor; razón por lo cual, muchas veces es solicitado al psicólogo privado a cargo de su tratamiento.

A la hora de redactarlo, no solo debemos expresar la necesidad de respetar el deseo del propio niño/a de cambiarse de apellido sino, también, las consecuencias que le ha acarreado ser mencionado por este apellido en las distintas áreas de su personalidad y de su vida.

Por otra parte no podemos dejar de tener en cuenta la reforma de Código Civil de la Nación (en Argentina) que contempla la suspensión del cuidado parental al progenitor que es procesado por abuso sexual o violencia y la pérdida del cuidado parental cuando es condenado por abuso sexual, violencia grave o femicidio y también los cambios en la identidad que se pueden realizar a partir de las modificaciones del Código Civil antes mencionado, que convierte este cambio en un trámite administrativo, que debería ser sencillo y rápido.

Ficha técnica

- Carta de presentación.
- Datos del niño/a.
- Resumen de lo observado en el tratamiento psicológico y del pedido del niño/a.
- Recomendaciones.

Modelo de redacción de un informe sobre el cambio de apellido

21-12-20

Causa "X Hurtado S/ abuso sexual agravado" (I. P. P. ...)
Lic. Joaquina X, M. N. ... Domicilio Legal: ...

Como psicóloga tratante de Carlo Hurtado [nombre ficticio], emito el presente informe a pedido de la Sra. Rosario X, madre del niño, para ser presentado en el Juzgado de Familia N° 2 a cargo de la Dra. X del Departamento Judicial de la ciudad de...

CARLO HURTADO

Edad: 12 años.

Fecha de nacimiento: 3-9-07.

DNI: ...

Madre: Rosario X, de 36 años, estudiante de psicopedagogía, empleada administrativa.

Padre: X Hurtado, 40 años.

Carlo Hurtado, de 12 años, comenzó un psicodiagnóstico seguido de una psicoterapia a mediados del mes de agosto de 2009 porque habría sido sometido a violencia sexual por parte de su progenitor (Causa "X Hurtado S/abuso sexual agravado" (I. P. P. ...) UFI 1, Dpto. Judicial de la ciudad de..., Pcia. de Neuquén).

A lo largo de su tratamiento psicoterapéutico se trabajó sobre el conflicto principal de la vida de Carlo: un trauma por violencia sexual perpetrado por su progenitor, el cual el niño aún recuerda con claridad. También, se fue trabajando sobre otras múltiples cuestiones que estarían vinculadas a dicho trauma, las cuales habrían tenido incidencia tanto en su conducta, así como en su desarrollo psicosexual, en el manejo de sus emociones y sobre su modo de vincularse.

Especialmente, en el último año, desde que Carlo ha entrado en el desarrollo prepuberal y ha tomado mayor consciencia de la sexualidad humana –y, en consecuencia, del abuso de su progenitor–, se ha estado negando rotunda y persistentemente a ser nombrado por el apellido paterno Hurtado. Cada vez que así suelen nombrarlo en diferentes ámbitos; por ejemplo, en el colegio por sus amigos, en el club por su profesor de natación o en su terapia, por mencionar algunos ejemplos, se observan en él todo un despliegue de síntomas en distintas áreas de su personalidad; síntomas los cuales han sido observados por su psicóloga quien abajo suscribe cada vez que Carlo le ha relatado dichas situaciones en su terapia. Algunos de estos síntomas, por ejemplo, son:

- En el área emocional, cada vez que alguien nombra a Carlo por su apellido paterno, manifiesta sentimientos de miedo, impotencia y odio (por ejemplo, para con sus amigos, a quienes muchas veces les comienza a pretender agredir físicamente), baja autoestima y sentimientos de minusvalía intelectual (pretende dejar de estudiar y/o hacer las tareas escolares, no se concentra en las consignas, etcétera).
- En el área cognitiva se ha observado que este tema le ha acarreado una distorsión de la percepción de sí mismo y de su imagen corporal (sentimientos de fealdad, de sentirse gordo, se niega a usar sus anteojos, trastornos de la alimentación, etcétera).

- En el área psicosomática esta problemática se ha manifestado a través de episodios de infecciones urinarias y de subidas de presión arterial (estuvo al borde de ser diagnosticado con hipertensión).
- En el área social el hecho de ser nombrado con el apellido paterno le ha hecho sentir constantemente estigmatizado por el recuerdo del padre ideal que jamás supo tener.

Carlo ha estado haciendo referencia en múltiples ocasiones a cómo se estaría peleando con sus compañeros de clase. Por ejemplo, en los recreos dice venir siendo hostigado frecuentemente con cánticos tales como: *"Hurtado, Hurtado, hijo de un ladrón que se la pasa robando [sic]"*. Estos cánticos que bien podrían ser interpretados por cualquier otro niño como una simple cargada, a Carlo le representan una burla y una humillación que le generan no solo angustia y ansiedad sino un estado de mucha agresión, ya que el personaje con quien lo estarían cargando por su apellido paterno sería comparable, según lo expresado por él mismo, a su progenitor, a quien lo identifica como un ser siniestro que le habría robado la felicidad de su infancia. Haciendo referencia a este tema, Carlo también suele expresar querer mudarse a un país lejano *"… en donde nadie sepa mi apellido [sic]"*.

Pero, Carlo no solo rechaza ser nombrado por su apellido paterno porque esto le estaría haciendo revivir un estrés postraumático sino también porque no le gusta verse identificado con la imagen de lo que él cree y/o asegura sería un violador (así es como suele llamarlo en determinadas oportunidades a su propio progenitor). Esto se lo ha manifestado de múltiples maneras a su familia y también se lo ha dicho a su psicóloga: *"Si mi papá me metió el pito por el culo, eso, eso significa que es un violador. Yo no quiero ser igual a él. No quiero ser un Hurtado, quiero cambiarme de apellido, quiero tener el apellido de mi mamá y de mi abuelo [sic]"*.

Hay que destacar que dichos comentarios y verbalizaciones orales del niño no solo nunca se contradijeron, sino que además en ningún momento tampoco se contrapusieron con su lenguaje corporal ni facial. Por ejemplo, en cada oportunidad que Carlo hubo mencionado su apellido paterno procedió a realizar gestos faciales de evidente desagrado.

El deseo de Carlo es tener el apellido materno X, con el cual se identifica no solo desde su madre sino desde toda la familia materna, incluyendo a sus tíos y abuelo, a quienes quiere y admira mucho y quienes, a su vez, le han demostrado todo el afecto, la contención y el respeto que un niño necesita a la hora de ser educado con valores humanos.

Se aconseja tener en cuenta el deseo de Carlo de cambiar su apellido paterno por el materno, principalmente y, sobre todo, por su propio derecho a poder elegir ser nombrado desde una identidad que no esté para él asociada a un nombre que constantemente le recuerde un hecho traumático vinculado al horror de lo que sería un trauma por incesto paternofilial.

De no ser posible realizar este cambio de apellido que Carlo tanto viene deseando, esto podría acarrear en su pronta adolescencia consecuencias altamente negativas: toda la sintomatología anteriormente mencionada podría agravarse, llegando, incluso a manifestarse en problemáticas sexuales, depresiones profundas e, incluso, en intentos de suicidio o problemáticas de adicciones, por mencionar tan solo algunos ejemplos.

Firma, sello y matrícula

Capítulo 11

Informe del perito de parte del niño/a en la cámara Gesell

Como psicólogos que trabajamos en casos de violencia y abuso sexual, muchas veces somos convocados por alguien de la familia a cumplir el rol de perito de parte del niño/a víctima, cuando se le toma una declaración testimonial en el dispositivo judicial de la cámara Gesell. Así, de esta manera, nuestra función será la de fiscalizar y ser testigo de todo lo que el niño/a relate en esa circunstancia, con el objetivo de que todo el procedimiento se realice de una manera correcta, respetando sus derechos y, especialmente, validando sus dichos en tal ocasión.

El perito de parte puede estar o no de acuerdo con el informe presentado y acompañar el informe oficial o, por el contrario, estar en disidencia; es decir, no estar totalmente de acuerdo o en total desacuerdo. En cualquiera de estos casos, deberá confeccionar un informe complementario que sea un poco más completo que el oficial, en el que suele remitirse a la observación del video obtenido, y en el cual consideramos muy importante analizar aquellos aspectos del lenguaje no verbal, fundamental a la hora de evaluar el contexto de la declaración testimonial del niño, niña o adolescente. Esto es de suma importancia, en especial, cuando habitualmente el perito de parte del agresor sexual presenta un informe tergiversando datos y/o malinterpretando los dichos del niño/a.

Ficha técnica

- Carta de presentación.
- Descripción de lo observado: en lo que se refiere a los indicadores de veracidad del discurso o, por ejemplo, las respuestas mediante el lenguaje corporal o gestual del niño/a ante determinadas preguntas.
- Conclusiones.

Modelo de redacción de un informe del perito de parte del niño/a sobre la cámara Gesell

A continuación, ejemplificamos con un informe en el que el perito de parte, para su redacción, en esta ocasión optó por realizar un rastreo y descripción de indicadores de veracidad en el discurso de la niña víctima.

22-12-15

MARÍO X. DNI…, en mi carácter de Licenciado en Psicología, con Matrícula de Provincia: …, como Perito de Parte en la causa caratulada: *"Pérez, X s/abuso sexual"*, I. P. P. N°…, del registro de la UFI N°…, del Departamento Judicial de [ciudad], me presento y digo:

De mi mayor consideración:

Mediante la presente me dirijo en calidad de psicólogo a los fines de informar desde mi función como Perito de Parte, los resultados de mis observaciones y análisis de la toma de declaración testimonial en la cámara Gesell administrada a la niña Jacinta, de 9 años de edad, en el día 2 de mayo de 2020, a las 10:12 a. m.

En tal ocasión, se ha podido observar que el relato de la niña tiene una multiplicidad de indicadores de veracidad, ya que se caracteriza por:

1. **Estructura lógica**:

Los dichos de Jacinta tienen una estructura lógica. Los distintos detalles que da a lo largo de su relato se refieren a idéntico curso de sucesos y se articulan en modo coherente como un todo. Por ejemplo:

- *En diferentes momentos de su declaración testimonial Jacinta hace referencia a cómo, cuándo y dónde su progenitor solía abusar de ella. Relata, también, cómo solía amenazarla con asesinarla para que no cuente a nadie su secreto.*

2. **Elaboración inestructurada**:

Jacinta narra los acontecimientos de una manera espontánea y fluida, no rígida en cuanto a la cronología de los hechos. Posee disgresiones espontáneas, como, por ejemplo, cuando se detiene a contar el argumento de los dibujos animados que solía ver cuando su progenitor irrumpía en su habitación, antes de la cena, para abusar de ella.

3. **Cantidad de detalles**:

Jacinta describe personas, lugares, objetos, que incrementan la validez. Por ejemplo:

- Cuenta que la mayoría de los abusos que habría sufrido acontecieron en la casa paterna y da detalles de cómo estaba decorada y dónde se encontraba ubicada dicha vivienda.

4. **Contenidos específicos**:

Respecto de lo que habría sufrido, Jacinta hace referencia a detalles específicos. Por ejemplo:

- Cuenta que su progenitor le tocaba su vagina, introduciéndole un dedo grande.
- Cuenta que su progenitor pretendería engañarla diciendo que lo que le hacía era un simple juego de cosquillas y cosquillitas.
- Hace referencia a cómo su progenitor solía darle besos chupados en el área genital de su cuerpo.
- Cuenta que su progenitor se bajaba sus pantalones y ropa interior.
- Cuenta que del miembro genital masculino de su progenitor salía un pis de color blanco.

5. **Engranaje contextual**:

Los hechos que Jacinta cuenta se hallan contextualizados con respecto a tiempo y a espacio; se hallan entretejidos con las circunstancias de la vida cotidiana; ocurren en un lugar y en un tiempo determinado. Por ejemplo:

- Ubica los abusos desde que ella pasó a segundo grado.
- Refiere que su progenitor la habría abusado muchas veces; especialmente, los fines de semana, cuando su madre se iba a trabajar.

6. **Detalles inusuales**:

Jacinta relata un suceso de carácter raro, con detalles poco comunes y que no se esperarían que estén presentes en una alegación inventada. Por ejemplo:

- Cuenta un episodio de cómo un día su progenitor se disfrazó de payaso con una peluca y en dicha ocasión procedió a introducir en su zona anal un lápiz muy grande de un material similar a la goma.

7. **Detalles superfluos**:

Jacinta narra detalles superfluos con precisión, los cuales no hacen al núcleo central del suceso y se apartan de su relato central. Por ejemplo:

- Recuerda que cuando iba al jardín de infantes tenía un perro con el que solía jugar mucho; y, que cuando su progenitor comenzó a abusar de ella este, de un día para el otro se escapó de la casa.

8. **Reproducción de conversaciones**:

Jacinta reproduce fragmentos de conversaciones ocurridas durante la trama de los hechos. Por ejemplo:

- Dice que su progenitor le decía que le hacía un juego de cosquillitas, porque era su hija favorita.
- Dice que su progenitor le decía que él y ella eran novios.
- Dice que su progenitor le decía que su madre se iba a morir si se enteraba que él la prefería a ella.

9. **Correcciones espontáneas**:

Jacinta se autocorrige de forma espontánea en una entrevista y ofrece elementos más claros o explicativos, lo cual se considera un criterio a favor de la credibilidad de su relato. Por ejemplo:

- Cuando se le pregunta si se acordaba de qué trabajaba su progenitor, ella responde negativamente; pero, de inmediato, se corrige y dice que trabajaba dando clases de fútbol a niños del barrio.

10. **Admisión de falta de memoria**:

Se espera que este ítem intente evitarse cuando se trata de perjudicar a un inocente; cuando se intenta convencer al otro de la veracidad del relato. En un momento de la entrevista, Jacinta dice:

- Jacinta refiere no recordar en qué estación del año solían suceder los hechos abusivos.

11. **Perdonar al autor del delito**:

La víctima intenta disculpar, minimizar y/o perdonar al agresor como expresión de la ambivalencia afectiva que lo liga a él, es un criterio fuerte en el sentido de la credibilidad.

- Jacinta intenta disculpar a su progenitor argumentando que en realidad él no se daba cuenta de lo que hacía, que todo lo que hizo lo hizo sin querer hacerle daño.

Cabe destacar, que en el relato de Jacinta se descartan criterios pocos fiables de credibilidad; por lo tanto, no se observan factores que indiquen que la niña esté mintiendo o fabulando debido a que su discurso carece de: dramatismo exagerado; falta de consistencia interna; falta de consistencia con las leyes naturales; falta de persistencia o firmeza.

Como conclusión, podría decirse que a partir de los dichos de la niña se desprende que habría atravesado por una situación de incesto paternofilial.

Firma, sello y matrícula

Capítulo 12

Informe de la postergación de la declaración testimonial del niño/a en la cámara Gesell

Una de las características de los niños/as que son víctimas de traumas sexuales es su dificultad a la hora de romper el silencio y animarse a develar el secreto de todo lo que vivieron en manos de su agresor. Para ellos no solo suele ser muy vergonzoso y humillante, sino que, además, muy aterrorizante, ya que siempre y en todos los casos han sufrido amenazas por parte de su abusador. En estos casos, se calcula que solo entre un 23 y un 25% de los niños/as se anima a hablar y a pedir ayuda. Por otro lado, vale recordar que existe otra dificultad aún mayor, que es la declaración testimonial en cámara Gesell de niños/as menores de 5 años, quienes aún no han desarrollado una capacidad lingüística que les permita poner en palabras lo que les sucedió.

En ambos casos se hace necesario brindarles un tiempo de tratamiento psicoterapéutico con el objetivo de que estos niños/as puedan disminuir el pánico que les suele generar tener que hablar; y también, para ayudarlos a superar el estado de *shock* por estrés postraumático (siendo una de sus principales características la implementación de una serie de síntomas físicos, emocionales y psicológicos, así como de mecanismos de defensa tales como la evitación y la negación).

A continuación, compartimos un ejemplo de informe para solicitar que se postergue el pedido de la declaración testimonial en cámara Gesell de una niña de 3 años víctima de incesto.

Ficha técnica

- Carta de presentación.
- Diagnóstico.
- Resumen de lo trabajado a nivel psicológico con el niño/a.
- Motivos por los que el niño/a no se halla preparada para prestar una declaración testimonial en una cámara Gesell.

- Breve reseña teórica como fundamento.
- Conclusiones.

Modelo de redacción de un informe de postergación de la declaración testimonial del niño/a en la cámara Gesell

Mercedes, 2 de septiembre de 2019

Marie Florence X
Lic. en Psicología

Para someterlo a su consideración: por la presente me dirijo al señor Agente Fiscal… con el fin de entregar el presente informe en relación con la causa N°: I. P. P. … que se tramita por la UFI N° 3 Especializada, del Departamento Judicial de…, en los autos caratulados: X JUDITH S/ABUSO SEXUAL. IMPUTADO: X HORACIO.

Del psicodiagnóstico administrado a Judith X, de 3 años, y del subsiguiente tratamiento psicoterapéutico (los cuales abarcan un total de 8 sesiones) se infiere que, de sus manifestaciones verbales y conductuales, así como de sus consecuentes secuencias de acciones lúdicas habría sido sometida a vivencias abusivas de índole sexual en el ámbito de la casa paterna con la posible participación de su progenitor, el Sr. Horacio X. A partir de los dichos de la niña y de la secuencia de conductas correlativas a tales dichos, también podría inferirse que dichas situaciones abusivas podrían haber constado de manoseos en las zonas genitales y/o prácticas masturbatorias y/o posibles actos de eyaculación. A partir de lo investigado podría desprenderse que el abuso en cuestión quizás se habría caracterizado por la violencia física y/o emocional como, también, por la coerción, una coerción de índole psicológica y moral.

Como psicóloga de Judith considero que no se halla preparada para prestar una Declaración Testimonial en una cámara Gesell por los siguientes motivos:

1. Cuando hace más de tres meses atrás conocí a Judith hacía poco tiempo había dejado los pañales y aún se estaba amamantando.

Tampoco conocía las palabras "pene" o "vagina" ni sabía de las diferencias sexuales, ni siquiera hoy en día tiene noción acerca de cómo es que nacen los bebés (es por esa razón que se deduce que por analogía denominaría "martillo" al pene con el que habría sido abusada). Si bien hace un uso excelente del lenguaje por la corta edad que tiene, aún no es capaz de armar oraciones elaboradas ni utilizar correctamente la sintaxis de la semántica correspondiente a los tiempos verbales, adjetivos o sustantivos en el contexto de una frase extensa. Cuando se le habla o se le interroga de forma directa y en primera persona se distrae, no se concentra, se dispersa, tan solo contesta cuando ella quiere; sobre todo, cuando ha de tratarse de algo que la angustia, por ejemplo, respecto de su progenitor y de lo que este supuestamente le habría hecho a nivel traumático.

2. Por todo el estudio realizado a Judith, se desprende que ella estaría aún hoy en día atravesando los efectos de un estrés postraumático; esto es, con las consecuencias a nivel intrapsíquico producto del trauma por abuso sexual, las cuales le impedirían tomar contacto con nítidos recuerdos traumáticos y evocarlos bajo el armado de frases con una estructura lógica al modo de un adulto.

Respecto de esto, en las "Jornadas de Abuso Sexual Infantil", de fecha 26 de junio de 2015, organizadas por el Instituto de Estudios Judiciales de la Suprema Corte de Justicia de la Provincia de Buenos Aires conjuntamente con el Instituto de Niños, Niñas y Adolescentes del Colegio de Abogados de La Plata, Jornadas que contaron con el "aval institucional", por Resolución 341/2015, de la Universidad de La Plata "*Ad Referendum*" de su Honorable Consejo Directivo, la Lic. Susana Toporosi, Psicoanalista de Niños, Jefa del Sector de Salud Mental del Pediátrico Ricardo Gutiérrez, miembro del equipo de investigación de la UBA y CONICET, se refiere a los recuerdos traumáticos en las víctimas de abusos sexuales. De lo que ella explica se desprende que el acontecimiento traumático es de tal monto de intensidad que produce un trastorno patógeno duradero en el tiempo el cual provoca una desorganización psíquica debido al excesivo aflujo de excitaciones en relación con la tolerancia del sujeto y su capacidad de controlar y elaborar psíquicamente dichas excitaciones. Así, podría interpretarse que el hecho traumático, a nivel verbal tan solo quedaría impreso como un agujero psíquico representacional en el entramado del pensamiento. Aunque, a decir verdad, en las profundidades del inconsciente dicho hecho traumático siempre queda impreso, aunque, bajo otro tipo de registro: el visual, el auditivo o el kinestésico. Por lo tanto, no se les puede pedir a los niños/as víctimas de traumas que se sometan a un interrogatorio de tipo verbal cuando esto va en contra absoluta no solo con su edad madurativa sino con lo acontecido en su psiquismo. Lo normal en los niños/as pequeños víctimas de traumas no es el recuerdo mediante un relato hablado sino más bien la reviviscencia; esto es, las víctimas suelen revivir su trauma una y otra vez de forma espontánea a través de imágenes, sonidos, y sensaciones (aterradoras) que se le presentan de forma abrupta en su psiquismo a cualquier hora y en cualquier momento, en contra de su voluntad, sin proponérselo y sin planificarlo. Dichas imágenes, sensaciones y sonidos del hecho traumático para los niños/as no suelen tener una explicación lógica (justamente, en su momento, por no haber sido capaces de procesar a nivel psíquico su gran monto de energía invasora) y es por esa razón que más adelante en el tiempo, tenderán a plasmarlas una y otra vez en el armado de distintas escenas lúdicas simbólicas como un modo de poder elaborarlas. La importancia de la psicoterapia es que ayuda al paciente en este proceso de elaboración de lo traumático, esto es, a encontrar un sentido a todas aquellas imágenes caóticas y aterrorizantes para, una vez entonces, poder lograr una estabilidad mental, emocional y psicológica.

Como su psicóloga, debí evaluar a Judith en primera instancia; luego de lo cual –de común acuerdo con su madre–, se dio inicio al tratamiento psicoterapéutico haciendo uso de la Técnica de Juego Proyectivo, ya que el juego es la manera más natural en la que tienen los niños/as pequeños aún no escolarizados para expresar aquello que sienten, piensan y desean, así como para expresar aquello que perciben o han percibido de su mundo circundante. Los niños/as pequeños bajo situación de trauma o con los efectos de un estrés postraumático no suelen recordar haciendo uso del lenguaje hablado su trauma, sino que van recordando mediante otro tipo de registros mnémicos tal como, por ejemplo: van recordando a través de imágenes visuales, imágenes auditivas y kinestésicas (sensaciones corporales, olores, texturas, etc.). Es por todo esto, que el lenguaje más natural que ha tenido Judith para contarnos su trauma ha sido sus juegos, juegos en donde ha ido expresándose mediante imágenes pertenecientes a: 1) un registro visual, por ejemplo, bebés desnudos a quienes les suele verter crema blanca sobre su zona genital (posiblemente, un simbolismo de ella misma sufriendo actos de eyaculación); imágenes de muñecos con serpientes en la mano o en la zona genital (simbolismos fálicos); 2) imágenes pertenecientes a un registro auditivo, por ejemplo, ella gritándoles "Papá malo" a muñecos varones tales como el Ken (posible simbolismo del enojo para con su abusador); o bajando el tono de voz para decir secretos (símbolo de su miedo a hablar); 3) imágenes pertenecientes a un registro kinestésico, por ejemplo, ella enfurecida golpeando a los muñecos "papás-malos" cada vez que se acercan a las bebés para tocarlas (símbolo de su posible abuso). Así es cómo Judith, a través de su lenguaje lúdico, ha podido ir contando la historia de su trauma de forma simbólica. Además, haciendo uso del recurso de los juguetes (cada juguete sería una palabra y cada juego una frase) también ha podido ir expresando el enojo que habría de tener con su progenitor; sobre todo, en un tipo de juego denominado postraumático, en el cual procede en decenas de veces a insultar o golpear al muñeco Ken, representativo de su progenitor, según se podría deducir. En este caso, la falta de vocabulario nunca le impidió a la niña padecer ni expresar sensaciones asociadas al abuso sexual tales como: de asco, enojo y temor.

Debido a los motivos antes dichos y argumentados, en calidad de Lic. en Psicología, especialista en Psicoanálisis de Niños y terapeuta de Judith X, considero que la niña no se halla preparada para prestar una Declaración Testimonial en una cámara Gesell. Mi sugerencia es que continúe elaborando su trauma en su psicoterapia habitual bajo la modalidad hasta ahora establecida y en el ámbito en el cual la niña pueda sentirse a gusto y cómoda. No se recomienda que se realicen cambios de terapeuta ni de consultorio dado que Judith es una niña muy pequeña y no se adapta con facilidad a establecer vínculos con cualquier persona ni en cualquier lugar que le sea desconocido, lo cual podría inhibirla en su expresión natural.

Lic. Marie Florence X, M. N. ...

Capítulo 13

Informe del perito de parte del niño/a sobre su pericia psicológica oficial

Cuando se realiza una denuncia en un juzgado penal por sospecha de abuso sexual a un niño/a, por más que un psicólogo particular le haya hecho un psicodiagnóstico en el que se confirme el abuso, desde el sistema judicial siempre se decide que el niño/a sea nuevamente evaluado por un psicólogo forense oficial con el objetivo de confirmar o descartar la sospecha de un abuso sexual y ampliar la información respecto de su verdadera problemática. En estos casos, siempre se recomienda la figura de un perito de parte del niño/a, o del adulto protector presentado como querellante o particular damnificado para que pueda "fiscalizar" este procedimiento oficial, evitando actuaciones inadecuadas o faltas de idoneidad. La función del perito de parte es controlar la ejecución del acto pericial, siempre teniendo en cuenta que se realice a derecho, e informar las discrepancias o acuerdos que se presenten.

Ficha técnica

- Carta de presentación.
- Datos del niño/a.
- Comentarios aclaratorios respecto de puntos en disidencia con lo expresado en el informe por el perito psicólogo oficial del cuerpo técnico forense.
- Breve reseña de aspectos teóricos.
- Conclusiones.

Modelo de redacción de un informe del perito de parte del niño/a sobre su pericia psicológica oficial

A modo de ejemplo incluimos el siguiente informe de parte:

Partido de Tres de Febrero, ... de... de 20...

Ref. I. P. P. ... (N. U. I. ...)

Sr. Agente Fiscal

Fiscalía Especializada en Delitos derivados de Violencia Familiar y Género, y Delitos contra la Integridad Sexual N° ...

S/D

Elena..., M. N. ... - M. P. ... Perito Psicóloga de Parte por el particular damnificado, vengo a presentar un informe ampliatorio de la pericia realizada a la niña S. en el marco de la causa de referencia, y que fuera firmada en conformidad con la Lic. X, perito oficial del CTA del Fuero de Responsabilidad Penal Juvenil del Departamento Judicial de Lomas de Zamora.

En primer lugar, destacar que acuerdo con lo vertido por la perito oficial, la Lic. X, en su informe, solo deseo aclarar algunos conceptos: dice la perito:

"De su relato verbal se abren interrogantes debido al tiempo transcurrido e intervenciones de diferentes profesionales, por lo cual la que suscribe al momento de la evaluación no puede establecer con contundencia si aquellos recuerdos manifestados pueden estar relacionados posteriormente con la comprensión cognitiva de esas vivencias a través del desarrollo madurativo y cuyas amnesias infantiles son esperables por encontrarse en otra etapa evolutiva y habiendo operado el mecanismo de la represión o puedan estar configurados por el atravesamiento de lo escuchado a lo largo del tiempo transcurrido".

Respecto de esto, es importante aclarar que es totalmente habitual que el desarrollo evolutivo que recorren los niños les provea de nuevas herramientas para comprender lo sucedido y que esto se vea reflejado en el relato, pero de ninguna manera se puede por ello invalidar la ocurrencia de los hechos; incluso si eventualmente hubiera algo de lo escuchado incorporado, tampoco significa que los abusos sexuales no hayan ocurrido.

Como bien señala la perito, Lic. X, solo se necesita recurrir en el expediente a los informes de las primeras evaluaciones, lo planteado por las docentes intervinientes que dan fehaciente cuenta de lo que atravesó S. y el daño psíquico que le produjo el accionar incestuoso de su progenitor el Sr. E., tal como lo señalara la niña en todas las oportunidades que pudo y tuvo, que a mi criterio son lo suficientemente contundentes como para afirmar que los abusos sexuales ocurrieron y tal como lo relata la niña, el autor sería su progenitor.

Por otra parte, debo destacar que la perito Lic. X señala que:

"Al momento de la evaluación y del material producido por la niña se infiere indicadores de envergadura traumática".

No obstante todo lo señalado, las consideraciones finales llegan a un dilema bastante habitual en los informes periciales oficiales:

"Al momento de la evaluación, del relato de la niña, la misma se vivencia subjetivamente víctima de tocamientos inverecundos por parte de su progenitor en su temprana infancia y como he informado arriba, debido al tiempo transcurrido, a las intervenciones profesionales, se abre un interrogante con relación a lo verbalizado, empero en la niña se infiere indicadores de envergadura traumática, con lo cual, al momento de la actual evaluación, la que suscribe no puede de manera contundente afirmar, pero tampoco descartar lo denunciado en autos".

Frente al dilema, generalmente se suelen apegar a la decisión menos comprometida que es el "ni", no puedo ni afirmar ni negar, lo cual respeto como decisión de la perito X y considero que existen otros elementos en el expediente que le servirán a quien está llevando esta investigación para determinar con cuál término del dilema se queda.

De acuerdo a mi experiencia personal de más de 30 años abocados a la investigación, docencia y asistencia en la temática del abuso sexual en la infancia considero que los resultados de este proceso, que se hizo a conciencia, ya que se tomó el tiempo necesario para realizar una completa evaluación de la situación, posee suficiente cantidad de convergencias y recurrencias de indicadores del material obtenido en la evaluación como para determinar que la niña S. ha sido víctima de abusos sexuales reiterados por parte de su progenitor Sr. E., tal y como ella lo indica y relata.

Lo que es coincidente con los informes de las profesionales que atendieron a S., en el momento que se realiza la denuncia y actualmente. Es importante destacar que el hecho de que la niña haya estado en tratamiento durante este tiempo ha sido muy bueno para su salud mental, ya que tal como lo señala la perito todavía *"se infiere indicadores de envergadura traumática"* lo que nos lleva a reflexionar en qué condiciones de salud estaría la niña si no hubiese sido tratada, porque la magnitud del daño del incesto es difícil de medir, es una intrusión en el ser de la niña, se incrusta en el tejido psíquico y queda enquistado para siempre, si no media un proceso terapéutico que la ayude a comprender y elaborar lo vivido, lo que recién se termina de lograr en la vida adulta, cuando se ha recorrido el camino del crecimiento y se arriba a la genitalidad posadolescencia, lo que nos señala que se trata de actos que corrompen a la víctima.

Sin otro particular y quedando a disposición para cualquier aclaración, lo saluda atentamente

Firma, sello y matrícula

Capítulo 14

Informe del perito de parte del niño/a sobre la pericia psicológica oficial del imputado

En las causas por delitos perpetrados a niñas y niños, desde el sistema judicial se procede a investigar a todos los implicados: a quienes han realizado la denuncia, al niño/a víctima y al acusado (es decir, al imputado). Lo que no todo el mundo sabe es que el agresor sexual suele ser el último de la lista en ser investigado mediante una pericia psicológica oficial, además como imputado tiene el derecho de negarse a ser periciado, por lo que si acepta es muy importante poder aprovechar esa instancia para lograr determinar ciertos aspectos que se pueden encontrar, que nos serían muy útiles para comprobar la comisión del delito que se le imputa. En este tipo de pericias psicológicas, y teniendo en cuenta lo complejo del diagnóstico de las personalidades psicópatas-perversas que caracterizan a pedófilos y pederastas, siempre se recomienda que participe la figura de un psicólogo especializado en abuso sexual en la infancia para que oficie como perito de parte, fiscalizando y controlando que el procedimiento se lleve a cabo de una manera idónea y, también, tomando apuntes que en una segunda instancia le sirvan para confirmar o rebatir las conclusiones a las que arriben desde este ámbito efectuando su informe de parte, ampliando conceptos o rebatiendo lo que haya considerado el perito oficial; o también puede ocurrir que acuerde con la pericia oficial y firmen en conjunto.

Ficha técnica

- Carta de presentación.
- Datos del imputado.
- Comentarios aclaratorios respecto de puntos en disidencia con lo expresado en el informe por el perito psicólogo oficial del cuerpo técnico forense.
- Breve reseña de aspectos teóricos.
- Conclusiones.

Modelo de redacción de un informe del perito de parte del niño/a sobre la pericia psicológica oficial del imputado N° 1

A continuación, agregamos un modelo de informe de pericia de parte de un sospechado de abuso sexual contra niños, niñas o adolescentes:

Lobos, ... de junio de 2014

Señor Agente Fiscal

UFIJ N°...

Departamento Judicial...

Dr. R. G...

S/D

Quien suscribe Lic. Mariela..., Perito de Parte de la Querella en I. P. P. N° x/13 caratulada **J. B. S/ ABUSO SEXUAL AGRAVADO Y CORRUPCION DE MENORES** tiene el honor de dirigirse a usted a fin de elevarle un informe ampliatorio surgido de la participación en la Junta Disciplinaria Psicológica reunida en la sede del Departamento de Policía Judicial conformada por la Perito Oficial, Lic. Elda..., la Lic. Marta..., Perito de Parte de la Defensa y esta Perito de Parte de la Querella, donde la Lic. Elda... realizó el proceso de evaluación diagnóstica al imputado J. B.

Esta Perito ha firmado el informe final de dicha evaluación realizado por la Perito Oficial en total acuerdo con los resultados, solo reservándose el derecho de ampliar algunos conceptos y ese es el objetivo de esta presentación.

Corresponde mencionar la excelente labor desarrollada por la Perito Oficial, el compromiso ético y profesional con el que realizó el proceso de evaluación utilizando las herramientas adecuadas para lograr arribar a un diagnóstico muy certero. Tal como señala la Lic. Elda... la recurrencia y convergencia de los indicadores obtenidos en la totalidad de la batería utilizada, así como el análisis de la entrevista es lo que permite emitir las conclusiones desarrolladas por la Perito.

Deseo señalar que, en nuestra Institución, la ONG M.R., atendemos un promedio de 300 pacientes semanales de los cuales más del 50% son casos de abuso sexual en la infancia. Dichos casos son derivados por distintas dependencias del Poder Judicial y de variados Departamentos Judiciales, así como también de otras organizaciones de la sociedad civil. Esta situación nos permite tener una vasta experiencia en la temática y nos ha enfrentado en muchas oportunidades a la evaluación y diagnóstico de personas sospechadas de ser agresores de niños, así como también hemos participado en los procesos de juicio que los han llevado a la condena.

Si bien es cierto que no encontramos un perfil psicológico definido del abusador de niños/as, ya que existen muchas variaciones entre estos depredadores, sí sabemos que la presencia de una serie de características de personalidad, actitudes y características se repiten en los condenados por abuso sexual contra la infancia.

A lo largo de estos 15 años de trabajo en esta temática, según nuestra experiencia y por la gran casuística obtenida, hemos hallado de manera recurrente: características psicopáticas, rasgos perversos, sexualidad infantil (detención del desarrollo psicosexual en etapas pregenitales), narcisismo marcado, justamente por lo pregenital y la característica fundamental es la doble cara, la doble fachada; los abusadores de niños o niñas suelen aparentar una vida normal, con parejas heterosexuales, son padres de familia, están lejos de ser un monstruo horrendo que se pueda detectar a simple vista, son extremadamente correctos y dicen lo que el otro desea escuchar; muy distinto a como son con sus pequeñas víctimas, suelen ser "el mejor padre, el mejor vecino, el mejor docente".

Se suele esperar que una evaluación arroje la existencia de desvíos de la sexualidad o patologías que vinculen al examinado con el abuso sexual, cuando en realidad eso es casi imposible porque, como mencionamos anteriormente, los abusadores sexuales no conforman un grupo homogéneo que ofrezca al observador experto un perfil claro y confiable para ser identificado, por el contrario, la imagen que suelen mostrar es fuertemente modificada para responder a la deseabilidad social, que hemos señalado como "doble fachada o doble cara".

Para ampliar aún un poco más estas ideas incluiré algunas características que menciona la Lic. María Cecilia López en uno de sus textos recientes[22] respecto de los abusadores sexuales, con las que acordamos plenamente, cita textual:

1. Los abusadores no son enfermos mentales porque tienen conciencia de lo que hacen dado que planean meticulosamente cada uno de sus actos.

2. Tienen una "doble cara": las esposas, amigos y familiares no pueden creer cómo este hombre, que ha sido tan bueno con ellos, pudo haberle hecho algo tan malo a una criatura, e incluso muchas veces hasta llegan a describirlos como santos. Sin embargo, esto es tan solo una fachada; ocasionalmente, cuando algún hermano del abusador habla de su infancia, puede llegar a describirlo como un niño extremadamente cruel (amante de torturar a animales con fuego, por ejemplo). En esto los abusadores se parecen a los golpeadores: por un lado golpean a sus esposas e hijos y por el otro les hacen regalos y hablan maravillas de ellas en público.

3. Son grandes mentirosos: constantemente están impostando un tono de voz, una actitud de seriedad y sabiduría, o de buen humor, etc. Son calculadores, astutos y corruptos. No son personas relajadas, y si se los observa atentamente, sus posturas corporales suelen ser rígidas, tensas aunque intenten dar una imagen opuesta; es decir, de relajación (por ejemplo, en reuniones sociales cuando toman alcohol). Son muy hábiles en lograr formas sintácticas, de tal modo que pueden llegar a engañar al más hábil de todos los abogados.

4. Son egocéntricos: se creen superiores y es por eso que pretenden que todo el mundo gire a su alrededor, cuando esto no sucede buscan vengarse. Lo que más odian de los demás es que se muevan de forma individual, independientes de ellos mismos. No lo soportan. Esto se puede apreciar en los abusadores déspotas que necesitan cumplir sus deseos casi al instante, porque de lo contrario se sienten frustrados y sienten que pierden el poder.

5. Tienen baja tolerancia a la frustración: tienen escasas habilidades emocionales, por lo cual, apenas algo no les sale como ellos quieren se sienten frustrados y ya no lo intentan nuevamente. Esto les genera un estado de ira que hace que culpen a los demás

[22] López, MC. (2010) *Abuso sexual. Cómo prevenirlo, cómo detectarlo*, Buenos Aires: Paidós.

para no hacerse responsables. Cuando esto se produce pueden enfrentar los altibajos de la vida cotidiana con actividades sexuales anormales, como un modo de descargar tensiones. Cuanta más presión sienten más desinhibidos se comportan.

6. No toleran las leyes sociales: para un abusador no existe otra ley más que la que él mismo impone. Aunque externamente aparentan acatar las leyes sociales, los abusadores sienten que les coartan la libertad personal y no lo toleran. La generalidad de los abusadores quisieran satisfacer sus caprichos de forma instantánea y sin ningún tipo de restricciones a su descarga pulsional.
7. Tienen creencias erróneas: "Las mujeres deben someterse al deseo de los hombres, así ha sido siempre", "aunque sea obligada seguro que ella disfruta", "si un niño/a acepta, ¿por qué no voy a tener una relación sexual con él?". Dichas creencias erróneas terminan influyendo en sus conductas sexuales.
8. No tienen respeto por las instituciones: muchos de los abusadores trabajan en colegios, templos, clubes y también en instituciones estatales de beneficencia; sin embargo, esto no significa que a nivel privado descalifiquen a sus directivos o los fines que dichas instituciones persiguen.
9. No tienen ética ni moral: los abusadores están todo el tiempo intentando transgredir las normas sociales. Ocasionalmente, se pueden burlar abiertamente de la moral ajena; no obstante, aunque parezca contradictorio, en lo profundo de sí anhelan fundar una nueva moral de acuerdo, por ejemplo, con sus necesidades sexuales.
10. No saben amar: muchos de estos sujetos juran amar a sus parejas y también a los niños de quienes abusan; sin embargo, ellos confunden amor con necesidad de tener a alguien cerca para saciar sus instintos sexuales vinculados al poder que ejerce sobre un menor.
11. Proyectan en el otro su propia culpa: los demás siempre son los culpables de sus fracasos o del origen de sus maldades. Por más que pidan disculpas, esta conducta nunca es motivada por un sentimiento de verdadero arrepentimiento. Jamás se hacen cargo del daño que causan.

12. Tienen delirio de superioridad: el abusador está convencido de que los demás son todos unos estúpidos y que, como tales, deberían ser sus esclavos. Generalmente, y aunque tratan de disimularlo con esmero, tienen una forma de mirar que denotan que se sienten superiores frente a su interlocutor, no importa el grado de preparación que ambos tengan.
13. Se sienten omnipotentes: el abusador busca en todo momento obtener un control omnipotente de la situación, y esta es una de las principales razones de porqué abusa de niños. Cuando siente que la realidad lo frustra o cuando se siente impotente frente a alguien o frente a una circunstancia (por ejemplo, un divorcio), necesita demostrar su poder y superioridad haciendo algo absolutamente prohibido a nivel social y engañando aunque más no sea a un niño o a la madre de este para recuperar la omnipotencia perdida.
14. Tienen habilidad para racionalizar su comportamiento de manera que parezca razonable y justificado: son muy habilidosos en elucubrar estrategias para "salvar su propio pellejo". Y desde la razón es muy común oírlos justificar conductas que a cualquier otro le resultarían repudiables.
15. Mantienen afectos superficiales: quizás algunos de estos sujetos pueda aparentar estar rodeados de muchos amigos; pero, en realidad, no establece lazos profundos con nadie.
16. No sienten emociones: estos sujetos tienen un enorme vacío interno. Y muchos de ellos, con tal de sentir algún tipo de emoción, pueden cometer los abusos a niños en lugares o en momentos en los que el riesgo a ser descubiertos es muy grande. De esta manera, el abuso se convierte en una adicción ya que sienten es la única manera en la que pueden sentir algo.
17. No perciben las emociones ni la angustia del otro: al ser incapaces de percibir sus propias emociones, no pueden sentir empatía emocional con nadie. Los abusadores pueden violar y hacer sufrir a otro solo porque son incapaces de ponerse en el lado del otro y sentir lo que ellos están sintiendo; es más, cuando los ven sufrir los observan como si se tratase de "bichos raros".
18. Son grandes actores: cuando sus esposas les preguntan acerca de sus sospechas, ellos lloran fingiendo indignación por haber sido

puestos en duda, y aseguran que nunca tuvieron una intención tan siniestra, y hasta pueden llegar al extremo de aproximarse a ellas brindándoles una relación sexual "amorosa" más íntima que nunca, como una hábil estrategia para convencerlas de lo injustas que han sido en juzgarlos tan mal… y así de paso, por las dudas, convencer también al resto de sus familiares e, incluso a los fiscales, a los jueces y a todo aquel que en un principio pudo haber defendido el relato del niño/a víctima.

19. El otro es una extensión de sí mismo: para un abusador el otro no es otro diferente a él. El otro no debería tener pensamientos, deseos o gustos diferentes a los suyos. El abusador no reconoce al niño/a como individuo sino como objeto destinado a darle placer. A su vez, también a sus propias esposas las consideran no como personas sino como simples medios para tener acceso a los niños/as.
20. Son manipuladores: los abusadores sienten un enorme placer en manipular a la gente, y el hecho de engañar a alguien los hace sentir poderosos y omnipotentes. Generalmente, cuanto más frustrados se sienten a nivel interno más necesidad de abusar a otros sienten.
21. No toleran la independencia subjetiva del otro: como no toleran que el otro sea diferente de ellos, quieren poseerlo sexualmente como una forma de apropiárselo.
22. No toleran las críticas: aunque no lo demuestren, el hecho de que alguien les marque sus errores o los obstaculice en sus objetivos les provoca ira ya que los baja de su estado ideal de omnipotencia. Entonces, sienten la imperiosa necesidad de demostrar su superioridad, aunque más no sea aprovechándose de un niño.
23. Sienten que la vida ha sido injusta con ellos: si bien puede tratarse de personas socialmente exitosas, muchos de los abusadores no soportan el hecho de haber tenido una infancia repleta de malos tratos, padres golpeadores o indiferentes, divorciados o adoptivos… De esta manera, desquitan la ira de tantas dificultades vengándose en niños o niñas que ellos presuponen tienen una infancia feliz.
24. No tienen sentido del humor: si bien muchos abusadores se esconden tras una fachada de felicidad maníaca y suelen

distinguirse por alegrar fiestas, en realidad no son personas con un verdadero sentido del humor. Cuando alguien les hace una broma a ellos suelen enfadarse; aunque, paradójicamente, ellos mismos suelen ser muy sarcásticos e irónicos con los demás.

25. Son sujetos sin contenido: al no haber tenido cerca en su infancia a un buen padre u otra figura de autoridad a la cual idealizar, el abusador crece sin verdaderos ideales o carece de ellos.

26. Tienen insatisfacción crónica y tedio: los abusadores suelen tener muy altas expectativas respecto de sus propias capacidades; pero cuando caen en la cuenta de que fueron incapaces de lograr sus objetivos, se sienten frustrados y caen en estados de sopor, apatía y aburrimiento existencial. Es así como, para compensar la rutina de sus vidas, encuentran una vía de escape en la peligrosa aventura de "cazar" a su próxima víctima.

27. Gozan viendo sufrir al otro: el goce de los abusadores suele estar puesto en el hecho de sentirse poderosos al provocar horror y pánico en el niño. Sucede que mientras sea *ese* niño o niña el que sufre, se asegura (a nivel inconsciente) de que el sufrimiento no es de sí mismo sino de otro. Apoderándose del cuerpo del niño logra sentir control sobre ese niño que él alguna vez fue. Y si acaso llegara a asesinarlo, con su muerte estaría "anulando" una parte de su infancia de extrema soledad y desamor.

Características de comunicación del abusador:

1. Capacidad de persuasión: son sujetos narcisistas, con una elevada autoestima (incluso los que tienen bajo perfil), siempre logran seducir con las palabras adecuadas. **A diferencia de los niños que abusan se manejan con una óptima retórica y son muy hábiles en lograr formas sintácticas, de modo tal que lo que dicen nunca puede comprometerlos.**

2. Discurso periodístico: cuando hablan lo hacen de forma similar a un periodista: describe situaciones de forma neutra y sin demostrar compromiso emocional, aunque hable acerca de cosas espantosas.

3. Discurso paradójico: al hablar dan la impresión de ser totalmente coherentes; sin embargo, muchas cosas que estos sujetos dicen

son contradictorias. Sucede que los abusadores suelen utilizar las palabras para confundir y no para comunicarse con el otro.

4. Transgresiones semánticas: si se está atento se pueden detectar infinidad de transgresiones a la lógica. Un ejemplo de esto es cuando dicen: "No te hace falta ningún maestro, yo soy tu maestro, yo soy el único capaz de enseñarte". Otro ejemplo típico es cuando predican una moral puritana a nivel social que se contradice con sus prácticas sexuales.

5. La palabra es usada para provocar acciones en el otro: suelen utilizar palabras emotivas tan solo para provocar una determinada conducta en el otro".

Para concluir, como se ha podido observar a lo largo de las consideraciones precedentes, la evaluación realizada por la Perito Oficial, Lic. Elda…, nos muestra la gran mayoría de las características que, desde nuestra experiencia, hemos hallado en una gran cantidad de personas condenadas por abuso sexual contra la infancia.

Debemos analizar todas estas características en el contexto de los relatos validados de las víctimas, tal como consta en este expediente de investigación.

Mediante una mirada abarcativa de todos los elementos hasta ahora obtenidos: la pericia del imputado, las declaraciones testimoniales y los informes psicológicos de los niños y niñas víctimas, ofrecen un cuadro de situación más que claro: los abusos sexuales han ocurrido y el imputado posee las características necesarias que le permitirían ser el autor del delito.

Quedando a su disposición para cualquier aclaración lo saludo con mi consideración más distinguida

Lic. Marianela…
M. P. … M. N. …
ONG…

En este caso, deberemos incluir la pericia oficial, ya que la misma tiene muchos elementos interesantes a la hora de realizar una pericia a un imputado de abusos múltiples en una institución educativa y que ha sido validada por la perito de parte de los particulares damnificados.

A continuación, compartimos otro informe a modo de ejemplo:

Modelo de redacción de un informe del perito de parte del niño/a sobre la pericia psicológica oficial del imputado N° 2

[Lugar], 21 de... de 2014

SEÑOR AGENTE FISCAL

UNIDAD FUNCIONAL DE INSTRUCCIÓN Y JUICIO N° X

DEPARTAMENTO JUDICIAL...

DR. R. G.:

Quien suscribe **Lic. Elda...**, Psicóloga Forense perteneciente al Departamento de Policía Judicial de la Procuración General de la Provincia..., tiene el honor de dirigirse a Ud. en **I. P. P. ... -13**, caratulada "**J. B. S/ ABUSO SEXUAL AGRAVADO Y CORRUPCIÓN DE MENORES**", a fin de dar respuesta a la intervención requerida.

En cumplimiento con lo dispuesto por V.S. se ha entrevistado los días 9-4-2014, 16-4-2014 y 23-4-2014 en la sede del Departamento de Policía Judicial en Junta Disciplinaria Psicológica conformada por quien suscribe, perito de parte propuesto por la defensa Lic. Elda..., perito de parte de la querella, Lic. Marianela... a **J. B.**, habiendo realizado una última reunión con el objeto de informar a esa Fiscalía conforme a lo solicitado.

DATOS PERSONALES

Nombre y apellido: J. B. ...

Edad: 40 años.

Nacionalidad: argentino.

Fecha y lugar de nacimiento: ...

Estado civil: en concubinato.

Hijos: 1 hijo de un año y siete meses.

Escolaridad: terciario completo. Profesor de música.

Grupo familiar primario:

Padre: X, 64 años. Pensionado. Jubilado por incapacidad física a raíz de un accidente laboral. Actualmente se desempeña como vendedor ambulante.

Madre: X, 64 años. Pensionada. Ama de casa. Tuvo cáncer de colon. Fue intervenida quirúrgicamente y siguió tratamiento con quimioterapia. Realizó tratamiento psicológico por motivo de su enfermedad.

Hermanos: son seis en su totalidad, tres de los cuales son producto del primer matrimonio materno.

Grupo familiar conviviente:

Pareja: Mirta X, de X años. Cursa estudios de profesorado de plástica en Bellas Artes. Laboralmente se desempeña como pintora para locales particulares. Tiene un hijo con el Sr. J. B. de un año y siete meses de edad.

METODOLOGÍA DE ABORDAJE:

Entrevistas clínicas, Entrevista de Apego en Adultos y Entrevistas Psicodiagnósticas. Técnicas Gráficas y Proyectivas: Dibujo Libre, HTP (Casa, Árbol, Persona), Persona con Arma, Familia Kinética, Persona Bajo la Lluvia. Todas las técnicas se acompañaron con relato. Psicodiagnóstico de Rorschach, MMPI II (Inventario Multifásico de Personalidad de Minnesota 2), TRO (Test de Relaciones Objetales).

Proceso psicodiagnóstico: consiste en un proceso de investigación científica de la psicología proyectiva utilizando para ello entrevistas y técnicas instrumentales de exploración psicológica cuyo objeto es la descripción e interpretación de la organización de la personalidad sujeta a observación.

La entrevista semidirigida: permite que el campo configurado por el entrevistador y el entrevistado se estructure por vectores señalados por este último. Esto significa que luego de obtener sus datos personales el entrevistado tiene la posibilidad de comenzar a hablar por donde él prefiera.

ENTREVISTAS AL Sr. J. B.:

El Sr. J. B. elige hablar sobre su situación procesal. Refiere que el cinco de septiembre del año pasado se encontraba festejando el cumpleaños de su hijo. Trabajaba en la ciudad de X y en X desempeñando tareas como docente. Dijo que también trabajaba durante el verano para ahorrar dinero y poder terminar su carrera dado que sus padres no tenían la posibilidad económica de ayudarlo.

Dice que comenzó a trabajar en X y luego de recibirse obtuvo un cargo en el jardín N° X. Según sus dichos, la vicedirectora de esa Institución se desempeñaba también como profesora titular del jardín N° X y le habría ofrecido un cargo como profesor de música en la ciudad de X en este último jardín.

Recuerda que cuando lo denunciaron era jueves, que se encontraba en su casa con motivo de festejar el cumpleaños de su hijo con sus familiares. Dice haber recibido un llamado telefónico por parte de la Sra. inspectora general de educación, para informarle que lo habían denunciado, que no podía acercarse al colegio y que lo relevaría del cargo. Según manifestó, sus amigos y compañeros de la carrera lo alentaron para que se asesorara con P. R. Este último es un docente de música que cuenta en su haber con una denuncia por abuso infantil en el año..., y actualmente trabaja en una asesoría del Ministerio de Educación como consultante de docentes que tienen denuncias penales. Según sus propios dichos, denuncias de malentendidos.

Dice que el Sr. P. R. se acercó hasta el jardín de infantes corroborando la denuncia penal a partir de lo cual el entrevistado se contactó con abogados de P. R.

Manifiesta que ese día a la noche recibió un llamado telefónico de la directora quien le habría comunicado que tenía una denuncia penal, a partir de la cual, una madre denunció que el entrevistado en la clase de música habría estado con los platillos y se los habría pasado por el cuerpo a su hija.

Cuenta que en dicho jardín de infantes tenía a su cargo sala de cuatro y de cinco (segunda y tercera sección). Trabajaba con tres proyectos de música: orquesta, tango y folclore para presentarlos a la comunidad. Dice que trabajaba con instrumentos tales como triángulos, platillos, cascabeles. Refiere que él mismo toca el violín y la flauta traversa, instrumentos que son de su propiedad y los llevaba al jardín. Su trabajo consistía en mostrar a los niños diferentes estilos de música, que tocaran los instrumentos y mostraba fotos de orquestas para enseñar cómo se componían las mismas. Les mostraba partituras y jugaban interpretando el rol del director de orquesta.

Continuó manifestando que el día de la denuncia, tenía un platillo y los niños tocaban el instrumento con el dedo y lo "apagaban". Dijo que le preguntaba a los niños si los instrumentos vibraban, y como no sabían la respuesta, les preguntaba qué sentían cuando "apagaban" el instrumento. Los niños respondían diciendo que les daba cosquillas, que se movía. Aclara que "apagar", significaba la acción de tocar el platillo con los dedos para que deje de vibrar.

Según sus dichos, su interés en la clase de música pasaba por hacer que los niños escuchen el sonido, la vibración y la discriminación de los instrumentos de cuerda, de los de percusión.

Se pregunta de lo que piensa acerca de la denuncia contra su persona. Responde diciendo que al principio estaba tranquilo, que creía que se trataba de un malentendido de los padres. Hace explícito su deseo de querer explicar lo que sucedió en la clase, para que aquellos, estén seguros de que no pasó nada. Refiere que hasta el momento actual del presente estudio pericial, la situación le resulta irreal.

Cuenta la denuncia de una madre verbalizando su relato de la siguiente manera: "Dice que yo tocaba el platillo y se lo pasaba por el cuerpo a la nena". Refiere que comenzó a vivir una pesadilla día a día, siente que le arruinaron la vida y a su familia también.

Durante toda la entrevista sostuvo que la denuncia es un malentendido, diciendo literalmente: "háganme lo que tengan que hacer, la justicia lo va a aclarar todo, nunca lo voy a entender, fue una cuestión política".

Se pregunta sobre el autoconcepto (percepción de sí mismo). Refiere que siempre trató de dar lo mejor. Niega tener sentimientos de inferioridad. Dice que gracias a su trabajo llegó a ser jurado de los torneos bonaerenses. Organiza actos en los jardines y charlas para otros docentes.

Se pregunta sobre el motivo de su elección profesional. Cuenta que en su casa siempre se escuchó música, rock nacional, música de bandas en inglés. Refiere que sus abuelos vivían en el campo y que a él le encantaba. Durante la época del secundario, se abrió la inscripción en la escuela rural para los chicos del pueblo. El entrevistado vivía en el campo con su abuelo todo el tiempo. Recuerda que este era casero y su abuela, ama de casa. Sus estudios secundarios los realizó en el centro educativo para la producción total. Según sus dichos, su abuelo escuchaba tango y folclore, un primo de su padre es guitarrista y llegó a tocar con Mercedes Sosa. Dice que él lo veía y lo idolatraba ya que tenía un virtuosismo, siempre andaba con la guitarra.

Cuando el entrevistado tenía 11 años le dijo a su padre que deseaba tener una guitarra, pero la situación económica era "dura" por lo que consiguió una guitarra prestada a través de una tía materna.

A los 13 años de edad comenzó a vender diarios en bicicleta en el pueblo de X. Su objetivo era ahorrar para comprar una guitarra y su propia bicicleta. Había realizado una especialización en huerta y lo contrataban para hacer las huertas. Comenzó a tocar la guitarra de oído. Al finalizar el secundario, se mudó a la ciudad de X y estudió agronomía. Económicamente lo ayudaba su abuelo paterno. Luego estudió en el conservatorio de música.

Refirió que la docencia fue una circunstancia que le surgió y con el tiempo le fue agradando el hecho de enseñar.

En lo que respecta a la música dice que hay un tope. Luego de terminar la facultad se puede reproducir música en un *masterclass*. Dicho *master* implica preparar una obra para que un guitarrista reconocido la corrija. Refiere haber hecho al principio *masterclass* como estudiante de folclore. Manifestó que por falta de tiempo no pudo continuar. Dice que demanda mucho tiempo y además que se necesita tener virtuosismo. Dice que ser un guitarrista reconocido es muy difícil. Cuando comenzó a trabajar en la música tocaba en tríos. Manifiesta que su sueño era vivir de la música, viajar y conocer gente.

Refiere ser feliz con su profesión. Dijo haber trabajado con chicos más grandes de trece y catorce años, pero no le gustó porque faltaban.

Entrevista de apego adulto (Main, Kaplan y George, 1996)

Es un instrumento basado en la teoría del apego de Bowlby; tiene como objetivo evaluar los estilos vinculares tempranos a través de un método de autorreporte en el cual se miden dos dimensiones: cuidado y sobreprotección. Estas dimensiones se cuantifican a través de la percepción de un sujeto sobre la relación con sus padres en los primeros 16 años de vida.

Respecto al contexto ambiental y familiar en el que se desarrolló el entrevistado durante el transcurso de su infancia y adolescencia, manifestó haber nacido en la localidad de X, donde vivió con su familia.

En ese momento estaba constituida por sus progenitores y cuatro hermanos, todavía no había nacido el último en la configuración familiar. Vivían en el mismo terreno que perteneció a su abuelo paterno. Este último adelante y la familia del entrevistado, atrás.

Proveniente de una familia ensamblada, manifestó no conocer al padre de sus primeros tres hermanos. Estos son producto de la unión de su madre con una pareja anterior. El entrevistado pertenece a la segunda unión de pareja de su madre y su padre biológico. Desconoce el motivo de separación de su progenitora.

De su padre contó que conoció a su madre a través de una tía materna. Actualmente se desempeña en una empresa textil de cueros. Respecto de la familia de su madre dijo que la misma cuenta con seis hermanos.

La infancia del entrevistado transcurrió en X y luego en X. Recuerda haber ido al jardín cuando contaba con 4 o 5 años de edad. Cuando su abuelo se muda a X por motivos laborales, vende los terrenos en donde vivían. Entre su padre y su abuelo compran una parcela allí y todos se mudan a ese lugar.

Recuerda que a la edad de 9 o 10 años aproximadamente, su padre se encontraba trabajando en una fábrica avícola, mientras su madre se desempeñaba como moza en un restaurante. Luego su madre se enferma de cáncer de colon, por lo cual estuvo un período largo de tiempo internada en el Hospital X de X.

El entrevistado se muda con su hermana mayor, quien residía junto a su esposo en la localidad de X. Manifestó haber tenido un contacto más cercano con sus dos medio hermanas mayores, hijas de la primer pareja materna. Su hermana menor se quedó viviendo con su abuela. Luego que su progenitora obtuvo el alta médica, la familia volvió a reunirse en X.

Establecido en dicho lugar, vuelven a mudarse ya que habrían salido sorteados en un plan de vivienda, que en la actualidad constituye la casa de su madre.

A los 13 años de edad cursa sus estudios en una escuela agraria. Manifestó haber estado pupilo de lunes a viernes bajo un sistema de alternancia que consistió en estar una semana "adentro" y dos semanas en su casa.

Conoció a un profesor ingeniero agrónomo en la escuela agraria, que también era pianista. Dijo que frecuentaba su casa y le enseñaba música.

A los 14 años se compró su primer guitarra. Vendía diarios y trabajaba también confeccionando quintas y huertas. Dijo que en su familia había necesidades económicas luego que nació su último hermano. A dicha situación se le sumó la enfermedad de su madre. Ello incidió en la economía familiar de manera negativa, dado que el único sostén familiar lo proveía su padre. Refirió haber sentido la necesidad.

Cuando transitaba los 18 años, sus padres se separan. Su progenitor vuelve a la casa de su abuelo paterno. Manifestó que sus padres se llevaban mal, aunque dijo no tener registros de haber vivenciado malos momentos. Refiere que todo sucedió de manera repentina.

En cuanto a la relación con su padre, dijo que "todo el tiempo lo estaba esperando"; que iban de pesca. Manifestó que siempre trató de ayudarlos. En cuanto a su madre manifestó que jugaban todo el tiempo. Se sintió más cercano a ella porque era el referente con el que pasó más tiempo. Dijo que, al momento de la internación de su madre, estuvo más apegado a sus hermanas. También refirió ser muy "pegote" con su hermano, ya que mantienen contacto todo el tiempo y es el padrino de su hijo.

HIPÓTESIS INTERPRETATIVAS

A partir de los datos recabados en las entrevistas efectuadas al Sr. J. B., se formulan inferencias psicológicas que estarán sujetas a verificación o refutación, a partir de la observación sistemática de los fenómenos clínicos, conductuales y normativos (establecimiento de convergencia y recurrencia de indicadores psicológicos) mediante el análisis integral de las técnicas de exploración psicológica administradas.

El Sr. J. B. comienza hablando de la situación procesal por la que está atravesando. Mencionó que la misma se trata de una denuncia penal por abuso sexual. Dijo que al recibir la noticia se encontraba en su casa con sus familiares, no obstante lo cual, no recurre a ellos en busca de contención sino que elige a un referente ajeno a la familia para que lo asesore. Se trata de P. R., un ex docente también denunciado por el mismo motivo. Lo significativo es que el entrevistado no reacciona de manera esperable, es decir buscando la contención dentro de lo familiar sino que acude a un referente extrafamiliar.

1. La hipótesis que encuentra su fundamento en la teoría del apego de John Bowlby, indica que un sujeto desapegado a los padres como consecuencia de deprivación emocional no acude a ellos cuando está en problemas.

Su discurso presenta varias contradicciones. Refirió que su padre siempre trató de ayudarlos pero manifestó que económicamente lo ayudaba su abuelo, dado que a su padre según sus propias palabras: "todo el tiempo lo estaba esperando".

Asimismo, dijo literalmente que "todo el tiempo vivía con su abuelo", a la vez que manifestó haber vivido con su hermana mayor durante la enfermedad de su madre, y haber estado pupilo en una escuela avícola.

2. Hipótesis: la conducta de apego que se organiza en un sujeto, depende en grado sumo de los tipos de experiencia que tuvo en su familia de origen. La observación y descripción del conjunto de pautas de comportamiento que caracterizan la crianza y el modo en que estas pautas cambian a medida que el sujeto crece, influyen en la personalidad adulta. Queda por establecer si tuvieron incidencia positiva o negativa.

En su discurso, se advierte que proviene de una familia ensamblada con una marcada inestabilidad en cuanto a la vivienda y la provisión de un medio económico seguro para el normal desenvolvimiento de todos sus integrantes. Se detectó la presencia de necesidades afectivas y económicas insatisfechas y falta de referentes adultos estables que pudieran cubrirlas. Dicha situación lo llevó a trabajar a edad temprana para solventar por sí mismo sus necesidades.

3. Hipótesis: las pautas alteradas e inestables de crianza donde el cuidado de los padres a sus hijos es irregular, y se invierten lo roles, esto es, hermanos que ofician de padres, hijos que trabajan desde muy temprana edad, les crean problemas psicológicos importantes. Asimismo, cuando el cuidado parental es "alternativo" los hijos desarrollan el temor a ser abandonados o a ser enviados a una institución (escuela avícola). Por lo tanto, la vivencia o amenaza de abandono a edades tempranas crea intensa ansiedad y despierta ira en grado intenso, pudiendo crear las condiciones para el desarrollo de perturbaciones psicológicas duraderas.

ANÁLISIS INTEGRAL PSICOLÓGICO - FORENSE

Conforme a la evaluación conjunta del material psicológico obtenido en el presente estudio pericial se informan las siguientes consideraciones.

El Sr. J. B. se presenta a la entrevista acompañado por su perito de parte. Su aspecto es normal, se lo encuentra en buenas condiciones de higiene.

Se dirigió de manera respetuosa y mostrando al entrevistador una actitud de colaboración.

Mantuvo el control de sus emociones durante los tres encuentros. Acompañó sus verbalizaciones con una resonancia afectiva monocorde. No manifestó angustia por la situación procesal que atraviesa.

Se lo observa vigil, lúcido, orientado en tiempo y espacio. Atiende, fija y evoca sin dificultad.

El juicio, se encuentra conservado. Las funciones intelectuales de atención concentración y memoria también se encuentran conservadas. No presenta alteraciones sensoperceptivas del tipo de las alucinaciones, así como tampoco existe actividad delirante ni ideación bizarra.

Su discurso evidenció la ausencia de mecanismos de *insight*, (capacidad para vivenciar la vida interior propia y la de otras personas, así como la capacidad de compartir gradualmente una actitud). No evidenció preocupación ni angustia por los hechos que se le imputan. Solo manifestó que dicha situación le habría arruinado la vida, pero sin el correlato emocional acorde a sus verbalizaciones.

En líneas generales, se advirtió la propensión a la proyección y exculpación de la responsabilidad en terceros.

En cuanto a las técnicas psicológicas implementadas, se obtuvieron los siguientes indicadores:

1. MMPI - II: Inventario Multifásico de la Personalidad

Se trata de una técnica psicométrica para la investigación de la exageración o la minimización de psicopatologías. Permite evaluar rangos muy amplios de actitudes, rasgos y conductas a través de medidas estandarizadas que permiten una especificación precisa de la actitud del examinado. Contiene un número de indicadores para analizar la actitud al responder el inventario, si ha cooperado suficientemente con la evaluación.

Los códigos obtenidos arrojan la siguiente significación psicológica:

Escalas L-F-K (+, -, +): en función de las puntuaciones obtenidas de las respuestas del entrevistado al inventario, arroja un patrón de fingimiento. Esto significa que el entrevistado mostró una imagen virtuosa de sí mismo, con una actitud de suspicacia (desconfianza, reticencia), respecto de la evaluación. La actitud de respuesta teniente a no reconocer fallos mínimos, está asociada a escasa voluntad para revelar problemas psicológicos.

Códigos obtenidos del procesamiento de las escalas clínicas: 3-6.

Significación psicológica de los síntomas y comportamientos de dicho código: es un sujeto que socialmente es equilibrado, pero controlador y excesivamente racional con rasgos de rigidez, control excesivo, egocentrismo, defensividad paranoide, proyección, traspaso a otro de la culpa y sadismo encubierto. Generalmente muy sosegado pero sujeto a períodos de ansiedad y tensión. Socialmente hábil y elegante, aunque orientado al poder, evita en extremo la crítica. Puede ser cruel y despiadado. Interiormente desconfiado, suspicaz y hostil. Trata de controlar a los demás mediante la seducción y manipulación a través del control de la información (mantiene la incertidumbre y el poder). Espera la aprobación basada en la apariencia, la atracción, la inteligencia el estatus o la combinación de estas cosas. Tiende a ser petulante e intolerante con los demás. Niega rígidamente la desconfianza y la hostilidad.

En este código, se descarta la psicosis paranoide. Normalmente es incapaz de soportar el hecho de no poder controlar al terapeuta y los sentimientos de vulnerabilidad engendrados en la psicoterapia.

La petulancia, la racionalidad, el hacer a otros responsables de los problemas y la intolerancia de la idea de tener problemas psicológicos, constituyen serios obstáculos en una terapia y predicen un rápido abandono.

Psicodiagnóstico de Rorschach

Área intelectual:

El Sr. J. B. posee un nivel intelectual medio. Su capacidad de productividad y rendimiento intelectual se hallan disminuidas por la presencia de conflictos emocionales. Muestra pocos intereses quedándose en lo superficial y en lo racional, con una tendencia a encerrarse en sí mismo. Evidencia una mala adaptación a la realidad con fallas en el contacto social y la comunicación. Es oposicionista. Sustenta una lógica personal con poco sentido común. No acepta pautas de pensamiento compartido, así como tampoco acepta las normas convencionales, especialmente en las relaciones interpersonales. Vale lo que él dice, sin tener en cuenta al otro (falta de *insight*). Intenta mostrar una actitud positiva y de creciente interés y disfrute a través de contenidos artísticos referidos al arte y la música, los cuales de ser genuinos indicarían riqueza y creatividad, pero se queda en justificaciones y racionalizaciones carentes de compromiso emocional y social. Sus verbalizaciones traducen un corrimiento del lugar de la responsabilidad, no muestra lo que siente y piensa. Se detecta una tendencia a observar hechos que otros no tomarían en cuenta con excentricidad, obsesividad, oposicionismo y hostilidad. La disociación como capacidad de percibir y de poder pensar sobre algo de la manera lo más objetiva posible, no es operativa, especialmente cuando intervienen los afectos y las emociones. Ello significa que hay más descontrol al nivel de la acción que del pensamiento.

Área afectiva:

Emocionalmente, es inestable e intolerante. Cuenta con poca capacidad para soportar la frustración. La incapacidad para sentir empatía por los semejantes le impide establecer buenas relaciones humanas. Es afectivamente inmaduro. Evidencia elevada tensión interna que escapa a su control y se vuelve amenazante. Esto, genera una vivencia o sensación de peligro interno que origina conflicto y tensión. Esto se manifiesta en la conducta observable a través de mecanismos psicopáticos. Cuando alguna situación escapa a su control pone en marcha tales mecanismos cuya finalidad es tener el dominio de la situación. En las relaciones interpersonales, las defensas psicopáticas son utilizadas para paralizar al otro y controlarlo.

Surgen componentes agresivos y sadomasoquistas que intenta controlar a través de defensas obsesivas, pero no son exitosas. Cuando irrumpen, destruye al otro. El tipo de vínculo que establece, es superficial, frío y hostil. Se puede esperar de este sujeto descontrol en la conducta con mayor facilidad para expresar la agresión, que los afectos placenteros.

Área psicosexual:

Los indicadores que informan respecto a su sexualidad revelan identificaciones con lo pasivo y contenidos femeninos concomitantes a una negación de lo viril. La presencia del fenómeno especial de Negación de FM, es indicador de impotencia sexual. Aparece el énfasis puesto en contenidos anales y fálicos. Todo lo expresa en un lenguaje muy particular donde hace alusión a una sexualidad en términos de "tocar" y "ser tocado". Persevera en contenidos abiertos, rotos, con vivencia de daño y fantasías sadomasoquistas.

Técnicas Gráficas - TRO (Test de Relaciones Objetales):

Los tests gráficos revelan aspectos estructurales de base porque son los que ofrecen menor posibilidad de control intelectual o enmascaramiento. Los tests proyectivos ofrecen estímulos de estructuración ambigua a partir de lo cual el entrevistado debe reconstruir a través de un trabajo interno, la búsqueda de significados. El TRO permite detectar distintos grados de humanización y deshumanización de la proyección en las relaciones interpersonales.

El análisis de las producciones gráficas, revela que las funciones de percepción, discriminación y juicio se encuentran conservadas. Lo que se encuentra alterado es el significado que le atribuye a lo graficado, que pasa a tener cualidades evacuativas. Sus historias son escuetas, dicen poco, no expresan emociones, no aclaran interacciones entre los personajes, quedándose solo en un nivel descriptivo. La actitud emocional poco comprometida evidencia la disociación de los afectos.

El eje de referencia experiencial y vivencial denota producciones rígidas, disarmónicas y hostiles. Sus dibujos son estáticos, transmiten sensación de vacío y sentimientos de inadecuación al entorno. Surgen defensas que actúan sobre fantasías que pueden resultar peligrosas al no poder tenerlas bajo control.

En el Test de Persona Bajo la Lluvia, se detectan presiones en relación con situaciones pretéritas vinculadas con la figura materna y con lo familiar, que aún son sentidas como amenazantes y ejercen presión. El mismo indicador se repite en el gráfico de la casa, el cual señala problemas en el ámbito familiar.

Los conflictos no resueltos producen ansiedad, frente a lo cual se pone en marcha una sobrecompensación defensiva. Está en estado de alerta o hipervigilancia frente a situaciones que pongan en peligro su "estabilidad" psíquica. Se trata de defensas maníacas: omnipotencia, negación e identificación proyectiva que actúan para sentir seguridad y control.

En el Test de Persona con Arma, su grafismo muestra a un sujeto en franca actitud de ataque. Vive el medio ambiente como peligroso y se relaciona con este de manera agresiva.

En el TRO (Test de Relaciones Objetales), vuelven a detectarse los mismos indicadores y sistema defensivo. Sus historias revelan conflicto en las tempranas relaciones de dependencia. Establece vínculos interpersonales superficiales, ya que no logra conectarse afectivamente con el otro de manera genuina. Prevalece la relación consigo mismo. La configuración de lo humano aparece con características desvitalizadas (sombras) y proyecciones en espejo (narcicismo).

No hay fantasías de unión o separación o sexuales dentro de un vínculo de pareja. Todo lo reduce a un nivel descriptivo dejando de lado el compromiso emocional esperable. Visualiza personas pero sin conexión entre ellas, desconocidas en lugares de tránsito. No hay sentimientos de arraigo. Se detecta ansiedad ante el establecimiento de un vínculo de pareja y las relaciones íntimas sexuales.

Cuestionario Desiderativo:

Es una técnica verbal que mide el grado de fortaleza o debilidad del yo a través de la elección de objetos de los tres reinos: animal, vegetal e inanimado. Se propone al sujeto que deje de ser persona y que elija ser otra cosa. Las elecciones son en función de lo que más le gustaría ser y lo que menos le gustaría ser.

El análisis de los objetos elegidos en las catexias positivas muestra la valoración de cualidades de belleza y tranquilidad con aparente sumisión, pero encubre agresión y "salvajismo". Elige un objeto que puede captar la atención del otro a través de sus cualidades: llama; por su tranquilidad, su pelaje, su apariencia de sumisión, pero subyace lo peligroso y hostil, que es contraria a la sumisión. Muestra una fachada de adaptación que no es genuina.

Luego elige ser un ave adscribiéndole cualidades atractivas por sus colores y el brillo de su plumaje a través del sol. Le atribuye cualidades humanas que no son comunes en las aves: "no se intimidan con la presencia de la gente". Sus racionalizaciones muestran la predisposición a mentir, ya que no existe el brillo de las plumas a través del sol. Asimismo, revela una cualidad de impostura y dominio. Valora las funciones visuales y auditivas (cantan, el color) y el hecho de que son rápidas (vuelan) lo que permite desarrollar una acción rápida y eficaz. El énfasis está puesto en la necesidad de apelar a la acción como modo de mantener el equilibrio psíquico.

La omisión de dar un objeto del reino vegetal evidencia el rechazo a la pasividad.

En los objetos elegidos en las catexias negativas, predominan vínculos de sometimiento a través del miedo o paralizar al otro de manera sorpresiva (serpiente que salga por el pasto en el campo). Se identifica desde lo peyorativo con cualidades destructivas, que contaminan y enferman (alambre viejo, contamina la tierra e impiden el crecimiento de la semilla). Sus elecciones evidencian su potencial de maldad y peligrosidad.

CONCLUSIONES PERICIALES

En función de las hipótesis interpretativas señaladas *"ut-supra"*, es posible señalar que las mismas se confirman a través de la recurrencia y convergencias de los indicadores obtenidos en la totalidad de las pruebas administradas.

Conforme a la evaluación conjunta del material psicológico obtenido en el presente estudio pericial es posible establecer que el entrevistado presenta una organización de personalidad límite con componentes narcisistas y perversos, compatible con una modalidad de relaciones interpersonales psicopáticas, cuya finalidad es depositar en el otro todos sus aspectos destructivos y persecutorios que le crean tensión intolerable.

En este sentido el entrevistado reviste un potencial de peligrosidad psicológica, al fallar las defensas adaptativas y compensatorias necesarias para el logro de un adecuado ajuste emocional y social.

Los rasgos perversos detectados en su personalidad encuentran su expresión en la esfera de la sexualidad, además de tener características infantiles y regresivas a etapas previas al desarrollo de una sexualidad adulta. Predomina el goce anal y fálico con las características de mirar, tocar y ser tocado.

Es todo cuanto puedo informar a V.S.

Lic. X. M. N. ...

A continuación, incluimos otro modelo de informe de parte, en esta oportunidad, sobre un caso en el que el imputado se niega a colaborar en la realización de la pericia y a pesar de ello las peritos de parte de la querella –una psicóloga y una psiquiatra– realizan un informe teniendo en cuenta otros aspectos, más allá de la falta de lenguaje oral durante esta pericia:

Modelo de redacción de un informe del perito de parte del niño/a sobre la pericia psicológica oficial del imputado N° 3

X, 20 de X de 2017

Ref. X/17

Fiscalía de Delitos Contra la Integridad Sexual

Dra. X

Fiscal

S/D

En cumplimiento a lo ordenado en las Actuaciones Sumariales N° X/17 se procede a realizar una pericia interdisciplinaria psiquiátrica y psicológica.

Profesionales intervinientes como peritos de control:

Licenciada en Psicología X M. N. ...

Médico Psiquiatra X M. P. ... M. E. ...

Metodología y recursos técnicos utilizados:

Entrevista Clínica Semiestructurada Interdisciplinaria en cámara Gesell a cargo de las Peritos Oficiales del Equipo Técnico Forense de Tribunales x Lic. X y Dra. X.

En retrocámara estábamos quienes suscriben y peritos de control de la Defensa Pública, Dr. X y Lic. X.

Datos de la persona examinada:

Nombre y apellido: M. P.

DNI: ...

Nacionalidad: argentino.

Estado civil: casado.

Convivencia actual: vive con su esposa y dos hijos.

Hijos: refiere tener un hijo de 7 años con la Sra. X y otro de 3 años con la Sra. X, su actual esposa.

Historia vital: manifiesta que sus padres están vivos y residen en la ciudad de X, tiene una hermana menor y dos sobrinos.

Estudios: terciarios.

Desarrollo laboral: X en forma independiente. Da clases como profesor de X.

Antecedentes médicos en general:

Desarrollo infantil: sin particularidades.

Enfermedades de la infancia: no refiere.

Antecedentes quirúrgicos y traumatológicos: no refiere.

Otras enfermedades: no refiere.

Antecedentes psiquiátricos hereditarios:

No refiere.

Enfermedades psiquiátricas actuales y tratamientos psiquiátricos:

Niega enfermedades psiquiátricas.

Manifiesta que se encuentra en tratamiento psicológico desde hace dos años a solicitud del Juzgado de Familia de X con la Lic. X.

Hábitos tóxicos:

Niega consumo de alcohol y sustancias psicoactivas. Refiere ser fumador de tabaco, patrón de consumo: 9 a 10 cigarrillos por día.

Malestar subjetivo:

No presenta.

Examen psiquiátrico y psicológico actual:

El Sr. M. P. manifiesta que por sugerencia de su abogado defensor no colaborará en la presente valoración. Sí proporcionará datos filiatorios.

Quienes suscriben se expedirán en relación con la actitud del sujeto ante los entrevistadores que se encuentran con él en la cámara Gesell y luego haremos algunas consideraciones a la retrocámara.

1. **Apariencia personal**: correcta en todos sus aspectos.
2. **Conducta motora**: tensa con lenguaje corporal de sobreactuación, tratando de mostrarse aplomado.
3. **Actitud durante la entrevista**: manipulatoria, seductora ante los entrevistadores tratando de persuadir con su discurso, con habilidad en el manejo de su sintaxis y semántica, mostrando especial cuidado en no decir nada que lo comprometiera.
4. **Conciencia**: lúcido.
5. **Orientación**: OTE. Auto y alopsíquicamente.
6. **Atención**: hiperproséxico.
7. **Memoria**: eumnésico.
8. **Afectividad**: baja tolerancia a la frustración con proyección en el otro. Afecto superficial. Sin empatía emocional. Minimización de sus actos. Se percibe goce o sentimiento de poder con relación a la situación de pericia que está vivenciando, con racionalizaciones de su comportamiento. Gran capacidad de persuasión con transgresiones semánticas, generalizaciones y afirmaciones universales que proporciona al entrevistador. Frases limitantes a partir de las cuales expresa sus creencias y exigencias con relación al acto pericial. Es notoria la eliminación o supresión cuando se le pregunta en relación con el proceso en el que se halla, seleccionando cuidadosamente lo que le interesa plantear y lo que desea excluir, lo cual lo torna un sujeto impreciso, expresándose de manera poco clara, sin dejar traslucir de qué o de quién está hablando. Por ejemplo, cuando se le pregunta si conoce la situación por la cual está en situación de pericia, refiere "algo".
9. **Sensopercepción**: sin particularidades.

10. **Inteligencia**: superior al promedio.
11. **Juicio crítico**: conservado.

Consideraciones respecto al caso:

1. Destacamos que la entrevista se logra realizar luego de un intento fallido por no concurrir al acto el sujeto. Negándose en este segundo acto. Quedando de manifiesto una intencionalidad manipulatoria con goce perverso de la situación.
2. Afirmaciones universales: el Sr. M. P. se posicionó ante los entrevistadores con actitud victimógena y seductora al mismo tiempo. Se detecta cuando se dirige a los entrevistadores un escaso respeto por la institución en donde se encuentra, con una moral de apariencia, podría decirse que se siente omnipotente, no tolerando la situación de entrevista, goce manifiesto de sentimiento de poder, no generándole angustia la situación de imputado y la gravedad de la carátula. No se detecta arrepentimiento o reflexión en relación con el hecho. Cuando hace afirmaciones universales: "[*sic*] Por ejemplo, cuando se le pregunta si conoce la situación por la cual está en situación de pericia, refiere 'algo'". Consideramos que es obligación de los profesionales intervinientes profundizar con relación a esta afirmación universal, motivo por el cual quienes nos encontrábamos en retrocámara solicitamos que aclare dicha afirmación: "algo".

   El interlocutor de cámara Gesell, Lic. X, reformula y distorsiona, preguntándole al Sr. M. P.: "si quiere aportar algo más". No constituyendo el objetivo de la intervención de quienes suscriben, quedando obturada nuestra intervención tendiente a poner de manifiesto que las generalizaciones son patognomónico del discurso de las estructuras perversas y psicopáticas.
3. El entrevistador de cámara formula pregunta con relación a cómo se siente ante la situación de denunciado, respondiendo: "manoseo", produciéndose nuevamente otra afirmación universal, generalización, propio de los discursos paradójicos y con transgresiones semánticas, también presentes como *at supra* describimos en las personalidades perversas y psicopáticas.

Recomendaciones:

Atento a la carátula de autos y ante los indicadores de gravedad detectados compatibles con personalidad de tipo psicopática/perversa, solicitamos se arbitren, en carácter de urgencia, los medios jurídicos pertinentes a los fines de profundizar la evaluación del Sr. M. P. y de su núcleo de convivencia.

A saber, existencia de otras evaluaciones, denuncias que se hayan realizado en otros fueros, juzgados, equipos técnicos, unidades judiciales, lo cual sería de máxima utilidad a los fines ampliatorios del presente informe.

Es todo cuanto tenemos que informar

Firma - Matrícula - Sello

Capítulo 15

Informe de las juntas médicas

Los informes que deben ser presentados ante juntas médicas surgen a partir de las discrepancias entre los distintos profesionales involucrados en una causa sobre abuso sexual que lleva ya mucho tiempo de investigación y en la cual aún no se ha logrado arribar a una definición respecto a lo ocurrido.

A los psicólogos, este tipo de informes nos los suelen solicitar cuando somos peritos de parte de la querella o del particular damnificado (las víctimas).

Ficha técnica

- Carta de presentación.
- Comentarios respecto de lo observado en la cámara Gesell y en otras instancias de evaluación.
- Marco teórico.
- Conclusiones.

Modelo de redacción de un informe de las juntas médicas N° 1

A continuación, compartimos un informe surgido de una "junta médica"[23] solicitada para aclarar la situación de las actuaciones, y a partir de las discrepancias surgidas entre los profesionales:

[23] Se reúnen en un día y horario todos los técnicos y profesionales que actuaron en la investigación a debatir los resultados obtenidos y tratar de arribar a alguna conclusión. En los casos que nos ocupan es complicado porque se juegan posturas ideológicas muy opuestas y difícilmente se modifiquen los puntos de vista. Esto también es algo a considerar a la hora de encarar una verdadera reforma judicial que tenga perspectiva de infancia, la cual se está haciendo indispensable.

Buenos Aires, ... 2015

Sr. Juez...

Dr. ...

Secretaría N°...

Causa X

Autos: "... s/ Abuso Sexual - Art. 119 3° Párrafo"

S/D

En mi carácter de perito de parte de la querella vengo a presentar mi informe en disidencia sobre la Junta Médica realizada en el mes de octubre de 2014 sobre la causa mencionada.

De la observación de la videograbación de la entrevista de declaración en cámara Gesell de la niña X, así como del informe de la Lic. X (Fs. ...) quien fuera la profesional que condujo la mencionada entrevista, se ve un relato convincente y claro, acorde a la edad cronológica y lo suficientemente válido, como así lo ha determinado la profesional que lo recibió y luego informó, diciendo que "*se valoriza el mismo en términos de **Verosimilitud***".

Sobre esa entrevista he encontrado en el expediente un informe (Fs. ...) del perito de parte de la defensa, Dr. Z, que realmente resulta sumamente inconsistente tratando de invalidar ese relato, pretendiendo que una niña de 3 años tenga capacidades para las cuales no está evolutivamente madura, como saber su dirección exacta y otras nimiedades por el estilo. De la nada comienzan a tratar de convertir un relato más que simple y claro, en una inducción materna o por lo menos adulta.

En este mismo sentido es el escrito (Fs. ...) presentado por el abogado de la defensa Dr. X, que utilizando elementos provistos por el Dr. Z analiza el trabajo de la Lic. X como si él mismo fuera un psicólogo, cosa que realmente no es científicamente seria. Frente a un testimonio tan claro se han utilizado una serie de argumentos que intentan restarle importancia a las palabras manifestadas por la niña que **no dejan duda respecto a que ha sido víctima de abuso sexual y ella señala a su padre como el autor del delito**.

Respecto del resto de las intervenciones del Cuerpo Médico Forense realizadas nos encontramos en primer lugar con la intervención de la Lic. C (Fs. ...) quien no pudo realizar la evaluación psicológica de la niña, a pesar de que describe una serie de acciones que realiza la niña, usa el lápiz con una hoja, responde a preguntas, no sabemos cuáles, canta, toma los juguetes y luego pide por su madre y se pone a llorar, pero que no interpreta, solo describe. En este punto llama mi atención la firma en desacuerdo de la perito de parte de la querella Lic. A, pero no hemos tenido acceso al informe que dice que presentaría.

Antes de continuar el análisis de las intervenciones debemos plantear que a pesar de la denuncia de los abusos sexuales presuntamente padecidos por la niña, en el ámbito de la justicia civil, se decide que la niña tenga visitas con el padre. Existe mucha literatura en la temática de los abusos sexuales de niños, niñas y adolescentes por parte de adultos, pero hay un punto en la que todos coinciden, y es que por la dinámica que tienen los abusos sexuales se debe como primera medida alejar a la víctima del presunto victimario, porque de no ser así es prácticamente imposible lograr que los niños o niñas puedan mostrar lo que realmente les ocurre y salir de los mecanismos defensivos típicos que se presentan en estos casos, que son la disociación, la represión, la negación y algunos recursos conductuales como la sobreadaptación, el lenguaje adultizado, actitudes agresivas, negatividad, etcétera.

Prueba de ello es el informe (Fs. ...) de la Lic. X, quien ve a la niña en el mes de julio y plantea que "*Teniendo en cuenta el conjunto de los datos vertidos por la Sra. X de la observación directa de la conducta y dichos de la niña, la misma presentó una crisis de excitación psicomotriz, con llanto y sin regulación y dominio de sus impulsos, desencadenada por habérsele informado que en la fecha la retiraría el padre del jardín al que concurre. Se estima que la intensidad de su conflictiva actual desequilibra su autonomía psíquica y física, provocando* ***severas reacciones de tristeza, angustia y llanto descontrolado****, razón por la cual se sugiere iniciar un tratamiento psicoterapéutico en carácter urgente* ***y ante la posibilidad de estar frente a un caso de abuso sexual infantil, la suspensión inmediata del contacto con el progenitor, hasta que se resuelva judicialmente esta situación***".

Por la recomendación de esta psicóloga la madre lleva a su hija a tratamiento psicológico al Hospital X con la psicóloga M (Fs. ...) quien, lamentablemente, se nota con claridad que desconoce las dinámicas del abuso sexual y desconoce las manifestaciones en los niños de esas dinámicas, además que denota una falta de compromiso frente al delito del abuso sexual, cuando para ella es lo mismo si *"el abuso hubiera o no ocurrido"*, minimiza la gravedad que implica para un niño estas agresiones, cuando dice *"toda esta situación legal y judicial en la que X y X están hace un tiempo, a la nena desde lo que evaluamos, nos parecía que la podía estar aturdiendo bastante"*; ***"aturdiendo"***, esa es la palabra que usa para describir la peor agresión que puede recibir una niña, pero, en realidad esta profesional no cree en la existencia del abuso, no cree en la palabra de la figura de apego más importante que tiene la niña, no quiere saber, todo lo relativiza, lo minimiza, es realmente preocupante que niños que han padecido abusos sexuales tengan que ser asistidos por este tipo de profesionales que no quieren saber, *"nosotros eso no lo podemos ni debemos evaluar"*, y entonces cómo hace una nena pequeña para elaborar su trauma, si la terapeuta no quiere enterarse de cuál es. Los niños y niñas solo van a desplegar sus juegos traumáticos cuando estén frente a alguien dispuesto a escuchar, a interpretar, a comprender, y la niña eso lo percibió.

En línea con esto, ¿cómo la terapeuta no se preguntó por qué una niña elocuente nunca le había hablado del papá?, y lo atribuye a *"eso me parecía que podía estar funcionando para la nena como una defensa ante toda esta situación de lío y de barullo"*, así califica una sospecha de abuso sexual hacia el padre de X y a una nena víctima del mismo, como si fuera un ***"lío o barullo"***.

Nos da toda la impresión que esta profesional y tal vez parte del equipo de este Hospital tiene una posición tomada frente a los abusos sexuales de niños y niñas, parecería que tiene más que ver con madres que inventan y le llenan la cabeza a sus hijas y las hacen mentir, porque tampoco le alcanzó a esta profesional que la niña le diga *"Te tengo que contar algo"*, bueno contame y ella respondió: *"papá me tocó la tuti"* y ante la pregunta de que era la "tuti" la niña se señala los genitales, y luego de eso ¿la profesional le habla de la pelea de los padres?; si esto no es tener una posición tomada frente al abuso, realmente no sé qué es, y lo que la nena dice después, incluso se puede traducir: "bueno te diga lo que te diga vos no me vas a creer, así que mejor vamos a jugar"; y ese *"yo ya te dije lo que mamá me dijo que te diga"* maliciosamente es tomado por la psicóloga como un mandato de la madre para que la nena mienta, cuando en realidad y lo que nuestra experiencia nos muestra, es que frente a una psicóloga que no logra generar el clima para que la nena pueda mostrar su trauma, que no sabe interpretar los juegos traumáticos que juega, que no cree en la existencia del abuso y no propicia la protección frente al agresor, frente a todo eso, la mamá le debe haber señalado si le había contado a la psicóloga lo que le había contado a ella y a su abuela y seguramente la instó a que lo haga, eso nada más; todo lo que infiere esta profesional luego, corre por su absoluta cuenta y muestra el nivel de desconocimiento que tiene de la temática, además de la ideología que sustenta.

Pretender divorciar la realidad psíquica de un niño de la realidad fáctica del abuso sexual es una falacia, una antigüedad psicoanalítica que espero que cada vez menos profesionales mantengan, aunque me preocupa sobremanera que un Hospital Público como el referido sostenga este tipo de posicionamiento teórico frente a un flagelo creciente como es el abuso sexual de niños, niñas y adolescentes cometidos por adultos.

Ahora bien, en este contexto de descreimiento generalizado llega X al CMF para realizar las pericias, ya vimos que aparentemente no quiso permanecer en la pericia psicológica de la Lic. M, pero **sí abrió un relato con la Lic. X, validado por ella y en lo que estamos en total acuerdo**.

Posteriormente la niña es peritada psiquiátricamente (Fs. ...) por el Dr. X, en su informe el perito plantea claramente que "*no se aprecian limitaciones cognitivo-emocionales, tampoco sugestionabilidad ni influencia por parte de otros ni inducción a registros falsos o infundados con el entrevistado, revela espontaneidad, no trasunta temer al supuesto abusador*", en esta última consideración debemos señalar, la edad de la niña 3 años y el lugar de esta persona, su padre, ambas variables conducen a este tipo de conductas, del orden de la ambivalencia.

En sus conclusiones el perito señala: "*El cuadro clínico-pericial presentado por la niña examinada si bien denota una afectación emocional,*[24] *la misma no constituye un* **Daño Psíquico** *vinculable de modo fehaciente y unívoco a los eventos que se denuncian. La niña denota un síndrome psiquiátrico coherente con experiencia de tenor violento familiar*[25] *en cuyo contexto no es posible delimitar clínicamente lo que se refiere al supuesto abuso sexual infantil*".

[24] El subrayado es nuestro.

[25] Ibídem.

En este punto nos preguntamos: cómo hace el perito para diferenciar esto que denomina tenor violento familiar, si sabemos que la peor de las violencias dentro de la familia es el abuso sexual, y máxime cuando la víctima es tan pequeña. Posteriormente continúa el perito señalando que: "*La signo-sintomatología surge compatible con un* ***Trauma Psíquico*** *relativo a experiencias violentas de las que la niña habría sido víctima o testigo según surge de los antecedentes de autos. A su vez es posible que la peritada haya tramitado tales vivencias dolorosas a través de la sobreadaptación o normopatía como modo de adecuarse a un severo conflicto de lealtades entre sus dos figuras primarias de protección y cuidado, su madre y su padre*".

En este punto, realmente ya es todo demasiado confuso, ¿cómo podemos pensar que un trauma psíquico intenso como el que indica el perito no provocaría un daño psíquico?, y por otro lado por qué motivo se introduce en este punto el tema de un conflicto de lealtades, ¿es acaso que el perito ya ha determinado que a la niña no le ha ocurrido aquello que ha relatado y que ha manifestado en la entrevista de declaración? Evidentemente que no, porque continúa diciendo: "*Tal grave conflicto parental no obsta que la niña haya sufrido violencia acorde a lo expresado en la entrevista de psicología del testimonio,*[26] *lo que tendría su correlato en lo que la Sociedad Interamericana de Psiquiatría (...DSM-4) designa como un sufrimiento anímico*[27] *que a tan temprana edad como la de la peritada se despliega de modo inespecífico en sus expresiones sintómaticas*".[28]

Aquí también debemos manifestar algunas inquietudes, en el contexto de una denuncia de presunto abuso sexual de un padre hacia su pequeña hija, ¿cómo se supone que deben ser las "relaciones parentales"?, se puede hablar de conflicto de lealtades, desde qué posicionamiento ideológico lo plantearíamos; si hablamos de la lealtad que una hija tiene hacia su padre cuya agresión sexual, la confunde y la traumatiza, estamos de acuerdo, esa lealtad genera conductas ambivalentes, que de hecho se han visto reflejadas en algunos párrafos del presente informe. Ahora, si queremos minimizar el presunto abuso sexual y nos referimos a un "grave conflicto parental", como si ese fuese el eje de la cuestión, a nuestro entender, estaríamos equivocándonos, de acuerdo a nuestra experiencia

[26] Ibídem.

[27] Ibídem.

[28] Ibídem.

"el grave conflicto parental" suele ser violencia de género previa, tanto emocional como psicológica, no necesariamente física, o una reacción lógica frente a la sospecha del abuso sexual de un niño, que cuando es relatado de la manera en que lo ha hecho la niña a sus figuras de apego, no les deja espacio para la duda, y esta misma situación es la que desespera y genera actitudes que suelen ser malinterpretadas por los actores judiciales.

Retomando el informe del Dr. X, nuevamente nos confunde, porque de acuerdo a sus palabras, considera que *"desde el **Modelo Centrado en el Trauma Sexual o Traumatogénico** no se observan indicadores categóricos atribuibles a violencia sexual"*, pero aclara que *"dada la temprana edad de la peritada no desdice que tal agresión haya existido"* y luego indica cuáles serían esos indicadores categóricos, sobre los que daremos nuestra opinión, de acuerdo a nuestra vasta experiencia en el tema:

4. *Sexuación traumática*: este indicador es imposible de medir hasta que la niña no termine su proceso de evolución psicosexual y si consideramos el relato de la figura de apego, es decir la madre, recordando que la niña tiene en ese momento 3 años, el relato que realiza en la entrevista testimonial, sin riesgo de hacer futurología y de acuerdo a nuestra experiencia, nos encontraremos frente a una fehaciente sexualización traumática, ya que sabemos que el incesto es causante de la misma dado que subvierte el normal desarrollo psicosexual de los niños y las niñas. *Pérdida de confianza relacional*: en este caso dado la corta edad es aún muy temprano para medirlo, no obstante durante este desarrollo hemos señalado varias situaciones en las cuales la niña ha perdido esta confianza relacional: ataques de llanto al saber que su padre la iría a buscar al jardín (Informe Lic. X); imposibilidad de realizar la pericia psicológica (Lic. X); situación de escupir su mano y querer salir rápidamente de la entrevista (Lic. X), seguramente, de no mediar intervenciones adecuadas, más adelante las tendrá, sobre todo en la pubertad y en la adolescencia.

5. *Signos de estigmatización*: igual que el ítem anterior es improbable que una niña de 3 años los manifieste aún, su comprensión de los hechos no podrían llevarla a ese nivel de simbolización.

6. *Sentimiento de pérdida de control*: también en la lectura de los informes este sentimiento se puede identificar, tanto al no poder permanecer en la entrevista pericial, como cuando le dice a la madre que si la trae nuevamente le pegaría patadas, la negativa a hablar de su padre, lo sucedido en la entrevista de declaración, existen varias situaciones que son concordantes con este ítem.

Luego el perito señala que sí halló "elementos de ansiedad inespecífica y comportamientos regresivos".

Finalizando con el análisis del informe del Dr. X, quien manifiesta en sus conclusiones que la niña "*presenta sus facultades mentales acordes a la normalidad desde la perspectiva médico legal (...) la diferenciación realidad/fantasía, surgen normales y acordes a su edad cronológica. No se detectan características fabulatorias en su personalidad y/o influencia de terceras personas*", luego dice que no detecta indicadores emocionales y de comportamiento compatibles y agrega "*de modo fehaciente*" con victimización sexual, pero en el párrafo siguiente acota que "*Es factible que la niña tramite con recursos sobreadaptativos experiencias postraumáticas inespecíficas que, por su corta edad no logra expresar con mayor especificidad*".

Realmente es muy difícil seguir el hilo de este informe, a nuestro entender, la principal dificultad que encontró el Dr. X es la corta edad de la niña para la que sus herramientas de intervención también han quedado cortas. Va y viene entre que algo le pasó, pero no logra determinar, según él, de manera fehaciente, realmente nos parece, que lo que sí es fehaciente es el relato que la niña despliega en la entrevista de declaración y los relatos que hizo y hace a sus figuras de apego y principales referentes afectivos.

Posteriormente se realiza otra pericia psicológica con la Lic. X (Fs. ...), a la que en primer lugar, solo asiste la perito de parte de la defensa, Lic. X. La perito de parte de la querella Lic. X lo hace recién en la segunda entrevista ¿?, a pesar de que en el informe se señala que estuvieron presentes ambas peritos. En este informe, se deja traslucir una cierta postura ideológica en la que se nota la poca credibilidad que le dan a los dichos de la niña, a pesar de que pasó más de un año y medio, a pesar de que ha tenido que contarlo varias veces, la niña sostiene su relato y se fastidia frente a la insistencia y a la percepción de no ser creída, eso los niños y las niñas lo registran; además en ese primer encuentro, en el que vuelve a repetir el relato, la niña estaba sola con la perito oficial y la perito de la defensa, ella supo y por eso su relato fue expulsivo y acotado, casi un trámite, porque dice *"ya me estoy cansando con esto. Y ahí y todo empieza... todo lo que yo les conté"*.

La perito menciona la alta sugestionabilidad de los niños pequeños cuando, en realidad, los estudios más recientes han demostrado todo lo contrario en relación con el abuso sexual o intrusión de la sexualidad adulta en el universo del niño.

La mención del regalo prometido es tomado de manera suspicaz, cuando a veces las mamás para lograr que los niños o las niñas acepten presentarse en estos lugares altamente traumáticos y revictimizantes les suelen prometer alguna recompensa, no se trata de otra cosa, pero realmente es evidente que la perito ha decidido no creer en el relato de la niña y todo se dirige a ese punto.

Esta perito decreta que *"se torna dificultoso poder determinar desde el discurso la factibilidad del suceso"*, **es decir, según ella, ¿la entrevista de declaración testimonial no tiene valor?** ¿Cuando un niño o niña nos relata el abuso sexual padecido, no debemos creerle? ¿Volvemos a la época en la que la palabra de los niños y las niñas no tenían ningún valor de verdad? Realmente es lamentable encontrarnos con profesionales de la salud mental que tengan esa visión sobre los abusos sexuales de niños y niñas cometidos por adultos. Esa mirada sesgada no le permite a la perito ver los indicadores asociados que esta niña de cuatro años le mostró, aunque sabía que no era creída.

La perito de parte Lic. X, en cambio, sí pudo ver varios indicadores de la situación traumática asociados al abuso sexual, tal como lo explica en su informe (Fs. ...). En el mismo hace mención del testimonio de la niña en cámara Gesell en donde surgieron *"indicadores suficientemente válidos y confiables" para considerar la verosimilitud de su relato ("ansiedad, inquietud, sentimientos de vergüenza, repliegue, un relato con datos espontáneos, estructura lógica y resonancia afectiva congruente")*. Menciona también que tanto la Lic. X como el Dr. X descartan la posibilidad que la niña fabule o reciba influencia de terceras personas y dice la Lic. X *"si a esta posibilidad se refiere la mención de la 'alta sugestionabilidad' de los menores que aparece en el informe oficial"*, sobre lo que también hemos desarrollado *ut supra*.

La Lic. X agrega, con mucho criterio, que *"existe un factor de suma importancia que puede influir en cualquier relato y es el del tiempo. Ha pasado más de un año y medio del momento de la supuesta develación, (...) en ese tiempo la niña debió repetir numerosas veces los dichos, y esto no puede olvidarse al momento de pensar en la posible estereotipia de las frases utilizadas"*, a lo que agregaríamos la corta edad de la niña cuando el presunto abuso sexual se cometió, lo que la dota de un vocabulario limitado para explicarlo, cuestión que plantea la Lic. X en su informe con mucho detalle fundamentando teóricamente sus dichos (Fs. ...) y agrega algunas consideraciones que observó durante la pericia que no aparecen en el informe oficial, *"lo cierto es que todas las veces que fue cuestionada acerca de los hechos que motivan la investigación, la niña sostuvo su versión, no negó los supuestos hechos ni entró en contradicciones que permitan dudar de su credibilidad. Incluso, estando yo misma presente, la niña refirió ante el* ***Test de Interrelaciones Familiares****: 'papá es el más malo' y respondió a la pregunta de por qué, diciendo 'ya lo saben'"*.

Posteriormente realiza unas consideraciones respecto a la técnica, que tampoco aparecen en el informe oficial, donde destaca la forma en que la niña arma la familia, con la particularidad de hacerlo con ausencia de figura masculina adulta y explica que este tipo de familias imaginadas se *"organizan en función del principio de placer, es decir, en función de las situaciones que le desagradan en la actualidad y que desearía no existan (...) Si debemos pensar, como sostiene Corman, ¿qué deseo expresa la niña con la configuración que arma?, la respuesta aquí sería que no haya hombres"*, podríamos agregar que no haya un papá que le ha hecho daño y que es el "más malo", y continúa *"este mismo autor manifiesta que existen diversas formas de expresar hostilidad, una es la eliminación y otra es la desvalorización del personaje con el que existe el conflicto, pues la niña se expresa de ambas formas, en el test mencionado elimina la figura paterna y en un gráfico que realiza con posterioridad, le tacha toda la cara"*.

Luego continúa explicando la perito que *"al momento de responder a la consigna que dicta 'arma TU familia' la niña ubica en primer lugar una figura materna, luego una figura paterna, deja un espacio vacío, ubica a una niña (ella misma) y luego ubica a la abuela y al abuelo. Finalmente completa el espacio vacío con otro hombre, diciendo que es su tío. Esto, siguiendo los lineamientos establecidos por la autora de la técnica empleada, Rosa Inés Colombo, podría pensarse como una necesidad de alejarse del padre y ubicarse entre el tío y la abuela, pudiendo sentirse protegida por ellos"*, explicación con la que estamos en un todo de acuerdo, pero que tampoco aparece en el informe pericial oficial, lo que resulta significativo.

También destacamos lo que plantea la Lic. X, que se desaprovecharon algunos aspectos de la técnica al no utilizar las preguntas indicadas por la autora y solo preguntarle ¿cuál es el más y el menos bueno?, a lo que sin dudar la niña responde *"papá es el más malo... ya lo saben"*. Sobre este momento coincidimos con la Lic. X, cuando acota que de acuerdo al Protocolo de CornerHouse *"es necesario tener en cuenta que las Guías para las Preguntas Apropiadas para la Edad no incluyen ninguna pregunta de por qué. Generalmente, se recomienda a los entrevistadores que eviten hacer preguntas en ese sentido con todos los grupos etarios. Incluso cuando los menores son capaces por su desarrollo, de responder a las preguntas de por qué, con frecuencia estas preguntas se perciben como sentenciosas o acusatorias, especialmente en el contexto del presunto abuso sexual"*. Pero parece que esto ha sido una constante en esta pericia, preguntarle a la niña el por qué, cuando se refiere a cosas del padre; eso nos parece muy agresivo para ella.

La Lic. X luego analiza la técnica CAT, en la que también encuentra una serie de indicadores que se pueden interpretar a la luz del abuso sexual presuntamente ocurrido, sobre todo en lo que se refiere a la figura paterna, la figura materna protectora y la ansiedad e inquietud que le generó sobre todo la lámina 5, que justamente explora escena primaria, juegos sexuales y temores nocturnos, *"aparece en la niña una clara incomodidad, se para, se mueve, se desorganiza aún más su relato y dice textualmente 'Con esa imagen un poco ya me revolví la cabeza, un poco extraña'. Aquí inventa una historia ligada a la 'suciedad' del lugar"*. En este punto podemos inferir que la niña ha asociado esta lámina a las situaciones sexuales vividas e inmediatamente las liga a lo sucio, cuestión bastante habitual en los niños víctimas de abusos sexuales.

Creemos que en general las respuestas obtenidas de esta técnica desarrollan proyectivamente una historia de protección materna y ataque paterno, si a ello le sumamos la inquietud e incomodidad que le provocó, y a ello, al modo de una serie, incluimos el dibujo espontáneo que realiza, a instancias de la Lic. X, que con muy buen criterio percibió el estado anímico de la niña y le ofrece la oportunidad de manifestarse gráficamente, en ese dibujo la niña plasma lo que le pasa, su madre una reina que la cuida y su padre alguien que le provoca violencia y desea que desaparezca (cara toda tachada) por los abusos sufridos (relatados oportunamente por ella y repetidos en ocasión de esta pericia).

A diferencia de las conclusiones a las que arriba la perito oficial consideramos que existen suficientes elementos para considerar que la niña ha sido víctima de abuso sexual, en más de una ocasión y la misma niña señala que el autor de esos abusos sexuales ha sido su progenitor.

En este punto, deseamos mencionar la Junta Médica realizada (Fs. ...) en la que se realizó una apreciación muy limitada de los elementos ofrecidos para ser analizados. Nuestra sensación respecto a la misma fue que cada profesional mantuvo exactamente sus dichos volcados en el informe, por lo que solicité realizar un informe por separado que es el presente. Hemos tratado de ampliar la mirada sobre las distintas vicisitudes del expediente que se ofreció, para realizar un análisis, y consideramos que un informe como el producido por la Junta poco puede aportar a los hechos que se investigan, ya que no se determina absolutamente nada, es un informe de los que nosotros denominamos "ni", no se puede ni afirmar ni negar, por lo tanto es lo mismo que nada.

Luego de recorrer los informes y declaraciones que hemos ido señalando nos encontramos en condiciones de ***afirmar que X ha sido víctima de abusos sexuales en reiteradas ocasiones y es la propia niña, con su propia voz, quien signa a su progenitor X como el autor de los mismos.***

También estamos en condiciones de afirmar que ***no existe inducción de ningún tercero adulto***, sí pudo haber algún tipo de influencia, cuestión lógica por el paso del tiempo, las conversaciones de los adultos, la inteligencia de la niña, que la mantiene alerta, incluso ha sido influenciada por los peritos que la han intervenido a lo largo de este proceso con sus actitudes de descreimiento y preguntas un tanto inadecuadas, como hemos mencionado anteriormente, pero esto no modifica la esencia de su relato, ni hará que el abuso sexual deje de ser real.

Es todo cuanto tengo para informar, quedando a su disposición para cualquier aclaración. Saludo atentamente

Lic. X

M. N. ... M. P. ...

Bibliografía utilizada para el presente informe

[Aquí consignamos la lista de la bibliografía utilizada, que consideramos no hace al fin de este libro, pero que aconsejamos siempre incluir como un anexo del informe].

A continuación, incluimos otro modelo de informe sobre una junta médica realizada desde la mirada de un perito de parte de la querella:

Modelo de redacción de un informe de las juntas médicas N° 2

Buenos Aires, ... 2015

Ref. Expte. N°.../14
Autos: X, X c/ X s/ Abuso sexual

PODER JUDICIAL DE...
FISCALIA TEMÁTICA N°...
DR. X
S/D

El presente informe es ampliatorio de lo manifestado por esta perito de parte, Lic. X, M. N. ..., en el informe emitido por la Junta Interdisciplinaria que se realizara en el CMF de la Corte Suprema de la Nación el día... de 2015.

En primer lugar debo señalar que existía una posición tomada del equipo designado, quienes ya habían realizado una lectura del expediente que les había sido remitido y la misma consistía en considerar que el dictamen del perito oficial era el que se consideraría como válido. Con ese objetivo se procedió a emitir una serie de juicios descalificatorios de la perito de parte de la querella que había actuado en esa ocasión, situación que también se habría dado el día de la pericia oficial realizada en X por parte del perito oficial. Por este motivo esta perito ha manifestado que la Lic. X, ha realizado un informe de parte absolutamente pormenorizado, impecable y esclarecedor, que no se ha tenido para nada en cuenta y de él se ha dicho que se trataba de interpretaciones "*que surgen de manera insustentada, extemporánea, sobreelaborada respecto al material de la niña, tanto a nivel pericial como en cámara Gesell y que son inconducentes en esta etapa valorativa*". Me manifiesto en total disidencia con estas expresiones, tal como lo dejé establecido en el informe conjunto, es una falta de respeto a una línea teórica más que reconocida y científicamente sustentada, la teoría psicoanalítica, que le otorga un lugar preponderante a la temática de la simbolización y la interpretación, no considero que se trate para nada de algo inconducente, al contrario, estamos ante una niña muy pequeña a la que se le han realizado intervenciones pensadas para niños más grandes, tanto en el espacio pericial, como en la declaración testimonial. Se puede observar en ambos casos una falta de formación en relación con el abordaje de niños y niñas.

Resulta muy difícil comprender cómo se puede ayudar a una niña víctima de abuso sexual si no analizamos el material simbólico que se manifiesta en sus juegos, en sus dibujos, en la articulación de ambas producciones, y parece que todo esto ha sido dejado de lado en las consideraciones periciales, así como también no se han considerado, ni tenido en cuenta los informes clínicos que tanto aportan a la hora de esclarecer los abusos sexuales de los que los niños y niñas son víctimas.

Me detendré en la evaluación pericial realizada por el Lic. X, perito oficial, en ella el perito trató a A como si fuera una niña mucho más grande, en primer lugar no consideró el dibujo espontáneo que la niña realiza, mediante el cual, tal como lo expresa la vasta literatura existente, A presenta su problema, le explica con ese dibujo cuál es su preocupación, en tal sentido la interpretación planteada por la Perito de parte X nos ilustra al respecto y acordamos con ella cuando dice que los niños pequeños utilizan animales para proyectar aspectos y situaciones de las personas, el hecho de dibujar dos peces está indicando que se trata de un problema ente dos y que involucra a las "colas" que son delimitadas en ambas figuras, esto indudablemente nos está indicando un conflicto con la zona genital que se condice con los "juegos chanchos" varias veces explicitados por A en distintos contextos. Los dibujos espontáneos de los niños son una fuente de información de muchísima riqueza que el Lic. X perito oficial, directamente desestima, no indaga, no lo aprovecha, mostrando, lamentablemente, un total desconocimiento de la psicología de los niños en pos de un encuadre imposible para una niña tan pequeña. Ese dibujo, tal como ocurre en una sesión de psicoanálisis en la que el paciente en los primeros cinco minutos de sesión, aunque no hable de sí mismo, nos presenta la preocupación fundamental que lo aqueja, es el modo en que A se presenta ante los evaluadores, pero la niña es pequeña, no deficiente mental, por lo que se percata de que no la escuchan, ni le creen.

Considero totalmente desacertado plantear para una niña de esa edad un protocolo de evaluación como el que implementa el Lic. X perito oficial, teniendo en cuenta solo una serie de gráficos que no es recomendable administrar a niños tan pequeños que no tienen aún la motricidad adecuada para realizarlos, tal como se puede observar en las producciones obtenidas. Este tipo de técnicas gráficas, la mayoría de los autores consideran que deben ser utilizadas en niños escolarizados o en preescolares, a partir de los cuatro años.

Por otra parte, es abundante la literatura que existe sobre la importancia de la hora de juego y del juego como espacio para manifestarse que los niños y las niñas tienen para desarrollar de manera explícita y/o simbólica los contenidos inconscientes y los sucesos traumáticos vividos. Esto le ha sido negado a A porque el perito oficial no incluyó la Hora de Juego en el protocolo de evaluación de la niña, por lo que consideramos que se trata de un proceso parcial, incompleto y que ha dejado por fuera lo más importante que tenía A para utilizar y poder expresarse, de acuerdo a su momento evolutivo: el dibujo espontáneo y el juego.

Es por todas estas razones que consideramos inválidas las conclusiones obtenidas por el Lic. X, perito oficial, en la pericia mencionada. También queremos señalar la forma arbitraria en la que invalida los resultados obtenidos de la prueba que le administra a la madre de A: Child Behavior Checklist para niños en edad preescolar (CBCL), prueba que él decide utilizar, y que luego, de manera arbitraria, porque así le parece, porque así lo considera, sin fundamentar, ni basarse más que en su propia opinión, decide que la madre exagera o bien miente alevosamente las respuestas, situación bastante irrespetuosa por cierto, y determina que no sirve, y esto es porque ha decretado que a la niña nada le ha pasado, entonces todo aquello que no corrobore esta idea será desestimado. Desestima los resultados de la prueba, desestima los indicadores clínicos (parece que el perito oficial, no ha actualizado sus lecturas, mucho se ha avanzado en este sentido), y además no ha tenido en cuenta que estos indicadores son incluidos en el DSM-5 para el diagnóstico de estrés postraumático en niños/as menores de 6 años que han sido sometidos a la exposición a la muerte, lesión grave o violencia sexual, por lo tanto, SÍ existen indicadores de estrés postraumático por violencia sexual y los podemos encontrar explicitados en el mencionado Manual.

Según el perito no habría manera de validar ni el relato, ni sintomatología que dé cuenta del abuso, no le cree a la madre cuando relata lo que le pasa a la nena y por último tampoco considera la opinión de la perito de parte Lic. X. Nos encontramos frente a una postura sesgada, arbitraria y hasta caprichosa.

Me detendré en la toma de declaración que le realiza a A la Lic. X, que para toda la Junta fue excesivamente extensa, reiterativa y agrego, muy poco creativa, lo que hace que sea una instancia absolutamente desaprovechada. Tal como menciona la Lic. X, perito de parte, la Lic. X omitió indagar en muchas de las situaciones que A le brindó el pie para que lo hiciera y solo se limitó a preguntar una y otra vez siempre lo mismo, la niña estaba cansada, ya lo había dicho claramente: que jugaba juegos chanchos con el papá y que estaban esos juegos vinculados a su vagina y su cola, y lo hizo señalándose y tocándose, y eso de ninguna manera es un *script*, es un relato contundente y muy explícito. Todo lo demás fue producto del cansancio y la falta de un protocolo que podría haber guiado la entrevista. Se notó claramente la falta de experiencia de la profesional a cargo y la ausencia de una guía de trabajo. No obstante todo esto, de todos modos, A relató la agresión sexual, que denominó "juegos chanchos" y señaló que esos juegos los jugaba con su papá, el Sr. X. Tal como lo expresé en el informe conjunto considero que "*el relato realizado por la niña presenta connotación tanto en lo verbal como en lo paraverbal de victimización sexual*" y también considero que "*el procedimiento fue sumamente extenso con preguntas no apropiadas para la edad de la niña, siendo estas reiteradas e insistentes provocando en la pequeña cansancio, malestar y deseo de irse*".

Otro aspecto que merece detenernos a analizar es lo que respecta al hecho de que la terapeuta de la niña fue también perito de parte en las actuaciones realizadas en… y que esto fue objetado por la junta y paradójicamente por la perito de parte del imputado, quien es también su terapeuta, o al menos lo era al momento de las pericias. Creo que si vamos a considerar, como lo hicieron, a esto como algo objetable debiera ser extensivo a la Lic. X, pero claro, este doble rol se ha mantenido oculto durante este proceso. No obstante opino de la misma manera, tanto para un caso como para el otro, no hay inconveniente en esta doble función, solo depende de la idoneidad y claridad del profesional actuante.

Por último y concordando con lo que expresé en el informe conjunto de la Junta Médica del CMF me parece fundamental valorar de manera conjunta los informes clínicos de A incorporados a esta causa, que son los que nos arrojarán mayor claridad sobre lo ocurrido a la niña. Cuando se trata de una situación de abuso sexual en niños tan pequeños se dificultan sobremanera las intervenciones forenses, sobre todo porque las mismas no se *aggiornan* en el abordaje de los infantes. Existe abundante literatura actualizada sobre el tema, que de ser necesario podría facilitar, en donde se hace mucho hincapié en lo diferente que es el abordaje del adulto e inclusive del niño más grande, de aquel que se debe utilizar con niños preescolares. Es en este contexto donde el psicólogo tratante cobra una importancia fundamental. Es el espacio terapéutico el adecuado para que el niño/a pueda expresarse libremente, los tiempos son otros, el clima es otro, los momentos son otros. Los tiempos de la justicia no son los tiempos de los niños. Durante la terapia, en este caso y en otros casos, la niña ha podido mostrar su padecimiento, tanto durante el tratamiento realizado con la Lic. X, como en el que lleva adelante actualmente con la Lic. X. Ambas profesionales han coincidido en el diagnóstico, A ha sido víctima de abuso sexual y la niña, que no tiene ningún problema cognitivo ni del juicio, ha señalado a su padre X como el autor del mismo.

Es importante señalar que dada la corta edad de A al momento de las agresiones sexuales, estas aún no han sido cabalmente comprendidas por ella, a medida que la niña crezca y obtenga otras capacidades cognitivas y psicosexuales irá resignificando lo ocurrido y recién en la adolescencia, con la llegada de la genitalidad, estos hechos tendrán la connotación que realmente poseen. Por este motivo es fundamental que A continúe en tratamiento psicológico y que no tenga ningún contacto con su agresor dado que esto sería altamente dañino para la salud de la pequeña.

Es todo cuanto tengo para informar, quedando a disposición para cualquier aclaración o ampliación de los conceptos y consideraciones aquí vertidos.

Sin otro particular saludo a usted con mi consideración más distinguida.

Firma y sello

Capítulo 16

Informe técnico de la totalidad del expediente

Cuando surgen discrepancias entre los distintos profesionales involucrados en una causa sobre abuso sexual que lleva ya mucho tiempo de investigación y en la cual aún no se ha logrado arribar a una definición respecto a lo ocurrido, como mencionábamos más arriba, dentro de la tarea de perito de parte de la querella o particular damnificado también existe la posibilidad de realizar un informe técnico, que consiste en el análisis de todos los expedientes civiles y penales, y la articulación entre ambos fueros, basándonos en los informes profesionales y en los testimonios y/o audiencias realizadas, tratando de encontrar un hilo conductor y dar cuenta de la situación de manera completa, ya que generalmente ambos fueros van por carriles separados y suelen tomar medidas contradictorias, siendo siempre el niño o la niña víctima quienes resultan perjudicados. A continuación, transcribimos un modelo de ese tipo de intervenciones:

Ficha técnica

- Carta de presentación.
- Datos del niño/a.
- Objeto.
- Legitimización.
- Antecedentes del caso.
- Marco teórico.
- Análisis.
- Conclusiones.
- Recomendaciones.

Modelo de redacción de un informe técnico de la totalidad el expediente

El siguiente informe técnico fue realizado para una madre protectora de la ciudad de Bogotá en Colombia, por lo que hay un punto que contiene una presentación para validar la idoneidad de quien firma el informe, que para preservar el anonimato, obviaremos en esta transcripción:

Buenos Aires, Argentina… de 2018

Ref. I P N°…

Imputado: X

DELITO: ACTO SEXUAL ABUSIVO CON MENOR

DE 14 AÑOS AGRAVADO. CP.: ARTS 209, 211 N. 5

Sr. Fiscal
Seccional…
Fiscal X
Unidad de Delitos Sexuales
X
Departamento Bogotá
S/D

X, Licenciada en Psicología M. N. …, M. P. …, DNI… como… de la ONG… Personería Jurídica…, Matrícula…, Rec. N°…, Rec. N°…, con domicilio real en la calle X, Buenos Aires, República Argentina y constituyéndolo a todos los efectos legales en la citada dirección, correo electrónico…

I. OBJETO

Que vengo a solicitar se me tenga en cuenta, a fin de incorporar elementos que puedan ser sometidos a consideración y puedan aportar a la resolución de la causa indicada.

II. LEGITIMACIÓN

[Tal como señalamos en la presentación no vamos a incluir aquí la información ya que daría cuenta de identidades que deseamos mantener resguardadas].

III. ANTECEDENTES DEL CASO

Esta causa se inicia el... de 2018 cuando la Sra. X, realiza una denuncia Penal ante la sospecha de que sus hijas B y C X, podrían estar siendo abusadas sexualmente por su padre el Sr. X. Esta sospecha fue tomando fuerza debido a las actitudes de la niña C, que presentaba una hipersexualización no acorde a su edad, masturbación compulsiva a repetición, enrojecimiento de la zona genital, intentos de tocar a los adultos y pedidos de ser tocada. Estas actitudes se fueron incrementando, pero comenzaron a aparecer gradualmente desde los 9 meses de la niña y en la actualidad comenzaron a manifestarse en la bebé B, con tan solo 6, que también se toca su vagina de manera constante. Las niñas y la Sra. X conviven con el Sr. X, por lo que antes de realizar la denuncia le manifestó al mismo su preocupación lo que no fue tenido en cuenta por él, considerando que estas conductas eran normales, señalando que su sobrina también lo hacía de pequeña.

En el mes de diciembre de 2017, la abuela y la tía de las niñas realizan una consulta al Lic. X, preocupadas por las conductas que manifestaba la pequeña C, y el profesional emite un informe en el que manifiesta que:

"No se le pudo realizar una entrevista estructurada a C, dada la complejidad del tema y por evitar una posible revictimización de la niña, se establece que existen indicios para presumir que la niña en mención posiblemente ha sido víctima de actos sexuales abusivos. En atención a ello se le informa a la señora X y a la señora X, que es necesario realizar una valoración especializada a C para esclarecer los presuntos hechos de los cuales pueda haber sido o estar siendo víctima o para descartar la ocurrencia de los mismos. Para tal efecto se les informa a las citadas señoras que pueden seguir el conducto regular con el INSTITUTO COLOMBIANO DE BIENESTAR FAMILIAR ICBF o acceder a una valoración especializada en la FUNDACIÓN X u otras afines. Se les sugirió a las citadas señoras solicitar una valoración a la niña en CÁMARA DE GESELL dada su edad y limitado desarrollo del lenguaje. De igual modo se les sugirió a la señora X y a la señora X llevar a cabo una supervisión y protección más

cuidadosa con la niña de tal forma que se garanticen sus derechos fundamentales, en este caso a su integridad física y sexual. Posteriormente se dialoga vía telefónica con la progenitora de la niña, Sra. X y se le plantean las mismas sugerencias".

Esta situación de sospecha llevó a la familia a instalar una cámara en la casa con la intención de poder observar si realmente ocurría algo con las niñas cuando quedaban a solas con el padre, algunos fines de semana en los que la mamá trabajaba, esto da cuenta de lo difícil que es y lo mucho que cuesta admitir la existencia de estas conductas abusivas incestuosas que siempre resultan tan difíciles de aceptar. Lamentablemente a las cámaras no supieron hacerlas funcionar y solamente se obtuvieron los audios, de los cuales particularmente algunos son realmente inquietantes.

Realiza la consulta con el Instituto Colombiano de Bienestar Familiar a lo que le aconsejan realizar la denuncia penal seguir el camino habitual que estas denuncias conllevan, en ese momento, antes de realizar la denuncia la Sra. X manifiesta la necesidad de cambiar de domicilio porque temía las consecuencias que la misma pudiera producir en el Sr. X.

De acuerdo al protocolo que se lleva adelante frente a una denuncia de abuso sexual se le realiza la entrevista forense a la niña C, la cual está videograbada, en la misma la niña manifiesta que su padre le toca la vagina, nombrándola como acostumbra "colita", pero aclarando que el papá la toca por donde ella hace "chichí" (pis), lo cual lo repite cuando vuelve a ser preguntada, de una manera totalmente espontánea y muy clara no dejando duda de que las situaciones se han producido.

La niña le ha contado a la mamá, a la abuela y a la tía que el papá le tocaba la vagina, lo manifestó en diversas circunstancias y frente a distintas situaciones, incluso de manera espontánea cuando se baja el pantalón y dice "papá no".

Del examen médico forense podemos destacar tres cosas, la dermatitis constatada en B, la presencia de flujo vaginal blanco, pruriginoso, líquido, escaso, desde hace 2 meses en C y la recomendación de recibir atención médica para descartar enfermedades de trasmisión sexual, también para C. Consideramos que si bien no deben haber tenido suficientes elementos físicos presentes como para realizar un diagnóstico de abuso sexual, estos indicadores no deben descartarse, puestos en valor en el contexto general de lo que estaría sucediendo.

En el expediente se encuentran las declaraciones testimoniales de la abuela de las niñas, la Sra. X y de la tía hermana de la madre la Srta. X, ambas relatan episodios de contenido sexualizado protagonizado por C y además situaciones de temor hacia el padre y resistencia a estar o irse con él.

A partir de marzo, la niña es atendida en la Asociación X a la que es derivada desde la Defensoría de Familia, por la Psi X. En una primera etapa plantean que:

"Es de resaltar que durante la asistencia a la Asociación durante este mes, se intentó realizar la valoración con la paciente de manera directa, pero no se logró, ya que la niña, entró en llanto constantemente y no se adaptó al medio de evaluación, por tanto se tomó la decisión de hacer toda la valoración con respecto a la referencia colateral".

En esta etapa se trabajó con la información recolectada de la madre y de la abuela de la niña, la que arrojó una serie de indicadores específicos de abuso sexual en la infancia:

- Conductas hipersexualizadas y/o autoeróticas no acordes a su edad.
- Masturbación compulsiva.
- Pesadillas, sueño intranquilo, llanto.
- Juegos sexuales con muñecos y con su hermana menor.
- Olores desagradables en boca y/o garganta.
- Hallazgo de pelos cortos y oscuros en el pañal.
- Poses sexualizadas como para ser fotografiada.
- Imitación de sexo oral con un objeto (micrófono de juguete).
- Dolor, picazón, granitos, enrojecimiento en su vagina.
- Relato de la niña que dice que su papito le toca la vagina y le ha enseñado a hacerlo.

Más adelante en el informe se indica:

"Asimismo se evidencia sintomatología de tipo ansioso, variaciones en su estado de ánimo, apego inseguro y problemas en el seguimiento instruccional que de no controlarse pueden desencadenar algún tipo de trastorno de comportamiento más adelante".

Debido a que la niña no había empatizado con la profesional se hace una derivación dentro de la misma Institución y es la Psi X, quien se ocupa del proceso terapéutico con la niña y emite un informe del cierre del proceso psicológico con fecha de agosto de 2018, en el que se manifiesta que se realiza el cierre por haberse dado el cumplimiento de los objetivos terapéuticos.

En el mismo, la terapeuta señala que la niña al inicio del proceso presentaba las siguientes características:

"Dificultades de atención, concentración y memoria; síntomas de ansiedad, especialmente frente al temor a estar sola sin sus figuras de apego; problemas en su conducta, asociados comportamiento disruptivo, temperamento explosivo, síntomas de tristeza, evidenciando irritabilidad e inestabilidad emocional; dificultades en la interacción con pares y con otros; síntomas oposicionistas asociados a la pérdida del temperamento frecuentemente, dificultad para seguir instrucciones o indicaciones de los adultos, deliberadamente molestaba a los demás, los cuales afectaban su funcionamiento general en algunas de las áreas de ajuste (familiar, social, académico). Los síntomas se manifestaban en conductas evitativas, de retraimiento, poca comunicación y poco interés en tener contacto con personas que no fueran de su núcleo familiar, labilidad emocional frente a la presencia de otros y la ausencia de la figura de apego (mamá o abuela)".

Posteriormente dice el informe que:

"La aplicación de listas de chequeo postratamiento permite evidenciar que C no presenta síntomas de tristeza, estrés postraumáticos o de cualquier otro trastorno emocional asociado al evento de violencia sexual. Sin embargo se han repetido en ocasiones conductas sexuales inadecuadas, para lo cual se le dieren pautas a la mamá para disminuir dichas conductas y de igual manera mantener los resultados obtenidos durante el proceso".

Consideramos que mientras se sigan manteniendo las conductas sexuales inadecuadas resulta muy extraño que no se evidencie otro tipo de sintomatología correspondiente a los indicadores de estrés postraumático. Lo que suele ocurrir con los incestos paternofiliales en niñas o niños pequeños es la utilización de los dos mecanismos defensivos típicos: la desmentida y la disociación.

La desmentida es un mecanismo mediante el cual la percepción del horror proveniente del exterior es dada como inexistente. Con la puesta en marcha de la desmentida, el yo del niño/a queda dañado, porque ataca su capacidad de reconocer una percepción. Intenta lograr (emocionalmente hablando) que lo que ocurrió en realidad no sucedió (aunque cognitivamente pueda acceder a ese recuerdo); de esta manera puede conservar o "salvar" a sus figuras parentales más o menos idealizadas.

Lo terrible es que esta salida para las víctimas de incesto genera un daño profundo en la personalidad que culmina en múltiples patologías de diversos niveles de gravedad, que son proporcionales al tiempo de implementación del mecanismo defensivo.

Al mismo tiempo, se pone en juego la dinámica defensiva de la disociación, que tantas consecuencias negativas representa para el sujeto. La disociación, cuando es instrumental, es decir como mecanismo defensivo normal, consiste en dejar de lado, separar el tinte afectivo, el dolor, que la situación genera, con el objetivo de poder sobrellevarla.

Esta disociación se complejiza e ingresa en el campo de lo patológico, en el caso del incesto y de abusos de larga data, y consiste en adoptar dos actitudes frente a la realidad, una la tiene en cuenta y la otra la niega y la reemplaza por la producción de un deseo. Se produce una alteración en la función integradora de la conciencia, de la memoria, de la percepción (de uno mismo y del entorno) y de comportamientos motores o sensoriales. El niño o niña, de manera inmediata o gradual, pierde la integración normal entre los recuerdos traumáticos, la conciencia de la propia identidad, ciertas sensaciones e, incluso, el control de movimientos corporales; esto puede ser parcial o total, dependiendo de la gravedad del caso. El objetivo del mecanismo es escindir los elementos disruptivos para el yo del resto del aparato psíquico, lo que conduce a la convivencia en el niño o niña de elementos incongruentes, pero que, de alguna manera, lo mantienen a salvo de la desorganización psicótica o del acto suicida. La puesta en marcha de la disociación da lugar a la aparición de los indicadores que evaluamos en el campo analítico y que ponen en evidencia la sospecha del abuso.

Otra cosa que debemos tener en cuenta es la edad de la niña en la que se produce el posible abuso sexual, menos de 3 años, debemos considerar que la comprensión de lo sucedido es muy precaria y está vinculada a las herramientas afectivas y cognitivas que posee en este momento evolutivo. De acuerdo a nuestra experiencia, a medida que la niña vaya creciendo y obteniendo nuevas herramientas de etapas evolutivas posteriores irá resignificando lo vivido, y recién en la adolescencia se toma cabal conciencia de los hechos sufridos, cuando el proceso psicosexual ha culminado en la genitalidad. Es importante que tengamos presente que el trauma que provoca el incesto permanece intacto, no se olvida y debe ser resignificado y elaborado en cada etapa evolutiva para que el proceso terapéutico sea efectivo y sanador. Seguramente desde que dejó el proceso terapéutico deben haber reaparecido algunos indicadores que acompañaban a la hipersexualización, como pesadillas, miedos, algunos episodios en la escuela, por lo que sería bueno contar con la información proveniente de la misma, así como consultar con los adultos protectores convivientes cuál es la sintomatología que estaría presentando actualmente.

No obstante lo señalado anteriormente, toda la sintomatología que presentaba C cuando inicia el proceso terapéutico en la Asociación X, son indicadores utilizados para diagnosticar el estrés postraumático y que describe sin duda alguna lo que le ocurrió a la niña.

Es importante, entonces, dejar en claro las causas que provocan un estrés postraumático y evitar malentendidos. Para ello nos vamos a referir al *Manual diagnóstico y estadístico de los trastornos mentales* 5ta. Edición (DSM-5) publicación que realiza, con el consenso mundial, la Asociación Americana de Psiquiatría (APA).[29]

Este Manual es el que se utiliza a nivel mundial para realizar los diagnósticos y es considerado por todos como el criterio más adecuado, debido a que sus actualizaciones se plasman mediante el consenso de toda la comunidad científica del mundo. En esta versión, la 5° y última se refieren al trastorno de estrés postraumático, criterio diagnóstico 309.81 (F43.10) haciendo una discriminación entre niños menores y mayores de 6 años, sobre todo para diferenciar las formas de presentación de la sintomatología del síndrome.

En relación con el criterio A, que se refiere a las razones por las cuales el síndrome se presentaría, es taxativo el Manual cuando define que se dará por:

"(En niños menores de 6 años) exposición a la muerte, lesión grave o violencia sexual, ya sea real o amenaza, en una (o más) de las formas siguientes:

[29] Publicado originalmente en español, en España y Latinoamérica, por Panamericana, editor en exclusiva de la versión en español del *Manual diagnóstico y estadístico de los trastornos mentales* (DSM-5®), 5ta. Edición, 2014, para su distribución en España y Latinoamérica.

1. Experiencia directa del suceso(s) traumático(s).
2. Presencia directa del suceso(s) traumático(s) a otros, especialmente a los cuidadores primarios.

   Nota: no incluye sucesos que solamente se han visto en medios electrónicos, televisión, películas o fotografías.
3. Conocimiento de que el suceso(s) traumático(s) ha ocurrido a uno de los padres o cuidadores".

Podemos descartar que C haya sido expuesta a la muerte o a una lesión grave, por lo que solo nos queda su exposición a la violencia sexual de la que fuera objeto. Es decir, lo que nos debe quedar claro es que el estrés postraumático no se puede producir por situaciones que estén por fuera de estos criterios, situaciones menores no podrían producir cuadros diagnósticos de esta gravedad. Por lo tanto, no queda duda que esta niña que presenta todos los indicadores de estrés postraumático ha sido víctima de violencia sexual, no de otro tipo de problemáticas, sin dejar de lado el relato que hace C donde dice explícitamente que su padre le toca la vagina.

Para explicitar aún más a qué nos estamos refiriendo, vamos a analizar lo que el DSM-5 nos indica como criterios diagnósticos de dicho trastorno:

***El criterio B**: Síntomas de intrusión (uno o más).*

1. *Recuerdos angustiosos recurrentes, involuntarios e intrusivos del suceso(s) traumático(s).*

   ***Nota**: Los recuerdos espontáneos e intrusivos pueden no ser necesariamente angustiosos y se pueden expresar como recreación en el juego.*
2. *Sueños angustiosos recurrentes en los que el contenido y/o el afecto del sueño está relacionado con el suceso(s) traumático(s).*

   ***Nota**: Puede resultar imposible determinar que el contenido aterrador está relacionado con el suceso traumático.*
3. *Reacciones disociativas (p. ej., escenas retrospectivas) en las que el niño siente o actúa como si se repitiera el suceso(s) traumático(s). (Estas reacciones se pueden producir de forma continua, y la expresión más extrema es una pérdida completa de conciencia del entorno presente.) La representación específica del trauma puede tener lugar en el juego.*

4. *Malestar psicológico intenso o prolongado al exponerse a factores internos o externos que simbolizan o se parecen a un aspecto del suceso(s) traumático(s).*
5. *Reacciones fisiológicas importantes a los recordatorios del suceso(s) traumático(s).*

El criterio C: *uno (o más) de los síntomas siguientes, que representan evitación persistente de los estímulos asociados al suceso(s) traumático(s) o alteración cognitiva y del estado de ánimo asociada al suceso(s) traumático(s), que comienza o empeora después del suceso(s):*

Evitación persistente de los estímulos

1. *Evitación o esfuerzos para evitar actividades, lugares o recordatorios físicos que despiertan el recuerdo del suceso(s) traumático(s).*
2. *Evitación o esfuerzos para evitar personas, conversaciones o situaciones interpersonales que despiertan el recuerdo del suceso(s) traumático(s).*

Alteración cognitiva

3. *Aumento importante de la frecuencia de estados emocionales negativos (p. ej., miedo, culpa, tristeza, vergüenza, confusión).*
4. *Disminución importante del interés o la participación en actividades significativas, que incluye disminución del juego.*
5. *Comportamiento socialmente retraído.*
6. *Reducción persistente de la expresión de emociones positivas.*

Criterio D: *presentan alteración importante de la alerta y reactividad asociada al suceso(s) traumático(s), que comienza o empeora después del suceso(s) traumático(s), como se pone de manifiesto por dos (o más) de las características siguientes:*

1. *Comportamiento irritable y arrebatos de furia (con poca o ninguna provocación) que se expresa típicamente como agresión verbal o física contra personas u objetos (incluidas pataletas extremas).*
2. *Hipervigilancia.*
3. *Respuesta de sobresalto exagerada.*
4. *Problemas de concentración.*
5. *Alteración del sueño (p. ej., dificultad para conciliar o continuar el sueño, o sueño inquieto).*

El criterio E: *cuando la duración de la alteración es superior a un mes.*

***El criterio F**: cuando la alteración causa malestar clínicamente significativo o problemas en la relación con los padres, hermanos, compañeros u otros cuidadores, o en el comportamiento en la escuela.*

***El criterio G**: es para realizar el diagnóstico diferencial, es decir determinar que la alteración no se puede atribuir a los efectos fisiológicos de una sustancia (p. ej., medicamentos o alcohol) u otra afección médica.*

Todos estos criterios se pueden complementar con la aparición de síntomas disociativos, que pueden describirse por la aparición de síntomas persistentes o recurrentes de uno de los cuadros siguientes:

1. ***Despersonalización**: experiencia persistente o recurrente de un sentimiento de desapego como si uno mismo fuera un observador externo del propio proceso mental o corporal (p. ej., como si se soñara, sentido de irrealidad de uno mismo o del propio cuerpo, o de que el tiempo pasa despacio).*
2. ***Desrealización**: experiencia persistente o recurrente de irrealidad del entorno (p. ej., el mundo alrededor del individuo se experimenta como irreal, como en un sueño, distante o distorsionado).*

   ***Nota**: para utilizar este subtipo, los síntomas disociativos no se han de poder atribuir a los efectos fisiológicos de una sustancia (p. ej., desvanecimiento) u otra afección médica (p. ej., epilepsia parcial compleja).*

Por otra parte, también puede ocurrir que toda esta sintomatología no se presente hasta bastante tiempo después de ocurrido el suceso para lo que se lo denominará como de **expresión retardada**: Si la totalidad de los criterios diagnósticos no se cumplen hasta al menos seis meses después del acontecimiento (aunque el inicio y la expresión de algunos síntomas puedan ser inmediatos).

Esto es concordante con lo que nosotros vemos diariamente en nuestra práctica, realmente esta clasificación cubre el espectro de los niños y las niñas de edad preescolar y nos brinda herramientas fiables y científicamente comprobadas para diagnosticar los abusos sexuales incluyendo el juego como un modo lícito de expresión del trastorno, es decir un modo simbólico de comunicar lo que al niño o a la niña le ha ocurrido, sobre todo en aquellos casos donde hay ausencia de relato verbal o el mismo es muy escueto.

En este punto, es interesante hacer algunas consideraciones en relación con las particularidades de la memoria en los niños/as pequeños/as.

"Inicialmente la memoria es de carácter sensitivo, se recuerdan sensaciones y emociones, luego aparece la memoria de las conductas y finalmente la memoria de conocimiento o la capacidad de introducir datos (codificación), de almacenarlos correctamente (almacenamiento) y de evocarlos cuando haga falta (recuperación)".[30]

El niño en edad preescolar va a recordar aquellas cosas que tengan sentido para él, que le hayan suscitado interés y que hayan sido parte de su vida cotidiana, o que lo hayan afectado traumáticamente, y con la adquisición del lenguaje lo puede explicar a su manera.

"Los niños pequeños poseen una estructura en su memoria que les facilita el almacenamiento, es lo que se denomina ***guiones*** *y que son una representación de la secuencia habitual de acciones y acontecimientos en un contexto familiar. Es el conocimiento respecto de la forma en que las cosas suceden habitualmente. Naturalmente, los guiones aumentan en globalidad y complejidad a medida que el niño crece.*

Teniendo en cuenta que los guiones no son reproducciones de un episodio específico, sino que son construcciones de lo que pasa habitualmente, una vez elaborados influyen en cómo se procesan y se recuerdan las experiencias futuras. Esto puede hacer que los niños al describir un acontecimiento, llenen un olvido con información coherente con sus guiones. Este hecho es especialmente frecuente cuando un acontecimiento inesperado se reconsidera para que encaje con un guion establecido (...) Cuando una experiencia nueva es demasiado avanzada para el niño, es posible que la evocación de la experiencia sea simplificada y explicada de una forma coherente a sus guiones. Un ejemplo de esto es cuando los niños que han vivido una situación de abuso sexual dicen que le salió leche o jabón al abusador para hacer referencia a la eyaculación. Este se convierte en un detalle mal interpretado, pero referido a una forma exacta, dentro del universo limitado de experiencias del niño (...) debido a su conocimiento limitado, pueden tener dificultades para entender algunas de las experiencias que viven y, por lo tanto, influirá en su codificación. El sentido que le den a esta experiencia determinará la forma como la almacenan, la organizan y la recuerdan posteriormente (...) la atención de los niños pueden no fijarse en hechos y detalles considerados importantes para los adultos y, por lo tanto, que no los memoricen (...) el niño ve las cosas de diferente forma

[30] Juárez López, JR.; Sala Berga, E. (2011) "Entrevistando a niños preescolares víctimas de abuso sexual y/o maltrato familiar", *Investigación Ambit social i criminològic*, Generalitat de Catalunya, Departament de Justicia. España.

que el adulto y puede retener información, pero solo de acontecimientos que han sido repetidos de forma rutinaria o aquellos destacables en su vida.

En una situación de abuso sexual, la diferente atención del niño puede afectar a detalles claves sobre la victimización (por ejemplo, si el pene estaba erecto o no) y esta falta de detalles, esencial desde una perspectiva del adulto, a la vez, puede hacer dudar sobre la veracidad de lo que explica (Faller, 1996).

Cantón (2000) apunta que las características de personalidad del niño, su estado emocional, las expectativas o actitud general, algunos factores temporales (como, por ejemplo, la duración y frecuencia del acontecimiento) y factores ambientales (por ejemplo, la claridad o ambigüedad del acontecimiento) pueden influir en la atención que presta el niño al acontecimiento y, por lo tanto, en su codificación".[31]

Todas estas características que hemos descripto son las que va a utilizar el agresor para confundir a los niños y niñas y llevar adelante su invasión sexual. Lo importante para él, es incluirla en una secuencia de juego lo suficientemente ambigua y aparentemente inocente, para que el relato del niño/a sea confuso y parezca que no tiene contenido sexual.

Y es en este punto donde haré mención a los audios que están incorporados al expediente, sobre todo, a los audios 015, 016, 018 principalmente donde se escuchan sonidos que se pueden vincular perfectamente con situaciones de abuso sexual, hay respiraciones, jadeos, susurros, llantos, quejidos, frases por parte del padre hacia la niña muy típicas (entre respiraciones ansiosas decirle "porque eres así de bonita", "deliciosa", "tú sí me amas"), incluida la amenaza y situaciones que son concomitantes con las observaciones de la madre y la abuela, por ejemplo la asociación de la masturbación y el tetero, que no queda claro de qué se trata, ya que la niña se ahoga de manera muy llamativa, sin poder determinar si está tomando la mamadera o está siendo obligada a hacer sexo oral. Todos los audios tienen ese modo susurrante y entrecortado que da toda la impresión de estar vinculado a la sexualidad del adulto.

IV. CONCLUSIONES

De acuerdo con el material analizado de las actuaciones de la fiscalía, los informes profesionales y la articulación de estos,

[31] Ibídem.

podemos concluir que la niña C ha sido víctima de agresiones sexuales y la niña señala a su padre el Sr. X, como el autor de estas.

Por las similitudes presentadas en la sintomatología y en las conductas, consideramos que existe la probabilidad de que B, la beba pequeña, haya sido también víctima de abuso sexual, sobre todo teniendo en cuenta que los abusadores incestuosos, sobre todo de niños pequeños suelen tener múltiples víctimas, y los abusos suelen ocurrir durante el tiempo en que las niñas no tienen desarrollado el lenguaje aún o el mismo es muy precario, e incluso aprovechando la etapa oral en la que la succión es parte central del contacto con el mundo, tal como es en el caso que nos ocupa.

V. RECOMENDACIONES

Dada la corta edad de las niñas y el hecho de que se trataría de un abuso incestuoso es recomendable hacer un seguimiento terapéutico de las niñas y brindarles espacios adecuados para que puedan expresar libremente lo padecido. Se deben tener en cuenta los momentos evolutivos que se vayan dando y es fundamental que el espacio terapéutico sea individual y llevado adelante por profesional especialista en abuso sexual en la infancia y en tratamientos de niños y niñas.

También es importante destacar que la efectividad de la intervención de la justicia es plenamente sanadora y reparadora y hace parte del tratamiento del abuso sexual. Las niñas y los niños necesitan recibir el mensaje de que les han creído y que sus dichos son tenidos en cuenta y puedan sentirse a salvo y protegidos del agresor.

Para finalizar recordar que un padre no utiliza a sus hijas como objetos sexuales, si hace eso, nunca fue un padre, jamás cumplió su función y lo mejor que les puede pasar a las víctimas es no verlo nunca más.

Quedo a disposición para cualquier aclaración saludando con mi consideración más distinguida

Lic. X

M. N. ... - M. P. ...

ONG X

Capítulo 17

Informe analítico-retrospectivo de un adulto víctima de un trauma sexual en su infancia

Frecuentemente, los psicólogos clínicos nos encontramos con jóvenes y adultos víctimas de traumas sexuales en sus infancias que, luego de mucho tiempo de pasados los hechos, se sienten con la suficiente fortaleza como para, finalmente, denunciar estos hechos frente a la justicia. Sin embargo, como en este tipo de casos luego de pasados varios años pueden llegar a presentarse lagunas en la memoria o recuerdos difusos, es importante realizar una investigación para aportar pruebas claras de lo sucedido. Consideramos que una de las maneras más prácticas de hacer esto consiste en recurrir a la historia clínica médica del paciente con el objetivo de buscar concordancias y discrepancias con su historia de vida y sus síntomas psicológicos.

A continuación, ejemplificaremos con un informe de la totalidad de un expediente, en el cual se incluye un análisis de la correlación entre los abusos sexuales padecidos en la infancia y la historia clínica médica de una paciente adulta, efectuado mediante la aplicación de los conceptos de la medicina psicosomática que ha elaborado extensamente el doctor Luis Chiozza. Este interesante informe judicial está basado en el análisis de la historia de una paciente a quien llamamos R.

Ficha técnica

- Carta de presentación.
- Diagnóstico.
- Resumen de lo trabajado a nivel psicológico.
- Motivos por los que el joven o adulto debe hacer un tratamiento psicológico individual centrado en la reparación del trauma.
- Análisis comparativo de los hechos concordantes con el abuso sexual desde la historia vital y la historia clínica médica del sobreviviente.

- Breve reseña teórica como fundamento.
- Conclusiones.

Modelo de redacción de un informe solicitando tratamiento psicológico centrado en la reparación del trauma

Rivadavia, 3 agosto de 2008

UFIYJ N°...

Dra. X

Fiscal

I. P. P. N°...

S/D

Mediante la presente elevo a usted el informe técnico pericial solicitado por la Srta. **R** que incluye el análisis de la historia médico-clínica en el que se da cuenta del daño padecido por haber sido víctima de abuso sexual durante su infancia y por lo que se ha iniciado las actuaciones en esa Fiscalía.

Quedando a su disposición para ampliar o aclarar lo vertido la saludo con mi consideración más distinguida.

INFORME TÉCNICO PERICIAL

1. IDENTIFICACIÓN

1.1 IDENTIFICACIÓN DE LA PERITO

- X
- DNI: ...
- Matrícula profesional: ...
- Dirección: ...
- Correo electrónico: ...

1.2 ACREDITACIÓN DE LA PERITO

Evitamos estos datos para mantener la privacidad de la profesional que está académicamente formada para realizar este tipo de informe técnico.

1.3 DATOS DE FILIACIÓN DE LA EVALUADA

- Nombre: **R**.
- Edad: 32.
- Nacionalidad:
- Fecha de nacimiento: ...
- Estado civil: ...
- Ocupación: empleada.

1.4 PROCEDENCIA DEL CASO

El presente informe se realiza a petición de la señorita R, quien recurre a la institución para realizar el presente informe técnico pericial.

2. OBJETIVO DEL INFORME TÉCNICO PERICIAL

Analizar la Historia Clínica aportada por la Srta. R bajo la óptica de la Medicina Psicosomática y evaluar la existencia de secuelas traumáticas en la entrevistada como consecuencia del abuso sexual padecido por la misma durante su infancia.

3. METODOLOGÍA

Para la emisión del presente informe técnico pericial, se utilizaron las siguientes técnicas:

3.1 Entrevista semiestructurada e individual con R, el 21, 22, 23 y 27 enero del año en curso. Tiempo de duración aproximado dos horas cada una.

3.2 Lectura pormenorizada de la Historia Médica Clínica proveniente del Instituto... aunque abarca desde el nacimiento de la Srta. R, hasta el 30 de noviembre de...

3.3 Análisis de la Historia Clínica, articulada con la historia de vida obtenida con la anamnesis aplicando los principios del Estudio Patobiográfico:

"En el Estudio Patobiográfico, 'el material' que será objeto de la interpretación psicoanalítica, (Chiozza, 1976 a) se constituye, fundamentalmente, a partir de cuatro fuentes:

a. Un interrogatorio acerca de la situación actual y de los recuerdos, deseos y circunstancias que conforman una biografía esquemática. Se basa en un cuestionario detallado, y se realiza durante tres o cuatro entrevistas de dos horas cada una. Además, el consultante debe redactar un cuento corto, relatar uno de sus sueños y narrar un filme cinematográfico, y una novela, libremente elegidos.

b. Un diagnóstico clínico de su estado general.

c. Algunas fotografías del consultante en los distintos períodos de su vida, y de los seres que considera más significativos.

d. La observación del consultante, y del vínculo que establece con el equipo que realiza el Estudio, durante las entrevistas.

El proceso que denominamos 'sinopsis', forma parte del procesamiento del material que deberá ser interpretado. A partir de ese proceso, se constituyen algunos puntos de referencia que nos ayudan a integrar los distintos aspectos del problema que la consulta plantea al estudio".[32]

3.4. Se utilizaron como pruebas complementarias la aplicación de las siguientes técnicas psicológicas:

- EXAMEN INTERNACIONAL DE LOS TRASTORNOS DE PERSONALIDAD (A. W. Loranger). El IPDE es una entrevista semiestructurada cuyo propósito es identificar rasgos y conductas relevantes mediante una serie de cuestiones que hacen referencia a 6 áreas de la vida del examinado: trabajo, yo, relaciones interpersonales, afectos, prueba de realidad y control de impulsos. La puntuación del IPDE se basa en el consenso de que un rasgo o conducta puede ser normal, acentuado o patológico.
- CUESTIONARIO PARA EXPERIENCIAS TRAUMÁTICAS (TQ). (J. R. T. Davidson, D. Hughes, D. G. Blazer). Instrumento de cribado que consta de un total de 44 ítems que se agrupan en tres partes: listado de experiencias traumáticas, acontecimiento traumático que más le preocupa actualmente y un listado de síntomas compatibles con el TEPT.

[32] Chiozza, L. (1997) *¿Por qué enfermamos? La historia que se oculta en el cuerpo*, Buenos Aires: Alianza, p. 51.

- GRÁFICOS: CASA, ÁRBOL, PERSONA: Facilitan la proyección de características y conflictos del mundo interno, la modalidad de interacción, pensamiento y afectividad predominante.

4. ANÁLISIS DESCRIPTIVO Y/O EXPLORACIÓN PSICOPATOLÓGICA

4.1. ANÁLISIS HISTÓRICO DE LA VIDA DE LA CONSULTANTE

Historia familiar

Núcleo primario. Estructuralmente compuesta por el padre, el Sr. M, la madre, la Sra. S y el hermano por parte de madre P y la consultante. Su sistema relacional estuvo caracterizado por límites difusos, reglas acordes y una jerarquía funcional entre sus miembros, aunque con dificultades para comunicarse implicando los afectos entre ellos.

La ***Relación Paternal*** y ***Maternal*** respectivamente, se observó con una adecuada claridad de roles, vistos por la entrevistada como complementarios y como un punto de confianza, apoyo y protección.

La ***Relación Fraternal*** es relatada como muy buena durante la infancia, a pesar de la diferencia de edad (15 años mayor que ella). Luego el hermano se casó y se fue de la casa paterna y la relación se deterioró un poco, pero actualmente se está restableciendo.

Historial Académico/Profesional

Escolaridad. Inició su escolaridad en salita de 3 años, luego primario y terminó secundario alrededor de los 16 años. Al finalizar realizó varios cursos de cocina y luego estudió fotografía.

Desarrollo Laboral. Comenzó a trabajar a los 20 años aproximadamente en un restaurante; luego, como fotógrafa en una empresa de eventos hasta que, en la actualidad, se desempeña como administrativa.

4.2 EXPLORACIÓN PSICOPATOLÓGICA DE LA PERITADA

El comportamiento durante la entrevista psicológica realizada a R estuvo enmarcado por la presencia de una posición colaboradora y participativa. En cuanto a porte y actitud la examinada presentó el aspecto de una mujer normal de su edad, complexión normal y altura de 1.66 metros aproximadamente.

Su actitud frente al proceso de evaluación fue de colaboración, lo que permitió la adecuada recolección de la información. No evidenció ausencia de conciencia y por el contrario se observó un nivel de atención y concentración centrada y un adecuado establecimiento de *rapport* con la entrevistadora. Durante las distintas exploraciones evidenció un ajustado sentido de la realidad, con adecuada distinción entre los estímulos internos y externos; su memoria se encontró conservada a corto, medio y largo plazo. Durante la entrevista, su lenguaje fue fluido ante temas neutros, y más pausado al abordar situaciones que tenían que ver con el abuso sufrido en su infancia. Su conducta motora y estado afectivo se observaron coherentes y con propósito. Su expresión verbal mostró un raciocinio caracterizado por la facilidad que posee para establecer símiles e interpretar refranes. No manifestó alteraciones sensoperceptivas ni sensomotoras. Según impresión clínica presentó una capacidad intelectual en promedio normal.

4.3 DAÑO PSICOLÓGICO REPORTADO A TRAVÉS DE LA ENTREVISTA

A continuación, se transcribirán frases que la examinada manifestó durante la entrevista y que permiten inferir la afectación:

"Desde que realicé la denuncia es mucho más movilizante, duermo poco, tengo más pesadillas y sudores nocturnos, me despierto asustada… así como me pasaba de chica" [sic].

"Temo a los truenos, me acuerdo de que una de las veces que me pasó eso llovía, me agito y tengo miedo a que algo me va a pasar y me cuesta tranquilizarme" [sic].

"A partir del abuso empezó todo, recuerdo que en esa época tenía mucho dolor muscular, mucho dolor de cabeza y tuve adormecimiento de manos, todo eso antes de la convulsión" [sic].

"Cuando hablo sobre el abuso en el grupo de sobrevivientes quedo una semana después afónica… cuando me angustio y lloro se me cierra la garganta" [sic].

"Yo recuerdo mucho dos veces en las que él se aprovechó de mí, siempre quería que lo abrace, me hablaba en el oído, él tenía el pelo largo, varias veces se desabrocho el pantalón y me sujetaba las muñecas… recuerdo

muchas veces sentir que me había hecho pis encima, cuando me levantaba estaba toda mojada..." [sic].

"Yo le decía a papá que no quería volver a lo de mi tío... se lo conté creo que dos veces a papá, recuerdo un día antes de salir de la casa en el ascensor le conté que mi primo me tocaba, pero no le conté con detalle y desde ahí no volví" [sic].

"A los 15 años tuve una crisis de llanto, cada tanto explotaba y en una de esas le conté a mamá" [sic].

"Antes era muy afectiva, pero después de enterarme del hijo de mi primo muy fría" [sic].

"No soporto que me sujeten las muñecas... me ha pasado que algunos movimientos hacen que recuerde el abuso y reacciono mal" [sic].

"Mi problema es de la cintura para abajo, no me gusta y no me gusta que me toquen" [sic].

5. ANÁLISIS DE HISTORIA CLÍNICA

Cuando realizamos un análisis de la Historia Clínica que R aporta, la cual abarca desde su nacimiento hasta aproximadamente sus 32 años, y la correlacionamos con los hechos de su historia que relató, lo primero que se destaca son las patologías que presentó en el período que abarca 1982 y 1983, que corresponden a sus 6 y 7 años, edad en la que se produjeron los abusos sexuales por parte de su primo A –de 18 años en ese momento– cada vez que ella se quedaba en la casa de su tío, hermano de su padre y al cuidado de esta familia.

Los problemas corporales se iniciaron con fuertes dolores musculares, adormecimientos de las extremidades (parestesias), cefaleas, mareos y comenzó a tener enuresis (hacerse pis encima). En el mes de septiembre de 1983 sufrió una convulsión tónico-clónica generalizada que conlleva una internación de cuatro días en el Instituto de... Durante la internación tuvo un episodio de tos y ruidos en el aparato respiratorio.

Tal como señaláramos más arriba vamos a describir las enfermedades sufridas por R a la luz de las consideraciones de la teoría desarrollada por el Dr. Luis Chiozza y sus colaboradores desde hace más de cincuenta años en nuestro país respecto de las enfermedades psicosomáticas y las enfermedades orgánicas, quienes plantean que ambas son expresiones simbólicas de conflictos inconscientes. El otro concepto teórico en el que nos basamos es en la idea de fantasía específica, es decir una fantasía propia de una función determinada, como un guion específico de una precisa alteración del cuerpo, porque consideramos que la elección del órgano a través del cual se expresa un determinado trastorno se rige por los mismos principios que determinan la elección de cualquier otra representación (como el sueño, el dibujo, la palabra). En esa línea de pensamiento y de acuerdo con Freud, quien dice que la meta genuina de la represión es la sofocación del desarrollo del afecto, consideramos que el afecto constituye la importancia del significado, es por esto que el síntoma corporal, ubicado en el lugar de representante de un afecto conflictivo, no solamente habla, sino que su significado es el que más nos dice.

Hechas estas consideraciones nos ocuparemos en primer lugar de los problemas musculares (dolores, adormecimiento de las extremidades, parestesias) que presentaba R como anuncio de lo que estaba ocurriendo, ya que se considera que los trastornos musculares expresan una dificultad para modificar las circunstancias frente a las cuales el sujeto se siente sin fuerzas o sin apoyo para cambiarlas, frente al abuso la niña sentía que no tenía los recursos para detenerlo, y ningún adulto la protegía. El sentimiento ligado a lo muscular es el sentimiento de colaboración[33] y ante esta situación traumática, a la niña, tal sentimiento le resultó imposible de enfrentar, porque para sus padres era funcional que ella se quedara en esa casa mientras ellos trabajaban, lo que le hacía suponer que no colaborarían con ella para detener los ataques. El otro síntoma previo al ataque que la llevó a la internación fueron las cefaleas. El dolor de cabeza aparece cuando tratamos de resolver un problema que implica contradicciones afectivas tratándolo como si fuese un dilema racional, es un intento de utilizar la cabeza "como si fuera un corazón", incluso enviando más sangre de la que los capilares cerebrales pueden recibir, por eso late y pulsa.[34] Evidentemente para R el abuso padecido era un problema, un dilema contradictorio, como lo es para todos los niños/as, no comprenden cómo alguien que debiera cuidarlos y protegerlos, los daña, los lastima y de una

[33] Grus, RA.; Barbero, L.; Molteni, M.; Rabinovich Eliano, L.; Herrendorf, L.; Gut, S. (1995) "Sobre lo muscular", Centro de Consulta Médica Weizsaecker.

[34] Chiozza, L. y colaboradores (1997) *Los afectos ocultos en…*, Buenos Aires: Alianza.

manera que no pueden descifrar, por eso el esfuerzo infructuoso de tratarlo racionalmente la lleva a los dolores de cabeza.

Este conjunto de antecedentes derivó luego en el episodio convulsivo por la que es diagnosticada con epilepsia y luego medicada durante varios años. Este episodio convulsivo tónico-clónico mantiene la coherencia simbólica con lo que venimos explicitando. Para diversos autores (Pichón Rivière, 1944; Obstfeld y colaboradores, 1975; A. y L. Rascovsky, 1945; Chiozza, 1986/2001) las crisis epilépticas constituyen un mecanismo defensivo, inconsciente que permite descargar de manera paroxística energía libidinal y tanática, es decir confluyen de manera ambivalente sentimientos amorosos e impulsos asesinos, que al resultar intolerables hacen que se descarguen sobre su propio cuerpo. Esta energía mezclada funciona como una tormenta pasional imposible de ser procesada, mucho menos por una niña, imposible de hacerse consciente, por lo que se manifestó como esa crisis paroxística que nos dice cómo R se sintió internamente violentada y violenta; la irritación, el odio, no se hacen conscientes y se descargaron en el cuerpo de la niña. En la crisis se comprometen nuevamente los músculos, que además de lo que hemos desarrollado más arriba, se incluyen en la manifestación inconsciente de lo que llamamos "miedo activo",[35] que describe Dumas (1933) y que lo vincula con la hipertonía y con la excitación porque corresponde a una forma del miedo[36] inconsciente en la cual las inervaciones musculares (el tono) desempeñan un rol principal. Esta forma del miedo se relaciona con el hecho de estar alarmado, que lleva implícito un fracaso de la acción eficaz de estar alerta, cosa imposible de ser lograda frente al ataque adulto sobre una niña de tan corta edad.

Durante la internación tuvo episodios de patología respiratoria. El aparato respiratorio se presta adecuadamente para simbolizar los vínculos con los otros, es el encargado de los intercambios con el medio en el acto de la respiración. Frente a lo vivido, internada

[35] Chiozza, L. (2001) *Enfermedades y afectos*, Buenos Aires: Alianza.

[36] Existen diversas formas inconscientes de manifestar corporalmente el miedo y que se consideran cualitativamente distintas. Expresiones como "estar con el corazón en la boca", o "ponerse blanco", y las sensaciones de sudor frio, palpitaciones, o palidez, que se vinculan con el miedo, nos permiten distinguir un tipo de miedo en el que se destacan los elementos vasculares. En cambio, los usos lingüísticos "tragar saliva", "nudo en el estómago", "cagazo" y "no le cabe un alfiler", que se refieren a bien definidas sensaciones corporales nos muestran otra forma del miedo en la que predomina el trastorno digestivo.

y asustada, y sin poder contar lo que le pasaba, de manera verbal, ha utilizado sus síntomas para mostrar el infierno en el que estaba inmersa y lo respiratorio también fue vehículo para mostrar los problemas de comunicación que tenía con sus padres, porque hasta el momento no había podido poner en palabras lo que el agresor le hacía.

Cuando R finalmente le contó a su padre y el abuso cesó, mejoró llamativamente su condición física; pero, no obstante, frente a cualquier situación desestabilizadora, por ejemplo, cuando su madre abandonó su trabajo y comenzó a trabajar con su marido en un negocio familiar, la niña tuvo varios episodios musculares, contracturas, fatiga muscular; no llegó a desarrollar un episodio convulsivo pero evidenció una tendencia a volcar sobre su cuerpo toda la irritación y el odio, sumados al miedo que estas cuestiones le generaron.

Es evidente que los abusos padecidos le dejaron secuelas. Cuando a sus 18 años decidió iniciar su vida sexual (situación que también le generó sintomatología muscular y adormecimiento de manos y pies, como un intento inconsciente de impedimento), en un control ginecológico, previo al inicio de su vida sexual, descubrió que tenía un desgarro de himen y fue recién entonces que supo que, efectivamente, había sufrido un acceso carnal de niña, es decir que había sido violada y no solo abusada por su primo.

A su vez, no podemos dejar de analizar que tras haber realizado la denuncia reaparecieron en R una serie de síntomas que han dado cuenta de esta modalidad corporal que suele implementar para expresar lo que le ocurre por lo que sugerimos debiera iniciar un tratamiento psicológico que le permita elaborar las situaciones traumáticas padecidas.

6. CONCLUSIONES Y DISCUSIÓN FORENSE

La evaluación psicológica forense permite inferir que R presenta una línea de base de funcionamiento adecuado, sin psicopatología y con prospectiva positiva, es decir, con un funcionamiento psicológico adaptativo, adecuado y con optimismo hacia el futuro. Es una persona sana en términos generales, ajustada socialmente, pero con dificultades para enfrentar de manera adecuada los problemas y obstáculos que se le presentan en la vida a nivel emocional producto de la situación traumática padecida en su infancia y no resuelta, pero que con el adecuado acompañamiento terapéutico se podría modificar hacia un proceso resiliente.

Es importante resaltar, que en los resultados de todas las pruebas complementarias se evidencia en cuanto a confiabilidad y sinceridad una adecuada inclinación a ser franca y sincera, con una propensión favorable y emocionalmente ajustada a la realidad. Sus modos cognoscitivos se caracterizan por formar sus juicios respecto a sus propias reacciones afectivas, guiándose por sus valores personales; sin embargo, llama la atención en su estilo de personalidad la presencia de una alta proyección de signos de desconfianza vigilante respecto de los demás, proyectando frecuentemente un temor a la pérdida de independencia, características que a lo largo de su vida se desarrollaron como resultado de la interacción de fuerzas ambientales y organísmicas que comenzaron con la aparición de las experiencias traumáticas, en este caso los abusos sexuales padecidos, generando así sentimientos de inseguridad, temor, y vulnerabilidad, secuelas que han sido duraderas y que con el tiempo llegaron a ser parte de su estructura de personalidad.

De esta manera, la evaluación permite concluir que la examinada tras el evento traumático vivido y a pesar del tiempo transcurrido, se ha visto afectada, es decir, **presenta daño psicológico**, el cual ha sido definido como "la perturbación profunda del equilibrio emocional, que guarde adecuado nexo causal con el hecho dañoso y que entrañe una significativa descompensación". (Casiello 1997 en Reich 2006); y si bien se sabe que sucedió en su primera infancia, también se sabe que los niños/as poseen una capacidad natural, aunque variable, de adaptarse a los cambios en su entorno esto dependerá de diversos factores, como su edad, sus aptitudes personales y las características de su entorno social y emocional. De esta manera, desde los inicios de la teoría freudiana, se identificó como efecto del trauma el hecho de no poder olvidar un acontecimiento, el cual conserva su carácter actual y está relacionado a la vivencia de un evento para el cual el sujeto no tenía elementos suficientes para elaborarlo en el plano simbólico (Muñiz, 2005). Por consiguiente, desde esta teoría, se sostiene que cuando un niño/a vive un acontecimiento traumático provocado por un adulto, lo inscribe como huella mnémica en su aparato psíquico, pero no tiene un sistema de signos u otras huellas inscriptas en su aparato para comprenderlo porque no lo había experimentado; por lo tanto, la experiencia se puede repetir, pero no elaborarla y asimilarla. A esto Freud le llamó trauma y la primera consecuencia que encontró fue que **si un recuerdo no inhibe la carga afectiva que lo acompaña es porque se ha constituido como traumático**.

En los niños/as víctimas de traumas sexuales, la presencia de este tipo de eventos en la primera infancia suele ser lo suficientemente lacerante como para ocasionar en ellos una configuración psíquica más frágil y vulnerable que ante la imposibilidad de realizar una oportuna elaboración del trauma para darle una resignificación y anexarlo a su historia de vida no incorporaron la capacidad de percepción de las actitudes o conductas nocivas e incluso riesgosas.

Para los niños/as, el trauma sexual "sobrepasa la capacidad de elaboración psíquica, pone en marcha un mecanismo de defensa conocido como Disociación, por el cual se separan los hechos reales de los sentimientos que generan. Así se garantiza que las emociones que produce la situación traumática no invadirán la vida de una forma descontrolada, permitiendo que los recuerdos estén presentes sin desorganizar el funcionamiento de la totalidad de la persona. Disociación significa en un sentido amplio, impedir la asociación entre dos cosas. La disociación constituye un complejo proceso psicofisiológico que produce una alteración en el estado de conciencia. Durante el proceso, los pensamientos, los sentimientos y las experiencias no son integrados a la conciencia ni a la memoria del individuo de la manera en que normalmente sucede. Un fenómeno disociativo siempre está acompañado por dos características: a) una pérdida de la sensación de la identidad propia y b) un trastorno de la memoria del sujeto que puede manifestarse como una amnesia frente a hecho vividos o con relación a acciones complejas".[37]

La disociación, junto a la negación, mecanismos típicos que se presentan en las agresiones sexuales contra la infancia, producen la sintomatología que encontramos en los niños y niñas, que denominamos indicadores.

Así, el abuso termina manifestándose a través de ciertos y determinados signos en la personalidad, en el comportamiento y en la psicología de la víctima, tanto como en diversos síntomas corporales, que pueden ir desde las pesadillas recurrentes hasta la

[37] Sgroi, SM. (1982) *Handbook of clinical intervention in child sexual abuse*, Lexington Books, Universidad de Michigan.

enuresis, parestesias, cefaleas, problemas respiratorios y epilepsia como en el presente caso.

Se observa en R, que la alteración en su psiquis se debe a las secuelas traumáticas; sin embargo, las reacciones pueden considerarse como normales en una situación anormal y a pesar del paso del tiempo, en la actualidad está continúa manteniéndose con niveles de ansiedad reactiva tras los hechos acaecidos que alteran su cotidianidad, puesto que esta experiencia traumática generó en ella sentimientos de inseguridad, temor, y vulnerabilidad; secuelas que han sido duraderas y que con el tiempo llegaron a ser parte de su estructura de personalidad. No obstante, y aunque se muestra a nivel consciente resistente a la aparición de miedos intensos tras la experimentación del haber sido abusada sexualmente sus primeros años de vida, se evidencia la existencia de un dolor subclínico con **recuerdos desagradables que persisten de forma crónica e intervienen negativamente en su vida**: preocupación constante con el trauma (dormir poco, sudores nocturnos, temor a las tormentas, miedos generalizados, sintomatología orgánica, dificultades con su sexualidad), evasión de estímulos internos y/o externos que le recuerdan el evento traumático, como pensamientos, sentimientos o conversaciones y también actividades, lugares o personas; alteraciones en el ritmo y contenido de sueños (pesadillas repetidas sobre el evento que le causó tanta angustia. "flashbacks", y otras emociones vívidas de que el evento va a suceder nuevamente) lo cual está estrechamente vinculado con una de las principales secuelas del acontecimiento traumático que requiere mayor atención clínica; la **vulneración psicológica**; es decir, el **aumento de la vulnerabilidad**.

Por otro lado, se evalúa y se descarta simulación de psicopatología; la simulación se ha definido como una manifestación falsa, deliberada, con un fin determinado. Se podría decir que es una mentira, en la cual el sujeto puede fingir, alegar, exagerar, falsear el origen y disimular una enfermedad, física y/o psicológica, con el objeto de engañar a otros y conseguir un beneficio o provecho inmediato (González, 1991). Esta decisión se fundamenta en que el evaluado no presenta ninguno de los siguientes síntomas de los simuladores que describen Tapias, Bello, González, Vezga (2002): retienen información y no cooperan, llaman la atención sobre su enfermedad, presentan discrepancias del lenguaje verbal y no verbal, simulan síntomas evidentes, fingen más síntomas que cuadros diagnósticos íntegros, informan síntomas severos con aparición aguda, dificultad para fingir síntomas fisiológicos, ausencia de alteración afectiva clínicamente asociada con la enfermedad que simulan; los simuladores parecen no tener ningún motivo o comportamiento psicótico asociado a sus ofensas, incoherencia entre resultados de pruebas y funcionalidad del evaluado, discrepancia entre el autorreporte y los archivos médicos, evidencia de complicidad, certeza de engaños anteriores. Al contrario, R presenta una imagen positiva de sí misma, colabora ampliamente con el proceso y responde a todas las preguntas que se le realizan.

Por último, se sugiere realizar tratamiento psicológico, puesto que el evento traumático tiene consecuencias aun al día de hoy, se ha comparado al abuso sexual contra la infancia como "un balazo al aparato psíquico"[38] siendo cierto que la necesidad de una elaboración de ello por parte de R con un especialista en la temática podría colaborar a la superación de aquello que ha sido y es para ella traumático.

Es todo lo que se tiene para informar. En Rivadavia, el 3 de agosto de 2008.

BIBLIOGRAFÍA

Acosta, M.; Lorente, A.; Martínez, M. (2000) *Síndrome de maltrato a la mujer*. Revista electrónica de ciencia penal y criminología. Disponible: <https://bit.ly/3wf69hH>.

Beck, AT.; Rush, AJ.; Shaw, BF.; Emery, G. (1979) *Terapia cognitiva de la depresión*, Bilbao: Desclée de Brower.

Carbonel, CG. "Trastorno por estrés postraumático: clínica y psicoterapia", *Revista Chilena de Neuro-Psiquiatría*, nov. 2002, vol. 40 supl. 2, pp. 69-75. ISSN 0717-9227.

Chiozza, L. (1997) *¿Por qué enfermamos? La historia que se oculta en el cuerpo*, Buenos Aires: Alianza, p. 51.

Chiozza, L. y cols. (1997) *Los afectos ocultos en…*, Buenos Aires: Alianza.

Chiozza, L. (2001) *Enfermedades y afectos*, Buenos Aires: Alianza.

[38] Intebi, I. (1998) *El abuso sexual en las mejores familias*, España: Granica.

Echeburúa, E.; Corral, P.; Amor, J.; Zubizarrieta, I.; y Sarasua, B. (1997) "Escala de gravedad de síntomas del trastorno de estrés postraumático: propiedades psicométricas. Análisis y modificación de la conducta", 23, pp. 503-526.

Grus, RA.; Barbero, L.; Molteni, M.; Rabinovich Eliano, L.; Herrendorf, L.; Gut, S. (1995) "Sobre lo muscular", Centro de Consulta Médica Weizsaecker.

Intebi, I. (1998) *El abuso sexual en las mejores familias*, España: Granica.

Muñiz, O. (2005) "Subjetivación de la experiencia violenta en el trastorno por estrés postraumático", en *Revista Belo Horizonte*, vol. 11, N° 18, pp. 188-204.

Reich, R. (2006) "Daño psíquico, ¿qué se solicita al psicólogo forense?", en Congreso Latinoamericano de Psicología Jurídica y Forense V3.0. Abril 2006.

Seymour WR. (1979) "Correspondence between Psychological Reports Based on the Mini-Mult and the MMPI", Journal of Personality Assessment; Apr 79, Vol 43 Isuee 2, p. 160.

Sgroi, SM. (1982) *Handbook of clinical intervention in child sexual abuse*, Lexington Books, Universidad de Michigan.

Spielberger, ChD.; Gorsuch, RL.; Lushene, RE. (1982) *Cuestionario de ansiedad estado-rasgo* (manual), Madrid: TEA.

Zavala, M. (1990) *Daños a las personas: imtegridad psicofísica*, Hammurabi, p. 231.

Nota: el presente informe es solo referido a las circunstancias concretas del contexto en que fue solicitado, por tanto, no debe utilizarse en casos ni momentos diferentes a ese contexto. Si se produjese una modificación sustancial en alguna de las circunstancias consideradas procedería una nueva evaluación.

Capítulo 18

Informe solicitando un tratamiento psicológico centrado en la reparación del trauma

La importancia de mantener al niño/a sobreviviente de abuso sexual en una psicoterapia –independientemente de que ya haya sido evaluado por una institución gubernamental o estatal– es otra de las cuestiones que incomprensiblemente suelen ponerse en discusión. Por esta razón, en ciertas ocasiones, los psicólogos privados particulares o aquellos pertenecientes a organismos no gubernamentales (ONG) nos vemos obligados a confeccionar un informe que pueda dar cuenta de la necesidad de un tratamiento psicológico individual específicamente centrado en la reparación de este tipo de traumas. A continuación, compartimos un informe de este tipo a modo de ejemplo.

Ficha técnica

- Carta de presentación.
- Diagnóstico.
- Resumen de lo trabajado a nivel psicológico con el niño/a.
- Motivos por los que el niño/a debe hacer un tratamiento psicológico individual centrado en la reparación del trauma con breve reseña teórica como fundamento.
- Conclusiones.

Modelo de redacción de un informe solicitando tratamiento psicológico centrado en la reparación del trauma

Lanús, 2 de septiembre de 2019

Mercedes X
Lic. en Psicología

Para someterlo a su consideración: por la presente me dirijo a quien corresponda con el fin de entregar el presente informe en relación con la causa N°: ... I. P. P. ... que se tramita por la UFI N°... Especializada, del Departamento Judicial de..., en los autos caratulados: X ERNESTINA S/ABUSO SEXUAL. IMPUTADO: X ERNESTO.

Del psicodiagnóstico administrado a Filipa X, de 7 años (el cual fue administrado por la Licenciada X de la institución gubernamental... y abarca un total de 8 sesiones), se infiere que, de sus manifestaciones verbales y conductuales, así como de sus consecuentes secuencias de acciones lúdicas habría sido sometida a vivencias abusivas de índole sexual en el ámbito de la casa paterna con la posible participación de su progenitor, el Sr. Ernesto X. A partir de los dichos de la niña y de la secuencia de conductas correlativas a tales dichos, también podría inferirse que dichas situaciones abusivas podrían haber constado de manoseos en las zonas genitales, prácticas masturbatorias y/o posibles actos de sexo bucogenital con prácticas de eyaculación incluidas. A partir de lo investigado podría desprenderse que el abuso en cuestión se habría caracterizado por la violencia física y/o emocional, así como también, por la coerción, una coerción de índole psicológica y moral en lo que se estiman aproximadamente dos años.

Partiendo de este diagnóstico, quien abajo suscribe considera necesario que Filipa continúe tratamiento psicológico centrado en la reparación del trauma sexual con la psicóloga que abajo suscribe desde el ámbito privado por los siguientes motivos:

- Por ser dicha psicóloga una persona con especialización en psicoanálisis de niños/as y experiencia en la clínica psicológica y abordaje de traumas sexuales contra las infancias. Vale recordar que no todos los profesionales dedicados a las infancias se han capacitado ni tienen experiencia en el tratamiento clínico específico que requieren estos casos.

- Por ser dicha psicóloga una persona ya conocida por la niña, con quien ya ha comenzado una psicoterapia hace tres meses, tiempo en el cual pudo establecer un lazo de confianza y apego positivo, luego de varias semanas en las cuales manifestó ser extremadamente temerosa, desconfiada y vergonzosa, características compatibles con los traumas sexuales en los niños/as. Vale recordar que los niños/as sobrevivientes suelen transitar por una etapa caracterizada por el estrés postraumático y es muy difícil para ellos tolerar cambios frecuentes y abruptos de terapeutas.
- Debido a la importancia que en este tipo de casos tiene el hecho de conservar los vínculos, vale recordar que los niños/as sobrevivientes suelen haberse visto abandonados y/o no escuchados en la suficiente profundidad por las figuras de su entorno.
- Por considerar importante e imprescindible la necesidad de hacer una psicoterapia en donde se aborden con suficiente profundidad diferentes temas y cuestiones vinculados específicamente a este tipo de traumas (aspectos familiares, sexuales, cognitivos, emocionales, sociales, comunicacionales, corporales, escolares, psicológicos, etc.) con el objetivo de que la niña pueda elaborar efectivamente el trauma y evitar así que el mismo se pueda repetir a corto, mediano o largo plazo, tal como suele suceder en caso contrario. Vale recordar que este tipo de traumas conllevan una infinidad de secuelas imposibles de tratar en un tiempo limitado de sesiones. Se estima que la psicoterapia en los casos de incesto tiene una duración de uno a varios años dada la complejidad.
- Debido a la importancia de respetar los tiempos subjetivos de las víctimas a la hora de relatar y elaboración el trauma vivido. Vale recordar que lo traumático se da cuando el sujeto no tiene tiempo de elaborar lo que debe vivir de manera abrupta. A partir de esto, se hace imprescindible brindarle al niño/a sobreviviente un espacio en donde no se sienta presionado.
- Debido a la importancia de respetar el derecho de los niños/as a vincularse con personas que para ellos les sean empáticas, contenedoras y protectoras.

Además, teniendo en cuenta la personalidad reservada y tímida de Filipa se considera importante realice una psicoterapia individual, dado que los espacios grupales la intimidan en gran medida.

Capítulo 19

Amicus curiae

El *amicus curiae* es una forma de intervención a través de la cual una institución experta en el tema hace de forma espontánea una presentación con el objetivo de colaborar dando recomendaciones al juez o al tribunal antes de que tomen decisiones sobre un caso de abuso sexual. De esta manera, la institución se pone a disposición del juez como "amigo del tribunal" con el propósito de aportar criterios técnicos no vinculantes, útiles para una adecuada interpretación de los derechos fundamentales, con la finalidad de contribuir con la supremacía de los derechos de los niños y las niñas.

Generalmente el *amicus curiae* consta de distintas partes:

1. En la primera parte se suele considerar la pertinencia jurídica de su inclusión, ya que, en nuestro país está comenzando a ser aceptado para este tipo de causas judiciales,[39] haciendo referencia a jurisprudencia existente que nos muestra en qué causas se han aceptado.

2. Luego, se hace mención al carácter de la institución que lo presenta, que obviamente debe tener que ver con la temática, es decir debe ser idónea y conocedora del tema.

3. Por último, se realiza un informe técnico articulando todo lo que consta en expedientes –tanto de la sede penal como civil, por ejemplo– basándose en una lectura y análisis profundos de los pormenores de la causa.

4. A partir de esto, la institución se pone a disposición del juzgador, justamente como "amigo del tribunal" con motivo de aportar los elementos y el conocimiento que posee, a los fines de colaborar en un mejor resultado del proceso.

[39] Se ha utilizado mucho en los juicios de desaparición de personas y crímenes de lesa humanidad de la época de la dictadura, a partir de la derogación de las leyes de Obediencia Debida y Punto Final y el comienzo de los juicios a los militares y civiles implicados en la época de 1976-1983.

Ficha técnica

- Carta de presentación.
- Objeto.
- Datos de la institución que presenta el *amicus curiae.*
- Fundamento para ser tenido como *amicus curiae.*
- Fundamentos teóricos.
- Petitorio.

Modelo de redacción de un *amicus curiae*

A continuación, compartimos un modelo de *amicus* en el que quitaremos todo lo que pueda referirse a la identidad, tanto de la institución que lo presenta como de las personas involucradas en la causa, víctimas, imputado, jueces o fiscales:

X SE PRESENTA COMO *AMICUS CURIAE*

Excelentísima Sala... Casación Penal
S/D

X, en representación de X constituyendo domicilio en la calle... con correo electrónico..., en la causa, **N°... "X s/ abuso sexual –art. 119 3° párr.– CP"**, tiene el honor de presentarse ante V.E. y decir:

I. OBJETO:

Por medio de esta presentación, solicitamos a los Sres. jueces de la Cámara de Casación Penal, ser tenidos como *amicus curiae* en los términos de la Acordada 7/2011 de la CSJN, por la cual se autoriza la intervención de Amigos del Tribunal y se reglamenta dicho instituto. Por lo tanto, a partir de las consideraciones que se desarrollarán más adelante, la opinión de X es que en el caso de examen se vulnera el derecho a ser oído y el derecho al debido proceso de los niños llamados X y X a partir de los estándares internaciones de derechos humanos y de la normativa local.

II. ACERCA DE X

[En este apartado se hace una historia de la institución que se presenta, la hemos quitado para preservar su nombre].

III. FUNDAMENTO PARA SER TENIDO COMO *AMICUS CURIAE*

La práctica jurídica argentina ha aceptado y receptado normativamente el instituto del *amicus curiae* en función de los antecedentes existentes en el derecho comparado en el campo del derecho internacional de derechos humanos. La práctica judicial requiere que los terceros tengan un justificado interés en la resolución final del litigio, lo que en el caso de X se refleja en su misión de incidir en los procesos donde los derechos de las niñas, niños y adolescentes se encuentren en juego.

Si bien en el orden federal el instituto del *amicus curiae* se encuentra regulado por la Corte Suprema de Justicia de la Nación, su admisibilidad y procedencia en el caso deriva de forma clara y manifiesta de los principios consagrados en el orden constitucional, y que fueron los mismos que determinaron su creación jurisprudencial y posterior consagración normativa en el ámbito internacional, nacional y local. En ese sentido la presentación de *amicus curiae* en los procesos judiciales asegura la participación de la sociedad en causas de especial trascendencia pública.

La Corte Suprema reguló el *amicus curiae* en la Acordada 28-4 del 14 de julio de 2004, donde establece que es un valioso instrumento de participación democrática en el Poder Judicial "*un provechoso instrumento destinado, entre otros objetivos, a permitir la participación ciudadana en la administración de justicia*". También en la misma Acordada, la Corte señaló: "*... el Tribunal vio apropiado que, en las causas en trámite ante sus estrados y en las que se ventilen asuntos de trascendencia institucional o que resulten de interés público, se autorice a tomar intervención como Amigos del Tribunal a terceros ajenos a las partes, que cuenten con una reconocida competencia sobre la cuestión debatida y que demuestren un interés inequívoco en la resolución final del caso, a fin de que ofrezcan argumentos de trascendencia para la decisión del asunto*".[40]

[40] Acordada 28/04 de 20/7/04 CSJN, "Autorízase la intervención de Amigos del Tribunal en todos los procesos judiciales correspondientes a la competencia originaria o apelada en los que se debatan cuestiones de trascendencia colectiva o interés general. Reglamento".

A nivel nacional los distintos tribunales del país admitieron la presentación de *amicus curiae* en causas de trascendencia pública y no obstante su falta de regulación expresa, aplicando directamente principios receptados en la Constitución Nacional y en el Derecho Internacional de los Derechos Humanos.

Abregú y Courtis sostienen que

"El Reglamento de la Corte Interamericana (...) establece en forma expresa en su art. 54.3 la posibilidad de presentarse en calidad de amicus curiae ante dicho tribunal. (...) Resulta entonces absurdo prohibir a instituciones o grupos interesados presentarse en calidad de amicus curiae ante los tribunales internos –oportunidad frente a la que el Estado tiene posibilidades de remediar la alegada violación en sede interna– y conceder esa posibilidad después".[41]

Tanto la jurisprudencia como la doctrina coinciden en afirmar que a pesar de la inexistencia de una regulación expresa del instituto en el ámbito de los tribunales nacionales, corresponde considerar que las presentaciones en carácter de *amicus curiae* son admisibles en cuestiones de trascendencia e impacto público, puesto que de esa forma se honra el principio republicano de gobierno, se promueve la participación ciudadana en el ámbito judicial y se robustece el debate público.[42]

III. a) La existencia de trascendencia e interés público en el presente caso

La doctrina y las normativas que regulan la presentación del *amicus curiae* exigen que el caso debatido tenga "trascendencia" e "interés público" puesto que es en estos asuntos en los que resulta imprescindible la participación de quienes tienen interés en el tema y reconocida competencia sobre la cuestión debatida. En el caso de autos la trascendencia e interés público de la cuestión debatida resulta indiscutible en tanto entendemos que no fueron tenidos en cuenta de manera correcta los testimonios expresados en "cámara Gesell" Art. 250 del CPP, fueron desestimados, desmereciéndose su capacidad probatoria en base a criterios arbitrarios basados en

[41] Abregú, M.; Courtis, C. (2004) "Perspectivas y posibilidades del *amicus curiae* en el derecho argentino", artículo publicado en *La aplicación de los tratados sobre derechos humanos por los tribunales locales*, Del Puerto, 1ª reimpresión, p. 387.

[42] Fernández Valle, M. (2005) "Acceso a la justicia, democratización del proceso judicial, y propuestas para una regulación general del *amicus curiae*", en *Políticas Públicas Recomendación N°. 17*, octubre, CIPPEC.

prejuicios sin fundamento científico, vulnerando los derechos a no sufrir discriminación y a ser oído.

Asimismo, se ha lesionado el debido proceso y derecho de defensa en juicio.

El derecho a ser oído:

- Convención sobre los Derechos del Niño. Tratado internacional de Derechos Humanos aprobada por la Asamblea General de las Naciones Unidas el 20-11-1989. Fue ratificada en el derecho interno argentino mediante la ley 23.849 publicada en el Boletín Oficial del 22-10-90 y con jerarquía constitucional a partir de su incorporación en el Artículo 75, inc. 22 párrafo II, de la CN en su reforma de 1994.

El artículo 13, sobre el derecho a la libertad de expresión, y el artículo 17, sobre el acceso a la información, son fundamentales para el ejercicio efectivo del derecho a ser oído. Esos artículos establecen que los niños son sujetos de derechos y, junto con el artículo 12, afirman que el niño tiene derecho a ejercer esos derechos en su propio nombre, en función de la evolución de sus facultades.

El artículo 13 que consagra el derecho a la libertad de expresión, suele confundirse con el artículo 12. Sin embargo, se refieren a derechos diferentes. La libertad de expresión se relaciona con el derecho a tener y expresar opiniones y a recabar y recibir información por cualquier medio. La obligación que impone a los Estados partes es la de abstenerse de la injerencia en la expresión de esas opiniones o en el acceso a la información. Por su parte, el artículo 12 se relaciona con el derecho a expresar opiniones acerca de asuntos que afectan directamente al niño y su derecho a participar. El artículo 12 impone a los Estados partes la obligación de introducir el marco jurídico y los mecanismos necesarios para facilitar la participación activa del niño en todas las medidas que lo afecten y en la adopción de decisiones y de tener debidamente en cuenta esas opiniones una vez expresadas.

A su vez, el artículo 17 es en gran medida una condición necesaria para la realización efectiva del derecho a expresar las opiniones. Los niños necesitan tener acceso a la información en formatos adaptados a su edad y capacidad respecto de todas las cuestiones que les interesan. Esto es aplicable a la información, por ejemplo, relacionada con sus derechos, las actuaciones que los afecten, la legislación, la reglamentación y las normas nacionales, los servicios locales y los procedimientos de apelación y reclamación.

En el artículo 19, se menciona el derecho del niño de ser protegido de todo tipo de malos tratos incluido el abuso sexual. Al respecto la opinión consultiva 17 de la CIDH, vincula el Art. 19 de la Convención Americana con la CDN, estableciendo que: "el niño tiene derecho a recibir medidas de protección por parte de los Estados, las cuales deben ser brindadas sin discriminación".

La gravedad de la problemática y la dificultad en el abordaje por parte del Estado, fue debidamente advertida por la CIDH, quien en su opinión Consultiva 17 de fecha 28-8-2002, en el punto 5, Inc. C, refiere: "Cuando los niños son víctimas de abusos, no solo les causa daños psicológicos, físicos y morales, sino que además los expone a enfermedades de transmisión sexual, acentuando aún más el peligro que corre su vida. Lamentablemente, estos hechos muchas veces quedan en el entorno familiar y en otros casos el Estado no actúa, aunque se encuentra facultado a ejercer los mecanismos adecuados para su protección. Asimismo, los mecanismos sancionatorios en contra de los victimarios carecen de efectividad, negando el acceso a la justicia y contrariando toda idea de protección a la niñez".

Comité de Derechos del Niño de las Naciones Unidas:

En el marco de la Convención sobre los Derechos del Niño nuestro país presentó ante el Comité de los Derechos del Niño en el año 2008 el tercer y cuarto informe periódico, al cual se comprometió por medio del art. 44 de la Convención, sobre las medidas adoptadas en el último tiempo para dar efecto a los derechos reconocidos en la Convención. En junio del año 2010, el Comité de los Derechos del Niño emitió las Observaciones Finales para la Argentina. En dicho documento, el Comité expresó en este tema:

"Protección de testigos y víctimas de delitos"

80. El Comité además recomienda al Estado parte que asegure, a través de medidas y regulaciones legales adecuadas, que todos los niños víctimas y/o testigos de delitos, por ejemplo niños víctimas de abuso, violencia doméstica, sexual, de explotación económica, secuestro y tráfico, y testigos de esos delitos, cuenten con la protección requerida por la Convención y que sean tenidas totalmente en cuenta las Directrices sobre la Justicia para Niños Víctimas y

Testigos de Delitos de Naciones Unidas (anexadas a la resolución del Consejo Económico y Social 2005/20 del 22 de julio de 2005)".

Observaciones Generales del Comité de Derechos del Niño:

El Comité también publica su interpretación del contenido de las disposiciones sobre derechos humanos, en forma de observaciones generales sobre cuestiones temáticas. En este caso hay tres observaciones generales que merecen atención y ponen en evidencia la preocupación sobre la participación de los niños en los procesos judiciales.

a. Observación General N° 12. El Derecho del niño a ser escuchado.

b. Observación General N° 13. Derecho del niño a no ser objeto de ninguna forma de violencia.

c. Observación General N° 10. Los derechos del niño en la justicia de menores.

Guías de Santiago sobre Protección de Víctimas y Testigos

La Ley N° 26.061 de "Protección integral de los derechos de las niñas, niños y adolescentes" prevé en el artículo 24 el derecho a opinar y a ser oído.

"Las niñas, niños y adolescentes tienen derecho a:

a. Participar y expresar libremente su opinión en los asuntos que les conciernan y en aquellos que tengan interés;

b. Que sus opiniones sean tenidas en cuenta conforme a su madurez y desarrollo".

Por su parte el artículo 27 "Garantías mínimas de procedimiento. Garantías en los procedimientos judiciales o administrativos" prevé que el Estado debe "garantizar a las niñas, niños y adolescentes en cualquier procedimiento judicial o administrativo que los afecte, además de todos aquellos derechos contemplados en la Constitución Nacional, la Convención sobre los Derechos del Niño, en los tratados internacionales ratificados por la Nación Argentina y en las leyes que en su consecuencia se dicten, los siguientes derechos y garantías: a) A ser oído ante la autoridad competente cada vez que así lo solicite la niña, niño o adolescente; y b) A que su opinión sea tomada primordialmente en cuenta al momento de arribar a una decisión que lo afecte".

El Estado argentino está obligado a dar cumplimiento al derecho del niño a "ser oído" (principalmente contemplado en los art. 12 CDN y art. 24 inc. b de la Ley 26.061) respetando y teniendo en cuenta los testimonios de X y de X. Considerando además que, si los niños han sido interrogados en numerosas ocasiones y los interrogatorios producen alteraciones en su estado de ánimo, pueden analizarse en conjunto todos los materiales existentes y lo aportado en los tratamientos psicológicos, medios que consideramos sobrada prueba en estos temas, sin necesidad de revictimizarlos.

El caso en cuestión, plantea la investigación sobre la posible ocurrencia del delito de abuso sexual por parte del Sr. X, sobre la persona de su hija X.

Las características centrales del delito de abuso sexual contra niños y niñas por parte de un progenitor/a, son su concreción en el ámbito privado en el que se produce y el sentimiento de ambigüedad y confusión que luego de producido, embarga a la víctima. Son hechos que no cuentan con testigos. La prueba que se ofrece es el cuerpo y el relato del niño o niña. Respecto de las dificultades en el proceso de investigación, la experta perito del Cuerpo Médico Forense del Poder Judicial de la Nación Virginia Berlinerblau (2010)[43] escribe: "En general, las situaciones de abuso sexual contra la infancia se descubren porque la víctima lo revela, por la observación directa de su conducta, por los síntomas físicos, por los comentarios oídos a otros niños o por accidente, y los casos que llegan a denunciarse son una cifra minoritaria de los casos reales. (...) el asesoramiento forense de las denuncias de abuso sexual contra la infancia se basa fundamentalmente en la obtención y el análisis del testimonio del niño o del adolescente para ponderar luego la credibilidad basada en criterios predeterminados. Es decir que la técnica más utilizada para evaluar las sospechas de abuso sexual contra la infancia (ASI) es el interrogatorio verbal". El relato del niño o la niña, en el proceso penal es la principal fuente de información pericial.

En el presente caso, la niña X y el niño X lograron expresar su testimonio en la cámara Gesell, y en sendas pericias psicológicas y psiquiátricas. Se desprende del Informe de Junta Médica Firmado

[43] Berlinerblau, V. (2010) "Niños víctimas, niños testigos: sus testimonios en alegatos de abuso sexual infantil. Competencia, credibilidad, particularidades y necesidades especiales del niño testigo. Videograbación de las entrevistas de declaración testimonial", en *Acceso a la justicia de niños-as víctimas: Protección de los derechos de niños, niñas y adolescentes víctimas o testigos de delitos o violencia*, Buenos Aires: Unicef, JUFEJUS, ADC.

X, aportado a la causa que, *"la niña destaca que hubieran sido varios episodios y logra cuantificarlos. Indica la vivienda. Asimismo, indica haber sido víctima de malos tratos y agresiones físicas. Enojo y sentimientos de indefensión. Reconoce que lo mismo le ocurría a su hermano. Advierte que lo señalado habría comenzado cuando era pequeña y se hubiera hecho extensivo hasta épocas actuales. (...) del relato el profesional informa elaboración estructurada, interceptado por vergüenza y angustia compatibles con los hechos que se describen. Informa que brinda algunos detalles, describe interacciones, temporalidad confusa, reconoce una persona por nombre y parentesco. No se descarta que la alta conflictiva familiar, la participación en la peritación y la presencia de relatos de terceros haya influido en la producción discursiva de la niña. El profesional otorga al relato la categoría de Probable verosimilitud".*

En otro pasaje de la pericia, respecto de ambos niños se hace mención: *"Los niños, al momento del examen presentan sus facultades mentales acordes a la normalidad desde la perspectiva médico legal".*

Su trastorno psicológico y/o limitación en sus capacidades cognitivas no les impiden expresar un relato coherente. Sus capacidades lingüísticas intelectuales, de memoria, perceptivas y la diferenciación realidad/fantasía, surgen conservadas y acordes a su edad cronológica.

No se detectan características fabulatorias, no siendo posible desestimar la influencia de terceras personas o haber quedado inscriptos en una coalición intergeneracional de alianza madre-hijos contra la figura del padre.

Se presentan indicadores emocionales y de comportamiento compatibles con victimización física, psíquica y solamente en X sexual, manifestados en su relato, psiquismo y/o conducta".

A partir del informe de los peritos, se puede afirmar que X expresó con sus palabras haber sido víctima de abuso sexual por parte de su padre, que su conducta corporal y gestual, acompañaban tales dichos y que los profesionales observaron que la niña expresaba vergüenza y angustia al momento del relato. Del análisis del relato de ambos niños, se asegura que los niños no fabulan, que tienen capacidad de expresión coherente y que existen indicadores compatibles con la violencia denunciada por su progenitora.

Tales informes puntualizan que ambos niños expusieron su sufrimiento ante personas adultas que no conocían y de manera coherente testimoniaron lo que les había sucedido.

El testimonio infantil, en el presente caso fue sistemáticamente desvalorizado, negado, minimizado y finalmente desestimado, en virtud de argumentos marcados con prejuicios adultocéntricos, carentes de fundamentación teórica en una clara expresión discriminatoria.

Dice la Dra. Eva Giberti, especialista de vanguardia en nuestro país respecto de la problemática del abuso sexual, la violencia familiar y la justicia: "Oír" a la víctima infantil con las garantías expresadas anteriormente, impone un esfuerzo intelectual, técnico, práctico, e ideológico para acercar al funcionario a la problemática. Al respecto advierte Giberti (2007) "Pero no existe una convención concreta entre los derechos de los niños y los jueces, ni se ha gestado un contrato entre ellos acerca de la verosimilitud de lo que los chicos dicen. Un contrato en el cual una parte se comprometa a creer al mismo tiempo que reconoce la verosimilitud de lo que escucha. La inclusión del cuerpo victimizado de la criatura en el circuito del derecho merced a las palabras del mismo niño además de los estudios anatomofisiológicos y psicológicos es el que lo transforma en sujeto de derechos, que será interpelado y mediatizado por la palabra y los dibujos del niño o niña que los colegas presenten. Determinados magistrados se ciñen a un pensamiento que transforma en error o mentira la palabra de los niños. (...) es preciso escuchar a la víctima y preguntarle, pero el procedimiento no debería transformar en falsedad la narrativa del niño; (...) La verosimilitud de lo que el niño cuenta puede resultar atropellada por la búsqueda de 'la verdad'".[44]

Dice la resolución de la Cámara "*Si bien es cierto, como afirma la querella, que el galeno calificó su testimonio como de 'probable verosimilitud', no puede pasarse por alto que no descartó que la alta conflictiva familiar, la participación en instancias de evaluación pericial y la presencia de relatos de terceros hayan influido en la producción discursiva de la menor (ver fs. ...).*

En este tipo de argumentaciones, se advierte la inversión de la carga probatoria en perjuicio de las víctimas. La alta conflictividad familiar observada, es atribuida por el perito a una circunstancia abstracta y prejuiciosa, cómo si el hecho de develar en el círculo familiar íntimo la ocurrencia de abuso sexual incestuoso no

[44] Giberti, E. "Violencia Sexual contra niños y niñas en las organizaciones familiares", en *Página/12*, Psicología, 15/11/2007.

provocara suficiente conmoción en las relaciones interpersonales de este grupo humano. Al respecto, abundan las investigaciones que describen los efectos en los adultos protectores al descubrir que la persona en la cual confiaron para tener descendencia, puede estar involucrada en semejante aberración. No obstante, el suponer la influencia de terceras personas, inserta la idea de que el niño o niña es un sujeto influenciable y por tanto se desconoce su capacidad de buscar ayuda y ejercer sus derechos por sí mismos.

Sin perjuicio de que esta Institución, entiende que solo el relato de niñas, niños y adolescentes atraviesa una evaluación de verosimilitud, configurando tal situación la afectación del Derecho a la No Discriminación; la presencia del relato de terceros, en ninguna de las pericias convierte el relato en "no verosímil", sino que se sostiene la verosimilitud o la probable verosimilitud.

Respecto de la argumentación que hace mención a la posible alianza intergeneracional con la madre en contra del padre, resulta un punto pericial contradictorio ya que es altamente probable que un niño o niña que atraviesa la conmoción del abuso sexual, confíe en el adulto que lo está protegiendo y se establezca entre ellos un acuerdo de confianza y contención. Acuerdo, pacto, alianza; todos sinónimos de una relación entre un niño o niña que sufre y que requiere, para su supervivencia, la protección del adulto no abusivo que lo escucha. El niño o niña que dice o expresa que es o ha sido víctima de abuso sexual por parte de su padre o madre, traiciona un primer pacto, con su victimario/a, por el cual debía mantener el "secreto". Quebrado ese primer pacto espúreo, basado en coacción o amenazas, necesita buscar la protección de otro adulto para sobrevivir. La alianza con el adulto que escucha y protege, es la consecuencia del abuso sexual del progenitor/a, no la causa.

Esta Institución entiende que someter a un niño o niña a una pericia en la cual desde su inicio debe descartarse una posible falla de la víctima, es contrario a la esencia del derecho y la búsqueda de justicia. Ya que aunque se anime a contarle a un extraño sus padecimientos, el perito no podrá descartar un acuerdo o alianza con el adulto protector, y la respuesta que brinde, aunque sea profesional y honesta, perjudicará al niño/a.

En la resolución adoptada por la Sala... de la Cámara Criminal y Correccional, en la presente causa, con fecha... de este año que confirma la decisión del magistrado actuante en primera instancia se incurre en incumplimientos de los derechos consagrados, en tanto:

- Se vulnera el derecho a ser oído de X y de X en tanto que se desestima su testimonio en base a argumentaciones discriminatorias.
- El punto de pericia que le requiere al profesional descartar o no una alianza intergeneracional con la madre no solo es infundada teóricamente, sino que presenta un sinsentido, que se orienta contra el interés superior del niño.
- Lesiona el debido proceso, en tanto niega a X y a X la posibilidad de defensa en juicio, evitando el análisis de alzada.
- Omite continuar el proceso investigativo, cerrando la posibilidad de la apertura de debate oral en el cual un tribunal valore la prueba aportada.

Por lo expuesto, el fallo judicial aludido lesiona el Interés Superior de los niños, su derecho a ser oídos en el proceso y el derecho a la no discriminación por su condición de niños, desconociendo su capacidad para el ejercicio efectivo de sus derechos.

IV. PETITORIO

Por todo lo expuesto, solicito a la Cámara de Casación Penal:

a. Se tengan a X por presentado en calidad de *amicus curiae*, y por constituido el domicilio legal indicado.

b. Se declare la admisibilidad formal del presente *amicus curiae* y se tenga por presentado.

c. Se tengan en cuentas las consideraciones que aquí se formulan para el desenvolvimiento de la causa.

Proveer de conformidad,

Firma y sello

Capítulo 20

Certificados

Cuando aún nos encontramos evaluando al niño/a, es muy común que los abogados de la parte damnificada suelan pedirnos un certificado (del niño/a víctima) con el objetivo de dejar constancia en el juzgado de que dicho procedimiento se está llevando a cabo.

El certificado es un documento legal que es utilizado como comprobante de un hecho determinado, mediante el cual se transmite información importante "respecto de"; en el caso que nos compete, de un proceso de evaluación psicológica en trámite, aún no concluida.

Un certificado se emite a pedido de quien lo solicita, suele ser redactado de forma muy breve y es diferente a un informe psicodiagnóstico porque no desarrolla cuestiones referidas al proceso de investigación, ni a hipótesis presuntivas ni a conclusiones respecto de un caso determinado.

Ficha técnica

- Lugar y fecha.
- Nombre de la institución.
- Nombre y apellido del psicólogo y cargo que ejerce.
- La palabra "certifica".
- Texto.
- Firma y sello.

Modelo de redacción de un certificado

Merlo, Buenos Aires, 7 de julio de 2017

Juzgado de Familia N°... - MERCEDES
Dpto. Judicial de Mercedes

Sitio: Calle X N°...

Fecha de la denuncia: 1-6-17

Ref. "X HIPÓLITO C/ X VIRGILIO S/ PROTECCIÓN CONTRA LA VIOLENCIA FAMILIAR (LEY 12.569) Expte. N°...

Por medio de este medio se certifica [se deja constancia] que el niño Marcelino X, de 9 años, se encuentra en un proceso de evaluación psicodiagnóstica desde el día 7-6-17 hasta la fecha. En total, se han realizado cuatro entrevistas (tres con el niño y una con su padre), siendo que aún faltan estimativamente unas seis entrevistas más para concluir dicho proceso.

Quien motivó el psicodiagnóstico fue el padre de Marcelino, el Sr. Hipólito X, debido a su preocupación por **su hijo**, quien le habría manifestado en el mes de junio pasado que **habría sido abusado sexualmente por la pareja de su madre, el Sr. Virgilio X, mediante manoseos y mostración de genitales**.

Motivado por estos hechos, se decidió a realizar una denuncia en el Juzgado de Familia N° X de Mercedes el día 1 de junio pasado, a partir de lo cual, el niño, quien vivía hasta entonces con su madre, se mudó a la casa de su padre por propia voluntad y debido a una orden de restricción perimetral.

Se emite el presente certificado para ser presentado en... (Juzgado de Familia N° X de Mercedes).

Firma y sello

Capítulo 21

Consentimiento informado

A continuación, compartimos información referida a este tema brindada por la Federación de Psicólogos de la República Argentina (FePRA) en su Código de Ética Nacional 2013.

1. Consentimiento informado:

1.1. Los psicólogos deben obtener consentimiento informado de aquellas personas con las que trabajan en su práctica profesional. Esta obligación se sustenta en el respeto por la autonomía, entendiendo que es válido cuando la persona que lo brinda lo hace voluntariamente, y con capacidad para comprender los alcances de su acto. Ello supone capacidad legal para consentir, libertad de decisión e información suficiente y significativa sobre la práctica de la que participa. La implementación del consentimiento informado, considerado aquí como un proceso, implica su construcción y revisión permanente en función de las características cambiantes dinámicas de la relación profesional-consultante.

1.2. La obtención del consentimiento informado implica para el profesional psicólogo, brindar información sobre los alcances de la intervención para la cual es solicitado en relación con: a) el propósito y la naturaleza de la actividad profesional, b) responsabilidades mutuas, c) protección de la confidencialidad y limitaciones de la misma consignadas en el presente código, d) probables beneficios y riesgos, e) alternativas posibles, f) opción de rehusar o retractarse en cualquier momento.

1.3. La obligación y la responsabilidad de evaluar las condiciones en las cuales el consultante da su consentimiento, incumben al psicólogo responsable de la práctica de la que se trate. Esta obligación y esta responsabilidad no son delegables.

1.4. En los casos en los que las personas involucradas no se encuentren en condiciones legales, intelectuales o emocionales de brindar su consentimiento, los psicólogos deberán ocuparse de obtener el mismo de los responsables legales, de acuerdo a las normativas vigentes.

1.5. Aún con el consentimiento de los responsables legales, los psicólogos procurarán el acuerdo que las personas involucradas puedan dar, dentro de los márgenes que su capacidad legal, intelectual o emocional permitan, y cuidarán que su intervención profesional respete al máximo posible el derecho a la intimidad.

1.6. Los psicólogos podrán intervenir sin el consentimiento del o los consultantes en casos de catástrofes, urgencia y/o situaciones de riesgo.

1.7. El consentimiento de las personas involucradas no exime a los psicólogos de evaluar la continuidad de la práctica que estén desarrollando, siendo parte de su responsabilidad interrumpirla si existen elementos que los lleven a suponer que no se están obteniendo los efectos deseables, o que la continuación podría implicar riesgos para las personas involucradas o terceros.

Debemos tener en cuenta que, tal como señala el Código, el consentimiento informado no necesita ser algo realizado por escrito, ya que, como bien indica el punto 1.1, es una construcción que se puede ir logrando a lo largo de las entrevistas y puede existir de modo verbal; lo importante es que el consultante tenga acceso a conocer de qué se trata el espacio, cuánto tiempo aproximado le llevará, y todo aquello que necesite saber para considerar si está de acuerdo o no en realizar el proceso que le ofrecemos.

Es importante destacar cómo el código de ética hace una excepción respecto del consentimiento informado cuando, en el punto 1.6, dice: "Los psicólogos podrán intervenir sin el consentimiento del o los consultantes en casos de catástrofes, urgencia y/o situaciones de riesgo". Respecto de este tema, hay que recordar que los efectos traumáticos del abuso sexual en niñas y niños también son comparables a los casos de catástrofes, dados la urgencia y el riesgo que suponen. Por tal razón, lo que suele hacerse es pedir un consentimiento de forma oral, dada la rapidez con la que se debe actuar.

Por otro lado, es importante tener en cuenta que el tema del consentimiento informado en los casos de abuso sexual de niñas y niños suele ser motivo de debates porque, generalmente, quienes tienen que dar el consentimiento para la realización de una evaluación y/o una psicoterapia son los propios progenitores, que, la mayoría de las veces, uno u otro, suelen ser los propios agresores de sus hijos. En tales ocasiones, de más está decir, se debe tratar con aquel familiar del niño/a que cumpla un rol protector y no cayendo en el error de pedirle permiso a la persona que ejerce violencia sexual, física, psicológica, emocional, o de cualquier tipo.

Este tema ha sido exhaustivamente desarrollado y analizado por las licenciadas en psicología Cristina Bösenberg, Belén A. González y Adriana Digangi en un artículo de su autoría llamado "Consentimiento parental para el tratamiento psicológico de menores de edad" en el año 2019, realizado para la Comisión de Violencia y ASI del Colegio de Psicólogos de Buenos Aires, el cual compartiremos en su totalidad en el **Anexo 1** de este libro.

TERCERA PARTE

Metodología de la investigación psicológica

Capítulo 1

La psicología como ciencia

En esta parte del libro consideramos importante recordar algunas nociones de la psicología en relación con la metodología científica que emplea en sus investigaciones. Si bien pueden resultar algo básicas, siempre son de mucha utilidad a la hora de argumentar y defender nuestro saber frente a quienes desestiman a la psicología afirmando una serie de falacias tales como, por ejemplo, que las conclusiones a las que se arriba en una investigación psicodiagnóstica son meras fabulaciones o interpretaciones subjetivas productos del azar. Para quienes insisten en ignorar que "la psicología es una ciencia que se vale de una metodología específica para la investigación de las complejidades del comportamiento humano",[45] está dedicado este capítulo.

Metodología científica de investigación

Lo primero que debemos señalar de una ciencia es su objeto de estudio, en el caso de la psicología el objeto de estudio es el ser humano como una unidad que incluye cuerpo y psiquis, inserto en una sociedad. Por lo tanto, debe comprenderse que existen múltiples métodos psicológicos con el mismo objetivo.

Carlos Laguingue, en sus clases de psicología en la Universidad Nacional de Córdoba (1971), decía:

> La psicología, desde el punto de vista del método, no puede renunciar a la experiencia de sí mismo clarificada por la introspección. Es indudable que solo entendemos los conceptos con los cuales designamos los fenómenos de la vida anímica, en la medida en que los hemos experimentado en nuestra propia vivencia. El vocabulario básico de la psicología está tomado de nuestra propia vida. Es la experiencia que tenemos de nosotros mismos la que nos permite comprender el lenguaje de la psicología cuando nos habla de percepciones, sentimientos, recuerdos, fantasías o actos volitivos.

[45] Bleger, J. (1967) *Simbiosis y ambigüedad*, Buenos Aires: Paidós.

> De no ser así, seríamos como el ciego, al que no es posible hacerle comprender qué significa ver formas, colores, movimientos.

Este conocimiento del ser humano surge de una doble fuente, de su vida interior (lo subjetivo), y de lo que el otro observa: su conducta. Estamos hablando de dos métodos psicológicos: la introspección y la extrospección (observar algo externo a la persona).

De esta manera, los métodos y técnicas psicológicas están comprendidos en dos grandes grupos:

1. Introspección e introspección experimental.

2. Extrospección:

   - Observación directa de comportamientos.
   - Métodos comparativos.
   - Métodos experimentales.
   - Métodos clínicos.
   - Técnicas psicométricas (test).
   - Técnicas sociométricas (sociograma).

1. **Introspección**:

Se trata de la observación del sujeto sobre sí mismo, esto hace que observador y observado sean una misma persona. Es tomar posesión de la interioridad mediante la reflexión. Poder tener el conocimiento interior de la propia personalidad, por analogía posibilita interpretar lo que pasa en otra persona a partir de lo que supo de sí mismo.

Se suele decir que la introspección tiene errores, debido a las variaciones en la atención del sujeto que la realiza, las experiencias anteriores, los deseos y necesidades, las creencias, convicciones, la ideología que subyace y el lenguaje que podría ser inexacto o insuficiente. Por otro lado, los datos obtenidos con este método pueden deformarse por el propio objetivo debido a que los hechos psíquicos no tienen la misma objetividad del hecho físico, tampoco son inmutables o independientes.

Pero en verdad, los testimonios introspectivos son fieles a la realidad, controlar la fidelidad puede ser difícil pero nunca imposible, adoptando precauciones y observando reglas metodológicas.

Nunca debemos renunciar a la introspección, ya que es el único método por el cual se accede a la conciencia y a la vida interior.

2. **Introspección experimental**:

Son reales los peligros de la introspección personal, y peor aún si por analogía con nuestra propia experiencia interpretamos los hechos psíquicos de los demás y con eso construimos una psicología científica. Pero no podemos renunciar a la introspección, por ello Oswald Külpe (1862-1915) en Alemania y Alfred Binet (1857-1911) en Francia comenzaron a aplicar para la investigación psicológica la introspección experimental que se conoce como Método de Würzburgo. Se trata de un método intermedio entre la observación interna y la experimental, por lo que tiene virtudes y defectos de ambas.

Es complejo, al aplicar la introspección experimental, lograr la posibilidad de repetición idéntica e igualdad matemática que poseen los experimentos psicofísicos, por otro lado deberían realizarse experiencias en gran cantidad para poder ver cuántas pueden ser comparadas. Todo esto reduce el método a la observación, pero le da superioridad ante la introspección personal o informativa, ya que, el experimentador no debe esperar que aparezcan en la conciencia determinados hechos sino que puede provocarlos, lo que permite no solo variar las condiciones externas, sino también las condiciones internas psíquicas.

El procedimiento de la introspección experimental consiste en presentar al sujeto una frase, una imagen, una palabra a lo que se llama inductor; el sujeto está ubicado en un espacio oscuro para que no se distraiga con algún estímulo y en una pantalla se proyecta aquello que se usó como inductor o bien se le dice verbalmente. El sujeto debe escribir o decir el inductor y describir lo que le produce internamente. Aplicando el mismo reactivo a varias personas aisladas se pueden comparar resultados. El material recogido se ordena y sistematiza y se pueden obtener conclusiones.

Esta metodología no abarca totalmente a la investigación psicológica, pero sus resultados son válidos y es imprescindible en muchas investigaciones, porque la importancia teórica y científica de la subjetividad es indiscutible.

3. **Observación directa de comportamientos**:

Método científico de la observación y registro sistemático de cuestiones exteriores, manifestaciones, reacciones y conducta del sujeto.

Esta metodología es utilizada de modo especial por la escuela reflexológica rusa de Iván P. Pávlov y por el conductismo americano de John B. Watson, en 1903.

De manera reaccionaria los cultores de estas escuelas manifiestan que la aplicación de esta metodología es la única que podría considerarse científica, dejando de lado el acceso a la conciencia como objeto de la psicología. En realidad, es un método que puede enriquecer las investigaciones con contenidos concretos y positivos.

Es importante tener en cuenta que la observación exige un rigor científico del investigador, fundamentalmente con objetividad y exactitud de los registros.

4. **Métodos comparativos**:

De la observación surgen métodos comparativos para evidenciar analogías entre el comportamiento humano y el animal surgiendo la etología, y también entre la conducta del sujeto primitivo y el sujeto civilizado actual.

En la comparación de la psicología humana con la del animal, se definió "la edad del chimpancé" que corresponde a los primeros momentos del desarrollo del niño/a hasta la adquisición del lenguaje; se ha demostrado que en esos primeros momentos el mono le lleva ventaja al niño, pero a partir de la aparición del lenguaje ya las ventajas del niño son inmensas.

Se han intentado otras comparaciones como el instinto maternal entre animales hembras y mujeres en relación con los hijos e hijas, pero la realidad es que no ha aportado mucho este tipo de métodos a las ciencias sociales.

5. **Método experimental**:

Este método suele desarrollarse en laboratorios y comienza a difundirse a principios del siglo XIX, para investigar procesos sensoriales, de aprendizaje, de reacción.

Se buscan relaciones regulares que se sujeten a una ley y se dan entre variables. Por ejemplo, la relación entre la capacidad de aprender y la edad, que ambas son variables, pero si logramos definir su relación con claridad, obtendremos una ley. Los experimentos son realizados con animales, aunque hay laboratorios que se dedican al estudio experimental de la psicología infantil, social y otras.

El primer laboratorio fue fundado por Wihelm Wundt en 1879 en Leipzig, Alemania, por lo que es considerado el fundador de la psicología experimental. Sus trabajos se centraron en las sensaciones, la visión, por ejemplo, pero también estudió los tiempos de reacción, la atención y la memoria. Si bien Wundt utiliza la introspección para obtener información, considera más valiosos los métodos que incluyen el uso de instrumentos de precisión en el laboratorio. De este modo se logra vincular la teoría a las observaciones empíricas y familiarizar a los psicólogos con el empleo de instrumentos de laboratorio y la introducción de mediciones cuantitativas.

Actualmente los laboratorios psicológicos se equipan con cronómetros, señales electromagnéticas, galvanómetros, estesiómetros, oftalmómetros, laberintos, cajas de Skinner, etc. Obviamente no basta con ello para lograr el valor de los experimentos, estos deben poder ser proyectados para lograr resultados válidos. Es posible una buena experimentación mediante el uso de papel y lápiz, lo que le da importancia al método experimental es la posibilidad de control de laboratorio, si se usa apropiadamente.

6. **Métodos clínicos**:

Con el auge del método experimental a fines del XIX y principios del XX buscando leyes científicas generales, algunos psicólogos propusieron el enfoque opuesto; es decir, un método que se centrara en la singularidad, en las peculiaridades de un organismo individual: este es el método clínico. Busca entender al sujeto de modo particular, profunda y detalladamente, mediante la observación directa y sistemática.

El método clínico tiene como objetivo no tanto la investigación sino la atención y ayuda, viene del griego *kliné,* que significa "cama".

El método experimental nos provee de conclusiones estadísticas y nos brinda orientación previa, pero si queremos dar soluciones a las dificultades o conflictos de un sujeto tenemos que aplicar un método clínico.

Desde fines del siglo XIX se enfrentan ambos métodos. La crítica del experimental al clínico, se basa en que no se puede hacer solo una aplicación práctica de los conocimientos psicológicos y en la falta de validez de los estudios individuales.

Por otro lado, la crítica de los clínicos hacia el método experimental se refiere a la distancia que pone el psicólogo experimental de su objeto de estudio y que el experimento crea una situación artificial que de ninguna manera refleja lo que ocurre en la vida real y además deja de lado el conocimiento de lo individual y subjetivo que es lo esencial al hombre.

Ambas críticas son reales, pero la solución no está en excluir uno u otro método, sino en complementarlos. La realidad es que es necesario conocer la ley general para comprender el caso particular.

Entre los métodos clínicos el **método psicoanalítico de Sigmund Freud** (1856-1939), además de abordar las leyes del dinamismo inconsciente y su poder energético, la influencia de lo inconsciente en la vida consciente, creó el método psicoanalítico que incluye tres técnicas de investigación de lo inconsciente:

- Asociaciones libres.
- Análisis e interpretación de los sueños.
- Estudio de los actos fallidos.

Existen otros métodos clínicos como el método comprensivo, el cognitivo conductual, el evolutivo, que se apoyan en la teoría psicológica correspondiente.

El problema de la medición en la psicología

Surge de la primacía de las aplicaciones matemáticas en las ciencias naturales, lo que condujo a que la psicología intente aplicar procedimientos de medición a los hechos psíquicos; pero como son diversos los hechos psíquicos, han llevado a una multiplicidad de caminos mediante la psicometría.

También con el propósito de encontrar relaciones recíprocas entre las características individuales se incluyen en la psicología los **métodos estadísticos**. Las estadísticas se ocupan de recopilar y analizar datos numéricos y con ellos efectuar deducciones. Además, es lo que dio origen a los tests, tanto de inteligencia como proyectivos, que necesitan para su elaboración también de los métodos estadísticos.

En algunas oportunidades se pone en duda la objetividad de la ciencia psicológica, porque en el principal método de investigación que usa, la entrevista, el observador (psicólogo) es, a la vez, participante. A continuación, citamos una serie de cuestiones centrales vinculadas a la entrevista del libro *Temas de psicología* de José Bleger:[46]

[46] Bleger, J. (1985), ob. cit.

1. El observador participante:

En las ciencias de la naturaleza, según el punto de vista tradicional, la observación científica es objetiva, en el sentido de que el observador registra lo que ocurre, los fenómenos que son externos e independientes de él, con abstracción o exclusión total de sus impresiones, sensaciones, sentimientos y de todo estado subjetivo; un registro de tal tipo es lo que permite la verificación de lo observado por terceros que pueden rehacer las condiciones de la observación. No interesa ahora discutir la validez de este esquema, que ya ha resultado estrecho e ingenuo aún dentro de las mismas ciencias de la naturaleza. Me interesa, en cambio, observar que en la entrevista el entrevistador forma parte del campo, es decir, que en cierta medida condiciona los fenómenos que él mismo va a registrar. Se plantea entonces el interrogante de la validez que pueden tener datos recogidos en esas condiciones.

Tal *summum* de objetividad no se cumple en ningún campo científico, y menos aún en psicología, en donde el objeto de estudio es el hombre mismo. En cambio, la máxima objetividad que podemos lograr solo se alcanza cuando se incorpora al sujeto observador como una de las variables de campo.

Si el observador está condicionando el fenómeno que observa, se puede objetar que en tal caso no estamos estudiando el fenómeno tal cual es, sino en relación a nuestra presencia, con lo cual ya no se hace una observación en condiciones naturales.

A esto se puede responder en forma global, diciendo que este tipo de objeción ya no es válido, porque se basa en una cantidad de supuestos que no son correctos. En forma más particular, veamos algunos de esos supuestos.

¿Qué se quiere decir con la expresión "observación en condiciones naturales"?

Seguramente se refiere a la observación en las condiciones en las que se da realmente el fenómeno. En esto se superponen consideraciones ontológicas con otras de tipo gnoseológico; por las primeras se admite la existencia de un mundo objetivo, que tiene existencia de por sí, independientemente de que sea o no conocido por nosotros. Pero, si nos atenemos a las segundas, somos nosotros los que conocemos, y por ello tenemos que incluirnos necesariamente en el proceso del conocimiento, tal como se da en la realidad. Esta segunda afirmación no invalida de ninguna manera la primera, porque ambas se refieren a cosas distintas: una, a la existencia de los fenómenos, y otra, a la del conocimiento que de ellos se alcanza.

Pero, además, *las condiciones naturales de la conducta humana son las condiciones humanas...* Toda conducta se da siempre en un contexto de vínculos y de relaciones humanas, y la entrevista no es una distorsión de las pretendidas condiciones naturales, sino todo lo contrario: la entrevista es la situación "natural" en que se da el fenómeno que nos interesa justamente estudiar: el fenómeno psicológico. De tal manera, el enfoque ontológico y gno-seológico coinciden y son la misma cosa.

Se podrá, sin embargo, insistir todavía en que la entrevista no tiene validez de instrumento científico porque las manifestaciones del objeto que estudiamos dependen en ese caso de la relación que se establece con el entrevistador y, por lo tanto, todos los fenómenos que aparecen están condicionados por esa relación. Este tipo de objeción deriva de una concepción metafísica del mundo: el suponer que cada objeto tiene cualidades que dependen de su naturaleza interna propia y que determinadas relaciones modifican o subvierten esa pureza ontológica o esas cualidades naturales. Lo cierto es que las cualidades de todo objeto son siempre relacionales; derivan de las condiciones y relaciones en las cuales se halla cada objeto en cada momento.

Cada situación humana es siempre original y única; por lo tanto, la entrevista también lo es, pero esto no solo rige en los fenómenos humanos sino también en los fenómenos de la naturaleza: cosa que ya sabía Heráclito. Esta originalidad de cada suceso no impide el establecimiento de constantes generales, es decir, de las condiciones que se repiten con más frecuencia. Lo individual no excluye lo general, ni la posibilidad de introducir la abstracción y categorías de análisis.

2. La entrevista como un método de investigación:

La entrevista es un campo de trabajo en el cual se investiga la conducta y la personalidad de seres humanos.

(...)

Una entrevista tiene su clave fundamental en la investigación que se realiza en su decurso. Las observaciones que se registran en la misma son siempre en función de hipótesis que va emitiendo el observador (entrevistador). Aclaremos mejor qué se quiere significar con esto. Se postula generalmente de manera muy formal que la investigación consta de etapas netas y sucesivas que se escalonan, una tras la otra, en el siguiente orden: primero interviene la observación, luego la hipótesis y posteriormente la verificación. Lo cierto, sin embargo, es que la observación se realiza siempre en función de ciertos supuestos (...).

(...)

(...) la forma de observar bien es la de ir formulando hipótesis mientras se observa, y en el curso de la entrevista verificar y rectificar las hipótesis durante su transcurso mismo en función de las observaciones subsiguientes, que a su vez se enriquecen con las hipótesis previas. Observar, pensar e imaginar coinciden totalmente y forman parte de un solo y único proceso dialéctico. Quien no utiliza su fantasía será un buen verificador de datos, pero no un investigador.

(...)

El trabajo del psicólogo, del psiquiatra y del médico solo adquieren su real envergadura y trascendencia cuando coinciden la investigación y la tarea profesional porque estas son las unidades de una praxis que resguarda de la deshumanización en la tarea más humana: comprender y ayudar a otros seres humanos. Indagar y actuar, teoría y práctica, deben ser manejadas como momentos inseparables, formando parte de un solo proceso.

(...)

Entrevistador y entrevistado constituyen un grupo, es decir, un conjunto o una totalidad, en la cual sus integrantes están interrelacionados y en el que la conducta de ambos es interdependiente. Se diferencia de otros grupos por el hecho de que uno de sus integrantes asume un rol específico y tiende a cumplir un rol específico y tiende a cumplir determinados objetivos.

La interdependencia y la interrelación, el condicionamiento recíproco de sus respectivas conductas, se realiza a través del proceso de comunicación, entendiéndose por tal el hecho de que la conducta de uno (consciente o no) actúa (en forma intencionada o no) como estímulo para la conducta del otro, y a su vez esta última reactúa en calidad de estímulo para las manifestaciones del primero. En este proceso la palabra juega un rol de enorme gravitación, pero interviene también activamente la comunicación paraverbal: gestos, actitudes, timbre y tonalidad de la voz, etcétera.

(...)

La investigación científica del instrumento mismo ha conducido a que la entrevista incorporara algunas de las exigencias del método experimental; pero también ha conducido a que la entrevista psicológica en general constituya un instrumento de observación en condiciones controladas o, por lo menos, en condiciones conocidas. De esta manera, la entrevista puede ser considerada, en cierta medida, de la misma manera que el tubo de ensayo para el químico, según una comparación feliz de Jung.

> De esta teoría de la técnica de la entrevista (que seguiremos desarrollando) dependen las reglas prácticas o empíricas; esta es la única forma racional de comprenderlas, aprenderlas, aplicarlas y enriquecerlas.
>
> (...)
>
> Especialmente, la entrevista no puede suplir el conocimiento y la investigación de carácter mucho más extenso y profundo que se logra, por ejemplo, en un tratamiento psicoanalítico, el cual, en el curso de un tiempo prolongado, permite la emergencia y manifestación de los núcleos y segmentos más diferentes de la personalidad.
>
> Para obtener el campo particular de la entrevista que he reseñado, debemos contar con un encuadre fijo, que consiste en *una transformación de cierto conjunto de variables en constantes.* Dentro de este encuadre se incluyen no solo la actitud técnica y el rol del entrevistador tal como lo he reseñado, sino también los objetivos, el lugar y el tiempo de la entrevista. El encuadre funciona como una especie de estandarización de la situación estímulo que ofrecemos al entrevistador, y con ello pretendemos no que deje de actuar como estímulo para él, sino que deje de oscilar como variable para el entrevistado.[47]

Aportes de diferentes métodos científicos de investigación

Según José Bleger,[48] la psicología es una ciencia y como tal se vale de una metodología específica para la investigación de las complejidades del comportamiento humano. Según este autor, este procedimiento se basa en una serie de reglas prácticas y empíricas, las cuales, a su vez, encuentran su fundamento en investigaciones aportadas por diferentes métodos científicos de investigación:

a. **Psicoanálisis**:

- Freud descubrimiento del ASI - desmentida de la teoría - histeria femenina.
- Cartas de Freud.

El psicoanálisis no solo investiga la conducta externa sino la dimensión inconsciente del comportamiento humano. Se basa en la recopilación de datos de la vida de la persona y en la obtención de datos respecto del comportamiento que desarrolla en el contexto

[47] Ídem.

[48] Bleger, J. (1967) Capítulo 6: "Psicoanálisis del encuadre psicoanalítico", en *Simbiosis y ambigüedad*, ob. cit.

de la entrevista. Investiga el origen de la conducta humana a través de las manifestaciones del inconsciente, tales como:

- Síntomas.
- Asociaciones libres.
- Sueños: leyes de condensación y desplazamiento - censura.
- Actos fallidos.
- Resistencia.
- Transferencia y contratransferencia.
- Mecanismos de defensa: desplazamiento, sublimación, represión proyección, negación, desmentida, regresión, formación reactiva, etcétera.

b. **Semántica topológica**:

La topología es una rama de las matemáticas que centra su estudio en los razonamientos matemáticos; es decir, no le interesan los significados concretos sino las propiedades de los cuerpos geométricos y la interconexión que se puede observar entre ellos. Esta ciencia pone el acento en el análisis de datos que surgen de la comparación de los objetos; compara la proximidad, la consistencia, el tamaño, la conectividad, etc. Así, la topología analiza los subconjuntos de un conjunto determinado investigando las reglas de la unión y la intersección de los objetos dentro de un determinado espacio.

Existen diferentes tipos de topologías que se aplican a diferentes campos (análisis matemáticos, geometría algebraica, estadística, geometría fractal, etc.); pero también, por carácter transitivo, tiene aplicaciones directas sobre la biología, la sociología, el arte, y sobre la psicología. De esta manera, el uso de reglas y leyes de la topología pueden aplicarse a múltiples campos dentro de la psicología; entre ellos, en lo que se refiere al estudio del lenguaje. En este aspecto, por ejemplo, podemos mencionar a la semántica topológica.

La semántica topológica es un método que da cuenta de cómo se estructura y se vincula el lenguaje humano con el cerebro y con la estructura neuronal. Así, por ejemplo, en el lado izquierdo del cerebro hay dos áreas que se corresponden a dos tipos de fenómenos diferentes: a) los correspondientes a la semántica o significados de las palabras (área de Wernicke), y b) los correspondientes a la sintaxis o gramática (área de Broca); ambos fenómenos asociados a la estructura y el armado de las oraciones.

La psicología como ciencia se basa, entre otras cosas, en el estudio profundo del lenguaje humano, cuya función de comunicación surge a partir de sistemas dinámicos complejos en los que intervienen distintas áreas cerebrales, en las cuales además se incluye la percepción y las emociones. De este modo, la lingüística ha sido desde siempre un tema estudiado por numerosos investigadores desde principios del siglo pasado, y sobre esta se basa gran parte de los fundamentos del psicoanálisis.

c. **Lingüística**:

La lingüística es la ciencia que estudia el lenguaje humano y, como decíamos anteriormente, está íntimamente relacionada con la psicología.

En este aspecto, el lingüista Ferdinand de Saussure[49] ha hecho en 1916 un gran aporte a la psicología al conceptualizar el signo lingüístico (representación de la realidad a través de una imagen acústica o palabra –escrita o vocalizada– que sustituye a la realidad) como una entidad que, en realidad, tiene dos componentes: el significado y el significante.

De esta manera, podemos entender que cada signo está compuesto de un significante, que sería el sonido (imagen acústica) de una determinada palabra, con sus letras ("árbol"); y el significado, o sea, su concepto (huella psíquica y representación mental de lo que, en este caso, un "árbol" es (imagen).

La relación entre el significante (palabra) y su significado o concepto es arbitraria y puede variar de individuo en individuo, según sus experiencias.

d. **El psicoanálisis estructural de Lacan**:

A partir del aporte de Saussure y teniendo en cuenta que el rasgo distintivo del ser humano es el lenguaje, Jacques Lacan[50] ampliará la teoría del psicoanálisis y en 1956 dirá que la mente se estructura en base a significantes que van cambiando de significados; aunque, irá más allá. Respecto de esto, Bleger dice:

> Si para Saussure los significantes eran palabras, para Lacan no solo las palabras, sino también los objetos, las relaciones y los síntomas pueden ser vistos como significantes… Un significante es tal cosa

[49] Saussure, F. (1945) *Curso de lingüística general*, Buenos Aires: Losada.

[50] Lacan, J. (1956) *El seminario 4: La relación de objeto*, Buenos Aires: Paidós.

> cuando ha sido inscrito en el orden de lo simbólico. Solo en este orden el significante puede adquirir un sentido, un significado que se va estableciendo a través de la relación con otros significantes y del contraste de sus diferencias y similitudes.[51]

O sea, las palabras, los objetos, las relaciones, los síntomas (significantes) carecen de significado en sí mismos, no tienen un significado único, sino, por el contrario, su significado puede variar no solo en diferentes personas sino en un mismo sujeto, dependiendo de la cadena de significantes (palabras, pensamientos) con las que se los vaya asociando.

Así, de un modo muy simplificado, el gran aporte del psicoanálisis como ciencia fue entender la estructura de la mente humana y sus complejidades a partir del análisis del discurso desde dos niveles: a) el nivel consciente o superficial y, b) el nivel inconsciente o profundo.

El psicoanalista oficiaría como una especie de traductor entre lo que la persona dice de forma literal y lo que, en realidad, está diciendo desde un nivel más profundo, desde el inconsciente, de manera metafórica y/o tamizada por una serie de mecanismos de defensa.

e. **Gestalt**:

Su aporte fundamental es la comprensión de la entrevista como un todo en el cual no solo se centra la atención sobre el comportamiento del entrevistado sino, además, toma al entrevistador y a todo el contexto general de la entrevista.

f. **Conductivismo**:

Su aporte más importante es la observación del comportamiento. Por ello la entrevista se puede realizar en condiciones metodológicas más estrictas, pasando a ser un instrumento científico.

El estudio científico de la entrevista (la investigación del instrumento) ha reducido su proporción de arte e incrementado su operancia y manejo como técnica científica.

Otras técnicas de investigación del inconsciente

Además de las técnicas propuestas desde el psicoanálisis, existen otros métodos de investigación. Por ejemplo:

[51] Bleger, J. (1967) Capítulo 6: "Psicoanálisis del encuadre psicoanalítico", en *Simbiosis y ambigüedad*, ob. cit.

Técnicas psicométricas, los tests

Un test mental es una situación experimental estandarizada que se usa como estímulo para un comportamiento. Ese comportamiento se evalúa por comparación estadística con el de otros en la misma situación, esto permite clasificar al sujeto examinado, tanto cuantitativa como tipológicamente.

Esto significa que:

- Se trata de una situación experimental estandarizada que debe ser reproducida idénticamente para todos los sujetos (el mismo ambiente, el mismo material e iguales consignas).
- Dicha situación debe provocar un comportamiento preciso y objetivo (escribir, dibujar, hablar, etc.).
- El comportamiento provocado es evaluado estadísticamente, es decir, en relación con el comportamiento de un grupo de individuos ante el mismo estímulo.

Hasta la Primera Guerra Mundial el método de los tests mentales quedó limitado a los tests de inteligencia y de aptitudes, aplicados a la educación y a la orientación profesional. En 1917 Estados Unidos tuvo que reclutar rápidamente su ejército y elegir la oficialidad. Para ello se decidió aplicar tests mentales. Un grupo de psicólogos establecieron una batería de tests completada por una escala de medida de la inteligencia, que constituyeron los *Army Tests*.

La necesidad de que los instrumentos de medición psicológica abarcaran el estudio total del hombre, posibilitó el desarrollo de los tests de personalidad, ampliando el campo de aplicación particularmente a la industria y a la medicina.

La principal cualidad de los tests mentales es la confiabilidad, que se obtiene porque si aplicamos el mismo test al mismo sujeto dos veces seguidas vamos a obtener el mismo resultado.

Estandarización de tests

Las distintas técnicas de investigación de la personalidad humana y los distintos tests psicológicos no son inventados de forma azarosa; lejos de ello, surgen a partir de investigaciones basadas en casos reales, mediante centenares de datos estandarizados a lo largo de muchos años por equipos de investigadores en las mejores universidades del mundo y por profesionales de altísimo prestigio.

Algunas de las técnicas más utilizadas en las evaluaciones del abuso sexual en la infancia son:

a. **Técnicas gráficas**:
- o Dibujo Libre.
- o Dibujo Espontáneo.
- o Familia Kinética, actual y prospectiva.
- o Familia de Animales.
- o Árbol.
- o Casa, árbol y Persona (HTP).
- o Dos Personas.
- o Serie de Árboles.
- o Árbol de Fantasía.
- o Persona Bajo la Lluvia.

b. **Técnicas lúdicas**:
- o Hora de Juego Diagnóstica.
- o Familia de Animales con juguetes.
- o Técnica del Lorito.
- o Caja de Arena.
- o Las Fotos de mi Familia.
- o Aldea Imaginaria.

c. **Técnicas verbales:**
- o Entrevista Libre y Semidirigida.
- o Cuestionario Desiderativo.
- o Inventario de Frases.

d. **Técnicas temáticas**:
- o Pata Negra.
- o CAT.

e. **Técnicas constitutivas**:
- o Test de Manchas.
- o Técnica de Completamiento de Dibujos.

Interpretación de los materiales de prueba

Respecto de la interpretación de los materiales de prueba, Cattáneo repasa los aportes de L'Abate (1967), Klopfer (1975),

Fernández Ballesteros (1998) y Korchin (1996) sobre el tema de las inferencias, las cuales se dan en cuatro niveles:[52]

1. Nivel I:

Se interpreta lo observado en un segmento de conducta manifiesta, ya sea en un dibujo, en una historia, en una respuesta perceptiva, en el discurso, etc. como forma de su comportamiento habitual. Implica un mínimo nivel de inferencia y esas observaciones se pueden corroborar con otros datos aportados por el mismo sujeto, por familiares y por otras personas.
Ejemplo: en la técnica gráfica de Familia Kinética, el sujeto no se dibuja a sí mismo. A partir de ese indicador el psicólogo infiere una situación familiar adversa. Es fácilmente comprobable.

2. Nivel II:

Implica un nivel de mayor abstracción. La información obtenida a través de datos manifiestos se generaliza en categorías descriptivas más amplias.
En el ejemplo anterior, el sujeto no se dibuja a sí mismo por la ansiedad y la tensión que le genera el entorno familiar.

3. Nivel III:

A la conducta manifiesta del sujeto se le interpreta como expresión de un rasgo intrapsíquico que lo contiene.
En el ejemplo dado, el psicólogo puede hipotetizar que la omisión del sujeto estaría expresando el choque con figuras parentales frustrantes. Siguiendo una línea interpretativa se deduciría que puede desplazar ese conflicto a otras figuras de autoridad.

4. Nivel IV:

Los datos de las conductas se integran y se organizan alrededor de una teoría de la personalidad.

Continuando con el ejemplo citado: el sujeto se omite debido a la rivalidad con la figura parental masculina por falta de resolución satisfactoria del Complejo de Edipo.[53]

[52] L'Abate, L. (1967) *Principios de psicología clínica*, ob. cit.; Klopfer, WG. (1975) *El informe psicológico*, Buenos Aires: Tiempo Contemporáneo; Fernández Ballesteros, R. (1998) *Introducción a la evaluación psicológica I*, Madrid: Pirámide; Korchin, SJ. (1996) citado por Kirchner, T.; Torre, M. y Forns, M. en *Aportaciones conceptuales y metodológicas a la evaluación psicológica*, Barcelona. Citados en Cattáneo, BH. (2015) *Informe psicológico*, ob. cit.

[53] Cattáneo, BH. (2015) *Informe psicológico*, ob. cit.

Capítulo 2

Psicodiagnóstico y evaluación forense

Existe una discusión que se manifiesta en el campo de nuestra ciencia referida a la diferencia entre una evaluación forense y una evaluación psicodiagnóstica. Este planteo deja de lado lo más importante: el niño, niña o adolescente víctima del delito. La disputa entre ambas "sigue siendo una cuestión de adultos, no de niños/as víctimas" o de importancia o primacía de una u otra especialidad dentro de nuestra ciencia.

Limitaciones de la evaluación forense

Comprendemos algunas de las limitaciones que pueda tener una evaluación forense, pero también sabemos que puede ser mejorada con capacitaciones adecuadas, con la ideología de protección de los derechos del niño, y con la independencia para determinar las maneras de actuar que desarrollen los peritos; todo esto todavía depende del departamento judicial, del fuero, y por sobre todo, de las personas que formen parte del espacio.

Se trata de una falacia sostener las diferencias que pretenden encontrar algunos entre una evaluación clínica y una evaluación forense; las técnicas utilizadas son las mismas, las diferencias no están en la ciencia psicológica sino en la forma de interpretar la sintomatología que presentan los niños/as víctimas.

Lo más importante es la capacitación y experticia que posean los profesionales encargados de realizar las evaluaciones forenses, teniendo en cuenta lo traumáticas que pueden resultar para los niños/as que deben atravesar procesos judiciales, que se suma a lo traumático de lo vivido en la agresión sexual.

Esta discusión tiene también un objetivo mucho más oscuro, que es dudar de la psicología y no considerarla una ciencia que pueda brindar herramientas para determinar la existencia o inexistencia de secuelas de abusos sexuales contra NNyA. Esta postura está avalada, sostenida y difundida por organizaciones que reúnen a maltratadores, abusadores y pedófilos, nucleados para obtener estrategias exculpatorias bajo el falso lema de defender los derechos de NNyA, y considerarse ellos como los pobres padres que no pueden ver a sus hijos. Por supuesto, sin mencionar que casi todos tienen medidas de prohibición de acercamiento, perimetrales, o están procesados en causas penales por sospecha de abuso sexual o violencia de género.

Por lo tanto, debemos analizar si realmente existen diferencias entre una psicología forense y una psicología clínica, que no sea la limitación del objeto de la primera y la amplitud de la segunda. En ambos casos es fundamental la capacitación y especialización teórica, sin olvidar la práctica necesaria para aplicarlas.

Conceptos sobre el abuso sexual en la infancia

A continuación, repasaremos algunos conceptos en relación con el abuso sexual en la infancia:

Definición de ASI

El abuso sexual en la infancia es una de las formas más severas del maltrato a niñas, niños y adolescentes y en nuestro país como en muchos otros constituye un delito penalizado por la ley.

Se considera abuso sexual en la infancia a involucrar al niño en actividades sexuales que no llega a comprender totalmente, para las cuales no está en condiciones de dar consentimiento informado, o para las que está evolutivamente inmaduro y tampoco puede dar consentimiento, o en actividades sexuales que transgreden las leyes o las restricciones sociales.

El abuso sexual ocurre cuando el NNoA es utilizado para la estimulación sexual de su agresor (un adulto conocido o desconocido, un pariente u otro NNoA) o la gratificación de un observador. Abarca a toda interacción sexual en la que el consentimiento no existe o no puede ser dado, independientemente de si el NNoA entiende la naturaleza sexual de la actividad e incluso cuando no muestre signos de rechazo, haya o no contacto físico.[54]

[54] Unicef (2016) *Abuso sexual contra niños, niñas y adolescentes: Una guía para tomar acciones y proteger sus derechos*, Buenos Aires, p. 7.

Dinámica del abuso sexual

El abuso sexual se manifiesta en actividades entre un niño y un adulto, o entre un niño y otro que, por su edad o por su desarrollo, se encuentra en posición de responsabilidad, confianza o poder. Estas actividades –cuyo fin es gratificar o satisfacer las necesidades de la otra persona– abarcan, pero no se limitan a: la inducción a que un niño se involucre en cualquier tipo de actividad sexual ilegal, la explotación de niños a través de la prostitución o de otras formas de prácticas sexuales y la explotación de niños en la producción de materiales y exhibiciones pornográficas.

El contacto sexual entre un adolescente y un niño o una niña más pequeños, también puede ser abusivo si hay una significativa disparidad en la edad, el desarrollo, el tamaño o si existe un aprovechamiento intencionado de esas diferencias.

Será importante, a los fines de constatar o descartar el abuso, evaluar si la diferencia de edad, desarrollo o conocimiento colocó al agresor en una posición de dominio, poder, control o sometimiento sobre el NNoA víctima.[55]

Dicha evaluación debe ser realizada por un equipo especializado, que habrá de impulsar inmediatamente las medidas de protección pertinentes para ambos NNoA, y realizar –cuando constate el abuso– la correspondiente denuncia penal.

Mitos

Existen una serie de mitos en relación con el ASI, algunos de los cuales aún hoy en día alimentan las hipótesis sobre las que algunos psicólogos forenses parten a la hora de hacer su investigación:

- Los abusos sexuales infantiles son infrecuentes.
- Hoy ocurren más abusos que antes.
- Todos los maltratos son iguales.
- Los maltratos solo ocurren dentro de la familia.
- Si ocurrieran en nuestro entorno, nos daríamos cuenta.
- El incesto ocurre en familias desestructuradas o de bajo nivel sociocultural.
- El abuso sexual infantil está casi siempre asociado a la violencia física.

[55] Müller, MB. (2015) *Abuso sexual en la infancia. Mitos, construcciones e injusticias: el éxito judicial del falso síndrome de alienación parental*, Buenos Aires: Maipue, pp. 17 y 55.

- Son exclusivamente hombres.
- Los hombres son incapaces de controlar sus impulsos sexuales.
- El alcohol y el abuso de drogas son causas de los maltratos infantiles y de la violencia familiar.
- El agresor es un perturbado mental, un enfermo psiquiátrico o personas con un elevado grado de desajuste psicológico.
- Nunca son los padres. Los agresores son casi siempre desconocidos.
- La víctima conoce consciente o inconscientemente que "aquello" está sucediendo.
- La víctima denunciará cuando se dé cuenta.
- La esposa rechaza al marido sexualmente y este se ve obligado a relacionarse sexualmente con la hija.
- Las víctimas son culpables de lo que les ocurre. Pueden evitar los abusos.
- Los NNyA fantasean, inventan historias y dicen mentiras, como haber sido abusados sexualmente. Lo hacen para captar la atención de las personas adultas sin prever las consecuencias.
- Son víctimas las niñas, pero no los niños.
- Les ocurre a las niñas que se lo buscan (por ejemplo, a niñas que están en la calle a horas que tendrían que estar en casa).
- Los niños que han sido maltratados se convertirán en agresores cuando sean adultos.
- Los efectos son siempre muy traumáticos.
- Los efectos no suelen tener importancia.
- Solo es grave si hay penetración.
- Cuando la relación es profundamente amorosa el abuso sexual no es perjudicial.
- No es obligatorio denunciar a los agresores.
- El niño/a perderá a su familia y el remedio será peor que la enfermedad.
- La privacidad es un asunto de cada familia y nadie se ha de meter.
- Si se denuncia se pierde la buena relación educativa o terapéutica con el niño/a o la familia.
- Todos los maltratos requieren una intervención similar pues se producen por causas muy parecidas.

- Tratando a la familia se va hacia la curación del incesto.
- El abuso sexual y el resto de los maltratos son algo inevitable.[56]
- Uno de los mitos más difundidos son las supuestas fallas en la memoria que impiden a la víctima recordar su trauma.

Memoria y trauma

Existen numerosos estudios que señalan que las situaciones traumáticas quedan grabadas a fuego en el inconsciente y deben ser elaboradas, ya que, lo que no se elabora, se repite y determina una serie de secuelas que, a medida que el niño/a crece, van aumentando en gravedad llegando a extremos como el suicidio o la locura.

La clínica psicoanalítica, en forma general, registra la intensidad de la frustración vigente, es decir, la realidad operando como factor actual, en torno a manifestaciones sintomáticas que podemos agrupar bajo dos conceptualizaciones psicopatológicas; trauma y estrés.

La palabra "trauma" procede del griego y significa "herida" que, derivando de otra cuyo sentido es "perforar", hablaría en rigor de una herida por efracción. Así se la utiliza en medicina junto con "traumatismo", aplicado este a "... las consecuencias sobre el conjunto del organismo de una lesión resultante de una violencia externa" (Laplanche y Pontalis).[57]

Entendemos, entonces el **trauma** como el resultado de un acontecimiento en la vida del sujeto que ha provocado una herida caracterizada por su intensidad que provoca trastornos duraderos en su organización psíquica.

El concepto de trauma freudiano encierra las significaciones aportadas por la tradición médica y remite a la explicación de los mecanismos de funcionamiento del aparato psíquico desde un punto de vista de su economía, ya que se trata de un incremento de excitaciones de características excesivas para la tolerancia del aparato psíquico, al decir de Freud en 1917:

> En realidad, ya el término "traumático" no posee sino un tal sentido económico, pues lo utilizamos para designar aquellos sucesos que, aportando a la vida psíquica, en brevísimos instantes, un enorme

[56] Bianco, M.; Wachter, P.; Chiapparrone, N.; Müller, MB. (2016) *Abuso Sexual en la Infancia: guía para orientación y recursos disponibles en CABA y Provincia de Buenos Aires*. Actualización, Buenos Aires: Fundación para el Estudio e Investigación de la Mujer - FEIM.

[57] Laplanche, J.; Pontalis, JB. (2004) *Diccionario de psicoanálisis*, Barcelona: Labor.

incremento de energía, hacen imposible la supresión o asimilación de la misma por los medios normales y provocan de este modo duraderas perturbaciones del aprovechamiento de la energía.[58]

Para pensar las consecuencias que el abuso sexual tiene en el psiquismo, consideraremos los desarrollos freudianos acerca del trauma.

El trauma es entendido como una masa de excitación que irrumpe de forma abrupta en el aparato psíquico, desbordando su capacidad para procesarlo. Ante esto, el psiquismo intenta procesar esas cantidades a través de la repetición. También se piensa lo traumático a partir del segundo dualismo pulsional, como aquello que en el aparato no está ligado a representaciones (llamado pulsión de muerte).

El abuso sexual consiste, a nuestro entender y el de otros autores, en un episodio que, por la magnitud del estímulo y la incapacidad de procesamiento psíquico, resulta traumático para el psiquismo del niño, niña o adolescente, del cual se desprende como mecanismo, la repetición, el hacer activo lo vivido pasivamente, como intento de ligar dichas cantidades.

Sin embargo, la repetición no es la única manera de procesar lo traumático; es más, cabría aclarar que la repetición puede implicar tanto lo activo como lo pasivo, en este sentido, repetir el lugar de víctima.

Una forma de procesamiento también puede estar favorecida por las actividades que pongan en juego la sublimación de la pulsión, y también la simbolización, es decir, buscar vías de significar y representar lo acontecido.

En la actualidad, la categoría gnosográfica de trastorno por estrés postraumático que se encuentra en el DSM-5 (*Manual de diagnóstico y estadístico de los trastornos mentales*) describe fenomenológicamente las secuelas del abuso sexual en la infancia.[59]

Tipos de comportamientos sexuales

A continuación, compartimos definiciones y efectos del abuso sexual en la infancia según la tipología propuesta por Irene Intebi:[60]

[58] Freud, S. (1917) "Lección XVIII. La fijación al trauma". Citado en Müller, MB. (2015) *Abuso sexual en la infancia*, ob. cit.

[59] Asociación Americana de Psiquiatría (2014) DSM-5®, ob. cit.

[60] Intebi, I. (2007) *Valoración de sospechas de abuso sexual infantil*, Cantabria: Dirección General de Políticas Sociales [Documentos Técnicos].

Los comportamientos sexuales inadecuados y abusivos abarcan una amplia variedad de acercamientos. Es importante resaltar que para que ocurran actos abusivos no es necesario el contacto físico ni que haya penetración.

a. **Comportamientos sexuales sin contacto físico**:
   - Comentarios sexualizados hacia el niño o la niña (lo más frecuente es que se realicen en su presencia; sin embargo, el agresor puede realizar comentarios obscenos por teléfono, notas o cartas).
   - Exhibición de genitales frente al niño o la niña llegando, a veces, incluso a masturbarse delante de él o ella.
   - Voyeurismo (espiar la intimidad del niño, niña o adolescente).
   - Exhibición de materiales pornográficos al niño, niña o adolescente (libros, revistas, películas, videos).
   - Inducción a que el niño, niña o adolescente se desnude o se masturbe delante del agresor.

b. **Comportamientos con contacto sexual** (por encima o por debajo de la ropa):
   - Tocamientos en las partes íntimas (genitales, glúteos, pechos).
   - Inducción a que el niño, niña o adolescente realice tocamientos al agresor.
   - Frotamiento de los genitales del agresor contra el cuerpo o la vestimenta del niño, niña o adolescente.

c. **Penetración digital o con objetos**:
   - Agresor introduce su dedo en vagina o en ano.
   - Agresor induce al niño, niña o adolescente a introducir su/s propio/s dedo/s en vagina o en ano.
   - Agresor introduce algún elemento en vagina o en ano.
   - Agresor induce al niño, niña o adolescente a introducir algún elemento en vagina o en ano.

d. **Sexo oral** (niño/a practica sexo oral a agresor o agresor lo realiza con el niño/a o las dos modalidades):
   - Besos de lengua.
   - Succionar, besar, lamer o morder pechos.
   - Cunnilingus (lamer, besar, chupar o morder la vagina o colocar la lengua en el orificio vaginal).
   - Felaciones (lamer, besar, chupar o morder el pene).
   - Anilingus (lamer, besar el orificio anal).

e. **Penetración peneana**:

- Coito vaginal.
- Coito anal.
- Coito con animales.

Contexto en el que ocurren los abusos sexuales

Es necesario que los técnicos que intervienen en estos casos conozcan que los abusos sexuales a niños, niñas y adolescentes pueden ocurrir en múltiples contextos. Estos contextos no son mutuamente excluyentes y, con alarmante frecuencia, pueden superponerse.

a. **Abusos sexuales en un contexto diádico**: el contexto en el que los abusos ocurren con mayor frecuencia consta de dos personas: víctima y agresor.

b. **Sexo grupal**: consiste en que a) varias víctimas son agredidas por una sola persona; b) varias personas agreden a una víctima; o c) varias personas agreden a varias víctimas. Estos comportamientos pueden ocurrir en contextos familiares o extrafamiliares.

c. **Rondas de sexo**: es una forma de sexo grupal, por lo general organizada por pedófilos con el fin de contar con fácil acceso a niños y niñas para utilizarles sexualmente y, a veces, para obtener beneficios. Las víctimas pueden ser reclutadas por el pedófilo o por otros miembros de la "ronda". Pueden tener estructuras muy simples o ser altamente sofisticadas.

d. **Explotación sexual**: consiste en la utilización de niños, niñas o adolescentes para pornografía o para prostituirles.

e. **Pornografía**: puede ser producida por familiares, personas conocidas o por profesionales para uso personal, la comercialización o la venta a pequeña o a gran escala. Puede utilizarse para chantajear a las víctimas. La producción puede ser a nivel nacional, internacional o local. La comercialización de pornografía es muy lucrativa y no requiere de inversiones muy costosas para elaborar los materiales. Además, es muy difícil de rastrear. Puede involucrar a un solo niño o niña o a varios en poses provocativas o realizando actos sexuales entre ellos y ellas o con personas adultas.

f. **Prostitución**: promovida por los padres, parientes, conocidos o personas que ganan dinero explotando a los niños y niñas. Adolescentes fugados de sus hogares o abusados previamente pueden prostituirse sin depender de ningún adulto. Los adolescentes varones suelen prostituirse de manera independiente mientras que las chicas se implican en situaciones en las que otras personas controlan sus contactos con los clientes.

g. **Abuso ritual**: es una situación recientemente identificada y bastante polémica. Resulta muy difícil de probar y algunos profesionales dudan de su existencia. Ocurre en contextos donde el sistema de creencias (con distinto grado de complejidad y/o justificación), entre otras cosas, promueve el contacto sexual con niños o niñas generalmente como parte de los rituales. Al haber pocas confesiones al respecto, la motivación subyacente es bastante incierta.

Diferenciar clases de abusos

a. **Abuso intrafamiliar**:

- Hace referencia al abuso perpetrado por un miembro de la familia de la víctima.

b. **Abuso extrafamiliar**:

Hace referencia al abuso perpetrado por una persona que no pertenece a la familia de la víctima (amigos, vecinos, profesores, docentes, profesionales, etc. generalmente se trata de una persona conocida por la víctima, en quien esta tiene confianza).

c. **Incesto**:

La prohibición del incesto es una ley que se hace presente, aunque con diferentes matices, en todas las culturas conocidas.

La ley de prohibición del incesto regula toda una serie de lazos familiares, y su transgresión ha implicado e implica la existencia de un castigo. En nuestra sociedad, sobre quien transgrede esta ley, cae un castigo no solo penal, sino también una condena social (castigo simbólico).

Las víctimas de incesto tienen graves consecuencias psicológicas; por lo cual ser violado por el padre o madre configura un grado de victimización que se diferencia de ser violado por un familiar lejano o por un desconocido.

No puede dejar de señalarse el carácter siniestro que conlleva el incesto, en donde aquello que debería aparecer como familiar, cotidiano (*heimlich*), de pronto se presenta como inquietante provocando un terror atroz (*unheimlich*).

Diferenciar el abuso sexual en la infancia del ataque sexual

El ataque sexual es un único episodio perpetuado mediante un acto violento. Es lo que comúnmente denominamos violación callejera. En cambio, el abuso sexual en la infancia o adolescencia es un proceso, que conlleva diferentes momentos a lo largo de un período de tiempo que puede ser más o menos largo, según el agresor, la edad de la víctima, el contexto en el que se da la agresión, el tipo de vínculo, etcétera.

Este proceso consta de momentos que denominamos fases o etapas:

1. Fase de captación.
2. Fase de interacción sexual.
3. Fase del secreto.
4. Fase del develamiento.
5. Fase de supresión o retractación.

Relato del suceso

Como hemos mencionado anteriormente, se calcula que solo entre el 23 y el 25% de los niños/as se atreve a hablar y a pedir ayuda, el resto calla y tiene miedo de hablar por: 1) pánico, 2) amenazas de muerte de su agresor, 3) porque desconoce que eso que le hicieron está mal, 4) porque son muy pequeños y aún no saben nombrar las partes anatómicas ni saben de la diferencia sexual, 5) por mecanismos de defensa (disociación, negación, desmentida = justificación, proyección, identificación con el agresor, etcétera).

Tampoco hablan por las secuelas propias del estrés postraumático, el cual se caracteriza por: 1) olvido del trauma (represión en el sistema inconsciente), 2) querer evitar recuerdos, 3) por miedo, vergüenza, culpa, etcétera.

Los sobrevivientes quedan con una multitud de secuelas, no solo físicas, sino, además, psicológicas y emocionales, conductuales, relacionales, etcétera.

Sin embargo, y a pesar de todo, los niños/as víctimas sí hablan y sí piden ayuda; aunque, en su propio idioma. El idioma de los niños incluye: 1) lenguaje verbal caracterizado por los simbolismos y neologismos), 2) lenguaje lúdico, 3) lenguaje gráfico, 4) lenguaje corporal, 5) lenguaje paraverbal, etcétera.

Como hemos estado viendo, no podemos pretender que el niño/a nos relate su trauma de la manera en que lo haría un adulto; somos los profesionales quienes tenemos la obligación de estudiar el modo en que ellos se expresan.

Diferencias entre investigación forense y psicodiagnóstica

Teniendo en cuenta lo antedicho, podemos observar que existe una gran diferencia en los resultados de lo que se puede investigar a través de una pericia forense, que cuando se estudia al niño/a desde una evaluación psicodiagnóstica clínica profunda.

Debemos evaluar las variables en las que se da una investigación psicológica forense y una investigación psicodiagnóstica.

Investigación psicológica forense

Se caracteriza por:

- **Tiempo en el que se evalúa al niño/a**: se suele evaluar a los niños/as en un corto período de tiempo; frecuentemente, en dos o tres encuentros de no más de 45 minutos cada uno.
- **Contexto**: en muchas ocasiones, los niños/as suelen ser evaluados en contextos edilicios poco amigables. Generalmente, los peritos psicólogos oficiales del Cuerpo Técnico Auxiliar encargados de realizar la evaluación psicológica forense deben trabajar en habitaciones judiciales que hacen de consultorio, y las cuales, muchas veces, suelen caracterizarse por ser oscuras, frías y minimalistas en su decoración.
- **Materiales**: si bien se debe usar hojas, pinturas, muñecos con diferentes clases de simbolismos, la realidad es que lo que se observa en la práctica es que se usan pocos o ninguno de estos materiales.
- **Técnicas y tests inadecuados**: frecuentemente, los profesionales encargados de hacer las evaluaciones en el ámbito judicial no están capacitados para evaluar a niños/as pequeños; es más, casi ninguno de ellos tiene estudios de postgrado en psicología profunda de niñas y niños, ni tampoco ha trabajado en la clínica con casos de abuso sexual en la infancia.
- **Actitud e ideología del profesional**: desde el ámbito forense, generalmente, se duda de la veracidad de las denuncias, y hable o no hable el niño/a víctima de lo que le hicieron, se suele desestimar de entrada su relato como producto de fantasías o consecuencia de las peleas entre su padre y su madre, por ejemplo.
- **Confianza del niño/a**: los niños/as tienen la capacidad de percibir cuando no son creídos; y este hecho hace que no tengan confianza en el profesional que los entrevista o evalúa, con lo cual, finalmente terminan no relatando lo que les sucedió.

Investigación psicodiagnóstica

Se caracteriza por:

- **Tiempo en que se evalúa al niño/a**: un psicodiagnóstico profundo del niño/a requiere mucho más tiempo y flexibilidad; si bien lo común es que se realice en un lapso de entre seis y diez sesiones, según sea el caso, ese lapso de tiempo se puede llegar a extender a más entrevistas, dado que se respeta ante todo los tiempos subjetivos del niño/a víctima para animarse a hablar de su secreto (vale recordar, estos niños/as han sido amenazados de muerte por sus agresores, como una forma de manipularlos para que no cuenten nada de lo que les hicieron).
- **Contexto**: el niño/a es evaluado en un ambiente lúdico y acorde a su edad y etapa psicoevolutiva para que pueda sentirse motivado a cumplir con las consignas propias y correspondientes a su evaluación.
- **Materiales**: se usan múltiples cajas de juegos, muñecos con simbolismos adecuados al abuso sexual en la infancia; por ejemplo, muñecos y títeres de personajes y animales que representen al agresor, a la agresora, al niño/a, a personas con distintos roles; también, se suele contar con materiales escolares de toda clase como hojas, lápices de colores, témperas, brillantinas, masas, distintos tipos de disfraces y juegos, etcétera.
- **Técnicas y tests**: a la hora de administrar una técnica y/o un test se tiene en cuenta que sean adecuados a cada etapa evolutiva; y se considera el grado de motivación que pueda tener el niño/a.
- **Actitud e ideología del profesional**: el profesional trata de evitar tener una actitud formal y gestos que puedan asustar al niño/a inhibiendo su confianza y, en consecuencia, su rendimiento a la hora de ser evaluado.
- **Confianza del niño/a**: el profesional evita tratar al niño/a como si fuera un número más en la gran cantidad de expedientes con que debe trabajar a diario; por el contrario, está especialmente atento a tratar al niño/a como un ser único en todas sus dimensiones y no solo en lo que respecta al área mental. Es por tal razón que respeta los horarios en que cita a un niño/a, se compromete abiertamente con él a ayudarlo y lo trata de tal manera que el niño/a logre sentirse con la mayor confianza y lo más cómodo posible a la hora de ser evaluado.

Es importante destacar que la evaluación de un niño/a no termina en un psicodiagnóstico. Continúa y se extiende en su psicoterapia, espacio en el cual suele ir entrando en mayor confianza con el profesional, perdiendo así, poco a poco, el miedo a hablar, a la vez que toma consciencia de lo que sufrió y adquiere herramientas cognitivas y psicosexuales para continuar elaborando el trauma.

A modo de ejemplo, compartimos a continuación dos informes comparativos sobre una pericia psicológica realizada a un niño abusado sexualmente: el primero, a cargo de la psicóloga forense del cuerpo técnico oficial del juzgado; el segundo, hecho por una psicóloga clínica especializada en psicoanálisis de niños con capacitación y trayectoria en el diagnóstico y la atención de víctimas de traumas sexuales menores de edad, quien ofició de perito de parte de dicho niño.

Mercedes, 1 de diciembre de 2012

AL SR. FISCAL UFI y J N° X MERCEDES
DR. X
Departamento Judicial de Mercedes

Lic. X, Perito Psicóloga de Fiscalía General del Dpto. Judicial de Mercedes, designada en I. P. P. N° I. P. P. ... caratulada: "X, ADOLFO S/ABUSO SEXUAL AGRAVADO", se dirige a Ud., a fin de informar que, en las fechas oportunamente fijadas, se realizaron las entrevistas psicológicas, sometiendo a su consideración el informe pericial encomendado.

OBJETO DE LA PERICIA:

DURANTE LA ENTREVISTA CON EL REFERENTE ADULTO

1. Datos de la historia vital del niño víctima.
2. Características del vínculo y la dinámica familiar para evaluar su posición frente a los hechos que obran en autos, antes y después del hecho denunciado.
3. Contexto de develación hecha por el niño víctima.

4. Existencia de problemática de violencia u otra cuestión de gravedad en el grupo familiar y su repercusión ante el hecho denunciado.
5. Existencia de revinculación con el imputado y/o retractación.
6. Existencia de indicadores específicos y/ inespecíficos de abuso sexual en el entrevistado.
7. Existencia de circunstancias relevantes entre el momento de la denuncia y la realización de la pericia, y todo dato relevante y significativo para la investigación.

DURANTE LA ENTREVISTA CON EL NIÑO VÍCTIMA: Isidro

1. Si presenta o ha presentado indicadores específicos y/o inespecíficos de abuso sexual, y su significación diagnóstica.
2. Existencia de relato, descripción y transcripción del mismo. Y en caso afirmativo, si las conductas narradas resultaron aptas para generar una interferencia negativa en el libre crecimiento sexual del menor, capaz de corromperlo sexualmente.
3. Preponderancia de mecanismos defensivos y su significación diagnóstica en función de los hechos investigados.
4. Existencia de indicadores de fabulación, mendacidad u ocultamiento. Sindicación de adulto cercano al niño víctima.
5. Edad cronológica y evolutiva.
6. Sugerencias terapéuticas.
7. Todo dato relevante y significativo para la investigación.

METODOLOGÍA IMPLEMENTADA:

Durante el proceso psicodiagnóstico se implementarían distintas técnicas, Entrevista Semidirigida con el adulto referente, Wilmar X, padre del, y dos entrevistas individuales con el niño Isidro X. Se administraron diferentes pruebas diagnósticas: HTP, Persona Bajo la Lluvia, Familia Kinética actual y Dibujo Libre. Se realizará el análisis del material gráfico, modelado, verbal del menor.

Entrevista Semidirigida: entre los criterios para interpretar la entrevista diagnóstica, se incluyen el tipo de vínculo entrevistado-

entrevistador, fenómenos de transferencia y contra transferencia, calidad de vínculos interpersonales con otros significativos, tipo de ansiedad predominante, conductas defensivas, aspectos adaptativos y no adaptativos, diagnóstico y pronóstico. Se jerarquiza la entrevista como instrumento de validez científica en el proceso diagnóstico, estamos formados y entrenados para la lectura y comprensión de los fenómenos psicológicos que en ella se ponen en juego.

Test HTP (Casa, Árbol, Persona): permite observar la imagen interna que el examinado tiene de sí mismo y del ambiente que lo rodea.

Persona Bajo la Lluvia: intenta lograr un retrato de la imagen corporal bajo condiciones desagradables de tensión ambiental. Permite obtener datos sobre las defensas.

Test Figura Humana: evalúa medida de madurez intelectual, está en íntima relación con los impulsos, ansiedades, conflictos y compensaciones características del individuo, capacidades y funciones cognitivas e intelectuales del sujeto a través de las características del dibujo.

Dibujo Libre: explora la fantasía de enfermedad, curación y análisis que trae el sujeto.

Test de la Familia Kinética actual: técnica proyectiva gráfica, apunta a detectar aspectos de la dinámica y estructura de la personalidad (dinámica y estructura), brinda información acerca de la problemática del sujeto. Analiza relaciones vinculares del sujeto con su grupo familiar.

DATOS PERSONALES DEL ADULTO RESPONSABLE:

Apellido: X.

Nombres: Wilmar.

DNI: ...

Fecha de nacimiento: ...

Edad: 40 años.

Estado civil: divorciado.

Nacionalidad: argentina.

Estudios cursados: universitarios.

Ocupación: ingeniero.

Consentimiento: en la entrevista con el padre, el Sr. X Wilmar, se le informa acerca de las características y objetivos del psicodiagnóstico que se realizará a Isidro. Presta su consentimiento el día... para que la evaluación pericial pueda llevarse a cabo.

ANTECEDENTES PERSONALES Y FAMILIARES:

DATOS PERSONALES DEL NIÑO:

Apellido: X.

Nombres: Isidro.

DNI: ...

Fecha de nacimiento: ...

Edad: 6 años.

Nacionalidad: argentina.

DESARROLLO DEL CASO:

ENTREVISTA CON EL PADRE:

Se realiza entrevista con X Wilmar, con el objetivo de obtener antecedentes relevantes respecto de los hechos en investigación, antecedentes del sistema y dinámica familiar que la componen y en el cual se encuentra inserto el menor. Están presentes los Lic. Bertha X y Vicente X.

Refiere que vive con su pareja Elda, de 32 años y su hijo Isidro, de 6 años.

Esta perito indaga por la madre de Isidro, refiere que se llama Alba, tiene 40 años, es cocinera. Es de nacionalidad argentina, la conoció en un gimnasio, se casaron, Isidro nació 3 años después, el embarazo y nacimiento se desarrollaron con normalidad, el niño obtuvo todos los logros esperables para cada etapa de crecimiento. Realizó jardín de infantes, primaria, el próximo año cursará primer grado.

Expresa que con la mamá de Isidro se separaron hace 3 años, el niño solía quedar a su cuidado mientras la madre trabajaba los días martes; también, se quedaba con él y fines de semana por medio.

Expresó que en el jardín le dijeron que solía pelearse con los compañeros, que jugaba solo, el año pasado le comunicaron que el niño había tenido retrocesos emocionales, Isidro no realizaba las actividades en el cuaderno ni respetaba las consignas de los docentes. En el mes de agosto del año pasado se realizó acta donde se manifestaba que Isidro no quería ir con la mamá, porque no le gustaba el novio de esta ya que solía gritarle.

Describe a Isidro: inteligente, sociable, con muy buen léxico, observador, con buena memoria y fanático de la tecnología.

Esta perito indaga si realizó tratamiento psicológico, refiere que se realizó una evaluación a los 4 años porque no quería ir con la madre y jugaba solo. En el mes de agosto del año pasado, Isidro le dijo a su psicóloga, la Lic. X, y a su padre que el novio de su madre solía manosearlo en las zonas genitales y que le daba besos en la boca. Ante esto, el Sr. X, novio de la madre, se justificó argumentando que se había tratado tan solo de un juego de cosquillas. Su hijo se negaba a visitar a su madre, cada vez que lo hacía entraba en crisis de angustia, se orinaba y lloraba. La psicóloga realizó el correspondiente informe, a partir de lo cual el Sr. Wilmar hizo una denuncia y obtuvo una restricción perimetral y una guarda provisoria. Su hijo comenzó a vivir en la casa paterna.

ENTREVISTA CON EL NIÑO:

Fue evaluada el menor Isidro X, de 6 años de edad, se estableció el encuadre de evaluación pericial, indagando si tiene conocimiento del motivo del proceso, tiempos, condiciones de la misma, y obtener antecedentes relevantes de la dinámica familiar en la que está inserto, y aspectos generales de su desenvolvimiento a nivel escolar, familiar y social.

En la primera entrevista, Isidro concurre acompañado por su papá, quien espera fuera del lugar mientras se realiza la evaluación psicológica.

Refiere que su psicóloga le dijo que traiga un muñeco Ken, muestra ese muñeco, el cual se encontraba sucio. Expresó que el muñeco tenía una madre mala.

Isidro le dijo a la perito: "Mi mamá me pega".

Esta perito indagó por la madre, responde que se llama Brígida y que no tiene hermanos.

Esta perito indagó a qué jugaba con la madre y el niño dijo: "Mi mamá tiene un novio malo. No me gusta jugar con él".

Esta perito le preguntó a qué jugaban con el novio de la madre, y respondió: "Él me metió la mano por abajo del calzoncillo". No continúa el relato.

Esta perito indagó con quién vive y respondió que con el padre y la novia de este.

Esta perito indagó por el colegio, dice que va a entrar a primer grado.

Esta perito indagó por los amigos, refiere que tiene un amigo.

Esta perito indagó a qué le gusta jugar, dijo a que a todo.

Relato confuso, desordenado.

Se administra Dibujo Libre, Test de Figura Humana y Bender.

En la segunda entrevista Isidro llegó acompañado por su papá, espontáneamente dijo que el otro día se olvidó de decir algunas cosas, no continúa desarrollando al respecto. Se observa nerviosismo, comenta que antes vivía con su mamá y ahora con su papá y con su novia.

Refirió que quiere contar algo, realiza silencio, está inquieto, agrega: "Mi mamá también me pegaba".

Isidro preguntó espontáneamente por el juez, esta perito indagó al respecto pero el niño no quiso desarrollar relato.

Esta perito indagó qué le gusta hacer en su casa, dice jugar con el teléfono celular, dormir, comer, jugar con el padre. Esta perito indagó sobre el juego, no respondió. Su relato es entrecortado y confuso, no arma bien las oraciones.

Esta perito indagó si vio a la madre, respondió que la llamó por teléfono. Esta perito indagó sobre qué hablaron, luego de hacer una pausa y pensarlo, dijo que venía dormida en el viaje porque tenía sueño.

Esta perito indagó por el colegio, dijo que va a empezar, tiene amigos, habla de un pato, manifiesta que se refiere a dibujitos que vio. Esta perito no comprende la historia que relató.

Se administra HTP, Persona Bajo la Lluvia, Familia Kinética y Dibujo Libre.

De la evaluación de las diversas pruebas (material gráfico, modelado, y verbal del niño), se puede inferir las siguientes conclusiones: Isidro es un niño que presenta adecuación a la etapa vital, un vocabulario simple acorde a su nivel cultural.

Presenta estado de nerviosismo en ambos encuentros, dificultades para comprender y acatar las consignas propuestas en esta evaluación, surgen desbordes emocionales, su discurso es desordenado, desorganizado. Sus mecanismos son frágiles, se observa ansiedad, enojo, angustia, inestabilidad, labilidad emocional. Niño vulnerable, difícil de acceder, debilidad yoica.

No surge relato. Imposibilidad para seguir consignas interrumpiendo con ideas que no tienen que ver con la temática que estaba planteada.

CONCLUSIONES:

DURANTE LA ENTREVISTA CON EL REFERENTE ADULTO: Wilmar

1. Datos de la historia vital del niño víctima: según los datos obtenidos en la entrevista con el papá del niño surge que Isidro se desarrolló con normalidad. Obtuvo todos los logros esperables para cada etapa de crecimiento. Describe a Isidro: inteligente, muy buen léxico, observador, sociable, le gusta la tecnología.
2. Características del vínculo y la dinámica familiar para evaluar su posición frente a los hechos que obran en autos, antes y después del hecho denunciado: Isidro relata lo sucedido, Isidro realiza tratamiento psicológico, se le entrega al padre informe de evaluación y se realiza la denuncia.
3. Contexto de develación hecha por el niño víctima: Según dichos del padre Isidro le contó a su padre, a la pareja de este y a la psicóloga.
4. Existencia de problemática de violencia u otra cuestión de gravedad en el grupo familiar y su repercusión ante el hecho denunciado: Respondido en el punto 2.
5. Existencia de revinculación con el imputado y/o retractación: No hubo revinculación ni retractación.
6. Existencia de indicadores específicos y/o inespecíficos de abuso sexual en el entrevistado: Los indicadores serán respondidos en el punto 1 del niño.

7. Existencia de circunstancias relevantes entre el momento de la denuncia y la realización de la pericia, y todo dato relevante y significativo para la investigación: considero que son todos los datos que puedo informar a UD.

DURANTE LA ENTREVISTA CON EL NIÑO VÍCTIMA: Isidro

1. Si presenta o ha presentado indicadores específicos y/o inespecíficos de abuso sexual, y su significación diagnóstica: no aparece relato de los hechos. Como indicadores inespecíficos: se observa angustia, ansiedad, enojo, labilidad, inestabilidad emocional.
2. Existencia de relato, descripción y transcripción del mismo. Y en caso afirmativo, si las conductas narradas resultaron aptas para generar una interferencia negativa en el libre crecimiento sexual del menor, capaz de corromperlo sexualmente: Respondido en el punto 1.
3. Preponderancia de mecanismos defensivos y su significación diagnóstica en función de los hechos investigados: mecanismos endebles.
4. Existencia de indicadores de fabulación, mendacidad u ocultamiento. Sindicación de adulto cercano al niño víctima: No surge relato.
5. Edad cronológica y evolutiva: En rigor de las técnicas y tests administrados la etapa evolutiva es acorde a su edad cronológica.
6. Sugerencias terapéuticas: Se sugiere que continúe con el tratamiento psicológico, orientado a contener y trabajar las temáticas abordadas.
7. Todo dato relevante y significativo para la investigación: Es todo cuanto puedo informar a UD.

En contraste a este informe realizado por la psicóloga del cuerpo técnico oficial, el cual resulta confuso y ambiguo al extremo, a continuación, compartimos el informe realizado por la psicóloga perito de parte del niño con el objetivo de contrastar no solo diferentes maneras de redactar sino, por sobre todo, diferentes maneras de percibir y escuchar a un niño víctima:

Mercedes, 1 de diciembre de 2012

INFORME de la PERICIA PSICOLÓGICA de ISIDRO X

Realizada por la Lic. X, Perito psicóloga oficial designada por la Unidad Funcional de Instrucción y Juicio N° X de Mercedes, y por los peritos de parte, el Lic. X y Lic. X, designados en I. P. P. N° PP X, caratulada "X, ADOLFO S/ABUSO SEXUAL AGRAVADO"**, en relación al niño Isidro X**

Lic. X

1. PROCEDIMIENTOS PERICIALES

Los días... y... de 2012 se procedió a realizar dos entrevistas con Isidro X de alrededor de una hora cada una, con modalidad abierta y semidirigida; y otra entrevista, el 5-1-22 también con una modalidad abierta y semidirigida, con su padre, el Sr. Wilmar X.

2. TÉCNICAS ADMINISTRADAS

Se procedió a evaluar a Isidro a través de las siguientes técnicas: HTP; Figura Humana; Persona Bajo la Lluvia; Familia Kinética más una serie de dibujos espontáneos que dibujó el niño.

3. EVALUACIÓN DEL NIÑO

En el marco de la evaluación, Isidro se refirió a hechos que fueron surgiendo de forma espontánea. Cabe destacar que sus dichos, a lo largo de las dos entrevistas en las que se lo evaluó, mostraron como hilo conductor una fuerte tendencia a **los temas relacionados con los siguientes ejes temáticos**:

- El abuso sexual que habría sufrido por parte de un hombre malo.
- Maldad de la madre.
- Maldad del Sr. Adolfo.
- Violencia física sufrida por parte de su madre.
- Miedo a hablar.
- Niños desnudos.
- Hombres varones adultos desnudos.

A continuación, se procederá a transcribir de forma cronológica parte de los apuntes tomados por quien abajo suscribe en las entrevistas administradas al niño, con el objetivo de ejemplificar con la mayor precisión posible los ejes temáticos antes mencionados, antecediéndoles con un número indicativo con el objetivo de establecer un análisis de los simbolismos, secuencias y correlatividades observadas en sus dichos y expresiones gráficas:

1. En la primera entrevista, cuando la Lic. X (perito psicóloga oficial) le preguntó a Isidro acerca de su madre, el niño respondió mediante un lenguaje lúdico, alcanzándole un muñeco sucio que seleccionó de entre de entre varios juguetes, a la vez que **dijo que su madre le pegaba**.

Interpretación: Isidro estaría asociando a su madre con una persona sucia, esto es, con alguien cuyo comportamiento no sería correcto, dado que estaría ejerciendo violencia física con él.

2. En tal ocasión, llamó la atención que el niño haya nombrado espontáneamente a la figura del juez y que cuando la psicóloga le preguntó al respecto, él haya dicho: **"Cuando su papá se fue, un hombre malo lo tocó debajo del calzoncillo [*sic*]"**.

Interpretación: Isidro estaría haciendo referencia a que no estando con su padre, habría habido un hombre malo que lo posicionó en el rol de un adulto, abordándolo sexualmente y/o pretendiendo masturbarlo en su zona genital.

3. A continuación, Isidro dijo: "El novio de mi mamá es malo [*sic*]".

Interpretación: Isidro estaría percibiendo a la pareja de su madre, el Sr. Adolfo, como alguien malo.

4. Ante la repregunta de porqué es que era malo el Sr. Adolfo, Isidro dijo: **"Este muñeco tiene un secreto. Tiene una madre muy mala [*sic*]"**.

Interpretación: Isidro estaría asociando la mala conducta del Sr. Adolfo a su propia madre mala y/o a que lo podría haberlo tratado como a un objeto de diversión (muñeco).

5. **Test Figura Humana**. Ante la consigna, Isidro dibujó una figura antropomorfa, mitad niño y mitad lobo, con brazos y piernas unidimensionales, sin manos ni pies.

Interpretación: Isidro estaría reflejando a través de este dibujo sentimientos de inadecuación respecto de su imagen corporal; una sensación de inseguridad, impotencia y desvalimiento, a la vez que dificultades a la hora de relacionarse. Dichas características son compatibles con indicadores de situaciones traumáticas.

6. A continuación, Isidro realizó una expresión gráfica espontánea de líneas marrones. Cuando la psicóloga le preguntó por su significado, el niño dijo: "No te lo puedo decir [*sic*]". A continuación, el niño pidió ir al baño y luego, manifestó estar cansado y querer irse.

Interpretación: Isidro estaría haciendo referencia al tema de un secreto, algo que siente no puede decir.

En el segundo encuentro, se le administraron a Isidro una serie de tests gráficos. Llamaron la atención los simbolismos utilizados y expresiones verbales:

7. **Test HTP: Casa**. Hizo una casa de frente, con una gran cerradura en la puerta y ventanas con rejas llamativas.

Interpretación: Isidro estaría diciendo a nivel simbólico que tiene una familia hermética, la cual suele esconder un aspecto de sí.

8. **Test HTP: Árbol**. Hizo un árbol con un tronco unidimensional.

Interpretación: Isidro estaría expresando una fragilidad yoica producto de una posible situación traumática.

9. **Test HTP: Persona**. Ante esta consigna, Isidro hizo un lobo. Dijo: **"Es un cerdo asqueroso [*sic*]"**. A continuación, pidió alcohol en gel para limpiarse las manos.

Interpretación: Isidro estaría expresando a nivel simbólico una verdad que estaría aconteciendo en su casa o familia, allí habría un hombre que se estaría comportando como un cerdo, esto es, alguien que tendría rasgos perversos (simbolismo).

10. **Test Persona Bajo la Lluvia**. En el marco de esta consigna hizo dos figuras: 1) la figura de un niño, con cara triste, inclinado, pintado en gris, con brazos y piernas unidimensionales, sin manos ni pies, sin paraguas, mojándose con una lluvia sectorizada en forma de granizo, y 2) otro **hombre varón adulto desnudo, con unas manos muy grandes, con expresión de enojo y un dedo en la boca expresando una orden de silencio**.

Interpretación: este test estaría reflejando varios indicadores de trauma por abuso sexual: 1) ausencia de paraguas, 2) lluvia sectorizada, 3) expresión de tristeza, 4) ausencia de manos y pies, 5) brazos y piernas unidimensionales, 6) color gris. De esta manera, se podría decir que, a partir de los simbolismos expresados, Isidro estaría transmitiendo un sentimiento de angustia, desvalimiento, desamparo e impotencia, situación la cual asociaría de forma directa a un hombre varón adulto desnudo ante el cual podría estar sintiendo que debe guardar silencio.

11. **Test Familia Kinética**. Ante la consigna, decidió realizar dos figuras: 1) un pato con una forma fálica similar a un genital masculino pintada en marrón en el interior de su cuerpo y sobre el área anal y/o genital de dicho animal, 2) un niño desnudo con torso rayado en marrón. Al terminar de dibujar, llamó la atención que hiciera referencia a un pato malo y que dijese: **"El niño se sacó los calzones [*sic*]"**; luego de lo cual, haya comenzado a susurrar una canción la cual decía: "El nene tuvo que comerse al pato… El pato es malo… El pato le metió su pico, el pato lo pinchó con su pico y le hizo doler… [*sic*]".

Interpretación: Isidro percibe que parte de su familia se estaría comportando como lo hacen los animales; esto es, mediante un comportamiento instintivo vinculado al hecho de tener que desnudarse y quitarse la ropa interior. La canción que canta podría estar simbolizando a un posible acceso carnal.

4. ANÁLISIS DE LAS ENTREVISTAS

En las dos entrevistas realizadas que se le administraron a Isidro, se lo pudo observar tenso, nervioso y temeroso a establecer un relato en primera persona. También, se observó una alta correlatividad entre la secuencia de sus dichos y sus expresiones simbólicas lúdicas y gráficas, lo cual reflejó que los mismos fueron sido realizados sin previo ensayo y sin inducción, inculcación o manipulación por parte de un adulto.

A lo largo de las dos entrevistas que duró su evaluación, se observó en el relato de Isidro una coherencia en lo que se refiere a sus asociaciones libres y espontáneas y al hilo conductor del tema vinculado a un supuesto abuso sexual por parte de lo que se deduce la figura de un hombre varón adulto.

Llamó la atención que Isidro siempre haya asociado de una u otra manera en su discurso a la figura de su madre o la pareja de esta, el Sr. Adolfo, como personas malas y/o violentas y a ninguna otra persona de su entorno o familia.

5. CONCLUSIONES

Del relato espontáneo, así como de las manifestaciones verbales, gráficas y de los comportamientos derivados de las preguntas y consignas que se le realizaron en las dos entrevistas de la pericia psicológica se podría deducir que Isidro tendría una mala relación con su madre, la Sra. X, quien podría haberlo sometido a situaciones de violencia física. También, podría haber sido sometido a actividades de tipo sexual en las que, quizás, podría haber participado la pareja de esta, el Sr. Adolfo X, a través de lo que podría llegar a inferirse como prácticas de masturbación y posible penetración en la zona anal y/o genital.

Teniendo en cuenta que quien abajo suscribe no acuerda con todo lo expresado por la Lic. X y el Lic. X en su informe respecto de la pericia psicológica del niño Isidro X, ha realizado el presente informe para manifestar su disidencia.

Lic. X

M. N. ...

CUARTA PARTE

Análisis de informes bajo una perspectiva de género y de infancias

En esta cuarta parte, haremos un análisis de varios informes bajo una perspectiva de género. En una primera instancia, realizaremos este análisis sobre la transcripción completa de dos informes; mientras que, en un segundo momento, comentaremos fragmentos de algunos otros, con la idea de centrarnos en lo más relevante y así evitar aburrir al lector.

Para facilitar una lectura dinámica, nuestras observaciones se consignan entre corchetes y en *itálica* inmediatamente después de cada párrafo comentado.

Después de años de supervisar informes hemos llegado a la conclusión de que existe en muchos psicólogos una tendencia a repetir errores similares debido a la falta de formación universitaria en lo que respecta a la confección específica de informes judiciales sobre casos de abuso sexual de niñas y niños. Por tal razón, consideramos que el objetivo que en esta ocasión nos atañe es el de brindar herramientas para ayudar a que los profesionales puedan informar sobre este tipo de delitos con una mayor claridad y pericia, evitando malentendidos propios de la redacción; pero, por sobre todo, para no cometer transgresiones conceptuales que puedan colaborar a que una causa de tal envergadura quede archivada en el ámbito de la justicia.

Cabe destacar que en los informes y fragmentos de informes que a continuación transcribiremos, hemos cambiado todos los datos para que reservar la identidad de las víctimas y demás personas involucradas.

Por último, vale aclarar que los informes pueden incluir errores de ortografía o puntuación, dado que son copias fieles a sus originales.

Capítulo 1

Análisis del informe del perito psicólogo sobre la evaluación de un niño para saber si está en condiciones de declarar en una cámara Gesell

Adriana X
Bahía Blanca, ...

Agente Fiscal
Unidad Funcional de Instrucción y Juicio N°...
Dra. X
SU DESPACHO

Adriana X, Perito en Psicología de la Fiscalía General Departamental, tengo el agrado de dirigirme a V.S. en el marco de la PP.., caratulada "X s/Abuso sexual" para informarle acerca de la evaluación psicológica solicitada respecto de Mariano X.

DATOS PERSONALES

Nombre y apellido: MARIANO X.
Edad: 9 años.
Fecha de nacimiento: ...
Escolaridad: 4° año Escuela X.
Grupo familiar conviviente: ...
Madre: Josefina Lucrecia (41).

METODOLOGÍA DE TRABAJO

- Entrevista Semidirigida con el niño.
- Test proyectivo gráfico de la Persona Bajo la Lluvia.
- Entrevista Semidirigida con Josefina, progenitora del niño.

Se encuentra presente, participando como perito de parte la Lic. en psicología, X y por videollamada de WhatsApp, la Lic. X.

PUNTOS DE PERICIA

1. Estado actual: Mariano concurre a esta dependencia acompañado por su progenitora, Josefina; su tía, Juana; la abuela por línea materna y una pareja amiga de la familia. Impresiona como un niño mayor a su edad por su contextura corporal. De aspecto personal prolijo, vestido adecuadamente a su edad y época del año. No presenta dificultades para adaptarse a la situación de entrevista, siendo su desenvolvimiento adecuado a la misma. Entabla un diálogo fluido con las entrevistadoras, su vocabulario es rico y variado. Respecto al hecho que se investiga, repite varias veces la misma frase, siendo su discurso escueto, aportando escasos detalles, aunque se presenta rico en aclaraciones, explicaciones y suposiciones. Da cuenta del malestar que le genera hablar de ello, dado que lo ha hecho en varias oportunidades. [*Nos preguntamos por qué les cuesta tanto relatar lo que el niño dice respecto del abuso, es un relato que le ahorraría al niño volver a declarar, pero en general nunca lo transcriben*].[61]

2. Antecedentes aportados a su historia vital: Se mantiene entrevista con Josefina, progenitora del niño, con el fin de obtener datos sobre la historia vital y familiar del niño. Josefina, refiere que se encuentra viviendo en Mar del Plata con su hijo, desde unos días antes de iniciada la cuarentena decretada por covid-19. Por razones laborales, durante unos siete meses aproximadamente, su madre permaneció al cuidado del niño en la mencionada ciudad. Refiere que mantuvo una relación de pareja con X, desde el año 2009 al 2012. Describe a X como una persona con actitudes agresivas, aclarando que nunca la agredió físicamente. Compartieron la crianza del niño, mediante un acuerdo de comunicación. También solía compartir tiempo con los abuelos paternos.

Respecto a Mariano, al momento actual, no presenta problemas relevantes de salud, se adaptó muy bien al cambio de ciudad. No presenta dificultades escolares, tanto a nivel académico como de conducta, ha podido establecer lazos interpersonales con grupo de pares. Continúa tratamiento psicológico con la Lic. Ernestina X,

[61] Entre corchetes y en itálica, se incluye el análisis de las autoras.

aunque se encuentra inmotivado para continuar con el mismo. El niño manifiesta malestar respecto a las intervenciones judiciales.

3. Si existe relato y, en su caso, si tiene tendencia a fabular: El niño realiza un relato acotado, de situaciones compatible con las denuncias. El contenido remite a experiencias de tipo sexual, aunque con escasos detalles. No aparecen elementos que den cuenta de tendencia a fabular. [*Se puede observar la verdadera intención de quien pide la pericia, ya que todos los puntos de pericia están pensados para ver si miente y si es una falsa denuncia*].

4. Si presenta secuelas psicológicas de haber sido objeto de abuso sexual: Al momento de la evaluación, el indicador más específico es el relato del niño. No se advierte la presencia de otras secuelas psicológicas específicas de haber sido objeto de abuso sexual. [*En un encuentro de algunos minutos es imposible determinar secuelas psicológicas en un niño que está siendo protegido y cuidado por la familia materna*].

5. Si estas constituyen un grave daño en la salud mental: Al momento de la evaluación, el niño no presenta grave daño en su salud mental. [*Igual que en punto anterior, en un rato no se puede pretender detectar el daño; al menos, tanto en este como en el anterior debería hacer mención de esa imposibilidad, ya que como está redactado pareciera que no hay ninguna secuela en el abuso sexual, siendo que está demostrado que siempre deja secuela grave*].

6. Si es posible que esté sometido a presiones externas (personas y/o situaciones) que pudieran estar incidiendo en su relato actual de los hechos: No surgen durante la entrevista manifestaciones que remitan a esta posibilidad. [*Esta es otra pregunta que apunta a determinar si está mintiendo o la madre le está llenando la cabeza, es una manera encubierta e ideológica de inexistente SAP*].

Debe tenerse en cuenta que el paso del tiempo influye negativamente en la memoria. Los conocimientos y los acontecimientos posteriores pueden distorsionar el recuerdo. Es posible que el discurso se anude a las significaciones dadas por los adultos cuidadores del niño. [*Esta aclaración era innecesaria y realmente deja una brecha y pone en duda todo lo que había relatado anteriormente, suficiente para que haya duda; y eso siempre es a favor del imputado*].

El niño muestra un rechazo extremadamente dramático hacia su padre y la familia del mismo. [*Esto también nos parece innecesario porque da a entender lo que no es; si el niño dice haber sido abusado, cómo puede medir el rechazo y el sufrimiento del niño; parece una intencionalidad maliciosa y no una consecuencia lógica de haber sido victimizado por el padre*].

7. Si está en condiciones de prestar declaración testimonial de los hechos ante autoridad judicial: Al momento de la evaluación, Mariano, no se encontraría en condiciones de prestar declaración testimonial de los hechos ante autoridad judicial. [*Esto no se halla fundado en nada y frena la posibilidad de continuar la investigación; seguramente sería fantástico que no tuviera que dar testimonio, pero sabemos que sin testimonio y al no consignar la perito el relato en este informe, lo deja al niño sin posibilidad de justicia*].

8. Cualquier otro dato que pudiera resultar de interés para la investigación: No se hallan más datos de interés para la investigación.

Es todo cuanto tengo por informar a la Señora Agente Fiscal.

Capítulo 2

Análisis de un informe forense

A continuación, transcribimos un informe psicológico forense que se caracteriza por un exceso de citas técnicas, por lo cual resulta muy pesado de leer y recordar todos y cada uno de los datos. En esta ocasión, hemos decidido copiarlo casi en su totalidad con el solo objetivo de que el lector compruebe por sí mismo lo vacío que puede resultar intrínsecamente un informe judicial a la hora de demostrar el padecimiento psíquico de un niño/a víctima de un delito tan aberrante como la violencia sexual.

INFORME PSICOLÓGICO FORENSE

Exhorto 2/2020

(Juzgado de Instrucción de...)

DATOS IDENTIFICATIVOS DEL PSICÓLOGO-PERITO	
PERITO	Manuel X Psicólogo colegiado en el Colegio Oficial de Psicólogos de...

ENTIDAD QUE ENCARGA LA EMISIÓN DEL DICTAMEN
Juzgado de Instrucción N° 3 de..., procedimiento **exhorto** N°.../**2021** por solicitud de cooperación judicial procedente del juzgado de instrucción N° 2 de... Procedimiento de origen.../2020. Solicitud: pericial psicológica.

OBJETO DE LA PERICIA
Realizar al menor Vicente X, prueba pericial psicológica sobre la credibilidad del testimonio recogido en esta causa y la situación psicológica del mismo.

DATOS DEL EVALUADO	
Nombre	Vicente X
Edad	13 años
NIF	...
Fecha de nacimiento	2-1-2008
Domicilio	...

METODOLOGÍA

Para el caso fue asignado un segundo psicólogo-perito (Felipe X), con número de colegiado... Realizamos la primera sesión de entrevistas juntos, las siguientes por separado.

Durante la primera entrevista y antes de comenzar, se solicita a la madre a firmar los consentimientos informados necesarios antes de proceder a dar inicio a la evaluación con el menor de edad, tal y como marca el Código Deontológico de Psicólogos. También **el menor**, por ser un niño de 13 años, firma el **consentimiento informado** respecto de los procedimientos que se van a seguir en su caso en cuanto a la metodología de las técnicas y tests que se le administrarán y, también, en lo que se refiere al objetivo de la evaluación. [*El adjetivo calificativo de "menor" es de uso incorrecto para nombrar a un niño/a, dado que este este tipo de terminología está asociada directamente a alguien inferior y, en consecuencia, con menos derechos que alguien "mayor"; es decir, que un adulto. Por lo tanto, es importante evitar el uso de esta palabra ya que, a través de ella, directa o indirectamente, se desvaloriza a la infancia y al grado de credibilidad de la víctima. Como psicólogos especialistas en salud mental, consideramos que debería ser ajeno a la ética profesional tener que pedirle autorización a un niño –o a sus tutores– para que nos autoricen –y supervisen– nuestro trabajo. Esto no es adecuado, dado que se supone que un niño/a –o sus tutores– no cuentan con estudios universitarios específicos que los certifiquen y habiliten a la tarea de ser supervisores de quienes, valga la redundancia, tienen la tarea de evaluarlos de una manera neutral y objetiva*].

HIPÓTESIS PLANTEADAS

En la evaluación del adolescente, se han contemplado las siguientes hipótesis: [*Obsérvese que este tipo de hipótesis que se plantean tienen un sustento en el inexistente síndrome de alienación parental (SAP)*].

1. El peritado ha sido víctima de abusos sexuales.
2. El peritado no ha sido víctima de abusos sexuales o de conductas sexuales.
3. El peritado ha sido víctima de abusos sexuales, pero ha sustituido al agresor por otra persona.
4. Las alegaciones fundamentales son válidas, pero el peritado incluye elementos adicionales que no lo son.
5. Las alegaciones fundamentales son válidas, pero el peritado ha sido influido para que incluya alegaciones adicionales que no lo son.
6. El peritado ha sido influido para realizar una alegación falsa con objeto de beneficiar o perjudicar a alguien.
7. El peritado ha realizado una alegación falsa por motivos personales: venganza, llamar la atención...
8. El peritado ha fantaseado o inventado las alegaciones por problemas psicológicos.

Para evaluar la situación psicológica del menor tal y como se demanda en el objeto de la pericia, se opta por evaluar su personalidad mediante dos tests proyectivos habitualmente usados en casos de abuso sexual (Test del Árbol y Test Persona Bajo La Lluvia, PBLL), y mediante el test PAI-A, la existencia de posible trastorno por estrés postraumático (TEPT) mediante el CPSS, el malestar psicológico a través del SCL-90-R y el nivel de adaptación y relaciones familiares mediante el test TAMAI.

CARACTERÍSTICAS DE LOS ELEMENTOS EMPLEADOS PARA LA EVALUACIÓN

METODOLOGÍA	CARACTERÍSTICAS
Entrevistas semiestructuradas con el menor	• 1ª entrevista basada en recuerdo libre el día 1-2-2017 al menor en su domicilio a fin de obtener información que someter a la aplicación de los criterios CBCA a cargo del perito. [*Consideramos que evaluar a un niño/a víctima de trauma sexual en tan solo tres entrevistas, especialmente con la cantidad de técnicas administradas en esta evaluación, es someterlo a una presión extraordinaria, una revictimización que va en contra de sus derechos*]. • 2ª sesión de entrevista al menor el día 8-2-2017 a cargo del segundo perito. • 3ª sesión de entrevista al menor el día 14-2-2017 a cargo del primer perito.
SVA (Análisis de validez del testimonio) (*Steller y Köhnken*, 1989)	• El *Statement Validity Assessment* (SVA) (Evaluación de la Validez de la Declaración) es la técnica más empleada para evaluar la veracidad de las declaraciones verbales. • El desarrollo del SVA está fundamentado en la hipótesis de *Undeutsch*: "Un testimonio basado en una experiencia real difiere en cuanto a su calidad y contenido de un testimonio basado en un acontecimiento imaginado". • El *Criteria-Based Content Analysis* (CBCA) (Análisis de Contenido Basado en Criterios) es el componente principal del SVA. • El SVA está formado por tres componentes: a. una entrevista estructurada. b. el CBCA que evalúa el contenido de la declaración de la persona. c. la integración del CBCA con la información derivada de un set de preguntas (Lista de Validez), que combina la información extraída del análisis del contenido de la declaración con otra información relevante del caso y con la información obtenida a partir de la entrevista previamente realizada. [*La prueba del SVA y CBCA no es válida para evaluar a todos los niños/as, ya que solo el 25% de los niños/as víctimas de abuso sexual se animan a hablar de su secreto y a pedir ayuda*].

PBLL	• La prueba Persona Bajo la Lluvia (PBLL) es una prueba proyectiva gráfica que se utiliza en la práctica clínica como parte de una batería diagnóstica. • Evalúa la imagen corporal ante un evento estresante. • Su análisis permite acceder a los conflictos intra-psíquicos, mecanismos de defensa y estructura de personalidad del evaluado. • La prueba PBLL es utilizada ampliamente en los procesos de evaluación clínico-forense de niños agredidos sexualmente. [*Obsérvese que solo utiliza el masculino. Solo dice "niños", omitiendo decir "niñas"*].
TAMAI (*Hernández, P.*, 1982) Nivel 3	• Destinado a la apreciación del **grado de adaptación**. • También incluye la evaluación de las actitudes educadoras de los padres. • Proporciona información de las siguientes **áreas**: Inadaptación general, Inadaptación personal, Inadaptación escolar, Inadaptación social, Insatisfacción familiar, Insatisfacción con los hermanos, Educación adecuada del padre, Educación adecuada de la madre, Discrepancia educativa, Pro-imagen y Contradicciones. • Además, completa la información de las áreas anteriores mediante diversas **subescalas específicas** (Infravaloración, Regresión, Indisciplina, Conflicto con las normas, Desconfianza social, Relaciones con los padres, Insatisfacción con el ambiente familiar, Hipomotivación, Somatización, Depresión, Timidez, Introversión, Educación adecuada del padre o Educación adecuada de la madre, entre otras). [*Esta técnica presenta algunos inconvenientes a la hora de evaluar el abuso sexual del niño/a, dado que: muchos niños abusados, especialmente aquellos incestuados o pertenecientes a familias con un alto nivel de educación, de manera defensiva, y como mecanismo de supervivencia, se pueden llegar a sobreadaptar a las peores condiciones*].

CPSS (*Foa et al.*, 2001)	• *The Child PSTD Symptom Scale* (CPSS): Escala para evaluar TEP (Trastorno de Estrés Postraumático) en niños y adolescentes de 8 a 18 años de edad con historia de trauma. • Incluye 17 ítems acerca de los síntomas postraumáticos que abarcan los tres grupos sintomáticos (re-experimentación, evitación y activación) con respuesta tipo Likert referidos a la frecuencia de manifestación de síntomas de este trastorno. • Puede ser utilizado como auto informe o como entrevista clínica estructurada. [*Esta técnica no es válida para evaluar el TEP en niños/as menores de 8 años. Y resulta demasiado larga –y estresante– para administrársela a una víctima que padece estrés postraumático*].
PAI-A (*Morey*, 2007)	• Test de personalidad que evalúa la psicopatología en adolescentes mediante 22 escalas: **4 escalas de validez, 11 escalas clínicas, 5 escalas de consideraciones para el tratamiento y 2 escalas de relaciones interpersonales**. • Informa de ítems críticos que requieren la atención inmediata del profesional. • En ámbito forense es utilizado tanto para el **screening y diagnóstico** como para la detección de grupos forenses específicos y la elaboración de informes. [*No es para niños/as es para adolescentes y estas listas son extrañas para nuestra población*].
SCL-90-R (*Derogatis, L. et al.*, 1973)	• Cuestionario de síntomas autoaplicado que consta de 90 ítems. • Cada ítem se contesta en una escala tipo Likert de 5 puntos, desde "0" (ausencia del síntoma) hasta "4" (presencia total del mismo). • Al corregir la prueba obtenemos 9 escalas sintomáticas y 3 índices de malestar psicológico. • Las 9 escalas sintomáticas son: Somatización, Obsesión-compulsión, Sensibilidad interpersonal, Depresión, Ansiedad, Hostilidad, Ansiedad fóbica, Ideación paranoide y Psicoticismo. [*Esta técnica ha sido diseñada para ser administrada en adolescentes. Puede resultar demasiado larga y derivar en distracciones y falta de motivación que den resultados negativos o confusos al ser aplicada en niños/as pequeños*].

SCL-90-R (*Derogatis, L. et al.*, 1973)	• Los índices de malestar son: o El Índice global de severidad (GSI). o El Índice de malestar sintomático positivo (PSDI). o El Total de síntomas positivos (PST).
TEST DEL ÁRBOL (*Koch*, 1957)	• Test proyectivo que consiste en pedir al peritado que dibuje un árbol frutal. Ante una propuesta tan poco directiva el resultado es totalmente personal y muy variado. • Su fundamento está en la proyección inconsciente de la propia persona en el dibujo en el que se reflejan los tres planos dinámicos: El inconsciente (raíces y suelo), el preconsciente (tronco) y el consciente (copa), lo que también puede hacerse coincidir con el ego, el yo y el superyó. La forma en que se dibuja el suelo o base, horizonte, ramas, frutos, follaje, etc. son de la mayor importancia interpretativa. • Prueba que en caso de víctimas de abuso sexual puede dar datos especialmente significativos que, integrados con los hechos, la entrevista y otros instrumentos de exploración completen una visión holística del caso. [*En estos ítems, quien redactó el informe omite decir que el indicador principal de abuso se evalúa a partir de las marcas en el tronco del árbol*].

CONSIDERACIONES PREVIAS SOBRE LAS ENTREVISTAS:

Se han realizado varias entrevistas:

- La primera entrevista con el menor tiene lugar en (Servicios Sociales del Ayuntamiento de…), el día 1 de febrero de 2017, en el domicilio del evaluado a cargo de los dos psicólogos-peritos (Manuel X y Felipe X). [*Se considera que evaluar a un niño/a víctima de un posible incesto en su propia casa no solo no es adecuado sino contraproducente a los fines de la objetividad necesaria en una investigación de este tipo, ya que se supone puede ser el lugar en donde el niño/a víctima convive o ha estado conviviendo con su agresor sexual*].

- La segunda entrevista con el menor tiene lugar en (Servicios Sociales de...), el día 8 de febrero de 2017, en sede judicial a cargo del segundo psicólogo-perito (Felipe X).
- La tercera entrevista con la madre del menor tiene lugar en (Servicios Sociales del Ayuntamiento de...), el día 14 de febrero de 2017, en el domicilio familiar a cargo del segundo psicólogo-perito (Felipe X).
- La cuarta sesión con la madre del menor tiene lugar el día 21 de febrero de 2017 (en el domicilio familiar), a cargo del primer psicólogo-perito (Manuel X).

Todas las entrevistas se encuentran grabadas en video y en audio.

Sin perjuicio de la legítima diversidad de teorías, escuelas y métodos, el Psicólogo no utilizará medios o procedimientos que no se hallen suficientemente contrastados, dentro de los límites del conocimiento científico vigente y respetando los principios de actuación del Código Deontológico de la profesión de la Psicología. [*En realidad, la mitad de las técnicas y modalidad de entrevistas que se utilizaron no se adecúan al perfil de los niños/as con trauma sexual por incesto. Por otra parte, el cambio de peritos no es aconsejable para estos casos, sumado al cambio de contexto ambiental que no favorece al niño/a, sino que lo confunde y lo complica*].

ANTECEDENTES CLÍNICOS / JUDICIALES

Según **atestado 11-12-17**, Elena X (madre del menor), se presentó en dependencias judiciales para denunciar los siguientes hechos, instada por la policía el día 8-12-17:

- Que el día 7-12-2017 a las 15:00 horas recibe una llamada telefónica de su hijo (que en ese momento se encontraba de visita en la casa de su padre en la localidad de...), en la cual le dijo: "Mamá, ven a buscarme. Papá me pegó, papá me violó. Él me va a matar si sabe que te conté".
- Que la madre del menor ya había interpuesto una denuncia por presuntos abusos sexuales a su hijo Vicente en el año 2012 en la Guardia Civil de...
- Que su hijo se encuentra en el domicilio de su padre desde tres días, dado que lo ha ido a visitar.
- Que desde entonces no se ha podido comunicar directamente con el menor.

Según **atestado...** [diligencia de actuación policial], del 7-12-17 una patrulla de la Guardia Civil se apersona en la casa del padre del menor tras recibir aviso de la central y se encuentran al menor en evidente estado de angustia. Que el menor manifiesta que tiene miedo de su padre, porque lo ha amenazado con asesinarlo si hablaba con su madre o pedía ayuda. Que una ambulancia lo lleva al Centro de Salud... Por la gravedad de los hechos relatados el médico cree oportuno trasladarlo a urgencias.

Según la diligencia de exposición siguiente, se intentó contactar con Vicente de forma telefónica realizándose un gran número de llamadas y no se obtuvo nunca respuesta incluso al estar con cobertura el teléfono. Que contactó con la madre y esta le dijo que el niño está conviviendo en el domicilio de su padre de forma forzada, que no le deja responder llamadas y no lo tiene escolarizado. Por ello el 5-1-2012 en horario escolar acude al domicilio del padre una patrulla, pero los agentes no pueden hablar con el niño porque su padre se adelanta a responder, impidiéndoles entrar. En el siguiente contacto con el menor, el día 6-1-2012, el menor le dice al agente "el día que viniste a mi casa yo quería pedir ayuda, pero no podía porque mi padre me había encerrado en la habitación y me amenazó que si gritaba iba a matar a mi madre. No quiero ver más a mi padre".

Según **informe clínico de urgencias** de 3-1-2012, el menor refiere que estando de visita en la casa de su padre, este se enfadó con él porque no limpió la casa y se puso muy agresivo, le gritó y le pegó. Refiere que, en esa ocasión, su padre le arrancó la ropa y procedió a manosear su pene y su zona anal, pero sin llegar a la penetración. Luego, llamó por teléfono a su madre y esta le manda una ambulancia que lo lleva al hospital en donde lo diagnostican con abuso sexual.

ANAMNESIS

El menor Vicente X, de 13 años de edad es hijo de doña Elena X y don Honorio X. Los padres convivieron como pareja de hecho durante 3 años. Elena decide separarse debido a hechos de violencia de género que comenzó en su embarazo. Elena refiere que su hijo también sufrió mucha violencia de parte de su padre. Vicente va a la escuela, pero, en la actualidad, se niega a seguir estudiando. Según informe de derivación emitido por los servicios sociales de la ciudad de..., en el año 2012 se interpuso una denuncia en el municipio donde residía anteriormente por posibles abusos sexuales del padre hacia su hijo; desde allí las derivaron a un programa específico para menores víctimas de abusos, pero no llegaron a realizar ninguna valoración porque se mudaron. La madre facilita el acceso a un informe emitido por el servicio de atención psicológica a menores víctimas de abuso sexual gestionado por el Instituto... Dicho informe se realiza a petición de la Dirección... de Igualdad y Políticas Inclusivas y tiene por objeto valorar si el menor Vicente ha sido víctima de abusos sexuales. El informe es requerido a raíz de la solicitud de la valoración desde Servicios Sociales de... Según las recomendaciones de dicho informe, se estima oportuno tratamiento para el menor, que le ayude a elaborar lo sucedido y paliar las consecuencias derivadas del abuso vivido. Considerando que el menor ha sufrido una interferencia en su desarrollo psicosexual, se estima oportuno ofrecerle educación sexual adecuada a su edad y circunstancias y pautas en prevención del abuso sexual. Se solicitan ocho sesiones de tratamiento. [*Obsérvese que lo que se describe en este ítem –más que una anamnesis del niño víctima– son datos muy acotados sobre una situación de violencia y abuso sexual de manera gráfica y superficial*].

RESULTADOS

1. ENTREVISTAS SEMI-ESTRUCTURADAS: CON LA MADRE DEL MENOR (ELENA X)

Elena expone que se separó de su pareja por violencia de género, cuenta que, tras el nacimiento de su hijo, en una discusión el padre le dio una golpiza y le rompió el teléfono celular. Refiere que avisó a la policía y después le concedieron una orden de alejamiento. Comenta que el padre tenía visitas supervisadas en un punto de encuentro cuando Vicente tenía dos años.

Explica que cuando era pequeño nunca quería ir de visitas a la casa de su padre y que cuando este lo iba a buscar solía negarse y oponer resistencia. Muchas veces, se terminaba enfermando, como si inconscientemente no quisiera ir.

También, recuerda que, en una oportunidad, un amigo de la familia del padre la llamó por teléfono para decirle que este había abusado de su hijo, que tuviera cuidado con él.

Dice que su hijo realizó terapia infantil con una psicóloga del hospital. Luego de varias sesiones, allí le dijeron que a su hijo le había sucedido algo que no se animaba a decir.

Refiere que, desde que se separaron y se mudó, su ex marido siempre la amenazó con quitarle a su hijo y que por ese motivo él le realizó varias denuncias. Cuando Vicente habló con la policía contó que su padre lo abusaba y siempre lo amenazaba. Esta situación, la motivó a querer irse a otra ciudad; pero, la policía le aconsejó que no lo hiciera porque el padre podría denunciarla y quitarle la tenencia de su hijo.

En el colegio, su hijo también sufrió de violencia por parte de sus compañeros quienes continuamente solían hostigarlo verbal y físicamente. Elena refiere que siempre tuvo problemas con su hijo y se han llevado mal porque él siempre le reclamó que nunca lo defendió. Dice que ella permitía que fuera a visitar a su padre pero que siempre le advertía que tuviese cuidado de él. El padre siempre le habló mal de ella y que para seducirlo solía darle dinero y regalos caros. Hubo vecinos del padre que la llamaron por teléfono para advertirla que en el barrio se decía que este estaba prostituyendo a Vicente porque solían ver al menor besándose con hombres grandes en la puerta de su casa.

Refiere que el menor le pidió que lo ayudase muchas veces. También, le dijo que solía tener muchas pesadillas y que vomitaba la comida. Cuando ella lo fue a buscar con la policía a la casa del padre Vicente negó todo. En otra oportunidad, ella descubrió las fotos que Vicente publicaba en sus redes sociales, fotos donde él mostraba cómo se practicaba cortes en los brazos y jugaba a ahorcarse con una soga en el cuello. Cuando ella habló con él, le dijo que estaba consumiendo drogas porque el padre lo obligaba.

CON EL MENOR PERITADO (VICENTE X)

El menor comenta que hay cosas que no recuerda; por ejemplo, cuando estuvo en el hospital o lo que le dijo a la policía. Dice que cuando su padre intentó abusarlo, llamó a su madre y le pidió ayuda porque tenía mucho miedo. Refiere que en varias ocasiones su padre le quitó la ropa y le manoseó el pene y la zona anal, pero que no lo penetró. Dice que su padre solía decirle que lo amaba tanto como a una novia, y que lo obligaba a masturbarlo.

Se sabe que la existencia de un bloqueo en la memoria es usual en víctimas de abuso sexual; por lo cual, es un punto de mayor credibilidad en el relato de la víctima. Alguien que, de forma deliberada, ofrece un testimonio falso para acusar a una persona inocente, no admite tener olvidos ya que entendería que eso le quitaría credibilidad.

A pesar de tener lagunas en sus recuerdos, a lo largo de todas las entrevistas el menor relata episodios de abuso sexual que sufrió por parte de su padre.

Primera entrevista:

Cuando se le preguntó si sabía el motivo de la entrevista, el menor dijo: "Sí, por lo que pasó con mi padre". Cuando se le preguntó qué recordaba, él dijo que estaban solos con su padre en su casa, una vez que fue a visitarlo y que, como siempre, lo había castigado por no colaborar con la limpieza de la casa; luego, le pidió perdón y dijo que lo quería tanto como se quiere a una novia. Cuando entró al baño recuerda que este entró detrás de él y le quitó la ropa con la escusa de ayudarlo a bañarse y que ahí intentó violarlo pero que él se defendió. En otra ocasión, recuerda que se encerró con llave en su habitación por miedo pero que su padre rompió la puerta a los golpes con un martillo y pudo entrar; luego de eso dice no recordar qué sucedió, tan solo tiene imágenes aisladas de cómo lo obligaba a chupar su genital. Cuando el perito le pregunta si él estaba vestido cuando sucedió aquello, el menor dijo que no. Cuando el perito le pregunta si recordaba algo más, el menor dice que su padre lo había amarrado para inmovilizarlo; también, recordó que el día anterior el padre luego de retarlo como siempre hacía le había preparado una rica merienda, cosa que nunca antes había hecho; siendo lo que más lo asustó en dicha ocasión fue que descubrió a su padre echándole un polvo al jugo y que cuando le preguntó qué era eso, este no le quiso contestar. Cuando bebió el jugo le pareció rico y se lo bebió por completo; sin embargo, luego de un rato, se quedó dormido y cuando recobró la consciencia, no sabía cómo, pero se hallaba acostado completamente desnudo en la cama de su padre. Cuando el perito le preguntó si recordaba otra cosa que le llamara la atención, el menor dijo que lo que siempre le había llamado la atención de su padre era su manía por colocarse los calzones de él, que era su hijo, a pesar de que le calzaran muy ajustados.

El perito le pregunta al menor si recordaba otro episodio extraño con su padre y este le manifiesta: "Un día, no recuerdo si fue en octubre o noviembre del año pasado, creo que fue a principios de noviembre si no me equivoco porque sé que unos amigos de mi papá nos habían invitado a su casa. Entonces, él me regaló un pantalón y una camisa nueva que como a mí no me gustaban porque no me gustaba el color ni el diseño que tenían, yo hice como que se me cayó el café sin querer encima de la ropa, como para no usarla. Entonces, yo me desvestí y me puse otro calzón y otro pantalón. Recuerdo que él se enojó mucho y me castigó, me pegó. Yo no lloré, me las aguanté y terminé cambiándome de ropa para ir a cenar. Fuimos a cenar a casa de sus amigos y de ahí, salimos a dar una vuelta después de cenar. Fuimos a otro lugar donde había una fiesta y me invitaron a beber unas copas. Yo al principio no quería, pero, después, me terminaron convenciendo. A mí no me gusta beber porque me suele caer mal, termino siempre vomitando. Los amigos de mi papá me terminaron convenciendo de que tomase alcohol y dije, bueno, total qué más da. Empecé a sentirme mareado, pero, por suerte, un amigo de mi papá me llevó a un lugar para que me pudiera sentar, si no, me iba a caer seguro. De un momento para el otro, no sé cuánto tiempo pasó, pero siento que alguien me estaba quitando la ropa y yo no tenía fuerzas para defenderme. Quería huir de ese lugar, quería escapar, pero no tenía fuerzas. Sentía cómo una mano –o varias, no sé–, me tocaba mis zonas privadas. Intenté quitarlas, pero no pude. Pensé en mi mamá, cómo le iba a explicar. Por momentos, no sabía si estaba en la casa de mi padre o en otro lugar. No conocía el lugar en donde estaba. Quise gritar; pero, me taparon la boca. Yo le grité: 'no, suéltame, suéltame'; pero, el hombre con el que estaba me llevó a su cuarto y me empezó a chupar. Estaba muy mareado, no me podía defender; intenté ponerme de pie, pero me caí, veía todo al revés. Él me agarró y me sentó encima de él y me dijo que íbamos a tener un bebé o que yo era su bebé, no recuerdo muy bien. Me metió algo en el culo, me hizo doler mucho. Yo estaba aterrado. Después, aparecí en mi habitación desnudo en mi cama, con muchísimo dolor en el culo. Recuerdo todo mezclado, hay partes en donde perdí la memoria. Al lado de mi cama alguien había vomitado porque estaba todo mojado, con un olor espantoso. Mi padre no estaba. Ese día estuve todo el día solo, con mucho dolor, tirado en la cama sin poder moverme. Me dolía mucho la cabeza. Me puse a llorar mucho porque me sentía muy solo. Después, me puse a pensar y llegué a la conclusión que todo lo que creía recordar no había sido otra cosa que alguna de las pesadillas que siempre solía tener cada vez que bebía algo de alcohol".

Cuando el perito le preguntó si recordaba algo más, dice que su padre siempre lo estaba queriendo tocar, de toda la vida, desde que era muy pequeño. Dice: "Cuando estaba limpiando, cuando estaba cocinando, cuando iba a bañarme, siempre estaba intentando manosearme. Me metía la mano por debajo de los pantalones, se me insinuaba, me apoyaba sus genitales cada vez que pasaba cerca de mí, aunque estuviese vestido". Para escenificar esto, se pone de pie y hace aquello con el respaldo de una silla. Agrega: "Yo le decía que me soltase, que no me molestara; pero, él parecía disfrutar más cuando yo me enojaba. Él me decía: 'A ti te gusta. A ti te gusta'. Yo me paralizaba. Para poder dormir en su casa siempre debía trabar la puerta de mi habitación, porque tenía terror de que entrase y no me diera cuenta".

Cuando el perito le preguntó si todo esto lo había contado a otra persona, el menor responde que no tanto como ahora. Refiere: "En el hospital me vieron todos los moretones que tenía en el cuerpo de los golpes que mi padre me había dado con el cinturón; pero, yo les mentí y les dije que me había caído de una escalera. Entonces, la médica me dijo que cuando quiera hablar de que podía contar con el equipo del hospital. En ese momento, me puse a llorar; pero les dije que era porque extrañaba a un perro que se me había muerto. La doctora me escribió un número de teléfono en un papel y cuando me lo dio me dijo que si necesitaba ayuda que la llamara. Yo le dije que gracias, y me fui sin decir ni una sola palabra".

Segunda entrevista:

En la segunda entrevista, el menor dice:

"Un día estaba en mi casa viendo una serie, no, una peli, no sé exactamente lo que estaba mirando y… llegó él, o ya estaba en la casa, y me sirvió café". "Yo miré de reojo y vi cómo le echaba… no sé unas… como un aceite creo, como unas gotitas. Y yo le pregunté qué es eso, creo que me dijo son vitaminas o algo así. Yo pensé, y le pregunté, para qué si yo no estoy enfermo. Y él me miró y me dijo no, tómatelo, que está bueno". "No le noté sabor raro ni amargo ni dulce, nada. Yo me lo tomé todo y me dio sueño, me empezó a dar sueño entonces supongo que me quedaría dormido en el sillón, porque estaba ahí, y... cuando me desperté por la mañana estaba totalmente desnudo, sin ropa interior, sin calcetines". "Lo que me pareció a mí raro fue que no recuerdo cómo pude moverme desde el sillón hasta mi cama. Y encima estaba bien tapado y todo, que yo si me voy a acostar a dormir, duermo congelado porque no me da tiempo a taparme. Y yo me desperté y ya no había nadie en casa".

Se le solicita que cuente la última vez que le pasó algo extraño con su padre e indica que la última vez que fue a su casa en la ciudad de..., pero, que no sabe si su padre sigue viviendo allí. "**Él me pide plánchame estas camisas** y yo le dije que no. Me dice que por qué y le digo porque no, no se los quería planchar. Y entonces él se puso violento y me pegó, me empujó al piso y me caí. Quedé con unas... uf no sé cómo se llaman eso. Unos... bultos o unas, no sé cómo explicártelo, no me acuerdo bien, que había ahí pegados a la mesa. Quedé con marcas en el cuerpo del golpe, moretones. Entonces llamé a mi madre y se lo conté y ella desde ahí llamó a la policía. No sé si fue a la del centro o a la de cerca de mi casa. Y vinieron a por mí". Se le pregunta si recuerda qué pasó cuando llegó la policía y si recuerda quién había en casa y responde "Cuando yo abrí la puerta él estaba tirándome un plato y una botella y le digo párate, me dice no vas a salir de casa. Y claro yo ahí estaba sangrando, entonces me dice si el vecino te ve así van a llamar a la policía. Pero él no sabía que la guardia civil o la local estaba abajo en ese justo momento. Cuando escuché las sirenas digo pues voy a salir corriendo. Y salía y él tirándome cosas, tiró una cosa y la ventana de la cocina estaba abierta y él tiró una botella y eso cayó abajo, entonces ahí la policía se alertó un montón. Y yo bajé corriendo y a mitad de las escaleras me choqué con el tipo subiendo que me abrazó y me dice no te preocupes que soy de la policía". Refiere que lo suben a la ambulancia y policías suben a su casa no sabe si se llevan a su padre o qué sucedió luego. [*En todo el texto de este informe, se omiten la mayoría de las veces los signos de puntuación y otros signos ortográficos como por ejemplo las comillas. Esto hace difícil su lectura, la comprensión de lo que se está relatando*].

Se le pide entonces que relate el episodio referido en la primera semana sucedido unas semanas antes de este último, en el que dijo estar en la casa. Se le recuerda que puede rectificarme y rectificarse a sí mismo, sobre lo dicho en el momento o en la entrevista del día anterior. El menor relata que su padre le había comprado un pantalón muy ajustado "y yo no me lo quería poner porque a mí personalmente los pantalones de moda no me gustan me insistió un montón me lo puse y fui a casa y estaban todos cenando. Él me ofreció beber cerveza y yo no quería pero me insistió un montón y le digo tú sabes que yo no bebo porque me cae fatal, que una vez lo hice y me, me puse mal. Y él me dijo no, bebe, bebe. Y me, me sirvió un vaso, me dijo pues si no quieres beber alcohol bebe jugo. Mientras que estaba cenando bebí un vaso más o menos así de jugo y cuando me lo estaba tomando olía a alcohol. Pero no le hice caso digo, a lo mejor es un vaso que han lavado y han servido alcohol ahí. Me empecé a sentir mareado, raro. El mareo era como de resaca y bajé para irme, a mi casa o no sé, no recuerdo dónde iba, yo bajé las pocas escaleras que hay desde la cocina, desde un poco la sala hasta abajo el portal, y él bajó detrás mío corriendo. Me dijo ven, vamos a la habitación, y ven vamos a la habitación, y yo, no, no, no, déjame. Y empezó a tocarme por la entrepierna. Y yo le decía a él no, no me toques, déjame ya. No sé si alguien me pasaba a buscar no lo recuerdo bien. Lo único que sé es que me insistió y me llevó en rastras. Y a mitad mi tío me vio y me preguntó que qué me pasaba o que dónde iba y mi padre le dijo que estaba un poco mareado, que me encontraba mal". Refiere que su padre lo alzó en brazos y que no recuerda nada más.

A continuación, se le solicita si podía volver a contar el episodio del baño con todos los detalles que recuerde y refiere "estaba en el baño, y entré y no sé si fui a hacer pis o a bañarme y me bajé los pantalones creo y él intentó así abrir la puerta, empujando y golpeando y yo le gritaba que no, abrió la puerta, entonces me empezó a tocar mis partes. Y a tocarme y a tocarme y me decía que, que era suyo y que yo era su novio, me hablaba como si fuese su novio. Y yo gritaba un montón de veces que no le intenté pegar pero no pude y no había modo de que se detuviese. Al terminar de contar esto el menor se puso a llorar.

Tercera sesión:

El objeto de la tercera sesión de entrevista es determinar si existe un bloqueo emocional u otras causas físicas o psicológicas que impiden al evaluado recordar el episodio referido en el parte del hospital en el que su padre lo tira al suelo y le saca la ropa. Para ello, se comienza la entrevista realizando un resumen de lo que el menor había contado en anteriores entrevistas, pasando después a la formulación de preguntas aclaratorias de contexto, a una fase más profunda.

A ver si te acuerdas del episodio que me comentaste que ocurrió en Navidad en la cena familiar. "Pues estaba cenando y estaba ahí toda mi familia, bueno, casi toda, estaba mi abuelo, mi tío, o sea los hermanos de mi padre, mi primo. Es muy difícil que ellos se junten porque se llevan muy mal, pero ese día estamos juntos. Ellos estaban aquí al lado mío, porque digo, para que no se peleen me pongo yo al lado ellos, y mi padre me dijo que si quería beber cerveza. Y yo le dije que no que no quería porque a mí me sienta muy mal el alcohol, no quiero beber porque tengo anemia y le digo que no, no quiero beber. Y me dice un trago, no seas flojo, y yo le digo que no, que no quiero beber. Vale, pues jugo y me sirvió un vaso más o menos así, así de grande creo, pero cuando yo estaba bebiendo el sabor, no sé si fue el olor o el sabor lo noté raro, olía como alcohol o agua oxigenada, y digo uf qué raro. Pero yo lo ignoré porque digo, a lo mejor es el vaso que se ha servido alcohol, y lo han servido ahí. Bebí el vaso, comí y bebí todo el vaso. Y me empecé a encontrar mareado y digo: -¿Por qué tengo fatiga si no he bebido alcohol?, y lo que me dio fue estar como de resaca, que tienes mareo y náuseas. Y digo pues me voy, y creo que me iba a recoger, no sé, me iba yo solo o me iba a recoger alguien, y bajé a la cocina y la sala, están aquí y hay unas escaleras que las escaleras van pues hacia allá creo. Y yo bajé así y me siento un poco y digo me espero a que se me pase. Por si me caigo me voy a sentar. Y mi padre me dice: Vamos al cuarto, y me empieza a tocar así, y le digo: -No, déjame en paz. Y vuelve y me empieza a tocar así, a intentar manosearme y yo tenía la media esa y le digo no, déjame en paz, yo puedo solo. Y estaba ahí mareada, pero era un mareo raro, es como que me iba al suelo, intentaba levantar la cabeza y me iba al suelo, digo qué raro. Y al final a medias cogiéndome a rastras me llevó, me subió las escaleras, y salió mi abuela y le pregunto a él, qué me pasaba, y él dice nada nada, está malo. O que le duele la barriga, no sé qué le dijo, y subí las escaleras y estaba súper mareado, veía las cosas como en una nube como si estuviera en una película, y las cosas vinieran hacia mí. Entonces subí hasta la mitad, o más de la mitad, y de ahí no me acuerdo más. Subía las escaleras y ponía las manos. Me acuerdo, pero no sé hasta dónde llegué, si llegué hasta arriba del todo, o subí a la habitación, no lo sé, no me acuerdo. Y este episodio así de no acordarme de las cosas, lo he tenido antes. Ya lo he tenido antes así. Y cuando pasó todo esto que me fui que ya no estaba con mi padre, y estaba yo solo con mi madre empecé a pensar de que estaba loco. Porque digo cómo voy a dormir y a olvidarme de las cosas. Y yo se lo he contado a mis amigos y mis amigos me dijeron: -¿Sabes que hay una cosa que se llama drogas para dormir o esas cosas? Nosotros no conocemos a tu padre, pero ¿y si él te estaba dando eso y tú no te acuerdas?-. Porque yo antes no sé si mi madre se acordará, y yo le decía: mamá ¿y si de verdad estoy loco? Y me decía mi madre: ¡Cómo vas a estar loco! Porque le digo siempre me pasaba eso que me mareaba y no me acuerdo de más. Cuando me tomé ese jugo también, el jugo de naranjas, que te lo conté, no me acordé de más. Y yo no soy sonámbulo, porque, es más, yo hice pruebas que me pusieron con cámaras y todo a dormir en el hospital también por la mañana, y no soy sonámbulo para llegar hasta otra habitación. Y yo recuerdo que si me voy a dormir me pongo el pijama o algo rápido, nunca dormí así desnudo entero, porque en verano lo que hago es ponerme pijama y nunca desnudo y yo no entendía cómo había llegado desde ese punto hasta mi cama. Y desnudo, que yo nunca duermo desnudo, porque no me gusta me da vergüenza".

¿Dices que no te acuerdas de más una vez llegas a mitad de las escaleras? Asiente con la cabeza.

¿Y después, qué recuerdas que ocurrió después? "Creo que me fui, me fui a... esto pasó hace años, hace mucho, no recuerdo, solo recuerdo por partes. Creo recordar que me fui de casa y tenía el perfume de papá... Ese perfume me gustaba mucho y él me lo prestó para que me lo pusiese. No sé si era la transpiración o lágrimas, pero siento que tengo la cara mojada. Y me desperté desnudo. Siempre cuando me pasaba eso despertaba desnudo. Solía levantarme con mucho dolor en el cuerpo, con dolor de cabeza y con mucho dolor en mi culo, tenía el cuerpo con moretones. Eso pasó muchas veces. Cuando llegaba a casa me di cuenta de que se trataba de un golpe. Cuando la maestra me vio me preguntó si había tenido un accidente, no le supe qué responder, todos mis compañeros me miraban e inventé que me había caído pero nadie me creyó.

Te pusiste el perfume de tu padre, ¿recuerdas algo más? Habías dicho que te tocaba, ¿dónde te tocaba? Me manoseaba por esta zona (se toca la zona genital) y por aquí (se toca la zona anal). Me daba de tomar jugo y yo me mareaba, me sentía muy raro, yo creo que le ponía algo al jugo porque después me desmayé.

¿Recuerdas dónde estabas? En una habitación, desnudo, vomitando, con mucho dolor de espaldas y caderas. Yo en ese momento no me daba cuenta pero ahora me doy cuenta de que seguro me drogaban, antes era muy pequeño para saber que eso que me daban de tomar eran drogas. Siempre me despertaba así, como si hubiese corrido una maratón, como si hubiese estado llorando. Era todo muy raro, yo me acostaba en mi cama y despertaba en otro lado o al revés. Estaba mareado, no sé, no recuerdo nada solo mis gritos cuando entré al baño o a la habitación. Yo intentaba defenderme, frenarlo, pero no me daban las fuerzas. Quise cerrar la puerta con llave pero él la abrió de una patada y me hice pis. Vi la muerte, vi al diablo, no podía moverme quería huir pero estaba congelado del terror. Mucho pánico tenía algo en la mano, un cinturón, siempre me pegaba con el cinturón. Aún escucho sus gritos, me dejaban sordo. Yo gritaba, le daba patadas, intentaba defenderme pero él era más fuerte yo no podía contra él, yo soy muy débil.

2. SVA (ANÁLISIS DE VALIDEZ DE LAS DECLARACIONES)

Se ha evaluado la credibilidad de las declaraciones del menor, mediante el análisis de la validez de las declaraciones (**SVA**, *Statement Validity Analysis, Steller et al.*, 1989, 1992), para lo cual se realizan entrevistas propiciando el relato libre del menor, posteriormente se analizan sus manifestaciones a través del **CBCA** (Análisis del Contenido Basado en Criterios) y finalmente se realiza la valoración de los criterios de validez externos a la declaración.

19 CRITERIOS DE CONTENIDO DEL CBCA
Características generales
1. Estructura lógica. 2. Elaboración desestructurada. 3. Cantidad de detalles.
Contenidos específicos
4. Engranaje contextual. 5. Descripción de interacciones. 6. Reproducción de la conversación. 7. Complicaciones inesperadas durante el incidente.

Peculiaridades del contenido
8. Detalles inusuales. 9. Detalles superfluos. 10. Incomprensión de detalles relatados con precisión. 11. Asociaciones externas relacionadas. 12. Alusiones al estado mental subjetivo. 13. Atribución del estado mental del autor del delito.
Contenidos referentes a la motivación
14. Correcciones espontáneas. 15. Admitir fallos de memoria. 16. Plantear dudas sobre el testimonio. 17. Autodesaprobación. 18. Perdón del autor de delito.
Elementos específicos de la ofensa
19. Detalles específicos de la ofensa

El análisis de la entrevista a través de los 19 criterios del CBCA se ha realizado otorgando puntuaciones numéricas a cada uno de los criterios, puntuando 1 o 0 si el criterio está presente o ausente en la declaración (*Lamb, Sternberg, Esplin, Hershkowitz, Orbach y Hovav, 1997*).

CRITERIOS DE CONTENIDO PARA EL ANÁLISIS DE LAS DECLARACIONES DEL MENOR

CARACTERÍSTICAS GENERALES: se refieren a la declaración tomada en su totalidad y valoran la coherencia y potencialidad informativa de la misma.

1. En cuanto a las características generales del testimonio se aprecia una **estructura lógica**, las diferentes partes del testimonio del menor adquieren un sentido global, coherente y lógico. Los detalles de la narración, pese a que se hayan presentado de forma independiente, mantienen un curso lógico, consistente e integrado. Los diversos detalles describen idéntico curso de sucesos, la declaración en su conjunto es coherente y lógica; sus partes "encajan". (PUNTUACIÓN: 1 PUNTO).

2. Elaboración desestructurada. La elaboración del relato es **desestructurada**, está comprobado que los testimonios fruto de experiencias vividas se narran de manera menos lineal que los

fabulados. La declaración del menor está algo desorganizada, es poco lineal, hay digresiones espontáneas y cambios de enfoque. A lo largo de la entrevista se presentan los hechos de forma no lineal. Los elementos relevantes están dispersos por la declaración, la secuencia de hechos no se da en orden cronológico. (PRESENTE. PUNTUACIÓN: 1 PUNTO).

3. Describe **gran cantidad de detalles**, el relato del menor es rico en ellos, existe descripción de lugares, personas, objetos, concreción del momento temporal de los hechos, detalladas explicaciones de acontecimientos… Refiere secuencias, contexto, pensamientos, sentimientos, estrategias del perpetrador, acciones, interacciones, etc. (PRESENTE: 1 PUNTO) …[62]

CONTENIDOS ESPECÍFICOS: se cuantifican los detalles, sean contextuales, descriptores de informaciones o conversaciones, o inesperados. Se asume que un menor que inventara la declaración no sería capaz de incluir en la misma estos contenidos, ya que ello superaría sus capacidades cognitivas. El foco está en el plano cuantitativo.

4. Los contenidos específicos tienen un **engranaje contextual**. Los sucesos relatados se enmarcan en un contexto espacial-temporal rico y complejo. (PRESENTE: 1 PUNTO) …
5. **Descripción de interacciones**. El menor relata acciones y reacciones mutuas entre él y el agresor. Debe haber un mínimo de tres elementos. PRESENTE (1 PUNTO)…
6. Por otro lado, aparecen **complicaciones inesperadas**. Este criterio se cumple cuando se hace referencia a aquellos elementos que interrumpen la natural terminación del suceso. (PRESENTE: 1 PUNTO) …

PECULIARIDADES DE CONTENIDO

7. En el relato del menor aparecen **detalles superfluos** que no aportan información relevante sobre el delito en una declaración inventada es poco probable la aparición de este tipo de detalles ya que cuando se relata algo que realmente no ha ocurrido

[62] Los puntos suspensivos hacen referencia a que allí hay un texto escrito a partir de ejemplos, que contienen el discurso textual del entrevistado en esta prueba. Se omitió transcribirlos para ahorrar espacio.

el interés se centra en afianzar los detalles relevantes para la acusación y no se suele ofrecer información no significativa. Son detalles periféricos que no contribuyen directamente a la alegación. (PRESENTE: 1 PUNTO) ...

8. **Incomprensión de detalles relatados con precisión**: acciones o detalles que el testigo describe con exactitud pero que no comprende y sí entiende el entrevistador. (PRESENTE: 1 PUNTO) ...
9. **Asociaciones externas relacionadas**: referencias a otros acontecimientos de tono sexual que tuvieran lugar fuera del incidente específico. (PRESENTE: 1 PUNTO) ...
10. **Alusiones al estado mental subjetivo**: describe los propios sentimientos y pensamientos durante el transcurso del incidente. (PRESENTE: 1 PUNTO) ...
11. **Atribución del estado mental del autor del delito**: emociones, pensamientos y motivos que el menor atribuye al supuesto autor del delito. (PRESENTE: 1 PUNTO) ...

CONTENIDOS REFERENTES A LA MOTIVACIÓN: alguien que, de forma deliberada, ofrezca un testimonio falso para acusar a una persona inocente, no introduciría estos contenidos porque entendería que le restan credibilidad.

12. **Correcciones espontáneas**: se corrige a sí mismo de forma espontánea. (PRESENTE: 1 PUNTO) ...
13. **Admitir fallos de memoria**: admitir no acordarse de determinados detalles del acontecimiento (en el párrafo anterior extraído de la declaración del menor). (PRESENTE: 1 PUNTO) ...
14. **Plantear dudas sobre el propio testimonio**: Analizando los contenidos del testimonio del menor referentes a la motivación se observan plantea dudas sobre el propio testimonio. Esto no aparecen en testimonios inventados debido a que las personas que realizan un testimonio falso no ponen en duda determinados aspectos de su relato. (PRESENTE: 1 PUNTO) ...
15. **Autodesaprobación**: censurar la propia conducta. (PRESENTE: 1 PUNTO) ...
16. **Perdonar al autor del delito**: no culpar o perdonar al agresor. (PRESENTE: 1 PUNTO) ...

ELEMENTOS ESPECÍFICOS DE LA OFENSA: se contrastan las características del abuso narrado con las que son propias de este tipo de acontecimiento.

17. **Detalles característicos del delito**: El relato del menor es congruente con las características que suelen presentar este tipo de delitos. El perpetrador en este caso su padre utiliza la fuerza y las situaciones en la que el menor está solo para llevar a cabo las conductas de abuso. (PRESENTE: 1 PUNTO) ...

PUNTUACIÓN TOTAL CBCA: 19/19

Para que la entrevista y los resultados obtenidos a partir de los criterios sean completamente válidos han de ponerse en contexto por medio de la Lista de Validez, la cual, está compuesta por **cuatro** categorías generales de información (*Steller y Köhnken*, 1989):

a) Características psicológicas

1. **Limitaciones cognitivo-emocionales**: Se explora en qué medida limitaciones cognitivas emocionales, así como una mala predisposición del menor para la entrevista, pueden haber afectado la obtención de información válida, considerando que el menor ha colaborado adecuadamente en las entrevistas, mostrándose en todo momento dispuesto a ser evaluado, y facilitando la labor de las psicólogas-perito, aun a pesar de encontrarse con cistitis en la tercera sesión de entrevista.

2. **Lenguaje** y conocimiento. En la narración del menor existe una ***adecuación del lenguaje a su edad y su entorno familiar y social***. Al contar los supuestos abusos sus expresiones no difieren del estilo utilizado al contar otras vivencias.

3. **Emociones** durante las entrevistas. Se aprecia una ***adecuación de los afectos*** existiendo concordancia entre lo que cuenta el menor y cómo se siente al contarlo (llorando en determinados momentos de las entrevistas).

4. En cuanto a la ***susceptibilidad a la sugestión*** el adolescente no parece ser fácilmente sugestionable. Cuando se le plantean cuestiones para valorar su susceptibilidad el menor se mantiene firme en sus criterios, reafirmando su postura frente a las preguntas de control realizadas.

b) Características de la entrevista

5. **Procedimientos de la entrevista**. En la valoración de la declaración se analiza si se han realizado preguntas directivas sugerentes o coactivas en torno a los hechos valorados, resultando que se ha permitido al menor expresarse libremente, sin preguntas sugerentes ni coactivas. Se realizan preguntas abiertas facilitando la narración libre, para pasar a la realización de preguntas aclaratorias, directas y de contraste de posibles hipótesis.
   En cuanto a la adecuación global de las entrevistas, estas se han llevado a cabo en un entorno adecuado y confortable para el menor como es su domicilio particular (a pesar de que la segunda sesión se realizó en sede judicial por imposibilidad del menor de disponer de su vivienda).
   Se han realizado las sesiones que se han considerado oportunas, para establecer una relación de confianza con el menor respetando su ritmo y estableciendo un lenguaje acorde a su estadio evolutivo y entorno social.
6. **Influencias sobre los contenidos** de las declaraciones. No se han realizado por parte de las psicólogas-perito preguntas que hayan inducido a influir sobre el contenido de las declaraciones.

c) Motivación para realizar acusaciones falsas

7. **Circunstancias de la alegación original**. El menor le cuenta los hechos a su madre y esta, instada por la policía, denuncia los hechos en comisaría.
8. **Motivación para declarar**. Se descartan aspectos de índole motivacional en el menor que pudieran estar influyendo para que se proporcione una declaración falsa. En este caso, el peritado no tiene ninguna motivación espuria. Valorando los datos disponibles no se encuentra que el menor tenga motivos para realizar una acusación falsa.
9. **Influencia por parte de otros**. No se aprecia que el menor esté siendo presionado por una tercera persona para falsear su testimonio, puesto que el menor utiliza su propio lenguaje a la vez que sus expresiones verbales son congruentes con sus afectos y manifestaciones gestuales.

Según las entrevistas realizadas al menor y a la madre del menor, no se observa motivación para realizar acusaciones falsas, puesto que hace mucho tiempo que cesó la convivencia del padre y la madre del menor en el domicilio, el menor se marchó de forma libre a visitar al padre cuando lo deseó (por lo que tampoco se observa que haya una motivación de la madre para modificar un régimen de visitas anterior) y la madre del menor no percibe ninguna pensión de alimentos por parte del padre del niño, por lo que tampoco es probable que existe ningún interés económico. Asimismo, tampoco se observa ningún interés por parte de la madre en perjudicar al padre del menor, al contrario, prefiere no saber nada de él y seguir viviendo tranquila.
Valorando el contexto en el que se genera el informe, durante la entrevista con la madre del menor, esta me muestra la videollamada de WhatsApp en la que el menor se muestra visiblemente alterado y nervioso el día de la denuncia, en concordancia con el resto de diligencias existentes del caso, no existiendo ningún motivo espurio para efectuar la denuncia. Dicha denuncia se ratifica por la madre instada por el cuerpo de policía.

d) Aspectos relacionados con la investigación

10. **Falta de realismo**. Los hechos esenciales narrados son posibles y son coherentes con el sentido común.

11. **Declaraciones inconsistentes**. Se observa asimismo también consistencia entre las declaraciones e investigaciones previas y partes médicos aportados en la causa (parte médico del hospital de la fecha 2 de enero de 2019 con diagnóstico de abuso sexual).
    Asimismo, según el parte emitido por el informe N° ABS-1344, con referencia 3/383/2016-I, emitido por Instituto *Espill*, que se basa en la exploración psicológica del menor, se estima que su testimonio es **creíble**, añadiendo que las experiencias vividas han supuesto un grave coste psicológico para el menor y se aprecia una interferencia en su desarrollo psicosexual, estrés postraumático con pensamientos e imágenes repetitivas sobre el abuso, miedo y pesadillas, así como también pérdida de autoestima. Estos resultados son

consistentes con la exploración psicológica del menor en el momento actual.

12. **Evidencia contradictoria**. En la totalidad de las declaraciones del menor a lo largo de las tres entrevistas realizadas, no se observa ninguna contradicción. Es más, el menor relata el mismo episodio en tres ocasiones sin ninguna contradicción, añadiendo detalles del episodio de forma integrada y coherente con las declaraciones anteriores.
13. **Características del delito**. De forma adicional, se completa la valoración analizando detalladamente otros elementos característicos de los abusos sexuales, como son los indicadores compatibles con el abuso sexual, las características y consecuencias del abuso y los aspectos psicosociales.
    - **Características propias del abuso sexual**: el relato del menor es congruente con las características que suelen presentar este tipo de delitos, el perpetrador, en este caso su padre, utiliza la fuerza y las situaciones en las que el menor está a solas para llevar a cabo las conductas de abuso.
    - **Características propias de la víctima**: a lo largo de su relato el menor describe pensamientos, emociones y situaciones relacionadas con el abuso que reflejan una experiencia vivida es común a las víctimas en no revelar lo ocurrido por miedo.
    - **Características propias del agresor**: el menor realiza una descripción de las estrategias y el *modus operandi* del perpetrador.
    - **Aparición de indicadores psicosociales**: a través del testimonio se vislumbra la estrategia del agresor así como la mención del uso de secreto bajo amenazas y la utilización de un mismo patrón de conducta.
    - **La presencia de síntomas psicológicos clínicos**: el menor manifiesta sintomatología postraumática, pensamientos e imágenes repetitivas sobre el abuso, miedo y pesadillas, hasta incluso una fobia con los baños debido a los episodios de abuso narrados en los mismos.

Por todo lo anterior expuesto, los resultados aportan que el relato del menor es **creíble y válido**, y vienen a confirmar, dentro de las hipótesis contempladas al principio de la evaluación, la hipótesis número 1: **el menor ha sido víctima de abusos sexuales**.

3. PAI-A

(Ver Anexo 1). [*En ciertas oportunidades, se realizan este tipo de evaluaciones ante otro tipo de denuncias: robos, asesinatos, cualquier otro delito. La justicia no debería someter a la víctima a semejante tortura –entrevista– de la manera que lo hace con los niños, niñas y adolescentes; de continuar con este tipo de evaluaciones, lo que puede llegar a ocurrir es que sometan a las víctimas de delitos sexuales a tener que hacer un role playing de los abusos. Cuando se denuncia cualquier otro delito, solo se dice lo que ocurrió y no se sospecha que se pueda mentir*].

4. PBLL

(Ver Anexo 2).

A partir de los resultados de la prueba practicada, ocho indicadores aparecen asociados a agresiones sexuales infantiles. Estos son:

Ausencia de suelo

1. Sonrisa maníaca.
2. Lluvia sectorizada.
3. Ausencia de paraguas.
4. Cabeza grande.
5. Ausencia de entorno.
6. Brazos cortos.
7. Manos sin dedos.

La cara de la persona masculina dibujada en la prueba muestra una línea triste en la boca y se muestra llorando, con un bocadillo en que se lee: - ¡No! ¡No! - Esto suele ser indicativo de existencia de trauma.

También, se observa:

- **Ausencia de cinturón**: indica fallas en la represión secundaria.
- **Emplazamiento inferior izquierdo**: representa lo primario, lo traumático, aquello que se queda sin resolver. Apego a lo concreto. Falta de imaginación.
- **Ojos sin pupilas**: inmadurez emocional. Negación de sí mismo. Vaciedad.

- **Lluvia torrencial**: representa una situación de mucha presión, muy estresante, agobiante (Presencia de rayos y lluvia sectorizada).
- **Ausencia de pies o "pies pato"**: desaliento, abatimiento, falta de ilusión.
- **Ausencia de manos**: timidez, inadecuación y culpa. Falta de recursos para accionar con la realidad. Trastornos de la comunicación.
- **Ausencia de paraguas**: falta de defensas. Sentimiento de indefensión.
- **Presencia de nubes espesas**: tendencias autoagresivas y dolencias somáticas.
- **Ausencia de suelo**: sentirse en el aire, sin ser sostenido por nadie.
- **Presencia de elementos fálicos**: bocadillo en la figura, rayos. Ansiedad con respecto a la actividad genital adulta. Precocidad sexual.
- **Dimensión pequeña**: Desvalorización, aplastamiento, sentimiento de inadecuación, retraimiento, sensación de encierro, inadecuada percepción del sí mismo. Preocupación por las relaciones con el ambiente.
- **Flor en la mano**: obstáculos sin resolver.
- **Río descendente**: depresión.

Con respecto a los resultados obtenidos, estos son **compatibles** con la sintomatología psicológica de personas que han sufrido algún **trauma** como víctimas de abuso sexual y/o maltrato.

5. TAMAI

(Ver Anexo 3).

El evaluado muestra puntuaciones críticas (percentil 99) en las escalas subrayadas en rosa, puntuaciones muy altas (percentil 95) en las escalas subrayadas de amarillo y puntuaciones altas en las escalas subrayadas de verde (percentil 80).

Las **puntuaciones críticas** (las más altas) han sido obtenidas en las siguientes escalas:

- **Inadaptación personal**: implica desajuste emocional, implica vivencias de inseguridad, insatisfacción, desequilibrio emocional, inoperancia y autoengaño.

- **Aprensión y somatización**: tendencia a mostrar miedo, tensión y malestar. Se infravalora, se siente incapaz, le cuesta concentrarse y anticipa peligros. Tiende a experimentar enfermedades y molestias corporales, como mareos, ahogos, dolores de cabeza o estómago, falta de apetito, pesadez y molestias al levantarse.
- **Cognipunición**: tendencia a "presionarse" o "golpearse". Predomina el sufrimiento y la infelicidad. Se sufre por la sensación de inseguridad, ansiedad social y sentimientos de vergüenza. Se sufre por la baja autoestima, las preocupaciones, el perfeccionismo y el autocastigo. Se sufre, sintiendo tristeza y pena, por la pérdida de ilusiones, por el sentimiento de inutilidad y sentimiento de muerte.
- **Timidez**: Sensación de inseguridad y sentimientos de vergüenza. Tensión al compararse con los demás y verse más débil. Piensa en la muerte. Sufre ansiedad social, percibiendo como amenazantes las situaciones sociales, tiene miedo de la gente, sufre reacciones fisiológicas de rubor y dificultades para entablar relaciones y conversaciones con los demás.
- **Intrapunición**: baja autoestima. Falta de aceptación hacia sí mismo, resaltando sus aspectos negativos. Reacciona censurándose, reprochándose y sintiendo rabia contra sí mismo. Todo ello produce preocupación, ansiedad, perfeccionismo, agresividad contenida, insatisfacción, sufrimiento e infelicidad.
- **Depresión**: Manifiesta frecuentes sentimientos de tristeza, apatía o desgana. Se siente inútil, sin ilusiones, con deseos de desaparecer o morir, provocando pena y llanto.
- **Autosuficiencia defensiva**: ligera tendencia a resaltar desmesuradamente sus cualidades (autosuficiencia), de ser audaz en sus planteamientos (prepotencia) y mostrar reacciones de defensa con atribuciones externalistas, considerando que la culpa de todo lo que le pasa la tienen los demás (autodefensa). La inadaptación se expresa a través de autoafirmación y justificación de los propios fallos que pueden esconder posibles debilidades y tener ciertas fricciones en las relaciones con los demás.
- **Inadaptación escolar**: el evaluado no muestra problemas en la inadaptación escolar, aunque existe una ligera aversión a la instrucción (quizás por falta de interés o actitudes de insatisfacción con el profesorado y las clases) y una muy ligera aversión al profesor (actitud negativa hacia los profesores y hacia el modo que tienen de enseñar y preguntar).

- **Inadaptación social**: Autoajuste social: tendencia a no mostrar respeto a los demás, a ser desconsiderado, agresivo, irritante o desafiante, así como a ir en contra de las normas establecidas.
- **Agresividad social**: tendencia a la irritación, a la agresividad y al malestar con los otros. Se caracteriza por el enfrentamiento con los demás, por la búsqueda de conflictos y polémicas. Se ve reflejado en "me enfado muchas veces y peleo", "me enfado, discuto y peleo con facilidad".
- **Restricción social**: tendencia a tener escasas relaciones sociales, a aislarse o mostrarse desconfiado e imaginar hostilidad por parte de los demás. Engloba:
    - o Introversión (cuantitativo de la vida social): actitud de tener escasas relaciones, a estar con poca gente o aislarse.
    - o Hostiligenia (cualitativo de la vida social): Actitud de desconfianza y recelo hacia los demás, talante hostil al presuponer malas intenciones o maldad en los demás.
    - o Educación del padre:
        - Restricción: excesiva actitud de control y seriedad (perfeccionismo hipernómico) junto con manifestaciones de rechazo, abandono o falta de afecto (estilo aversivo), que se manifiesta en:
            - ✓ Marginación: vivencia de que el padre no se preocupa, lo tienen abandonado, no lo quiere lo suficiente o lo margina.
            - ✓ Rechazo afectivo: convicción y sentimiento de que su padre lo quiere poco y le tiene manía.
    - o Educación de la madre:
        - Asistencial-personalizante: la madre es percibida en mostrarse afectiva, preocupada, respetuosa, quizás con cierto tinte proteccionista, pero con el suficiente control. Considera que lo trata muy bien, lo quiere, le concede lo que pide, lo anima y tiene confianza en ella.

6. CPSS (The Child PSTD Symptom Scale)

Los resultados indican una puntuación de 48, que muestra un **TEPT** (Trastorno por Estrés Postraumático) **alto**.

(Ver Anexo 3).

7. TEST DEL ÁRBOL (Ver Anexo 4)

Según el **índice de Wittgenstein**, se ha calculado la edad del primer suceso traumático que pudiera haber experimentado el menor, estableciéndose mediante el cálculo de la edad de conflicto, resultante de dividir la longitud en milímetros desde la base del árbol hasta la mancha dibujada al principio de la copa, pudiendo establecer la edad entre los siete y los ocho años (edad en la que la madre refiere el primer mutismo del menor con respecto de los abusos del padre y el primer episodio de trauma).

Analizando el **tronco**, podremos analizar los componentes más conscientes del psiquismo del evaluado. Ha dibujado un tronco recto hasta la base, lo que indicaría que se trata de un sujeto con horizontes limitados, rigidez, artificialidad, reservado, obstinado, sistemático, falto de elasticidad, convencionalismo, habilidad para lo abstracto, rígido, cierto grado de infantilismo e inmadurez. Asimismo, observamos que los **contornos del tronco y de la copa se muestran interrumpidos**. Ello nos muestra un sujeto irritable, explosivo, nervioso, impulsivo, impaciente, frágil. El tronco es el que sostiene, representa el Yo anímico, consciente, las reacciones afectivas. Este simboliza la personalidad de cada sujeto.

Con respecto a la copa, en los tests proyectivos, la **copa** del árbol representa la fantasía del sujeto, el tipo de actividad mental, el mundo del pensamiento, la espiritualidad, el cómo concibe el sujeto la realidad. El evaluado ha dibujado una **copa en arcada**. Indicador por excelencia de actitud defensiva. Son sujetos con una personalidad formal. Gran control de todo lo que tenga relación con la espontaneidad de las emociones y de los sentimientos. Estos sujetos hacen un gran esfuerzo y se empeñan en causar buena impresión ante los demás. Cuidan de su imagen y filtran todo lo que vayan a exteriorizar. Además, la copa es grande, señal de extraversión, imaginación, interés para relacionarse con el mundo exterior, idealismo.

El árbol tiene **16 frutos** que pueden interpretarse como 16 agujeros: o sea, quizás, se podría decir que 16 veces ha sido abusado, o ha sufrido 16 años de trauma.

Ausencia de raíces, a partir de los ocho años o nueve, y en función del tamaño del tronco, pueden señalar fragilidad, temor, miedo al mundo externo. Falta de seguridad en el terreno emocional.

Árbol sobre suelo descendente: Se siente alejada de todo el mundo, baja autoestima y posible trauma y depresión. Resto de árboles dibujados sin suelo: inseguridad, fragilidad, desesperanza.

Asimismo, observamos un **desborde superior de la copa** en el dibujo, la copa del árbol invade el borde superior de la hoja. Tiene que ver con una forma compensatoria de afrontar la realidad frente a la cual el sujeto se siente en inferioridad de condición. Podríamos decir que una posible compensación sería la búsqueda de poder.

Con respecto a la posición del árbol en la hoja, observamos cómo se encuentra en el **cuadrante 2** (posición a la izquierda con tendencia al centro): Estos sujetos presentan un doble deseo de protección. Existe también una necesidad de independencia pero dentro de un ambiente o medio en el cual se sientan protegidos.

El evaluado dibuja sin pedírselo un paisaje, además de unas casas al final de un camino ondulado en la parte superior derecha de la hoja. El camino se parece a un **río** que está **arrastrando a un niño** e incluso lo puede matar. Esto es otro posible indicador de abuso sexual.

Las casas son **pequeñas**, lo que denota necesidad de recogimiento, introversión, necesidad de autoprotección contra el mundo externo. Podría ser indicador de timidez, dificultad en las relaciones con sus iguales, miedos y/o sentimientos de inferioridad.

Las casas **no tienen puerta**, el omitir la puerta significa un bloqueo, una necesidad de romper las relaciones con el mundo externo, introversión, aislamiento de las presiones externas que son vividas como agresivas o indeseables. También, timidez y necesidad de autoprotección. Necesidad de disponer del propio espacio sin interferencias de otras personas.

Asimismo, las casas **no tienen ventanas**. Puede indicarnos que tiene la sensación de que no puede afrontar la realidad externa. Se siente aprisionado en su ambiente familiar e íntimo. Puede que haya carencias afectivas, rigidez en la educación parental o excesiva sobreprotección.

Las casas **no tienen chimenea**, en general podemos asociarlo con un niño de temperamento un poco frío, distante, o quizás que está en un núcleo familiar con pocas vinculaciones afectivas.

Que las casas estén vacías y sin rejas, significa que en su entorno familiar no hay represión sexual.

El **camino ondulado** que va hacia las casas se asocia a un carácter más exigente, orgulloso, que prefiere buscar soluciones propias antes que se las impongan. También inteligencia selectiva, curiosidad, capacidad de exploración y gusto por los detalles.

También dibuja una **figura humana masculina muy pequeña** a la derecha del árbol, muy sombreada. Se trata de una figura humana de varón realizada en **transparencia** (debajo de la ropa se le ve el esqueleto) y las líneas que cruzan, son similares a una figura fálica. Esto es un indicador de posible abuso sexual. Lo que tiene en su mano es similar a los testículos y el pene.

El sombreado indica **ansiedad y angustia**. El grado de sombreado correlaciona con la intensidad de la angustia del evaluado. En este caso, la figura se encuentra sombreada en su totalidad.

El **sombreado del cuerpo** indicaría **ansiedad** por el mismo. Áreas de preocupación por alguna actividad real o fantaseada, pero no es posible diferenciar la causa (brazos: robar, agresividad, masturbación. Piernas: por el crecimiento físico, la talla, la sexualidad).

Es una **figura muy pequeña**, el tamaño se trata de un buen indicador emocional que expresa inseguridad, retraimiento, en ocasiones, también depresión. En general, las figuras pequeñas, son muestra de inadecuación, yo inhibido y preocupación por las relaciones con el ambiente exterior (según algunos autores como *Machover*).

Hay **ausencia de manos**, frecuente en niños tímidos respecto a los agresivos. En consecuencia, parece que este signo refleja sentimientos de inadecuación o de culpa por no poder actuar correctamente o incapacidad para hacerlo.

Hay **presencia de nubes**, las nubes se encontraron especialmente en niños muy ansiosos y con dolencias psicosomáticas.

Omisión de la nariz: se asocia a conducta tímida y retraída con ausencia de agresividad manifiesta. También con escaso interés social.

Omisión de la boca: La omisión de este rasgo es siempre clínicamente significativa. Refleja sentimientos de angustia, inseguridad y retraimiento, inclusive resistencia pasiva. Este indicador emocional revela o la incapacidad del sujeto o su rechazo a comunicarse con los demás. Los historiales de los niños que omitieron la boca mostraron una alta incidencia de miedo, angustia, perfeccionismo y depresión.

Presencia de líneas fragmentadas o rotas: se han asociado con temor, inseguridad, sentimientos de inadecuación, ansiedad, terquedad y negativismo. Parece habitual el incremento regular de las líneas fragmentadas con el aumento de la edad. Se podría argüir que los preadolescentes como grupo tienden a ser inseguros y ansiosos, y que esto se refleja en el empleo de trazos interrumpidos en sus dibujos.

Con respecto a los resultados obtenidos, estos son **compatibles** con la sintomatología psicológica de personas que han sufrido algún trauma como víctimas de abuso sexual y/o maltrato.

8. SCL-90-R

El evaluado muestra índices altos en las siguientes escalas:

- **Somatización**: el evaluado refleja alto malestar percibido de sus "disfunciones" corporales.
- **Obsesivo-compulsivo**: el evaluado muestra pensamientos, impulsos y acciones experimentadas como egodistónicos (que están en conflicto, o que son disonantes, con sus necesidades y objetivos, o en conflicto con los ideales de su autoimagen, vividos con malestar).
- **Sensitivismo interpersonal**: el evaluado se muestra autorreferencial y con expectativas negativas de sus interrelaciones personales.
- Presenta alto índice de **hostilidad**: irritabilidad, rabia y resentimiento.
- El evaluado muestra altos índices de **ansiedad fóbica**: agorafobia.
- **Ideación paranoide**: proyección, hostilidad, suspicacia, miedo perder su autonomía.
- **Psicoticismo**: retirada social y aislamiento.
- También presenta alta puntuación en ítems adicionales: **trastornos del sueño, de la conducta alimentaria, ideas sobre la muerte y sentimientos de culpa**.

Con respecto a los resultados obtenidos, el evaluado muestra alto índice de malestar general, pensamientos intrusivos, con experiencias negativas ante sus relaciones personales, hostilidad y ansiedad fóbica. Además de trastornos del sueño, de la conducta alimentaria, ideas sobre la muerte y sentimientos de culpa. Por otro lado, los resultados elevados en índices de ideación paranoide y psicoticismo podrían estar relacionados con las consecuencias psicológicas que han tenido sobre el menor la vivencia de un trauma, como abuso sexual y/o maltrato.

CONCLUSIONES

El psicólogo-perito firmante ha redactado el contenido del presente informe con imparcialidad y con arreglo a su leal saber y entender. Con todos los respetos a SS° emite las siguientes conclusiones:

Primero. Con respecto al objeto de pericial de analizar la validez del testimonio del menor, y teniendo en cuenta las hipótesis planteadas en el análisis de veracidad del testimonio, considerando lo expuesto y basándome en la exploración psicológica del menor y en el SVA, considero que los hechos descritos son **creíbles**. Por lo que se trata de un testimonio **válido**. Asimismo, es pertinente aclarar que el trauma o las secuelas descritas por el evaluado no serían causa exclusivamente de un episodio reciente, sino que el historial traumático desde hace años de abusos físicos y sexuales, además de sumisión química, podría haber incidido en la sintomatología clínica que presenta el menor. El menor parece tener un bloqueo sobre el episodio recogido en el parte del hospital del día 2 de enero de 2019. La existencia de un bloqueo de un episodio de estas características es usual en víctimas de abuso sexual, y arroja más credibilidad a la narración de la víctima en su conjunto.

Segundo. Con respecto a los resultados obtenidos tras la realización de las pruebas proyectivas PBLL y el Test del árbol de *Koch* al evaluado, estos son **compatibles** con la sintomatología psicológica de personas que han sufrido algún trauma como víctimas de abuso sexual y/o maltrato. Asimismo, los resultados muestran que se siente alejada de todo el mundo, baja autoestima y depresión.

Tercero. Con respecto a la situación psicológica del menor objeto de la pericia, los resultados obtenidos tras la realización de la prueba TAMAI a la evaluada, se debe concluir que la misma presenta una **fuerte inadaptación personal**, **inseguridad**, insatisfacción, así como una **baja autoestima** y **miedo**. El evaluado experimenta multitud de enfermedades y molestias corporales. En él predomina el sufrimiento y la infelicidad, sufre por la baja autoestima, las preocupaciones, el perfeccionismo y el autocastigo. Se muestra tímido, inseguro, con **vergüenza** ante los demás. Piensa en la muerte y presenta **ansiedad social**. Además, presenta **sintomatología depresiva**, manifestada en frecuentes sentimientos de tristeza, apatía o desgana. Asimismo, el evaluado presenta cierta **inadaptación social**, y tendencia a **irritarse** y al **malestar** con los demás. Por ello, manifiesta una **tendencia a tener escasas relaciones sociales**, a aislarse o mostrarse **desconfiada** e imaginar **hostilidad** por parte de los demás, probablemente debido a las experiencias traumáticas descritas por el menor.

Cuarto. El evaluado ha obtenido una puntuación de 48 en el test CPSS, lo que indica la existencia de **trastorno por estrés postraumático (TEPT) alto.**

Quinto. Con respecto a los resultados del SCL-90-R, el evaluado muestra alto índice de malestar general, pensamientos intrusivos, con experiencias negativas ante sus relaciones personales, hostilidad y ansiedad fóbica, además de trastornos del sueño, de la conducta alimentaria, ideas sobre la muerte y sentimientos de culpa. Por otro lado, los resultados elevados en índices de ideación paranoide y psicoticismo podrían estar relacionados con las consecuencias psicológicas que han tenido sobre el menor la vivencia de un trauma, como abuso sexual y/o maltrato.

Sexto. Con respecto a los resultados del PAI-A, inventario de personalidad, se puede concluir que el evaluado.

RECOMENDACIONES

Con todos los respetos a SSª, el psicólogo-perito firmante emite las siguientes recomendaciones:

Primero. Se estima oportuno tratamiento para el menor que le ayude a elaborar lo sucedido y paliar las consecuencias derivadas de la situación vivida.

Segundo. Si el menor tuviese que declarar en un proceso judicial, sería conveniente tener en cuenta que muchos de los menores que tienen que declarar en los juzgados, sufren recaídas y necesitan reanudar el tratamiento psicológico. "La actuación del menor en el juicio deberá ir acompañada, en muchas ocasiones, de estrategias de apoyo a nivel educativo y clínico para afrontar temas de estigmatización, los sentimientos de culpa y el miedo... En este sentido los psicólogos y juristas de la Oficina de Atención a la Víctima, ubicada, en la generalidad de los casos, en el mismo Palacio de Justicia, o los psicólogos de los servicios especializados de asistencia psicológica pueden desempeñar un papel muy importante". (*Echeburúa*, 2007).

Tercero. A pesar de la sensibilidad y delicadeza con que la gran mayoría de Jueces y Fiscales tratan a los/as menores, cabe señalar el proceso judicial puede tener un efecto muy negativo para ellos/as. Por tanto, si la declaración del menor resultase indispensable, sería importante que se tuvieran en cuenta los siguientes aspectos:

1. Permitir que sea acompañado durante las exploraciones o declaraciones de una figura de apoyo para él (psicólogo/a, educador/a, madre, familiar cercano...)
2. Intentar evitar largas esperas, teniendo en cuenta el grado de malestar y angustia que supone para el adolescente la declaración judicial.
3. Evitar que pueda encontrarse con el imputado u otras personas relacionadas mientras espera para declarar.
4. Evitar mediante biombo u otra barrera física la confrontación directa del adolescente con la Sala, especialmente el enfrentamiento directo con el imputado. Las modernas técnicas de videoconferencia serían idóneas para salvar el trauma que para el menor puede suponer la declaración judicial.
5. Y por último, considerar el estadio evolutivo del menor para formular preguntas y para analizar sus respuestas, es decir, entender su conducta según el desarrollo afectivo, social, intelectual y de lenguaje propios de su edad.

Las presentes conclusiones y recomendaciones forenses se refieren a los objetivos demandados y a la aplicación de la metodología antes mencionada. Un cambio de las circunstancias o nuevos datos exigirían un nuevo análisis y podrían modificar los resultados.

En la ciudad de..., a 12 de febrero de 2020.

Firma...

Anexos:

1. Test TAMAI.
2. Test PBLL.
3. Test DEL ÁRBOL.
4. Transcripción de las entrevistas, etcétera.

Análisis final del informe

Luego de hacer una lectura exhaustiva de este informe, podemos observar lo siguiente:

1. El objetivo de esta clase de informe consiste en la mera transcripción de datos, sin hacer un análisis profundo de estos bajo la perspectiva de género para detectar y evidenciar a la hora de redactarlo una conducta patriarcal y machista, reflejada en: cómo el entorno de crueldad y tortura en que el adolescente vive es naturalizado por los familiares de su progenitor; la relación existente con la figura paterna y su rol de poder, que por el solo hecho de ser su progenitor invalida constantemente las reiteradas denuncias de vecinos y personas interesadas en la salud del adolescente víctima, que lo llevarían al consumo de drogas, ejercicio de la prostitución y a autoinfligirse heridas publicadas en redes sociales, prolongándose el abuso en el tiempo sin poder separar al padre de la víctima en el menor lapso posible de tiempo; las pocas herramientas con que la madre del adolescente víctima cuenta a la hora de pedir ayuda o evitar la realización de una evaluación en su domicilio, lugar inadecuado para tal fin. [*Vale destacar que el tema del género no tiene que tanto ver con la víctima en sí misma sino también con el victimario que por ser el "padre" hombre se siente con más derechos por sobre el hijo, se trata de un poder patriarcal ejercido como patriarca de la familia no es una cuestión de que sea la víctima mujer o no. Además, la perspectiva de infancia donde esta es torturada con infinidad de técnicas, interrogatorios y repreguntas que no eran necesarias para validar un relato más que explícito, pero como dijimos antes si hubiera denunciado que le robaron el celular, nadie lo hubiese cuestionado*].

2. El niño víctima queda oculto y anónimo bajo la transcripción de resultados de tabulaciones de tests.

3. Se hace hincapié en los resultados de los tests y no en el relato del niño, en lo que dijo.

4. No se analizan las técnicas gráficas, sino que se transcriben fragmentos teóricos copiados de libros.

5. El informe es demasiado extenso, con lo cual al terminar de leerlo uno se olvida de los datos fundamentales.

Capítulo 3

Análisis de informes de un grupo familiar por un caso de revinculación

A continuación, transcribimos los informes de una pericia forense a un grupo familiar en los que el psicólogo, en sus conclusiones, pasó completamente por alto el relato de un abuso sexual (incesto) por parte de una de las niñas. Como iremos analizando en detalle, este documento ha sido escrito en el marco de una ideología misógina, machista y patriarcal, con lo cual, constantemente se procede a desvalorizar la figura de la madre.

Informe N° 1: informe de la pericia psicológica realizada a la madre

JUZGADO DE FAMILIA N°...

Expte. N° Ln-X

"French Malena C/ Vergara José S/ Autorización Judicial (X)"

<u>PERICIA PSICOLÓGICA</u>

Buenos Aires, [fecha]. Me dirijo a S. S. [su Señoría] con el fin de elevar el informe de la pericia psicológica realizada en sede judicial de acuerdo a los puntos de pericia indicados.

<u>DATOS ACTOR/A</u>

<u>Nombre y apellido</u>: Malena French.

<u>Edad</u>: 45 años.

<u>DNI</u>: ...

<u>Fecha de nacimiento</u>: ...

<u>Nacionalidad</u>: ...

<u>Domicilio</u>: ...

Teléfono: ...

Correo electrónico: ...

Estado civil: divorciada del Sr. José Vergara.

Estudios cursados: secundario.

Ocupación: vendedora en comercio de ropa.

Obra social: "MEDIC". [*A diferencia del padre de sus hijos, la señora French tiene una de las obras sociales de medicina privada más básicas y elementales (aquí hemos cambiado su nombre por otro ficticio)*].

Hijos: dos con el Sr. Vergara.

- Raquel Vergara: 9 años. 4° grado, en la escuela...
- Ruth Vergara: 11 años. 6° grado, en la escuela...

Grupo familiar conviviente: la Sra. Malena vive con sus dos hijos. Relata que, luego de que se divorció, vive en un pequeño departamento de un ambiente junto a sus dos hijos.

DESARROLLO DE LA ENTREVISTA

La Sra. French tiene una mirada particular, transmite cansancio, apatía, un ojo con un párpado caído. **A la hora de recordar su edad y domicilio, duda, daría la impresión de no recordar**. [*No se tiene en cuenta la posibilidad de estrés postraumático; tampoco, el cansancio normal debido al tiempo de espera antes de ser entrevistada*].

Refiere tener una enfermedad autoinmune llamada miastenia gravis y migrañas, por las cuales se halla medicada.

Lúcida, globalmente orientada. Actitud colaboradora. **Presenta fallas en la memoria. Pensamiento coherente**. [*Obsérvese la contradicción entre "fallas de memoria" y "pensamiento coherente". La modalidad paradojal de escribir acerca de una mujer tiene como objetivo desvalorizar su testimonio y que pierda credibilidad*].

Por momentos **es perseverante con algunos temas relacionados con su ex marido. Sin alteraciones de la sensopercepción, refiere tener sueño todo el día y ser muy distraída**. [*Es muy común que en las causas de abuso sexual de niños/as la defensa acuse a las madres protectoras de "obsesionarse" con sus ex maridos. Todo lo que dice la madre protectora suele ser interpretado como producto del despecho por un amor trunco, interpretación misógina y propia de una ideología machista. Aquí, podemos observar otra contradicción: si bien no tiene alteraciones en la sensoriopercepcción, se la termina describiendo como "muy distraída".*

Este comentario tendrá incidencia directa en su concepto de "mala madre", incapaz de cuidar a sus hijos. No se evalúa que podría llegar a estar simplemente cansada por tener que trabajar en doble turno para cuidar y mantener económicamente a sus hijos].

La Sra. French refiere que en diciembre de 2015 le diagnosticaron miastenia gravis y en marzo del siguiente año con migrañas. Dice: *"Antes de divorciarme estaba en una muy buena posición económica; pero, luego debí salir a trabajar doble turno como vendedora de un negocio de ropa porque comencé a ser el sostén de mi familia. A mi ex marido lo echaron de su trabajo y se le dificultaba pasarme dinero. No tengo buena salud, siempre me duele algo, cuando no es la cabeza me siento muy débil y cansada. Últimamente, estoy perdiendo la memoria, mi ginecóloga me dijo que quizás sea porque estoy atravesando una menopausia precoz. Cuando mis hijas van de visitas los fines de semana a la casa del padre yo suelo aprovechar para dormir todo el día. Por suerte, son chicas muy buenas, con muy buenas notas en el colegio. Por suerte, aún puedo manejar el auto; eso me ayuda mucho a hacer las compras en el supermercado y a llevar a las chicas a la escuela y al resto de sus actividades; por suerte, si bien trabajo doce horas por día, trabajo cerca de mi casa. También, debo ayudar a mi papá, que en este momento se encuentra atravesando un mal de Alzheimer y está internado en un geriátrico de mala muerte que hay que llevarle la comida porque yo sé que no los alimentan con todas las vitaminas…". [Obsérvese que el profesional omite analizar este párrafo, en el cual esta mamá hace referencia a un tipo de violencia económica por parte de su ex marido y padre de sus hijos*].

En referencia al padre de sus hijas dice: *"José es un buen tipo; pero, nos terminamos separando porque yo no me sentía escuchada ni apoyada por él. Nunca pensé que después del divorcio él me dejaría casi en la calle; pero, la vida es así. Por eso quiero mudarme a lo de mi hermana; aunque sea lejos de acá; porque en su casa al menos me voy a sentir contenida y sin la presión de tener que pagar un alquiler a fin de mes. Él me pasa muy poco dinero, dice que como lo echaron del trabajo solo puede pasarme $5000 por mes; pero, con eso ni siquiera cubro los gastos de comida de una semana. José siempre estuvo muy bien económicamente, cuando estábamos juntos él tenía una empresa; pero, para evadir impuestos no la tenía a su nombre. Su familia también tiene varias empresas. Cuando vivíamos juntos dábamos una imagen de familia feliz; pero, la realidad era que yo no sabía lo que era manejar dinero, todo lo pagaba él y cuando yo compraba algo con la extensión de su tarjeta él me exigía las facturas y controlaba todos* *y cada uno de lo que yo había comprado. Siempre fui muy ahorrativa, porque él siempre me hacía un drama cada vez que le pedía plata para algo; ni hablar de comprarme ropa. Cuando José se fue de casa se llevó desde el horno eléctrico hasta los aires acondicionados, prácticamente nos dejó con lo puesto; pero, a mí no me importó. Enseguida* ***conseguí trabajo y hasta el día de hoy me las arreglo***". [*Obsérvese que este relato no es analizado en el informe y se pasa por alto. Esto llama la atención, dado que esta mamá se está refiriendo a un tipo de violencia económica, psicológica, emocional, de género*].

En referencia al vínculo con sus dos hijas, dice: "*Yo las amo. Por suerte, ellas siempre se llevaron muy bien con su padre. Cuando van de visitas, lo único que me preocupa es que vienen muy sucias. En general, cuando llegan están de mal humor porque las trae muy tarde a la noche y yo las obligo a hacer las tareas del colegio. Me dicen que soy una loca porque les repito las cosas mil veces y me las paso gritando para que me escuchen. No les gusta verme en la cama. Raquel, mi hija menor, tuvo que ir a la psicóloga durante varios años porque es muy nerviosa y le cuesta concentrarse, todo el tiempo se está moviendo; pero, por suerte las maestras dicen que es súper inteligente. Ruth, mi hija mayor, me dice que soy una amargada, una aburrida porque nunca los saco a pasear. Su padre siempre las llena de regalos y las saca a pasear cuando van a su casa; pero, a mí, apenas me alcanza la plata para vivir*". [*El profesional evita analizar la sinceridad de esta mamá cuando se describe en su rol. Omite mencionar lo atenta que está a educar y observar a sus hijos de cerca. Tampoco menciona su gran capacidad introspectiva y de autocrítica*].

En referencia a la razón de por qué se quiere mudar, dice: "*Yo en esta ciudad me siento sapo de otro pozo. Todas mis amigas están allá. Las chicas no se quieren cambiar de colegio, eso va a ser difícil para ellas, pero después van a estar contentas. Nunca pensé que a estas alturas de mi vida iba a estar envuelta en una causa judicial por la tenencia de mis hijas. Hasta debí contratar un abogado. Él se opone a que me mude porque quiere estar cerca de ellas, quiere que ellas vivan con él. Quiero vivir… (llora), no me quiero quedar en la calle… todo es una locura; por momentos, siento que pierdo la razón*". El relato es poco claro. [*No se entiende por qué el profesional interpreta estos dichos de una madre angustiada como "poco claro". Por el contrario, se percibe una gran claridad en todo lo que dice*].

Se le pregunta si sabe qué quieren sus hijas y dice: "*Ruth, mi hija mayor, primero dijo que quería vivir con el padre y ahora cambió de idea. Raquel, en cambio, siempre quiso vivir conmigo, ella es muy apegada a mí, somos muy unidas. Yo intenté, hice todo por tener una familia, pero fue imposible. Solo me consuela que podré irme a vivir a lo de mi hermana. Deberé cambiar de trabajo, pero, al menos, estaré en familia".* [*No se analiza el sentimiento de soledad y desamparo producto de un ex marido muy poco protector con ella y sus hijos. Tampoco se menciona que se trata de una mujer que se rige por los valores familiares*].

En una segunda pericia psicológica a la Sra. French Malena se continúan evaluando los puntos de pericia indicados. En esta instancia, se le administran el Test Mini-Mental State y el Test de Bender. [*¿Qué hubiese sucedido si en lugar de tomarle solo estos dos tests le hubieran administrado técnicas proyectivas gráficas? Por ejemplo: HTP, Persona Bajo la Lluvia, Familia Kinética actual y prospectiva, Serie de Árboles y Dibujo de Dos Personas*].

En la ejecución del Test Mini-Mental State, la Sra. French se queja: *"Esto es muy difícil. No lo voy a poder hacer"*. Se le explica el objetivo del test en cuanto a poder estudiar sus capacidades; sin embargo, insiste en quejarse y continúa hablando de todo lo mal que la pasó mientras estuvo casada. [*El profesional decide administrarle el Test Mini-Mental State, que suele ser utilizado para evaluar el deterioro cognitivo de personas ancianas con alteraciones neurológicas. Esto llama la atención, dado que a lo largo de sus dichos se ha mostrado coherente a pesar de algunas distracciones propias del estrés. A su vez, llama la atención que no le haya administrado esta misma técnica al señor Vergara. Daría la impresión de que el profesional estaría pretendiendo demostrar a lo largo de todo el informe la insania mental de esta mamá*].

A continuación, se le administra el Test de Bender. Lo ejecuta lentamente, observando las tarjetas y copiando de manera excesivamente prolija. [*El Test de Bender suele utilizarse para evaluar la función guestáltica visomotora. Puede detectar retraso en la maduración, madurez para el aprendizaje, lesiones cerebrales. Llama la atención que solo le administrara este test a la madre y no al padre. Consideramos que el empleo del adjetivo calificativo "excesivamente" no es aleatoria; con él, el profesional pretendería sugerir una opinión en el lector de este informe, respecto de que el niño pudiera llegar a sufrir algún tipo de retraso, por ejemplo*].

Respecto de sus hijas, dice: *"Cuando vienen de la casa del padre yo siento que mis hijas me odian. Suelen insultarme, dicen muchas malas palabras y se burlan de mí, e incluso, a veces, hasta intentan golpearme. Yo les pregunto cómo les ha ido, pero ellas nunca quieren contarme nada.*

Por momentos, desconozco a mis hijas; pienso que no soy buena madre (llora)". [*El profesional solo se limita a transcribir los dichos de la mujer sin analizarlos, comentando que este tipo de comportamientos suelen ser muy comunes en niños que sufren algún tipo de conducta violenta en las visitas a la casa del progenitor (es típico que regresen nerviosos, alterados y proyecten sus emociones negativas sobre la figura de amor incondicional de su madre)*].

Respecto de la relación paternofilial se detiene a contar cómo el padre de sus hijas solía llevarlas al colegio y prepararles la comida. Dice no entender cómo pudo cambiar tanto en este último tiempo: *"En casa se hacía siempre lo que él proponía. Siempre todas tratábamos de estar en sintonía con él para que no se pusiera nervioso o no se enojara. Nunca me pegó, pero sí solía tratarme como una inútil que no hacía las cosas como se supone debía hacerlas, según él. Siempre se terminaba haciendo lo que él decía. Él siempre fue muy callado, no dialogaba ni conmigo ni con sus hijas. Mis hijas han sufrido mucho y yo también..."*. Se observa a la Sra. French que tiene **una inclinación a disgregarse en su discurso y es muy perseverante en los temas que aborda**. [*Se menosprecian los dichos de esta mamá respecto del vínculo entre sus hijos y el padre. Se la acusa abiertamente de tener una inclinación a disgregarse y a ser perseverante; pero, en ningún momento en el resto del informe se realiza un análisis del comportamiento machista y violento del señor Vergara*].

Ante la pregunta acerca de cómo hará para criar a sus dos hijas si se muda lejos del Sr. José Vergara, la Sra. Malena dice que en los momentos en los que ella esté trabajando las cuidará su hermana (la tía de los chicos, quien es viuda y sin hijos), y cuando ella no pueda contratará a una niñera; siendo por lo demás, que ella está acostumbrada a criarlas sola porque su ex marido casi no se ha ocupado de ellas en los últimos años. [*Cuando se entrevista al señor Vergara, comprendemos que se evita intencionalmente analizar exhaustivamente su rol de padre*].

CONCLUSIONES

La Sra. French presenta dificultades motrices, se la ve muy cansada, con dificultades para expresarse, argumenta que tiene una enfermedad, pero no queda en claro a qué se refiere si a migrañas, a una enfermedad autoinmune (miastenia gravis), a agotamiento o a un cuadro de depresión. Se expresa de una manera confusa y monótona en los temas que aborda; muy detallista, se dispersa con facilidad. No se logra entender lo que quiere comunicar. También se observan otras áreas de su personalidad afectadas; por ejemplo, la afectividad, en varias ocasiones llora y se la observa inestable emocionalmente. Se infiere que podría estar atravesando un cuadro depresivo derivado de su divorcio. [*Esta mamá ya ha comentado que padece de una enfermedad autoinmune, miastenia gravis; sin embargo, en este párrafo del informe, una vez más, se intenta hacerla pasar por desequilibrada mental y depresiva como consecuencia de no estar junto a un hombre, en este caso, junto al padre de sus hijos. Obsérvese cómo la ideología patriarcal atraviesa este texto y la totalidad de este informe*].

Informe N° 2: informe de la pericia psicológica al progenitor

JUZGADO DE FAMILIA N°...

Expte. N° Ln-X

"French Malena C/ Vergara José S/ Autorización Judicial (X)"

PERICIA PSICOLÓGICA

Buenos Aires, 20 de marzo de 2020

Me dirijo a S. S. [su Señoría] con el fin de elevar el informe de la pericia psicológica realizada en sede judicial de acuerdo a los puntos de pericia indicados.

DATOS ACTOR/A

Nombre y apellido: José Vergara.

Edad: 55 años.

DNI: ...

Fecha de nacimiento: ...

Nacionalidad: ...

Domicilio: ...

Teléfono: ...

Correo electrónico: ...

Estado civil: divorciado.

Estudios cursados: arquitecto.

Ocupación: desocupado.

Obra social: "OSEP". [*Este dato no es menor. El señor Vergara posee una de las más caras obras sociales privadas (en este caso, le hemos cambiado el nombre por uno ficticio), mientras que sus propios hijos están adheridos al plan más básico de la obra social médica de su madre. En ningún momento se hace un análisis de este dato como sinónimo de violencia económica*].

Hijos: cuatro con la Sra. French.

- Raquel Vergara: 9 años. 4° grado, en la escuela...
- Ruth Vergara: 11 años. 6° grado, en la escuela...

Grupo familiar conviviente: actualmente vive solo.

DESARROLLO DE LA ENTREVISTA

El Sr. Vergara se presenta con buena disposición y **un pensamiento coherente sin alteraciones de la sensopercepción**. Refiere tener buena salud en general. [*Se acepta esto como una verdad absoluta. En ningún momento de este informe se pondrá en duda ni se sugerirá el tema de la mala salud (física, emocional o psicológica) del progenitor*].

A modo de ejemplo, se citará parte de lo que dice: "*La verdad es que no sé por qué estoy acá. Si mi ex esposa se quiere mudar lo puede hacer, nadie se lo impide; pero, yo asumo mi paternidad y que las chicas se vengan a vivir conmigo. Las dos ya me dijeron que se quieren venir a vivir conmigo porque no aguantan a la madre. Ella es una buena persona, nos separamos en buenos términos; pero, es un poco intensa con ellas, densa. Cuando se obsesiona con algo no para hasta que lo consigue. Nunca trabajó, yo la mantuve durante toda la vida. Ahora que tiene que trabajar se queja del cansancio. Yo siempre estoy dispuesto a cuidar a mis hijas, pero ella no quiere; y ahora, se le puso que quiere mudarse al medio de la nada, donde vive su hermana. Un pueblo perdido en medio de la Pampa. Yo no me opongo, por mí que se vaya a vivir donde quiera. Usted me puede hacer todas las preguntas que quiera...* ***Hace años que estamos así con Raquel, con mi señora; perdón, con Malena. Ella no soporta que yo la haya dejado, que yo no la ame más. Ella nos está metiendo a todos en este problema judicial por venganza, ella me sigue amando, me ha pedido varias veces que nos volvamos a juntar***". [*No se analiza por qué confunde a su hija con su esposa. En el discurso machista siempre se pretende dejar a la mujer como la "loca despechada"*].

Respecto de su hija Raquel, dice: "*Nuestro contacto es excelente. Ella es muy mimosa, siempre quiere dormir conmigo,* ***siempre jugamos,***

***le hago cosquillas** y nos reímos. [No se le pregunta en qué consisten esos juegos ni a qué clase de "cosquillas" se refiere]. La madre no hace otra cosa que meterle presión con la escuela. No me sorprende que me haya metido esta demanda judicial, no puede soportar el vínculo que tengo con Raquel, con quien siempre tuve un vínculo muy especial; la más grande es más arisca. Malena no me quiere dejar ver a las chicas, por eso se quiere mudar tan lejos... Raquel es fría, distante, muy autoexigente; pero, ella es así. Siempre hacemos cosas juntos, trato de que se divierta cuando viene a casa. Cuando no quiere hacer algo yo meto mano y la ayudo a que no tenga miedo". [Obsérvense las contradicciones semánticas que hay en los dichos transcriptos en este párrafo].*

Cuando se le pregunta por su hija Ruth, dice: *"Con Ruth nos llevamos bien. El tema es que Malena se quiere mudar a lo de la hermana para dejar de trabajar y que la mantenga, le haga la comida como cuando ella era chica. Malena dice que tiene una enfermedad, pero para mí es todo psicosomático; quiere seguir siendo una niña y no se da cuenta que ya es una madre con dos hijas. Siempre le costó ser independiente, manejarse con el dinero, ir al banco, hacer trámites. Cuando estábamos juntos todo lo tenía que hacer yo. Pero, a pesar de todo esto que te estoy contando ella es una mina de diez, muy buena madre; a mí nunca me ha reclamado nada desde que me echaron del trabajo. Sé que toma medicamentos, pero no sé cuáles. Últimamente se la ve algo perdida, como si estuviera dopada". [Obsérvense las contradicciones semánticas de los dichos del señor Vergara. El profesional se limita a transcribir los dichos y comentarios con ideología patriarcal del señor Vergara sin analizarlos y sin hacer ningún tipo de observación. Esto sugeriría que adhiere a los mismos].*

Más adelante, dice: *"Los chicos tienen una muy buena relación conmigo. Los veo todos los fines de semana. Ellos me dicen que no aguantan ver a su madre siempre enferma, dopada, cansada. Un día, **Raquel me llegó a preguntar si su mamá tenía una enfermedad en el cerebro** dado que siempre estaba tirada y quejándose... Yo los llevo al campo, conmigo se divierten". [El señor Vergara manipula su discurso para convencer a su interlocutor (en este caso, el psicólogo) de que la madre de sus hijos es una enferma mental. En ningún momento se analiza su frialdad y falta de empatía respecto a las migrañas y la enfermedad autoinmune que padece su ex esposa].*

Se le pregunta si ha consultado con algún psiquiatra o algún instituto neuropsiquiátrico por el estado de su esposa; refiere que no, pero que siempre está por hacerlo. [*Respecto de lo dicho en el anterior párrafo, el profesional redobla la apuesta y da a entender que la señora French está atravesando un estado psiquiátrico de locura*]. Al respecto, dice: "*Malena ya no es la de antes, no la reconozco. Es como si desde que no vivimos juntos algo cambió en ella. Quizás, sea verdad y* ***tenga sus facultades mentales alteradas****. Yo trato de ayudar en lo que puedo*". [*Nuevamente, se quiere hacer pasar por "loca" a la señora French*].

Cuando se le pregunta por el tema económico, explica: "*Malena se piensa que soy millonario porque* ***trabajo de arquitecto****. Ya le expliqué mil veces* ***que yo no tengo nada a mi nombre, lo que gano me sirve justo para vivir****.* [*El señor Vergara afirma que trabaja como arquitecto, contradiciéndose en sus dichos acerca de que habría sido echado de su trabajo. El profesional no le pide que aclare este dato. No se le pregunta cómo es que si está tan ajustado de dinero puede pagarse una de las obras sociales médicas privadas más caras del país*]. *Ella se quiere ir de vacaciones como antes y como ahora no puede* ***está disconforme****. Me hizo ya un montón de denuncias con la excusa de que no le devuelvo en horario a Raquel; ya van dos veces que se viene con un patrullero hasta mi casa, solo porque me retrasé un par de horas en llevarla a su casa. Un día, es verdad, me llevé a Raquel de vacaciones a la costa por unos días sin decirle nada; estuve mal, ya lo sé... La pasamos súper bien, ella estuvo pegada a mí en esas vacaciones,* ***dormíamos juntos y hacíamos todo juntos****.* ***Las chicas se criaron en medio de peleas de pareja****, eso no es nada positivo. Quiero volver a tener complicidad con mis hijas*". [*Obsérvese que el psicólogo que escribe este informe interpreta o sugiere que el hecho de que una mujer (madre, en este caso) desee irse de vacaciones es algo negativo*].

Se le pregunta cómo quisiera que se resuelva esta causa judicial, responde: "No quisiera separarme de mis hijas. Yo me suicido si mis hijas se van a vivir tan lejos. Ya no las voy a poder ver todos los fines de semana. Esto es una agresión hacia mi persona".

Se le administra el test HTP y Persona Bajo la Lluvia. [*Al señor Vergara no se le administraron los mismos tests que a la señora French, con lo cual, no están en iguales condiciones a la hora de ser evaluados. Obsérvese que no se le toma uno de los tests más requeridos en este tipo de causas, como lo es el de la Familia Kinética, actual y prospectiva; tampoco se le toma el Test de las Dos Personas, por tan solo mencionar dos ejemplos de los tests más usuales*].

CONCLUSIONES

El señor Vergara se muestra muy colaborador y su trato es cordial. Se lo ve muy ansioso, y a la defensiva. [*Esta oración se contradice con la anterior*].

En **su discurso quiere convencer a su interlocutor**; [*la manera correcta de decir esto es: "intentos de manipulación"*] aunque, **no sabe responder y duda ante las preguntas** [*de esto no se induce que pueda tener las "capacidades psíquicas alteradas", como sí se interpretó en el caso de la señora Vergara*] que hacen referencia a situaciones conflictivas familiares en donde él quedaría involucrado. En sus respuestas no se observa implicación subjetiva, se muestra desafectivizado, le cuesta contactarse con sus emociones, todo lo cual queda reflejado en los tests gráficos que se le administraron. Cuando se le pregunta por los problemas matrimoniales y lo que lo llevó a la separación, pone la culpa en la madre de sus hijas y en la familia de esta en lugar de asumir su parte de responsabilidad, **da respuestas tipo cliché**. [*Se trata de un sujeto sin capacidad de introspección; por lo tanto, sin sentimientos de culpa. El psicólogo omite explicar que este tipo de características son propias de los sujetos con personalidad psicopática*].

Por momentos, se lo observa como un sujeto agresivo; aunque hace todo lo posible para disimularlo. **A la hora de hablar no es espontáneo, da respuestas superficiales ante las preguntas que se le hacen.** [*El psicólogo está describiendo una por una las características de personalidad de un psicópata. Sin embargo, omite mencionar este diagnóstico presuntivo en su informe*].

Las técnicas gráficas que realiza reflejan una personalidad narcisista, centrada sobre sí mismo, controlador, manipulador e invasivo con los demás, con rasgos acentuados de agresión, impulsividad e inmadurez, baja tolerancia a la frustración; aunque, con un criterio de realidad conservado. También, **se observa que podría tener un trato frío, agresivo y extremadamente exigente con sus hijas, lo cual podría llegar a dejarlas posicionadas en un lugar de temor**. [*El profesional está describiendo a un agresor sexual de niños, pero omite hacer referencia a este tema. Esta omisión podría dar lugar a que una persona que carezca de estudios específicos de psicología (por ejemplo, un abogado, fiscal o juez) no llegue a comprender la gravedad y la peligrosidad del asunto*].

Informe N° 3: informe de la pericia psicológica a la hija menor

JUZGADO DE FAMILIA N°...

Expte. N° Ln-X

"French Malena C/ Vergara José S/ Autorización Judicial (X)"

PERICIA PSICOLÓGICA

Buenos Aires, 20 de marzo de 2020

Me dirijo a S. S. [su Señoría] con el fin de elevar el informe de la pericia psicológica realizada en sede judicial de acuerdo a los puntos de pericia indicados.

DATOS ACTOR/A

Nombre y apellido: Raquel Vergara.

Edad: 9 años.

DNI: ...

Fecha de nacimiento: ...

Nacionalidad: ...

Escolaridad: 4° grado.

Escuela: ...

Obra social: MEDIC.

Hermana: Ruth, de 11 años.

Grupo familiar conviviente: vive con su madre y hermana. Va a la casa de su progenitor de visitas todos los fines de semana.

DESARROLLO DE LA ENTREVISTA

Raquel se muestra cordial y abierta al diálogo; aunque, se la percibe muy tensa y ansiosa. Dice: "***Mamá siempre nos está retando para que hagamos las tareas. Ella se pone muy pesada, nos grita***". [*El profesional selecciona estas dos oraciones, y en su informe decide escribirlas una a continuación de la otra para sugerir al lector que ambos hechos tienen una correlatividad. La niña podría estar tensa y nerviosa dado que estaba por ser entrevistada en un ámbito judicial –y a solas– por una persona que jamás había visto antes. Sin embargo, se prefiere presentarla de entrada como una niña víctima de violencia materna, omitiendo hacer* *referencia a que esta mamá, como cualquier madre protectora, se preocupa por educar y transmitir valores de estudio a sus hijos*].

Se le propone jugar. Observa curiosa y con detenimiento las muñecas princesas. A continuación, elije jugar a que tiene un restaurante en el cual cocina y vende sus platos. Dice: "*¿Qué podemos cocinar? Fideos con tuco no, mejor, pizzas. ¿Pizza de mozzarella o a la napolitana? Le alcanzan un plato de comida a la psicóloga*". Juega de una manera activa, por momentos se ríe y parece disfrutar de esta actividad. **Cuando se les propone dibujar, se niega.** [*No se describe la cantidad ni el tipo de simbolismos lúdicos que se le ofrece a la niña para ser evaluada. Esto es importante a la hora de hacer un análisis, ya que si se le ofrecen escasos juguetes un niño/a tendrá escasas posibilidades de expresar su real conflictiva. Respecto del tema de la toma de dibujos proyectivos se hace el mismo análisis que hemos comentado anteriormente. Si tan solo se le ofrece un lápiz negro y una hoja en blanco, es muy probable que los niños/as se sientan poco motivados a expresarse a través de un lenguaje gráfico*].

Cuando se le pregunta sobre su familia, responde tranquila. Explica que vive con su madre y que se lleva muy bien con ella. Dice que va a lo de su padre los fines de semana. Si bien se muestra algo **ambigua**, refiere que le gusta ir a la casa de su padre porque allí puede jugar a la Play y ver películas y series Netflix. [*Frecuentemente, los niños/as víctimas de violencias se muestran ambiguos (lo cual, suele ser interpretado como ambivalencia afectiva) a la hora de hablar de la relación con su padre y madre; especialmente, si conviven y dependen de ellos. Temen recibir represalias y castigos si los rechazan abiertamente. A partir de esto, se deduce que el niño/a suele llevarse mejor con aquel padre o madre del que se siente libre para criticar abiertamente*].

Cuando se le pregunta si quiere mudarse con su mamá, ya que, de esta manera, no vería a su padre tan frecuentemente, dice: "***Yo prefiero vivir con mi mamá.*** [*La niña dice muy claramente querer vivir con su madre. Esto no es consignado en ninguna de las conclusiones de todos los informes*]. ***Si me obligan a vivir con mi papá no quiero. Mi papá me toca la cola debajo de la bombacha, siempre lo hace jugando***". [*La niña relata que su padre la está abusando sexualmente, y que estaría haciendo pasar dicho abuso como un juego*].

Se indaga y no surgen otros indicadores de manoseos o actividad abusiva a nivel sexual por parte del papá. Por su parte, la **niña refiere no sentir miedo, vergüenza o incomodidad cuando su padre le**

hace ese "juego de cosquillas". Dice que nunca habló de este tema con su madre. [*Esto es característico del incesto paternofilial crónico y producto de la coerción psicológica. El relato del abuso sexual por parte de un niño/a es considerado por todos los autores especializados en el tema como el principal indicador de ASI. Este solo comentario amerita que el profesional realice una denuncia en sede judicial; sin embargo, el psicólogo interviniente en este peritaje interpreta dicho pedido de ayuda como un "juego de cosquillas". Esto es el incesto paternofilial crónico; entre otras cosas, debido a la coerción psicológica y al mecanismo de la disociación. El secreto del abuso es otro de los principales indicadores psicológicos del ASI*].

En este punto, se le pregunta por la convivencia con su madre desde que esta fue diagnosticada con la enfermedad autoinmune. La niña dice: "*Mi mamá es una pesada, siempre nos está pidiendo que colaboremos con ella. Todo lo quiere ordenado. Nos hincha con las tareas de la escuela*". Se indaga acerca de si su madre suele gritarle o ejercer algún tipo de violencia con ella y su hermana, responde: "*A veces, nos grita cuando no hacemos la tarea, o cuando rompemos algo, o no nos queremos bañar, o juntar los juguetes*". [*En lugar de profundizar en la relación de la niña con su progenitor abusador, el psicólogo, una vez más, manipula la conversación centrándose en la madre de la niña y en las secuelas de su enfermedad*].

En una segunda entrevista de la pericia realizada a Raquel en el día [fecha], **se conversa** sobre la escuela y la relación con sus compañeros y amigos; también, **sobre sus cambios corporales y sobre la atracción hacia otros niños**. [*El profesional sugiere que la niña está sexualizada y coloca la responsabilidad en una "madurez precoz" evadiendo por completo los dichos de la niña en su primera entrevista, cuando refiere que su progenitor suele masturbarla manoseándole los genitales por debajo de su ropa interior*].

La niña habla de forma fluida y sin manifestar vergüenza o alguna otra emoción negativa. A continuación, se le pregunta sobre su vínculo con su padre. [*Como en todos los casos de abuso sexual de larga data, la niña tiene naturalizado el abuso*].

Raquel refiere que lo quiere mucho y que se lleva muy bien con él ya que suele darle consejos cuando en la escuela necesita ayuda. [*La niña está hablando bajo el influjo de un mecanismo de defensa llamado "disociación"*].

Dice: "*Mi papá es especial, él siempre está para cuando lo necesito. No es así con mi mamá, que siempre está cansada*". Al hablar de su madre, a Raquel se le llenan los ojos de lágrimas; dice: *"Siempre está gritando y un día le pegó a mi hermana. Siempre discute con mi papá y le está pidiendo plata. Nunca nos saca a pasear; en cambio, papá nos lleva a todos lados"*. Finalmente, refiere que su madre siempre está ocupada y nerviosa. [*Frecuentemente, en las familias en las que el progenitor abusa de sus hijos suele haber un ambiente de nerviosismo, con una madre muy estresada, dado que ella también es víctima de un marido muy violento*].

Informe N° 4: informe de la pericia psicológica a la hija mayor

JUZGADO DE FAMILIA N°...

Expte. N° Ln-X

"French Malena C/ Vergara José S/ Autorización Judicial (X)"

PERICIA PSICOLÓGICA

Buenos Aires, 20 de marzo de 2020

Me dirijo a S. S. [su Señoría] con el fin de elevar el informe de la pericia psicológica realizada en sede judicial de acuerdo a los puntos de pericia indicados.

DATOS ACTOR/A

Nombre y apellido: Ruth Vergara.

Edad: 11 años.

DNI: ...

Fecha de nacimiento: ...

Nacionalidad: ...

Escolaridad: 6° grado.

Escuela: ...

Obra social: MEDIC.

Hermana: Raquel, de 9 años.

Grupo familiar conviviente: vive con su madre y hermana. Va a la casa de su progenitor de visitas todos los fines de semana.

DESARROLLO DE LA ENTREVISTA

Ruth se muestra cordial; aunque, se la percibe tímida, tensa y algo ansiosa. Transmite que no sabe para qué ha sido citada y se le explica. Dice: "***Yo quiero vivir con mi mamá, pero también quiero ir a lo de mi papá. Mi mamá es muy aburrida, siempre se está quejando de los dolores, del cansancio. En lo de mi papá es más divertido, siempre nos regala cosas y jugamos a la Play***". [*Muchos progenitores que ejercen violencia física o psicológica tienen conductas paradójicas que a los niños/as les resulta difícil identificar como violencia. En este caso, podemos observar que aún es muy difícil para Ruth darse cuenta que parte de las vivencias que tiene en la casa materna son causadas de manera directa o indirecta por su progenitor, y como todo adolescente suele ser vulnerable ante lo que se podría llegar a entender como extorsiones y manipulaciones afectivas*].

En otro tramo de la entrevista, dice: "*Mi mamá está con una enfermedad que le da cansancio. Nosotras somos las hijas y debemos ayudarla. Yo sé que ella está triste, pero es insoportablemente insoportable, siempre nos reta cuando nos peleamos con mi hermana*". [*Como hija mayor, si bien puede llegar a sentir que queda posicionada en un rol de "padre de familia", aún no se da cuenta de que está cubriendo el rol que le correspondería a su padre, quien estaría dejando mucho que desear*].

A continuación, se pone a jugar. Juega a hacer torres con una serie de bloques de plástico y luego las derrumba. Cuando se le propone dibujar se niega. Luego, procede a hablar acerca de una serie de personajes de los que es fan, se trata de Cartoon Cat y Cartoon Dog cuyo creador se llama Trevor. Según lo que explica, se trata de criaturas que son monstruos asesinos. Confiesa que la primera vez que los vio tuvo miedo y que de vez en cuando, tiene pesadillas con estos personajes. [*Si bien muchos niños/as de su edad son fanáticos de este tipo de personajes, habría que preguntarse por qué razón Ruth decide mencionarlos previo a hablar de cómo la pasa en la casa de su progenitor*].

Ruth habla de cuando va de visitas a la casa de su padre y refiere que le gusta ir porque allí puede jugar a la Play todo el día. [*Esto estaría dando cuenta de una ausencia del rol paterno*].

Dice que prefiere vivir con su padre porque este la deja hacer lo que quiere, le da libertad. Cuando está en la casa paterna refiere que extraña a su madre; aunque, más tarde dice: "*Mamá es muy densa, siempre nos reta para que ordenemos las cosas...*"; al igual que su hermana la percibe siempre cansada y muy sobreexigente, que les suele gritar y hablar mal del padre.

Finalmente, termina diciendo que le gustaría vivir con su madre. Se indaga sobre posibles indicadores ASI pero no surgen. [*Ruth se muestra ambivalente a la hora de elegir dónde vivir, ya que la angustia el hecho de percibir el desamparo de su madre. Sin embargo, es claro cuando en el párrafo que se transcribe a continuación manifiesta su deseo de vivir con su madre y abuela. Llama la atención que el psicólogo nunca indague acerca de las figuras de la familia materna con las que se supone deberían ir a vivir. Tampoco hace las mínimas preguntas respecto de los familiares de la rama paterna, con quienes ambas hermanas pasan muchas horas todos los fines de semana*].

En una segunda entrevista de la pericia realizada a Ruth, se la percibe dispuesta a dialogar; aunque, se muestra muy seria. Se conversa acerca del colegio y de sus amigos; y en un segundo momento, se aborda la problemática familiar. En relación con su madre, dice con enojo: "*Cuando estamos en la casa de mi papá, yo extraño a mi mamá. Si tengo que elegir, elijo vivir con mamá. Me va a costar perder a mis amigos del cole; pero, la idea de ir a vivir a casa de mi tía creo que es una buena idea*". En cuanto a la figura de su padre no surgen elementos de relevancia.

CONCLUSIONES GENERALES

Ruth se muestra enojada, nerviosa, inquieta y angustiada, síntomas que se deduce son una consecuencia de tener que decidir con quién y a dónde quisiera vivir, si con su padre o con su madre.

Por otro lado, se observa a Raquel muy ambivalente respecto de con quién ir a vivir dado que se ve invadida por la culpa que le genera el hecho de alejarse de su madre, quien padece de una enfermedad física que requiere tener que ayudarla en sus labores diarias. De esto se deduce que la figura de su madre le genera inseguridad; daría la impresión de que su trato es frío y distante. Por otro lado, **en lo que refiere al vínculo con su padre, Raquel relata que su padre le "toca la cola" bajo una modalidad de juego; esta modalidad lúdica sería habitual en el Sr. Vergara**, [*obsérvese que para hablar de la situación de violencia sexual no solo no utiliza terminología científica, sino que, además, en su redacción decide no dividir el párrafo con un punto y aparte, ni tampoco lo destaca. Esto favorece que el delito quede camuflado a la vista de un lector distraído*] y estaría representando una conducta poco adecuada en cuanto a la invasión a la privacidad del cuerpo de la niña al hacerle lo que se interpreta como cosquillas. Se investigó en profundidad sobre esta cuestión y no se hallaron síntomas ni otros indicadores con relación a un posible abuso sexual. [*El profesional equipara un delito por abuso sexual agravado por el vínculo a una mera "conducta poco adecuada"*].

Ambas hermanas evidencian síntomas de estrés asociados al hecho de tener que tomar una posición en los conflictos matrimoniales.

Integración diagnóstica familiar. Respondiendo a los puntos de pericia solicitados en el escrito presentado el [fecha]; y lo solicitado por el Juez de Menores.

- **En relación con la solicitud de la Sra. French de mudarse a La Pampa con sus dos hijas**: se hace necesario aclarar que este tema es una decisión de los adultos y no de los niños, tal como parecerían haber quedado posicionados ambos menores. [*Según la Convención Internacional de los Derechos del Niño, los niños/as tienen derecho a ser escuchados en lo que se refiere a elegir dónde y con quién vivir*].

La Sra. French y el Sr. Vergara, ambos son lúcidos, presentan el juicio y el criterio de la realidad conservados que los capacita para asumir esta responsabilidad. [*Esto contradice todas las dudas y sospechas que se levantaron en torno de la figura de la madre y su coherencia mental a lo largo de las pericias y de todo el informe*].

En las pericias realizadas se investigó sobre esto mediante la toma de entrevista semidirigida y técnicas gráficas proyectivas, siendo en el caso de la Sra. French que se le debió administrar, además, el Test de Bender y el Test Mini-Mental con el objetivo de investigar cómo podrían haberse visto afectadas sus funciones psíquicas, tales como su juicio, memoria, capacidad de tomar decisiones, etcétera. [*Se contradice con lo escrito previamente. Llama la atención que no se investigara en este mismo aspecto a la figura del señor Vergara*].

- **En relación a la conveniencia de las niñas de mudarse a una ciudad lejana a la residencia de su padre y cambiar sus costumbres y estilo de vida**: se evalúa en este punto **cómo ha influido la decisión de la madre a partir de enfermarse, dado que esta situación ha tenido un impacto traumático en toda la familia**. [*El profesional adjudica el impacto traumático a la enfermedad de la madre y en ningún momento relaciona este hecho con la violencia de género ejercida por su ex marido*].

La enfermedad que **la Sra. French padece le ha dejado secuelas a nivel de la fuerza muscular** y la energía para realizar las actividades diarias que requiere su rol, todo lo cual le afecta a nivel afectivo y emocional: ansiedad, nervios, angustia y temores recurrentes, influyendo esto en el vínculo con sus hijas. [*La miastenia gravis tiene un pronóstico alentador si los pacientes toman medicación; aunque vale destacar que nadie le preguntó por este tema a la señora French (los remedios para esta enfermedad suelen ser muy costosos)*].

Evidencia escasa capacidad afectiva, le cuesta escuchar a sus hijas y tiene dificultades en reflexionar sobre sí misma; **su discurso se centra en la economía y en que, desde que su ex marido la dejó, debió salir a trabajar**. [*Quien no estaría mostrando un mínimo de empatía hacia la problemática de esta mujer sería el psicólogo que la evaluó y posteriormente hizo este informe*].

No se evidencian signos ni síntomas de depresión. Si bien **la Sra. French logra distinguir** a cada una de sus dos hijas y su trato con ellas es fluido, presenta un estilo vincular frío con ellas, es muy exigente y le cuesta conectarse con sus necesidades. [*Al utilizar esta palabra: "distinguir", se vuelve a sugerir una vez más que aún existen dudas respecto de si esta madre padece un trastorno psiquiátrico. Por otro lado, se puede observar una contradicción del psicólogo, quien al principio del informe refiere que la madre se muestra lúcida*].

En lo que se refiere a las dos hermanas se puede observar que han sido muy afectadas por **la enfermedad de su madre** y la decisión de esta de mudarse a [nombre de la ciudad]. Esta situación **ha provocado mucho sufrimiento en sus hijas y una crisis familiar**. A partir de esto, se deduce que la opción de mudarse sería un cambio significativo para la vida y las costumbres de ambas hermanas, situación la cual les genera angustia. [*Una vez más, el profesional decide hacer hincapié en el sufrimiento que la madre provocaría en sus hijos. Nunca hace mención a la figura del progenitor en sus conclusiones finales. Omite deliberadamente hacer referencia al abuso sexual que Raquel, de 9 años, estaría sufriendo por parte de su progenitor. Se sugiere que ninguna de las dos hermanas desea mudarse, omite de manera expresa su verdadero deseo de mudarse con su madre*].

Análisis bajo una perspectiva de género

Analizando este informe bajo una perspectiva de género, podemos concluir que el psicólogo a cargo de esta pericia psicológica y de la redacción de dicho informe, lo hubo hecho desde un posicionamiento netamente misógino, basado en una ideología patriarcal dado que, entre otras cosas:

- Todos y cada uno de sus análisis y comentarios estuvieron teñidos de una saña y violencia encubierta –y evidente– hacia la figura de la mujer y de la madre.
- Constante e insistentemente se hace referencia a una supuesta incapacidad mental de la madre para cuidar de sus hijas.
- Nunca cuestionó a la figura del padre y cuando hizo algún comentario negativo en referencia a este se limitó a justificarlo, omitiendo hacer una clara referencia a sus características de personalidad psicopáticas y perversas.
- Hace un análisis del grupo familiar dejando absolutamente de lado el contexto de la familia extensa.
- Insiste en preguntar e indagar a las niñas acerca de su madre; sin embargo, se investiga muy poco respecto de la figura paterna.
- Contradice el deseo explícito de ambas hermanas al sugerir en el último párrafo del informe que no quieren vivir con la madre y sí con su padre.
- Omite deliberadamente hacer referencia al abuso sexual que una niña menor de edad está sufriendo por parte de su progenitor; y peor aún, intenta encubrirlo justificándolo como un simple "juego de cosquillas".

Capítulo 4

Análisis del informe del perito de parte de un imputado por el abuso sexual de su hijo

A continuación, transcribimos algunos fragmentos de un informe realizado por una psicóloga que ofició como perito de parte de un imputado por abuso sexual, quien habría ejercido violencia sexual contra su propio hijo, Carlos, de 6 años. Observaremos aquí cómo la perito tergiversa el relato del niño para contribuir con la estrategia de la defensa:

La madre tiene una tendencia en interpretar lo cotidiano como un drama dada su ósmosis endogámica en la que se confunde con su hijo. Así, de esta manera, cuando su hijo hizo una serie de dibujos con genitales, malinterpreta tales dibujos como producto de un abuso sexual; y también, mantiene la misma postura cuando su hijo dice que tales dibujos eran un secreto. Gómez [supuesto apellido de la madre] no tiene en cuenta que esa clase de dibujos y comentarios son normales en el descubrimiento sexual de los niños. [*Esto es una falacia, dibujos con genitales no pueden ser normales nunca en los niños/as y el secreto es uno de los indicadores más fuertes en el abuso sexual*].

A su vez, Carlos presenta una ausencia de daño psíquico dado que no se lo ve angustiado ni llora, sino, por el contrario, se lo observa en un estado de euforia. Cuando relata el supuesto abuso, lo cual lo hace a ritmo de película eufórica de los años 50: "Contaré lo que me pasó cuando yo tenía 5 años y un lobo me hizo cosas muy malas". Tampoco, se observa problemas en la escolaridad o en el ámbito social con las amistades. Esto descartaría daño psíquico por abuso sexual. [*Todo lo anterior es justamente todo lo contrario, está mostrando un tremendo daño psíquico, un mecanismo de disociación y renegación con episodios maníacos que nos podrían remitir a una incipiente psicosis maníaco depresiva*].

Las únicas pruebas de daño psíquico en Carlos podrían encontrarse en las pesadillas que tuvo en la casa de su madre, lo cual sería una evidencia de que si hubo un trauma habría sucedido en el ámbito de la casa materna. [*Esta perito no tiene ningún empacho en defender lo indefendible, cualquier cosa es buena para negar la existencia del abuso, todo lo que escribe justamente apunta a que el abuso existió y dejó una serie de secuelas muy graves*].

Cuando Carlos se refiere a que su padre es un mentiroso, cabría preguntarse ¿cómo un niño de seis años puede discriminar si el padre le dice verdades o mentiras? Este tipo de verbalizaciones son un indicador de mentira por parte del niño y son el producto de la influencia de terceros en su mente; por ejemplo, de Gómez [madre]. [*A los 6 años sabe lo que es verdad o mentira; y eso, sumado a los secretos que dijo antes, muestra que el padre es de una manera con él y de otra con el resto de la gente. La doble cara del abusador se nota claramente*].

Cuando se le hacen preguntas reformuladas de otra manera y niño demora en dar su respuesta aduciendo no entender, lo cual demuestra que el niño pierde el libreto aprendido de memoria. [*Es una conclusión tendenciosa y apunta a desestimar el abuso, seguramente confunden al niño/a al hacerle las preguntas, eso es habitual en los peritos de parte del imputado*].

A su vez, también, debe evaluarse cuánto habría sido influenciada la progenitora por terceros; por ejemplo, por los grupos de ayudas a madres de niños víctimas de abuso, cuya particularidad es la alta indiscriminación de los participantes, quienes suelen asumir los dichos de los demás como propios, siendo que en este tipo de grupos también promueven la idea de hacer falsas denuncias contra los padres proporcionando un supuesto sostén basado la promoción de ciertas ideologías. [*Este tipo de comentarios son totalmente tendenciosos y proyectivos u autorreferenciales, eso hacen los grupos de padres separados de sus hijos que se unen para atacar a las víctimas, a las madres protectoras y a los profesionales que defienden a las víctimas. Este tipo de argumentos son los que arman en esos grupos y se los comparten para defenderse, ya que frente al testimonio del niño/a ya no queda otro recurso que confundir y tergiversar todo*].

Los niños abusados pierden la orientación, quedan abúlicos, disminuidos mentalmente y alterados neurológicamente. No es el caso de Carlos, quien tampoco presenta otros indicadores de abuso sexual tales como: alucinaciones, anestesia afectiva, falta de memoria, automutilación o alienación, etcétera. [*Cada niño/a es único y tramita el abuso con lo que tiene y cómo puede. No hay una única forma, como pretende la perito hacernos creer*].

En la evaluación de Carlos X descarto absoluta y plenamente signos y síntomas compatibles con el abuso sexual por parte del progenitor. Destaco el encierro endogámico con una progenitora traumatizada y frágil mentalmente adherida al niño causado por el despecho originado por el rechazo de su ex marido, el señor X. [*Esta conclusión está basada en una postura claramente ideológica y con el solo objetivo de defender al agresor, es la manera en la que suele enfocar la defensa*].

Siendo todo lo que por el momento tengo para informar, saludo cordialmente a la señora Fiscal.

Análisis

Para establecer un hilo conductor entre todas las notas que fuimos intercalando en este informe, podemos decir que se trata de una perito de parte del imputado que ha tomado la postura de creer en el inexistente síndrome de alienación parental (SAP). Se embarca la perito en sustentar esta estrategia y, a pesar de la enorme cantidad de indicadores, secuelas, signos y síntomas que ella misma señala, decide dejar todo de lado, hacer como que no existe el abuso y seguir al pie de la letra el guión que han armado para la defensa, forzando el discurso y los dichos de los entrevistados para darles otra interpretación. Adoptando el mejor estilo de los grupos pro SAP, todo apunta a construir el argumento de que se trata de una falsa denuncia de la madre que le llena la cabeza a su hijo porque está despechada y quiere perjudicar a su ex ensuciando su reputación. Todo lo relatado por el niño, los síntomas, las pesadillas, todo es tergiversado por esta perito.

Estos fragmentos no tienen desperdicio. Son muy útiles para analizar la estrategia que está vigente en la actualidad. Antes eran los niños los que mentían o fantaseaban. Luego fueron las madres que denunciaban falsamente por estar ellas locas o enloquecer al niño/a implantándole una falsa memoria y un relato inventado. Y ahora ya no alcanza, entonces desacreditan a los profesionales que atienden a los niños/as y realizan las evaluaciones diagnósticas y a los grupos de pares o de reflexión que supuestamente "se confabulan" para destruir a los padres. No sabemos qué otra cosa se les podrá ocurrir en el futuro. No tienen ninguna vergüenza ni ética en consignar cualquier cosa en los informes, torcer significados, cambiar el sentido de lo que se dice. Todo tiene que servir para comprobar la ideología que sustentan para defender a posibles agresores.

Capítulo 5
Análisis de un informe vacío de sentido

El fragmento de informe psicodiagnóstico que consideraremos fue realizado por una psicóloga sobre su paciente de 10 años, de quien se sospecha habría sido víctima de violencia sexual.

Podemos observar que la profesional se limitó a realizar un "copia y pega", es decir, una transcripción literal del significado de indicadores de abuso sexual de algún libro de técnicas proyectivas gráficas; aunque, en este caso, evitando hacer un análisis comprometido y/o específico de los dibujos que hizo su paciente.

Ejemplo de fragmento de informe:

En la batería de tests administrados se visualizaron los siguientes indicadores de abuso sexual:

Emplazamiento en el borde superior de la hoja: este indicador es observado en el Test de Dos Personas. Indica que la persona siente que realiza un gran esfuerzo, que su meta es casi inalcanzable, que la persona busca sus satisfacciones en la fantasía y no en la realidad, que se mantenga distante y relativamente inalcanzable.

El trazo con el que suele hacer la mayoría de los dibujos es corto, lo cual indica impulsividad.

A veces, suele repasar líneas y hace tachaduras. Esto se puede interpretar como un gran monto de ansiedad y una baja tolerancia a la frustración.

En la Técnica de Serie de Árboles, con relación a la **presión** se observa debilidad; también, ha sido realizado con mucha rapidez. Esto significa que podría existir agilidad mental, originalidad, intuición, hipersensibilidad, vehemencia, poca constancia y creatividad.

En cuanto al **movimiento** de muchas de las figuras, las realiza de manera rígida, lo cual habla de un sujeto encerrado y protegido del mundo. Despersonalizado. Se siente amenazado por el entorno. No adaptado, no tiene libertad para actuar.

En cuanto a la secuencia, en el Test HTP comienza por los pies y es a partir de ahí que arma el dibujo. Esto podría ser un indicador de perturbación del pensamiento dado que no toma el camino adecuado para la resolución de los problemas.

Respecto del Test PBL, se observan **detalles** que son adecuados al concepto graficado en donde se infiere una buena capacidad de observación y de análisis, así como buen contacto con la realidad, que es enriquecida por la fantasía, pero que a su vez remite más a esta área que a lo real.

Se observa sombreados en distintas áreas de sus dibujos; por ejemplo, en el techo, las manos y la zona genital. Esto puede referirse a un monto de ansiedad por el cuerpo y la necesidad de control.

Las ventanas de la casa del HTP tienen rejas, con lo cual, se infiere dificultades en los vínculos, temor a expresarse.

En el HTP se observa a la figura sentada, lo cual denota pasividad. Sus manos están cerradas, lo cual indica control de los impulsos, agresividad. Dibuja los pies de forma llamativa, lo cual es un símbolo sexual. El dibujo, en general, ha sido realizado con rigidez lo cual significa falta de plasticidad, falta de adaptación y temor a manifestar sus impulsos.

Análisis

La sensación que nos queda luego de leer esto es:

- Una falta absoluta de compromiso.
- Falta de pericia en el análisis de técnicas gráficas.
- Se limita a copiar definiciones generales de un libro.
- Evita analizar cada uno de los tests.
- No describe la totalidad de cada uno de los gráficos ni la interrelación entre las figuras.
- No analiza correlatividades intra e intertests.
- No se llega a ninguna conclusión.

Capítulo 6

Análisis de un informe con errores conceptuales en la interpretación de gráficos y juegos

A continuación, analizaremos el fragmento de un informe que hizo una psicóloga a cargo de la evaluación de un niño de 5 años por sospecha de abuso sexual. Pueden observarse una serie de errores conceptuales:

Dada la corta edad de Sergio, 3,5 años, para evaluarlo se aplicaron con cierta dificultad los siguientes tests: Dibujo Libre, HTP, DFH; Persona Bajo la Lluvia; Dos Personas y Test de la Familia. En la mayoría de sus gráficos, Sergio presenta una notoria expansividad, las figuras que realiza las ubica sin considerar el espacio de la hoja; además, son muy grandes, pobres e indiferenciadas (rasgos, sexo, personas y animales), los cuales los hace mediante la utilización de líneas circulares y rayas. Esto abre interrogantes en torno al origen de estas características: podría ser por la ausencia de estímulos adecuados, así como producto de la consecuencia de una situación traumática, ya que es esperable para la edad, que las figuras adopten ciertas características como pelo, cuerpo, brazos, piernas, vestimenta, entre otros elementos que den cuenta de lo que está dibujando. Cuando no sucede de este modo, se puede inferir en el atravesamiento de un hecho traumático que detuvo la evolución esperable.

En su actividad lúdica, se observa a Sergio muy disperso y falto de concentración, saca los juegos de todas las cajas; pero, le es imposible desarrollar una historia simbólica con los mismos en la mayoría de los casos. Sin embargo, a pesar de esto, en la tercera entrevista el niño desarrolló el siguiente juego el cual se considera que tiene un indicador de abuso sexual: agarró un muñeco Ken y dijo "malo", cuando la psicóloga le preguntó que por qué razón era malo dijo "Es un papá malo" y lo arrojó a un rincón alejado del consultorio.

Análisis

En su informe, la psicóloga desconoce que:

- Es normal que los niños/as pequeños, de 3,5 años, dada su etapa psicoevolutiva y poco desarrollo de la motricidad fina dibujen figuras muy grandes, pobres e indiferenciadas (rasgos, sexo, personas y animales), mediante la utilización de líneas circulares y rayas. Por tal motivo, en los gráficos de los niños/as de esta edad no se tienen en cuenta los datos que surgen del análisis formal, tales como el tamaño o el emplazamiento, por ejemplo. Esto no se debe a la falta de estimulación, ni necesariamente a una situación traumática.
- En este informe, se consideran las características del juego de un niño de 3,5 años que son completamente normales como anormales: la falta de concentración, la curiosidad a la hora de investigar los diferentes juegos, la dificultad en el desarrollo de una historia simbólica compleja, etc. Esto demuestra la falta de estudio y formación teórica en relación con la psicología infantil de la psicóloga que lo redactó.
- No se puede diagnosticar abuso sexual en un niño/a solo por un juego o por un dibujo.

Capítulo 7

Análisis del informe del perito de parte de un imputado sobre la cámara Gesell de un niño víctima

A continuación, procederemos a analizar el informe que hizo el perito de parte de un agresor sexual –progenitor del niño víctima–, sobre la declaración de dicho niño en la cámara Gesell.

12 de diciembre, 2012

Perito psicólogo informa e impugna

Sra. Fiscal

Gerardo X Perito Psicóloga con domicilio electrónico..., Matrícula Provincial... Email: ..., perito de la defensa en I. P. P. ..., me presento y digo:

Acorde a los datos obtenidos según las siguientes fuentes de información: Entrevistas a NOMBRE DEL IMPUTADO: ... de manera remota con las Licenciadas... y... Observación de la cámara Gesell de Hidalgo X [niño víctima], y entrevistas con el niño y la madre con la Lic. X y el Perito X. Otros aportes de lectura de informes previos del niño formulo dictamen en disidencia con la Perito Oficial.

Fundamento la disidencia de criterio con la perito oficial

1. Me opongo a las interpretaciones y señalamientos de la Lic. X (perito de parte del niño) por falta de incorporar datos precisos y necesarios sobre la realidad de la vida afectiva de quienes participan en esta observación.

2. Me opongo a las interpretaciones sobre el estado psíquico de la madre y el hijo porque no contempla la información que la bibliografía internacional y la bibliografía que estudia vínculos aporta y opone fundamentos sobre el tema tratado. [*Obsérvese que se limita a sugerir; pero, de modo intencional, no cita ningún libro de esa supuesta "bibliografía internacional"*].

3. El perito descarta todos los datos sobre una querella que la progenitora realiza partiendo de su propia persona como agraviada en un amor no correspondido, porque no habría sido reconocida y valorada. [*Observamos que el perito malinterpreta las palabras de la madre para colocarla intencionalmente como una mujer despechada en lo que podemos interpretar como un fundamento misógino y machista. En este aspecto, vale aclarar que una mujer haya estado enamorada del padre de su hijo y después se haya enterado de que ese hombre fue quien lo abusó y haya tenido las agallas para denunciado, lejos de hablar mal de ella la coloca en un lugar no solo de responsabilidad en lo que se refiere a la protección efectiva de su hijo sino, también, de valentía, honestidad y compromiso social con la verdad*].
4. La señora X (madre del niño) se habría vivenciado descartada desde el comienzo del vínculo familiar por su propio hijo. "Hidalgo siempre vivía apegado al padre. Mi ex marido siempre me excluía y me desvalorizaba frente a nuestro hijo". [*Podemos observar que el psicólogo perito de parte del imputado nuevamente descarta analizar el comportamiento misógino de su cliente; tampoco, su actitud de violencia psicológica. Omite hacer referencia a que los agresores sexuales intrafamiliares ejercen violencia física y sexual, así como la coerción y la manipulación para dominar a sus víctimas*].
5. La progenitora **se refiere a la infancia del hijo sin emoción** en relación con su hija. La emoción está en relación con sí misma por no haber sido correspondida en el enorme amor que parece reclamar aún. [*Esta es una interpretación parcial y totalmente subjetiva por parte de un perito que debería ser imparcial en su función*].
6. Ella se habría percibido supuestamente acusada por el ex esposo cuando este le habría dicho: "No voy a permitir que estés dudando de mí". [*En este caso, el perito decide astutamente omitir el resto de los dichos de la madre en referencia a la serie de graves amenazas sufridas por parte del imputado*].
7. **Relata la modalidad endogámica y cerrada de su familia**: "En mi familia somos muy unidos, nos queremos mucho con mis padres y mis hermanos". [*Obsérvese cómo el perito malinterpreta a una familia amorosa y sana como si fuera una familia trastornada o endogámica*].

Me opongo a las definiciones del informe del perito oficial

Fundamentación 1: La modalidad maníaca y el sufrimiento de la madre por sí misma.

El discurso de la querella da cuenta al excesivo cuidado y valoración de parte del acusado respecto a su hijo Hidalgo debemos considerar que la modalidad eufórica de la querellante, y el riesgo que pueden ejercer sobre otros, que queden a su cuidado. [*Este perito analiza y fundamenta su informe sobre la premisa de que los sentimientos de sufrimiento e indignación de la madre de un niño/a violado son algo negativo*].

Fundamentación 2: Respecto a la modalidad de la denuncia

Señala X: "X realiza un trabajo complejo del que solo rescataré los aspectos relacionados con la denunciante y la forma en la que el relato infantil es significado y trasladado a la justicia.

Refiere a la coconstrucción de la memoria asumiéndola en dos aspectos, uno que atañe al entrevistador (como fue evidente en la entrevista de Hidalgo, con ambas peritos oficial y de parte de la querella) cuando va construyendo en su cabeza una versión a partir del relato; otra que atañe al niño cuando en su mente se ha instalado por influencia de uno o más adultos un suceso y él se crea un relato, construye una experiencia. [*Obsérvese cómo en esta oportunidad el perito procede a transcribir un texto de dudosa autoría en el que se acusa abiertamente al entrevistador y a la madre del niño/a de poseer la capacidad de implantar memoria falsa, yendo en contra de todos las leyes internacionales del niño/a y desacreditando absolutamente la palabra de un niño por el solo hecho de ser un niño; adoptando, además, una actitud absolutamente misógina y con rasgos de violencia de género al desvalorizar la palabra de una madre que lo único que pretende es proteger a su hijo*].

La influencia de los adultos en el relato de un niño; situación que se produce cuando es la madre la que habla y dice: "lo que el hijo le habría hablado"; para lo cual considera importante analizar la actitud inicial de la madre o de la persona que alega haber recibido la denuncia. [*Un niño/a que tiene un apego positivo con su mamá, normalmente, tiene la confianza para pedirle ayuda; sin embargo, este perito sugiere que la madre de una víctima debería callarse la boca y no pedir ayuda ni contar a nadie lo que su hijo le dijo, manteniendo una actitud cómplice y negligente*]. Sintetiza ambos aportes expresando que, si una persona adulta y con influencia sobre el niño lo induce a tomar por ciertos hechos que no acontecieron, construida en su mente la idea tomará fuerza. [*La afirmación de un concepto de este estilo se basa en el erróneo concepto de que un niño/a es un robot a programar. Esto va en contra de todos los tratados internacionales sobre los derechos de los niños/as, en donde se los considera sujetos de derecho a expresar su propia opinión*]. La madre inductora existe [*esta afirmación se basa en el erróneo y falaz síndrome de alienación parental, estrategia judicial desacreditada a nivel mundial, e inventada por Gardner en los años 80, un perito de agresores sexuales y confeso pedófilo quien se terminó suicidando*] y suele suceder que el hecho de padecer un trastorno de la personalidad *borderline* [*se acusa abiertamente a la madre de sufrir un trastorno psiquiátrico de personalidad sin siquiera haberla diagnosticado con un solo test. Esto podría tomarse no solo como un mero comentario sino como el efecto de una mala praxis*] y que el mismo sea visualizado por los profesionales ponga orden. La madre puede incluso confundir a su hijo en el intento de auxiliarlo para que devele la verdad. [*Nuevamente, llama la atención la actitud misógina del perito dado que, según sus dichos, parecería que solo una mujer es capaz de confundir al hijo y no un padre*].

La disputa parental subterránea, intensa, involucra a los niños que suelen comenzar a mostrar signos de trauma emocional y desórdenes de conducta muy difíciles de discernir en relación a su causa, si los produce el divorcio o el posible abuso. [*Obsérvese que, como estrategia judicial, intencionalmente se intenta correr el foco de la discusión del niño hacia una disputa entre su madre y padre*].

Las madres y sus familias perciben en forma distorsionada las señales afectuosas del padre, así les son expresadas a los niños, quienes por temor a perder su afecto o consideración asumen como verdaderas esas observaciones. [*El perito se expresa mediante un lenguaje paradojal en el cual, si bien afirma que un niño se acopla al discurso de la madre para no perder su afecto, no explica por qué razón ese mismo niño no se acopla al discurso de su progenitor para no perder su afecto y, en dichos casos, si esto fuera cierto, por qué el niño no habla bien del padre y mal de la madre para ganar su afecto. Con este tipo de fundamentaciones falaces lo único que logra este perito es transparentar una ausencia de mirada de género y una postura absolutamente machista y misógina*]. En esos casos, son los sucesivos interrogatorios los que construyen los recuerdos infantiles. [*Con este comentario, el perito está afirmando que a un niño/a víctima no se lo puede interrogar ni investigar sobre sus recuerdos traumáticos porque eso sería construirle e implantarle recuerdos. Con este tipo de afirmación, este perito desacredita toda investigación judicial y, por lo tanto, va en contra de la búsqueda de la verdad y justicia propias de una sociedad civilizada y democrática*].

Cuando los niños se desenvuelven (como se observa en Hidalgo en la cámara Gesell con gran desparpajo y seguridad, ningún tipo de inhibición frente a los mayores ante los cuales deben relatar hechos que normalmente producen incomodidad y vergüenza, es de mayor peso en la ponderación una poderosa influencia directa de adultos en guerra en los relatos infantiles. [*Con este comentario malicioso y subjetivo –que refleja el grado de desconocimiento e ignorancia en lo que respecta a la psicología propia de la infancia–, el perito omite considerar que uno de los mecanismos de defensa característicos que implementan los niños/as víctimas de delitos sexuales para enfrentar el estrés postraumático que les representa estar siendo filmados en una cámara Gesell mientras deben responder a preguntas relacionadas con su trauma, es la disociación; mecanismo a partir del cual procede a reprimir sus emociones negativas de tristeza y terror para tomar el valor de poner en palabras detalles aberrantes de lo sufrido*].

<u>Fundamentación 3</u>: Lo cotidiano se vuelve drama para la madre.

Por ósmosis endogámica promovida por la abuela materna, la progenitora dice: "Viene mi mamá, la abuela, y me dice: 'Mira lo que está dibujando el niño, parece un monstruo violando a un niño'. Cuando le pregunté a mi hijo, con cara muy seria me dijo que se trataba de un secreto". Este tipo de comentarios refleja cómo las mujeres de esa familia hacen una situación de riesgo de algo normal y cotidiano como es el desarrollo de la psicomotricidad de los niños/as a través de la realización de dibujos. [*El perito no solo es parcial y misógino al seleccionar en sus fundamentos tan solo lo que dijo la madre del niño y nunca nada en absoluto de los testimonios de los abuelos paternos y del progenitor imputado; también, deja a la luz su ignorancia acerca de las investigaciones científicas existentes desde hace más de un siglo en la bibliografía internacional respecto del significado simbólico de los gráficos de los niños/as*].

<u>Fundamentación 4</u>: ausencia de daño psíquico por abuso sexual.

La visión que se tiene de Hidalgo después que declaró en cámara Gesell, indica ausencia de daño psíquico en el niño, un abuso no se cura de por vida, menos un incesto. No se angustia, no llora. [*El perito recae en un error de concepto cuando afirma que cuando un niño/a víctima no llora es porque no se encuentra angustiado –dando por supuesto que toda persona angustiada debería estar llorando todo el tiempo y a cada rato–; y recae en un error peor, cuando a partir de ello deduce que no solo habría una ausencia de daño psíquico sino la inexistencia de un incesto*].

La escolaridad, las amistades, lo sociable y la ausencia de vergüenza descartarían daño por abuso sexual intrafamiliar [*El perito desconoce que un porcentaje de niños/as víctimas de incesto –aquellos más fuertes–, gracias a la implementación de una serie de mecanismos defensivos, logra conservar las capacidades cognitivas y las relaciones con amigos. El perito diagnostica la ausencia de abuso sexual basándose tan solo en la supuesta falta de vergüenza del niño sin considerar que la ausencia de pudor suele darse en niños/as víctimas de incesto cronificado y naturalizado a lo largo de mucho tiempo producto de la coerción psicológica y moral por parte de su progenitor durante lo que se podría estimar años de abusos*].

Fundamentación 5: adhesividad a las figuras femeninas influyentes.

Se observa en el niño una característica de los relatos de las falsas denuncias cuando Hidalgo cuenta a ritmo de película eufórica de los años 50: "Cuando tenía 5 años mi papá me hizo cosas malas. Él es muy mentiroso, siempre me decía mentiras. Les voy a contar todo lo que me hizo". En primer lugar, me pregunto ¿cómo un niño puede discriminar si el padre le decía verdades o mentiras? ¿Esos dichos implicarían indicador de influencia de terceros en su mente? Esta verbalización también es parte de la influencia de terceros. [*Obsérvese que el perito da por hecho que la palabra de una víctima es producto de influencia de terceros y fundamenta esto en la suposición de que un niño/a víctima no puede relatar con vehemencia, indignación y un alto nivel de consciencia los artilugios y las manipulaciones de las cuales fue víctima por parte de su agresor*].

En este caso, además, habría que evaluar cuánto fue influenciada la progenitora por los grupos a los que asiste, cuando su particularidad justamente es la alta indiscriminación entre los participantes. [*El perito deja saber que está en contra de los grupos de autoayuda comunitarios ya que, según él, influirían en la memoria de las personas –en este caso, de la madre– tal y como si un grupo de autoayuda de adictos podría influir para que una persona se inventase una adicción*].

La madre incluiría en la mente de Hidalgo hechos de supuesto abuso, es decir, conversaciones de adultos, en la mente del niño, pero en este caso referido a terceros, Hidalgo refiere: "Mi mamá me contó que a un compañero de mi colegio, también el tío le hizo cosas malas". [*Este tipo de comentarios refleja una ideología de base en el perito negativa a hacer prevención del abuso sexual, dado que, según sus creencias, cualquier mención al tema podría influenciar a un niño/a para que acuse a su progenitor*].

El secreto a voces es que el niño repite y le insisten, como ahora el perito oficial, sobre hechos que dan por hechos, sin pruebas, que pasan a formar parte del imaginario vincular. [*No se entiende cómo un perito psicólogo está en contra de una pericia psicológica. No aclara de qué otra manera la justicia podría investigar un delito*].

Cuando se le hacen hace preguntas desde otro punto de vista sobre el mismo tema, Hidalgo demora, dice que no le entendió, pierde el libreto, no sabe cómo responder. [*Este perito psicólogo ignora absolutamente que un niño/a atraviesa por una serie de etapas evolutivas a través de las cuales va estructurando su psiquismo y desarrollando su capacidad cognitiva. Que Hidalgo, de 7 años, necesite hacer una pausa antes de responder indica que se trata de un niño reflexivo y con un alto nivel de inteligencia*].

No hay depresión ni melancolía por daño psíquico sino euforia en el niño. [*Este perito psicólogo ignora que la euforia es un mecanismo de defensa que las víctimas implementan ante los estados de depresión*].

Para terminar, el niño sale eufórico gritando al encuentro de su madre. Otro indicador de ausencia de daño psicosexual y encuentro con la madre por haber cumplido el cometido. [*Podemos observar cómo el perito tergiversa de forma total y absoluta un acto de amor y apego positivo entre madre e hijo interpretándolo como el producto de ausencia de daño psicosexual y dominación por parte de la madre. A través de este tipo de afirmaciones habría que preguntarse qué entiende por demostración de afecto este perito*].

A diferencia de Hidalgo los niños abusados pierden la orientación vital, quedan abúlicos, alterados neurológicamente. [*Este comentario refleja la ausencia de formación del perito dado que no se sustenta en ninguna bibliografía internacional*].

Tampoco presenta indicadores físicos (psicosomáticos), conductuales (repetición de conductas padecidas) y emocionales (depresión, escisión yoica), alucinaciones, labilidad emocional, trastornos del sueño, hipervigilancia, hiperactividad, anestesia afectiva, aislamiento, pérdida de interés, de memoria, de concentración, evitación fóbica, automutilación, alienación, sexualidad traumática, etc. [*Este comentario es malintencionado y no tiene otra intención que confundir y manipular al lector ya que, en gran medida, contradice todo lo expuesto en los informes que figuran en los expedientes del caso*].

En la evaluación de Hidalgo X descarto absoluta y plenamente signos y sintomatología compatible con abuso sexual por parte del progenitor. Destaco el encierro endogámico con una progenitora traumatizada y frágil que queda adherida al niño por opuesto al rechazo y la competencia que antes tendría con el Sr. X, padre del niño. [*En estas conclusiones el perito de parte del agresor sexual deja a la luz su ideología misógina, machista y pedófila*].

Siendo todo lo que por el momento tengo para informar, saludo cordialmente a la señora Fiscal.

Capítulo 8

Análisis comparativo de dos informes sobre una misma pericia psicológica a un agresor sexual

A continuación, compartimos dos informes acerca de la pericia psicológica realizada al agresor sexual (Juan Pedro X) de un niño de 6 años llamado Adolfo, hijo de Aurora, su esposa actual, y del señor Marcelino X, padre protector del niño, quien realiza esta denuncia. Aclarando que todos los datos de la causa han sido cambiados para preservar su identidad, en primer lugar, citamos el informe realizado por la perita psicóloga forense oficial, y luego el informe presentado por la psicóloga particular del niño víctima, con la finalidad de hacer un análisis comparativo entre ambos.

Santa Rosa, La Pampa, 22 de mayo de 2013

INFORME REALIZADO POR LA PERITO PSICÓLOGA FORENSE OFICIAL SOBRE EL IMPUTADO

AL SR. AGENTE FISCAL TITULAR DE LA UNIDAD FUNCIONAL DE INSTRUCCIÓN Y JUICIO N° X DE X DEPTO. JUDICIAL X DR. X
S/D

Le escribe, Pedra X, Perito Psicóloga de la Asesoría Pericial departamental, psicóloga oficial designada en I. P. P. N° X caratulada "X JUAN PEDRO S/ABUSO SEXUAL AGRAVADO" informa a v.s. que procedió a examinar al imputado X JUAN PEDRO con la presencia de la Lic. Patricia X, MN X, Perito Psicóloga de Parte (presente en la entrevista), y el Lic. Pablo X, Perito Psicólogo de Parte (presente en las entrevistas), y somete a vuestra consideración el informe oportunamente encomendado.

I. OBJETO

La evaluación encomendada solicita pericia psicológica respecto del imputado JUAN PEDRO X tendiente a determinar:

- Si el mismo presenta trastornos en la esfera psicosexual o una acentuada inmadurez psicosexual con posibilidad de llevar a cabo conductas desajustadas en este orden y/o cualquier otro elemento que permita acreditar que el mismo pudiera llevar a cabo los hechos relatados por la víctima en su denuncia.
- Valoración del entrevistador respecto de actitudes del entrevistado al momento de la evaluación, correlación o no con indicadores de perfil violento.
- Estructura psíquica y rasgos de personalidad.
- Mecanismos defensivos preponderantes en el encausado.
- Manejo de las ansiedades frente a la resolución de conflictos.
- Posición frente al delito denunciado (sentimientos e ideas asociados).
- Presencia e indicadores de organicidad.
- Historia familiar.
- Datos de relevancia del desarrollo psicofísico y social. Conjunto de creencias asociadas al hecho imputado.
- Vínculos pasados y características de los mismos. Correlación con las siguientes variables: posición asimétrica - uso del poder.
- Vínculos actuales y características y dinámica de los mismos.

II. METODOLOGÍA DE ABORDAJE

Debidamente informado de los motivos por los cuales se lo entrevista, el examinado presta su consentimiento para la realización del presente informe pericial.

Dado el actual contexto de emergencia sanitaria, y en virtud de las resoluciones vigentes al respecto, se ha realizado una entrevista a través de la Plataforma Microsoft Teams, herramienta que ha sido provista por disposición de la DGAP a esta dependencia para brindar la máxima colaboración posible con los magistrados en el actual contexto sanitario, y una segunda entrevista presencial, no fijándose fecha para una tercera debido a que se ha considerado que la misma no habría aportado más elementos de significación a los fines de la presente.

Con respecto a la realización de entrevistas psicológicas a través de esta o cualquier plataforma para videoconferencias, resulta necesario destacar que la labor desarrollada presenta algunas restricciones y falencias entre las que cuentan:

* La imposibilidad de garantizar la confiabilidad del encuentro, condición necesaria para establecer el vínculo sobre el cual se desarrolla la petición.
* La imposibilidad de observar acabadamente el modo conductual del examinado, acceso que se logra por intermedio de la presencia de los cuerpos en situación.
* La imposibilidad de administrar la mayoría de las técnicas de exploración psicológica.

No obstante, el intenso uso del herramental telemático junto con el desarrollo, la elaboración y la conceptualización pandémica, ha permitido mejorar su utilización, así como ampliar sus alcances, cuestión impensada en los inicios, con lo cual las limitaciones en un principio advertidas han ido sufriendo modificaciones y han sido prácticamente superadas.

En este sentido, resulta informar que en la evaluación realizada en este caso no se han presentado obstáculos que impidan dar una respuesta fundada y completa a la totalidad de los puntos periciales requeridos.

Se administró material de prueba diagnóstica: Test Gestáltico Visomotor de Bender, HTP, Dos Personas, Persona Bajo la Lluvia y se confrontó lo observado con copias de la I. P. P. remitidas electrónicamente.

III. DATOS PERSONALES

Apellido: X.

Nombres: Juan Pedro.

DNI: X.

Fecha de nacimiento: X.

Nacionalidad: X.

Edad: 51 años.

Nivel de instrucción: secundaria completa.

IV. ANTECEDENTES PERSONALES Y FAMILIARES

El entrevistado refiere ser oriundo de la provincia de Misiones y provenir de una familia numerosa siendo el décimo hijo de 8 hermanos. Sus padres, Anselmo X y Alfonsa X, habrían fallecido.

El entrevistado refiere tener 5 hijos (mayores de edad, quienes vivirían en otros países) fruto de la relación mantenida con su primera esposa, Bernarda X.

Al momento de la presente y desde el año 2010 se encontraría en pareja con Aurora X.

En relación con la presente denuncia y con respecto al vínculo de la Sra. Aurora X con su hija (víctima de autos) manifiesta que, Aurora, su esposa actual, habría tenido muchas dificultades para mantener contacto con su hijo Adolfo de 9 años, dado que el progenitor del niño obstaculizaría el normal desarrollo del régimen acordado.

El examinado refiere haber completado los estudios secundarios. Obtendría ingresos económicos como dueño de una marca de ropa.

Niega el abuso de alcohol y el consumo de sustancias psicoadictivas.

Según sus dichos habría realizado tratamiento psicológico con motivo de la separación de la madre de sus hijos, por un periodo aproximado de tres meses.

V. EXAMEN PSICODIAGNÓSTICO

Se realizó una entrevista a través de conexión vía Plataforma Teams, con la presencia de la Lic. Patricia X y el Lic. Pablo X, dejándose constancia que, previo al inicio de la entrevista se le solicitó que debía garantizarse la confidencialidad y privacidad de la misma; y se realizó una segunda entrevista presencial con la presencia de la Lic. Patricia X.

El entrevistado se encuentra lúcido, orientado en tiempo y espacio. No se detectan alteraciones en su capacidad de atención, concentración y memoria.

Desarrolla un discurso ordenado, no denotando fallas lógicas ni confusiones.

Durante las entrevistas presenta una actitud colaboradora, evidenciando interés por el presente y demás trámites procesales.

Asimismo, intenta brindar una imagen favorable de sí mismo, ajustada a los valores socialmente aceptados.

Su palabra está bien articulada, su vocabulario acorde al nivel de instrucción que refiere haber alcanzado y la organización semántico-sintáctica de su discurso, permite estimar una capacidad intelectual que se ubicaría dentro de los parámetros medios poblacionales y acordes a su nivel sociocultural de pertenencia.

De acuerdo con el material psicológico obtenido en la evaluación solicitada, se constata que mantiene sus funciones cognitivas y el ajuste a la realidad conservados, no evidenciándose indicadores de productividad psicótica. No se observan alteraciones notorias en su función y coordinación visomotora que denoten compromiso orgánico.

El concomitante afectivo a sus contenidos discursivos se percibe básicamente como eutímico, sin manifestaciones de angustia. Por otra parte, se percibe cierta ansiedad frente a la situación de examen a la que se ve expuesto.

El entrevistado se presenta con mayores ambiciones y aspiraciones que recursos disponibles.

Posee una personalidad ansiosa con predominio de rasgos egocéntricos. Esta posición subjetiva sería compensatoria de una sensación interna inconsciente de inseguridad.

Presenta indicadores de ansiedad y tensión interna, lo cual puede volverlo inquieto e irritable ante situaciones de frustración, o en situaciones ambiguas o novedosas.

Si bien se lo observa con determinación, presenta una tendencia a la restricción en la expresión de los afectos.

Denota un funcionamiento defensivo rígido y controlado, características que, en ocasiones, le dificultan el asumir una postura provechosa frente a las adversidades que se le presentan.

Con respecto a la denuncia que origina las presentes actuaciones, el entrevistado presenta un posicionamiento subjetivo exculpatorio, negando la veracidad de las acusaciones.

VI. CONCLUSIONES

En función de todo lo expuesto, paso a responder los puntos de pericia:

Respecto de lo solicitado: "... si el mismo presenta trastornos en la esfera psicosexual o una acentuada inmadurez psicosexual, con posibilidad de llevar a cabo conductas desajustadas en este orden y/o cualquier otro elemento que permita acreditar que el mismo pudiera llevar a cabo los hechos relatados por la víctima en su denuncia", resulta necesario destacar que, no existe técnica o test psicológico que permita establecer la participación de una persona en un hecho determinado, así como dictaminar acerca del desarrollo efectivo de una conducta.

- El examinado presenta una actitud predispuesta y colaboradora, evidenciando interés por el presente y demás trámites procesales. Intenta brindar una imagen favorable de sí mismo. Su producción discursiva es de características exculpatorias.

Desde la especialidad de la suscripta, no es posible hablar de perfiles correlacionables con la manifestación de determinadas conductas.

- Me remito al apartado Examen Psicodiagnóstico.
- El entrevistado presenta un posicionamiento subjetivo exculpatorio.
- No se infieren indicadores de organicidad.
- La historia familiar y los datos de relevancia del desarrollo psicofísico y social han sido detallados en el apartado ANTECEDENTES PERSONALES Y FAMILIARES.
- No resulta posible, en el contexto de una evaluación psicológica, expedirse acerca de las características efectivas de los vínculos pasados.
- Me remito al apartado Examen Psicodiagnóstico.

Lo que antecede es todo cuanto puedo informar a Ud., a quien saludo atte.

Firma y sello

Santa Rosa, La Pampa, 22 de mayo de 2013

INFORME REALIZADO POR LA PERITA PSICÓLOGA PARTICULAR DEL NIÑO VÍCTIMA SOBRE EL IMPUTADO

AL SR. AGENTE FISCAL A CARGO DE LA UNIDAD FUNCIONAL DE INSTRUCCIÓN Y JUICIO N° X DE X DR. X

DEPTO. JUDICIAL X

S/D

Patricia X, Licenciada en Psicología, MN X en mi calidad de perito de parte del particular damnificado de la I. P. P. N° X, caratulada X JUAN PEDRO S/ABUSO SEXUAL AGRAVADO", me presento ante usted y digo que:

Vengo a presentar informe en discrepancia parcial con la perito oficial Licenciada Pedra X, respecto a lo vertido en su informe sobre imputado JUAN PEDRO X.

Respecto a las consideraciones de forma, acuerdo con lo vertido por la perito oficial, pero en lo referente a las cuestiones de fondo manifiesto mi discrepancia.

La evaluación encomendada solicita pericia psicológica respecto del imputado Juan Pedro X tendiente a determinar:

- Si el mismo presenta trastornos en la esfera psicosexual o una acentuada inmadurez psicosexual con posibilidad de llevar a cabo conductas desajustadas en este orden y/o cualquier otro elemento que permita acreditar que el mismo pudiera llevar a cabo los hechos relatados por la víctima en su denuncia.
- Valoración del entrevistador respecto de actitudes del entrevistado al momento de la evaluación, correlación o no con indicadores de perfil violento.
- Estructura psíquica y rasgos de personalidad.
- Mecanismos defensivos preponderantes en el encausado.
- Manejo de las ansiedades frente a la resolución de conflictos.
- Posición frente al delito denunciado (sentimientos e ideas asociados).
- Presencia o no de indicadores de organicidad.

- Historia familiar.
- Datos de relevancia del desarrollo psicofísico y social. Conjunto de creencias asociados al hecho imputado.
- Vínculos pasados y características de los mismos. Correlación con las siguientes variables: posición asimétrica - uso del poder.
- Vínculos actuales y características y dinámica de los mismos.

METODOLOGIA DE ABORDAJE

Indica la perito oficial en su informe: "Se realiza una entrevista con modalidad virtual y otra presencial en la cual se le administran las siguientes técnicas: Test Gestáltico Visomotor de Bender, HTP, Dos Personas, Persona Bajo la Lluvia y se confrontó lo observado con copias de la I. P. P. remitidas electrónicamente".

Para una situación como la que se investiga, hubiese sido interesante ampliar las técnicas, el Test de Rorschach resulta muy útil para ahondar en características de la personalidad y conflictos inconscientes. También hubiese sido interesante la aplicación del MMPI2 y utilizar una guía de entrevista para detectar aspectos psicopáticos de la personalidad.

Pero frente a lo que señala la perito en sus conclusiones respecto al pedido de: "Respecto de lo solicitado: '... si el mismo presenta trastornos en la esfera psicosexual o una acentuada inmadurez psicosexual, con posibilidad de llevar a cabo conductas desajustadas en este orden y/o cualquier otro elemento que permita acreditar que el mismo pudiera llevar a cabo los hechos relatados por la víctima en su denuncia', resulta necesario destacar que, no existe técnica o test psicológico que permita establecer la participación de una persona en un hecho determinado, así como dictaminar acerca del desarrollo efectivo de una conducta".

Vemos que la perito considera que no hay técnica o test que pueda establecer sobre la participación de una persona en un hecho o dictaminar sobre el desarrollo efectivo de una conducta, lo cual puede ser acertado, pero sí se pueden encontrar trastornos en la esfera psicosexual y también una acentuada inmadurez psicosexual, ambas características que hemos hallado en agresores sexuales de niños/as que han sido condenados. Tanto los trastornos en la esfera psicosexual, como la acentuada inmadurez psicosexual se encuentran presentes en las producciones del Sr. Juan Pedro X.

Coincidimos con la perito que el imputado presenta "una actitud colaboradora, evidenciando interés por el presente y demás trámites procesales. Asimismo, intenta brindar una imagen favorable de sí mismo, ajustada a los valores socialmente aceptados" este aspecto también es característico de los agresores sexuales de niños/as, que presentan lo que se denomina doble cara, doble fachada, una socialmente aceptada y agradable y otra hacia su víctima.

Encontramos en sus producciones gráficas dificultades en todo lo que sea el manejo impulsivo y el manejo de la ansiedad. No tiene una identidad sexual claramente definida, es una persona agresiva con dificultades en la comunicación social. Dibuja a todas las personas desnudas; en el dibujo de la casa y el árbol se observan sus carencias y la superficialidad como cáscara sin contenido suficiente.

El material obtenido es muy pobre e insuficiente para la importancia que debiera tener esta evaluación, hemos avanzado mucho respecto a la detección de presuntos agresores sexuales evaluando sus características de personalidad y sobre todo respecto a los aspectos de la personalidad, que suelen tener de base una perversión, por haber quedado detenido en alguna etapa pregenital, generalmente anal, es decir una sexualidad infantil y con rasgos psicopáticos, los que podemos detectar con una entrevista preparada a tal efecto como señalaba más arriba.

También debemos señalar que no se indagó sobre cómo es el vínculo del Sr. Juan Pedro X con su pareja y madre del niño supuesta víctima, de quien no solo no aporta datos sino, además, se ubica en una posición predominante defensiva, y acusa elípticamente al Sr. Marcelino X, padre del niño supuesta víctima, omite mencionar el lugar que ocupa para él el niño en el vínculo familiar que habrían constituido con su actual esposa, la Sra. Aurora X, así como aspectos cotidianos en los vínculos.

Otro aspecto en el que disiento es respecto a la presencia de organicidad, la cual he visto en los gráficos y en el Bender, puede haber un deterioro. También vemos una falta de flexibilidad, se denotan carencias afectivas y pobreza en los gráficos, figuras desarticuladas, desarmadas y llamativamente desnudas.

Considero que debiera haberse aplicado un cuestionario específico para detectar aspectos psicopáticos de su personalidad. Se debieran haber buscado los aspectos considerados por R. Hare en la escala que indaga una serie de características que si se hubiesen tenido en cuenta hallaríamos aspectos interesantes, pero para ello se debiera haber realizado una entrevista más profunda, teniendo en cuenta tanto los aspectos de la escala de R. Hare como el cuestionario de preferencias de actividades (APQ) de Lykken, ambos hubieran aportado más información sobre la personalidad del Sr. Juan Pedro X.

No obstante, puedo decir que, lo hallado en las técnicas aplicadas, dan cuenta de una personalidad, desde el punto de vista psicoanalítico, estructurada en torno a estadios pregenitales, por lo que la denominamos perversa, con una sexualidad infantil, producto de la detención del desarrollo psicosexual, y con rasgos psicopáticos. Las características anteriormente mencionadas nos permiten considerar que son aspectos típicos encontrados en individuos condenados por agresión sexual a niños/as.

Señala la Perito oficial: "El concomitante afectivo a sus contenidos discursivos se percibe básicamente como eutímico, sin manifestaciones de angustia"; acordamos con estas apreciaciones, también las podemos asociar a modalidades típicas en agresores condenados.

También considera: "El entrevistado se presenta con mayores ambiciones y aspiraciones que recursos disponibles. Posee una personalidad ansiosa con predominio de rasgos egocéntricos. Esta posición subjetiva seria compensatoria de una sensación interna inconsciente de inseguridad". Acordamos y consideramos que son aspectos hallados en agresores condenados por abuso sexual a niños/as.

Respecto al punto de pericia: Manejo de las ansiedades frente a la resolución de conflictos, dice la Perito: "Presenta indicadores de ansiedad y tensión interna, lo cual puede volverlo inquieto e irritable ante situaciones de frustración, o en situaciones ambiguas o novedosas. Si bien se lo observa con determinación, presenta una tendencia a la restricción en la expresión de los afectos". Con lo que acordamos, y refuerza las características de los individuos condenados por este delito.

En relación con el punto de pericia: Mecanismos defensivos preponderantes en el encausado, indica la Perito: "Denota un funcionamiento defensivo rígido y controlado, características que, en ocasiones, le dificultan el asumir una postura provechosa frente a las adversidades que se le presentan". Con lo que acordamos plenamente, y refuerza nuestra postura acerca de que presenta aspectos típicos en los condenados por este delito.

Respecto al punto de pericia: Posición frente al delito denunciado (sentimientos e ideas asociados), dice la Perito: "Con respecto a la denuncia que origina las presentes actuaciones, el entrevistado presenta un posicionamiento subjetivo exculpatorio, negando la veracidad de las acusaciones" es lo que siempre hacen los sospechosos de este delito, nunca van a aceptar que son los autores, tratando, como en este caso, de acusar a quien lo acusa, aunque lo hace de modo velado, no directamente; pero lo da a entender y pone la culpa en otro, y él se presenta como inocente y víctima. En los años de experiencia que poseo nunca un imputado de abuso sexual hacia la infancia ha reconocido su autoría del delito.

En relación con el punto: Vínculos pasados y características de los mismos. Correlación con las siguientes variables: posición asimétrica - uso del poder, que la perito no aborda, es interesante señalar que el imputado tiene tres hijos de su anterior matrimonio con los cuales tiene muy poco contacto, ya que los tres viven en otro país, alejados de su padre; y también debemos destacar que la Sra. Aurora X, su esposa, depende económicamente del Sr. Juan Pedro X, ya que él es el dueño de la fábrica de ropa donde ella trabaja para él haciendo trámites, lo que lo ubica en un lugar de poder económico por sobre ella.

Para finalizar, recordamos lo que señala Margarita Ortiz-Tallo, Luis Miguel Sánchez y Violeta Cardenal en su artículo de Revista de Psiquiatría, Facultad de Medicina de Barcelona, (2002), 29, 3, 144-153, "PERFIL PSICOLÓGICO DE DELINCUENTES SEXUALES. Un estudio clínico con el MCMI-II de Th. Millon":

"Millon distingue entre estilo y estructura en la organización de la personalidad. El estilo es la manera funcional con la que el individuo se relaciona con el mundo interior y exterior, y la estructura representa estereotipos profundamente arraigados y relativamente duraderos de recuerdos, actitudes, temores, etcétera, que alteran el impacto de las experiencias siguientes de acuerdo con las expectativas e inclinaciones preformadas.

La estructura queda así definida como una organización casi permanente de la personalidad y el estilo como una forma de expresión. Desde esta perspectiva, los delincuentes sexuales de menores se muestran como el grupo de sujetos con menos alteraciones estables de la personalidad y con rasgos de personalidad dependiente, fóbicos y compulsivos.

Quedarían así descriptos como personas que tienen dificultades para las relaciones interpersonales, que buscan la aceptación, pero sienten un intenso miedo al rechazo que les lleva a la distancia de sus iguales para evitar el menosprecio y la humillación que suponen. Tienen dificultades para asumir roles maduros e independientes, inhibiéndose así de responsabilidades adultas. En sus manifestaciones externas pueden representar repetidamente conductas socialmente encomiables que pueden ser diametralmente opuestas a sus más profundos sentimientos antagónicos y prohibidos".

Sin otro particular saludo atentamente y quedo a disposición para cualquier aclaración que considere necesaria

Firma y sello

ANÁLISIS COMPARATIVO ENTRE AMBOS INFORMES

La perito psicóloga oficial comete varios errores:

- Omite hacer un análisis profundo en relación con los vínculos del imputado.
- Omite indagar en profundidad sobre su relación con el niño Adolfo.
- Omite indagar sobre sus creencias y postura frente a la pedofilia.
- Omite indagar por qué razón no tiene contacto con sus otros dos hijos.
- Omite hacer un análisis de los tests gráficos administrados al imputado. En ningún momento hace referencia a que el Sr. Juan Pedro X dibuja personas desnudas y sin ropa.
- Omite administrar al imputado una batería completa de tests.
- En su informe no realiza un análisis en profundidad de los datos aportados por el imputado.

La perito psicóloga de parte hace mención a una serie de omisiones cometidas por la psicóloga oficial; pero, además aclara y fundamenta algunos conceptos respecto de la personalidad de los agresores sexuales de niños y de la concordancia que se pueden observar con la personalidad del imputado.

Conclusiones

En este libro, buscamos aportar nuestra mirada a una parte muy importante del abordaje del abuso sexual de NNyA: el informe psicológico de lo sufrido y vivido por las pequeñas víctimas.

Hemos visto que según su destinatario el informe presenta determinadas características en su formato y también en su contenido.

Vimos que es fundamental el lenguaje que utilicemos de acuerdo a los destinatarios. Siempre necesitamos ser muy claros y contundentes con lo que hemos observado durante el proceso de evaluación y tratamiento, o en el caso de ser peritos de parte, con lo ocurrido durante esa evaluación.

Es muy importante elaborar un buen informe que refleje el producto de una muy buena intervención, para lo cual es necesaria una capacitación constante, investigar, leer bibliografía; incluso aquella con la que no acordamos, ya que debemos saber a qué nos vamos a enfrentar durante el proceso que iniciamos y que, si todo sale bien, culminará con el procesamiento y el juicio oral del sospechado y, si todo sigue bien, con su condena. No obstante sabemos que, de 1000 casos de abuso solo se denuncian 100, de los cuales solo 10 llegan al juicio oral y solamente uno es condenado.

Por otro lado, también sabemos que se denuncia solo un 25% de los casos que realmente existen, por lo que el abuso sexual contra los NNyA –el delito más impune de todos los que existen– debiera considerarse por sus características un delito de lesa humanidad, ya que lo podemos incluir en el orden de la tortura. Y el Estado es responsable por lo que le ocurre a la infancia porque ha firmado la Convención de los Derechos del Niño dándole rango constitucional, y nada hace para evitarlo. Al contrario, miran para otro lado.

El informe es un instrumento comunicacional, pero también es un resguardo para nosotros, los profesionales que trabajamos con esta temática. Es un documento que da cuenta de nuestro trabajo, en especial en estos últimos años en los que hemos sido objeto de ataques y denuncias de organizaciones que dicen defender los derechos de los niños/as, pero que en realidad tienen entre sus miembros a padres separados de sus hijos por causas de violencia y sobre todo de abuso sexual, que se ponen de acuerdo para armar estrategias defensivas que, en un principio consistían en considerar que los niños/as mienten o arman fantasías. Luego fueron las madres que por despecho obligaban a los niños/as a mentir. Y ahora incluyen a los profesionales que evaluamos o tratamos a los niños/as, considerándonos como parte de un plan para perjudicar a los "pobres padres". En este contexto es fundamental el lugar del informe, tal como se mencionaba más arriba, como documento de nuestro trabajo. Por eso en nuestra institución videograbamos las evaluaciones que realizamos para contar con ese material, que puede ser controlado y que va a documentar todo aquello que volcamos en el informe respaldando con las imágenes, además del material que forma parte de la historia clínica.

Esperamos que este libro sea una guía para aquellos que han decidido emprender el camino de la defensa de los derechos de los niños y las niñas víctimas del peor de los delitos, que muchas veces se sienten solos, en una pelea que parece desigual, frente a quienes defienden a los agresores. Que el informe sea una herramienta en ese camino.

Anexo 1

Consentimiento parental para el tratamiento psicológico en menores de edad

Especificación en ASI

Licenciada Cristina Bösenberg - Doctora Belén A González - Licenciada Adriana Digangi

Comisión de Violencia y ASI del Colegio de Psicólogos de Buenos Aires R XV

2019

Consentimiento informado en menores de edad

ASPECTO LEGAL

La figura del consentimiento informado se encuentra prevista en el art. 59 del Código Civil y Comercial de la Nación –CCCN–. Y es la manifestación de la voluntad del paciente que comprende el tratamiento a que debe someterse. Por ende, el eje central de la atención de salud está dado por el binomio médico-paciente.

ARTICULO 59. Consentimiento informado para actos médicos e investigaciones en salud: es la declaración de voluntad expresada por el paciente, emitida luego de recibir información clara, precisa y adecuada, respecto a:

a. su estado de salud;

b. el procedimiento propuesto, con especificación de los objetivos perseguidos;

c. los beneficios esperados del procedimiento;

d. los riesgos, molestias y efectos adversos previsibles;

e. la especificación de los procedimientos alternativos y sus riesgos, beneficios y perjuicios en relación con el procedimiento propuesto;

f. las consecuencias previsibles de la no realización del procedimiento propuesto o de los alternativos especificados;

g. en caso de padecer una enfermedad irreversible, incurable, o cuando se encuentre en estado terminal, o haya sufrido lesiones que lo coloquen en igual situación, el derecho a rechazar procedimientos quirúrgicos, de hidratación, alimentación, de reanimación artificial o al retiro de medidas de soporte vital, cuando sean extraordinarios o desproporcionados en relación con las perspectivas de mejoría, o produzcan sufrimiento desmesurado, o tengan por único efecto la prolongación en el tiempo de ese estadio terminal irreversible e incurable;

h. el derecho a recibir cuidados paliativos integrales en el proceso de atención de su enfermedad o padecimiento.

Ninguna persona con discapacidad puede ser sometida a investigaciones en salud sin su consentimiento libre e informado, para lo cual se le debe garantizar el acceso a los apoyos que necesite. Nadie puede ser sometido a exámenes o tratamientos clínicos o quirúrgicos sin su consentimiento libre e informado, excepto disposición legal en contrario.

Si la persona se encuentra absolutamente imposibilitada para expresar su voluntad al tiempo de la atención médica y no la ha expresado anticipadamente, el consentimiento puede ser otorgado por el representante legal, el apoyo, el cónyuge, el conviviente, el pariente o el allegado que acompañe al paciente, siempre que medie situación de emergencia con riesgo cierto e inminente de un mal grave para su vida o su salud. En ausencia de todos ellos, el médico puede prescindir del consentimiento si su actuación es urgente y tiene por objeto evitar un mal grave al paciente.

Las leyes 26.529 –Derechos del Paciente en su Relación con los Profesionales e Instituciones de la Salud– y 26.742 –Modificación de la *a priori*– establecen la obligación legal de obtener el consentimiento informado en forma previa a la realización de cualquier práctica médica e intervenciones en salud.

En cuanto a las personas menores de edad, o "incapaz de ejercicio", el mismo CCCN en su articulado N° 24 las identifica como:

a. la persona por nacer;

b. la persona que no cuenta con la edad y grado de madurez suficiente, con el alcance dispuesto en la Sección 2° de este Capítulo;

c. la persona declarada incapaz por sentencia judicial, en la extensión dispuesta en esa decisión.

El inc. b) incluye a las personas menores de edad o niños en sentido amplio, lo que cabría denominar niños propiamente dichos y adolescentes, con el alcance dado por este código (Art. 25 y ss. CCCN). No obstante a ello, cabe aclarar que el inciso mencionado excluye del concepto de incapacidad a la persona menor de edad que si reúna las condiciones mencionadas: **la edad y el grado de madurez suficiente**. De esta forma, predeterminan el límite entre la noción de incapacidad y de **autonomía progresiva**.

PRINCIPIO DE AUTONOMÍA PROGRESIVA

El art. 26 del CCCN constituye un cambio de paradigma en el discurso jurídico de los Derecho de los niños, niñas y adolescentes al instaurar lo que se denomina "principio de la autonomía progresiva", este reconoce la **capacidad progresiva de las personas menores de edad**. La Convención sobre los Derechos del Niño (CDN), que se encuentra consagrada en nuestro bloque constitucional, y en el ámbito interno la Ley Nacional N° 26.061 –Protección integral de los Derecho de Niño, Niña y Adolescente– articula el fundamento de este sistema que pone el eje en la protección en los derechos de los niños. El concepto de capacidad progresiva implica reconocer aptitudes o competencias del niño teniendo en cuenta su edad, sus características psicofísicas, su madurez y desarrollo, permitiendo a través de estas ejercer por sí algunos derechos. Mientras que, en esa misma medida disminuye la sustitución de la voluntad del menor de edad por parte de sus representantes legales.

Las edades señaladas constituyen una presunción *iuris tantum*, que admite prueba en contrario.[63] En el caso de los adolescentes, cuando a esta edad se le asuma la calificación del tratamiento como no invasivo ni riesgoso, el adolescente presta el consentimiento por sí solo.

> ARTÍCULO 26. Ejercicio de los derechos por la persona menor de edad. La persona menor de edad ejerce sus derechos a través de sus representantes legales. No obstante, la que cuenta con edad y grado de madurez suficiente puede ejercer por sí los actos que le son permitidos por el ordenamiento jurídico. En situaciones de conflicto de intereses con sus representantes legales, puede intervenir con asistencia letrada.

[63] Wierbza, S. "Los adolescentes y las decisiones sobre su salud en el Anteproyecto de Reforma del Código Civil y Comercial de la Nación", Infojus, 2013, Derecho Privado, p. 125/16.

> La persona menor de edad tiene derecho a ser oída en todo proceso judicial que le concierne así como a participar en las decisiones sobre su persona. Se presume que el adolescente entre trece y dieciséis años tiene aptitud para decidir por sí respecto de aquellos tratamientos que no resultan invasivos, ni comprometen su estado de salud o provocan un riesgo grave en su vida o integridad física.
>
> Si se trata de tratamientos invasivos que comprometen su estado de salud o está en riesgo la integridad o la vida, el adolescente debe prestar su consentimiento con la asistencia de sus progenitores; base de la opinión médica respecto a las consecuencias de la realización o no del acto médico. A partir de los dieciséis años el adolescente es considerado como un adulto para las decisiones atinentes al cuidado de su propio cuerpo.

Bien destaca la ley que ante ciertos tratamientos que comprometen el estado de salud o está en riesgo la integridad o vida de la persona, y habiendo un conflicto entre los progenitores: "el conflicto entre ambos se resuelve teniendo en cuenta el interés superior del niño, niña o adolescente sobre la base de opinión médica respecto a las consecuencias de la realización o no del acto médico.

La evolución del concepto de patria potestad, que reconoce los derechos paternos por sobre los de los menores, se ha modificado en función a centrar el eje del interés en derechos que garantizan el bienestar e interés superior del niño[64] en forma prioritaria.

[64] **Evolución del concepto de patria potestad**. Cabe destacar que la relación entre padres e hijos fue definida a partir del concepto de patria potestad. La democratización de las relaciones familiares por un lado, y la autonomía de los miembros de las familias por el otro, llevan a reivindicar este vínculo. En sus inicios, la patria potestad fue exclusivamente un derecho reconocido en función de los intereses paternos, dicho de otra manera, no se podía concebir otro modo de vinculación familiar entre padres e hijos que no fuera la determinada a partir de la prevalencia de la figura patriarcal, esto es, la potestad del padre frente a su mujer y desde luego, a sus hijos menores de edad. Con el pasar del tiempo este concepto fue adoptando nuevas lecturas, en 1985 a través de la Ley 23.264 los hijos dejaron de gozar de derechos según su origen y la situación jurídica de los padres –filiación matrimonial y extramatrimonial–, más tarde, el art. 264 del derogado CCiv. definió a la patria potestad como "… el conjunto de deberes y derechos que corresponden a los padres sobre las personas y bienes de los hijos, para su protección y formación integral, desde la concepción de estos y mientras sean menores de edad y no se hayan emancipado", concepto centrado en la actuación de los deberes y derechos por parte de los padres en la protección y formación de sus descendientes.

Sin embargo, este concepto de patria potestad tuvo que ser reformulado a luz del art. 18 de la CDN –con jerarquía supralocal (Art. 75 inc. 22 CN)– que dice: "Los Estados Partes pondrán el máximo empeño en garantizar el reconocimiento del principio de que ambos padres tienen obligaciones comunes en lo que respecta a la crianza y el desarrollo del niño. Incumbirá a los padres o, en su caso, a los representantes legales la responsabilidad primordial de la crianza y el desarrollo del niño. Su preocupación fundamental será el interés superior del niño". Dado

PRINCIPIOS QUE RIGEN LA RESPONSABILIDAD PARENTAL

En el artículo subsiguiente se introduce una técnica de principios generales sumamente útil. Así, la responsabilidad parental se rige por los siguientes principios:

ARTÍCULO 639. Principios generales. Enumeración. La responsabilidad parental se rige por los siguientes principios:

a) el interés superior del niño;

Este concepto general que la Ley 26.061 lo desarrolla señalando que comprende: "a) Su condición de sujeto de derecho; b) El derecho de las niñas, niños y adolescentes a ser oídos y que su opinión sea tenida en cuenta; c) El respeto al pleno desarrollo personal de sus derechos en su medio familiar, social y cultural; d) Su edad, grado de madurez, capacidad de discernimiento y demás condiciones personales; e) El equilibrio entre los derechos y garantías de las niñas, niños y adolescentes y las exigencias del bien común; f) Su centro de vida. Se entiende por centro de vida el lugar donde las niñas, niños y adolescentes hubiesen transcurrido en condiciones legítimas la mayor parte de su existencia. Este principio rige en materia de patria potestad, pautas a las que se ajustarán el ejercicio de la misma, filiación, restitución del niño, la niña o el adolescente, adopción, emancipación y toda circunstancia vinculada a las anteriores cualquiera sea el ámbito donde deba desempeñarse".

b) la autonomía progresiva del hijo conforme a sus características psicofísicas, aptitudes y desarrollo. A mayor autonomía, disminuye la representación de los progenitores en el ejercicio de los derechos de los hijos;

---

cuenta, el foco de la derogada normativa no terminaba de definirse a favor de la centralidad de los derechos de los hijos sino en la autoridad de sus padres. En el 2005 con la sanción de la Ley Nacional N° 26.061 de Protección Integral de los Derechos de Niños, Niñas y Adolescentes se les reconoce a los niños su condición de sujeto de derecho, y la posibilidad de ejercerlos conforme a la madurez y grado de desarrollo. Así, la noción inicial de patria potestad comienza a mutar al advertirse que los padres en realidad ejercen una función dirigida a posibilitar y asistir a sus hijos en el ejercicio de sus derechos, y a acompañarlos para la adquisición de su plena autonomía. En esta línea se concibió nuestro actual Código Civil y Comercial, que materializa en el plano legal el escenario referido.

En este sentido, el art. 638 define la referida institución del siguiente modo: "La responsabilidad parental es el conjunto de deberes y derechos que corresponden a los progenitores sobre la persona y bienes del hijo, para su protección, desarrollo y formación integral mientras sea menor de edad y no se haya emancipado".

Se refiere a la posibilidad que van adquiriendo los niños para tomar decisiones sobre sus derechos fundamentales, conforme el estado de un cierto grado de madurez y desarrollo, y que tiene que ser valorado en cada caso concreto.

c) el derecho del niño a ser oído y a que su opinión sea tenida en cuenta según su edad y grado de madurez.

Esta es una condición derivada de la condición de sujeto de derecho del niño (art. 12 CDN). La persona menor de edad tiene derecho a ser oída en todo proceso judicial que le concierna y a participar de las decisiones sobre su persona (art. 707), debiendo tener en cuenta su opinión conforme su grado de madurez y discernimiento, y la cuestión debatida en el proceso.[65]

CONSENTIMIENTO EXPRESO DE AMBOS PADRES

El CCCN sí exige la participación de ambos padres –siempre que haya un doble vínculo filial–, mediante la prestación de un

[65] La inclusión de la noción de autonomía de la voluntad no puede ser tenida en cuenta –en el régimen familiar– sin valorar el concepto de capacidad civil. La autonomía progresiva pone en crisis la regulación tradicional de la capacidad civil frente a la situación de niños y adolescentes. Esto sucede porque los conceptos de capacidad/incapacidad son rígidos y no conciben criterios más flexibles propios del "caso por caso". Así, aunque en el ámbito bioético, comenzó a aplicarse el concepto de la competencia, entendiendo a este como: la capacidad de una persona para recibir información, comprenderla, opinar y finalmente, tomar una decisión, independientemente de ser capaz o incapaz para la ley civil.

Tal como mencionamos, factores como la edad por un lado, y la madurez determinada por un grado de desarrollo por el otro, permiten a la persona menor de edad comprender, razonar y formar opinión sobre cuestiones relativas a sus derechos personalísimos –como ser la salud, el honor, la integridad física, entre otros.

La competencia no se obtiene en un momento definido sino que se va formado con el paso del tiempo y la adquisición paulatina de la madurez. En este sentido, la Opinión consultiva N° 17 de la Corte Interamericana de Derechos Humanos afirma que se "… deberá tomar en consideración las condiciones específicas del menor y su interés superior para acordar la participación de este, según corresponda, en la determinación de sus derechos. En esta ponderación se procurará el mayor acceso del menor, en la medida de lo posible, al examen de su propio caso". (Párrafo 102).

Ahora bien, rediseñado el régimen jurídico tradicional de "patria potestad", en este contexto más contemporáneo, la autonomía progresiva constituye un elemento clave para independizar la determinación del niño que represente aptitud suficiente, de la voluntad y/o decisión de sus representantes legales, y por lo tanto, va a permitir el ejercicio de determinados derechos por parte del hijo por fuera del ámbito de la presentación legal.

Tal como nos referimos en la mencionada Observación 12, cuanto más cosas sepa, haya experimentado y comprenda el niño, más deben sus padres, tutores y otras personas legalmente responsables del niño transformar la orientación en meros consejos, hasta llegar a un pie de igualdad. Determinación que no presenta un punto fijo en el desarrollo del niño, sino que se adquiere de manera paulatina.

consentimiento expreso, concreto e individual, es decir, para el acto puntual de que se trata, enumerados en el art. 645.

Ellos son:

a. autorizar a los hijos adolescentes entre dieciséis y dieciocho años para contraer matrimonio;

b. autorizarlo para ingresar a comunidades religiosas, fuerzas armadas o de seguridad;

c. autorizarlo para salir de la República o para el cambio de residencia permanente en el extranjero;

d. autorizarlo para estar en juicio, en los supuestos en que no puede actuar por sí;

e. administrar los bienes de los hijos, excepto que se haya delegado la administración de conformidad con lo previsto en este Capítulo.

En todos estos casos, si uno de los progenitores no da su consentimiento o media imposibilidad para prestarlo, debe resolver el juez teniendo en miras el interés familiar. Cuando el acto involucra a hijos adolescentes, es necesario su consentimiento expreso.

Finalmente y para todos los supuestos, sea que uno de los progenitores niegue su consentimiento o exista imposibilidad de prestarlo, la decisión le compete al juez.

ÁMBITO PSICOLÓGICO

Sin duda lo ideal para el trabajo psicológico clínico con un niño sería el acuerdo de ambos padres y/o tutores legales del niño. Si bien a efectos del tratamiento sería deseable que ambos pudieran consentir en el tratamiento por diversas razones que tendrían que ver con el hecho de habilitar emocional y psicológicamente al niño para el trabajo terapéutico o analítico que se le propone, lamentablemente no siempre se dan estas condiciones y la entrevista sucede en el marco de un conflicto entre los padres.

En caso de conflicto o desacuerdo es importante destacar que, por encima de cualquier código de ética profesional, se encuentran los parámetros de la ley nacional que ya fueron expuestos en el capítulo anterior. **Es decir que cuando el niño/a aún no ha adquirido la madurez suficiente para determinar su consentimiento, basta con el consentimiento de uno de los padres para que se realice**

un tratamiento psicológico. Entendiendo que el mismo es en el interés superior del niño y siempre y cuando un juez no determine lo contrario.

La **Federación de Psicólogos de la República Argentina** (FePRA) presenta la cuestión del consentimiento informado del siguiente modo:

1. Consentimiento informado:

1.1. Los psicólogos deben obtener consentimiento válido tanto de las personas que participan como sujetos voluntarios en proyectos de investigación como de aquellas con las que trabajan en su práctica profesional. La obligación de obtener el consentimiento da sustento al respeto por la autonomía de las personas, entendiendo que dicho consentimiento es válido cuando la persona que lo brinda lo hace voluntariamente y con capacidad para comprender los alcances de su acto; lo que implica capacidad legal para consentir, libertad de decisión e información suficiente sobre la práctica de la que participará, incluyendo datos sobre naturaleza, duración, objetivos, métodos, alternativas posibles y riesgos potenciales de tal participación. Se entiende que dicho consentimiento podrá ser retirado si considera que median razones para hacerlo. 1.2. **La obligación y la responsabilidad de evaluar las condiciones en las cuales el sujeto da su consentimiento incumben al psicólogo responsable de la práctica de que se trate. Esta obligación y esta responsabilidad no son delegables**. 1.3. **En los casos en los que las personas involucradas no se encuentren en condiciones legales, intelectuales o emocionales de brindar su consentimiento, los psicólogos deberán ocuparse de obtener el consentimiento de los responsables legales**. 1.4. Aún con el consentimiento de los responsables legales, los psicólogos procurarán igualmente el acuerdo que las personas involucradas puedan dar dentro de los márgenes que su capacidad legal, intelectual o emocional permita y cuidarán que su intervención profesional respete al máximo posible el derecho a la intimidad. 1.5. **En los casos en los que la práctica profesional deba ser efectuada sin el consentimiento de la persona involucrada, como puede ser el caso de algunas intervenciones periciales o internaciones compulsivas, los psicólogos se aseguran de obtener la autorización legal pertinente y restringirán la información al mínimo necesario**. 1.6. El consentimiento de las personas involucradas no exime a los psicólogos de evaluar la continuidad de la práctica que estén desarrollando, siendo parte de su responsabilidad interrumpirla si existen elementos que los lleven a suponer que no se están obteniendo los efectos deseables o que la continuación podría implicar riesgos serios para las personas involucradas o terceros.

El Código de Ética del Colegio de Psicólogos de la Provincia de Buenos Aires que, incluye las modificaciones de la resolución N° 729 del 18 de agosto de 2000,

- Capítulo II: Responsabilidad Profesional ubica el tema de los tratamientos con menores de edad diciendo: Art. 11. En caso de tratar a menores de edad, el psicólogo deberá obtener el consentimiento de sus padres, tutores o representantes legales. Solo actuará sin él cuando razones de urgencia así lo exijan, caso en el que se recomienda recabar la opinión o actuar conjuntamente con otro colega.
- En el Capítulo III: Deberes hacia los consultantes establece que: Art. 18. El psicólogo está obligado a asistir a los solicitantes de sus servicios profesionales cuando la importancia del problema así lo imponga, y, hasta tanto, en caso de decidir la no prosecución de su asistencia, sea posible delegarla en el profesional o servicio público correspondiente. Art. 19. El psicólogo debe propender a que los pacientes gocen del principio de libertad de elección del profesional. Art. 20. En su ejercicio profesional el psicólogo debe establecer y comunicar los objetivos, métodos y procedimientos que utiliza, así como sus honorarios y horarios de trabajo. Art. 22. Es deber del psicólogo respetar la voluntad del consultante cuando sobreviene su negativa a proseguir bajo su atención.

El **Código de la American Psychological Association (APA), en su versión 1992, en el Capítulo** 4. **Terapia**: sitúa el Consentimiento Informado para la terapia fijando que: a) Los psicólogos obtienen el adecuado consentimiento informado para la terapia o procedimientos similares, usando un lenguaje razonablemente comprensible para los participantes. El contenido del consentimiento informado variará dependiendo de muchas circunstancias; sin embargo, implica generalmente que la persona (1) tiene la capacidad para consentir, (2) ha sido provisto de la información significativa relativa al procedimiento, (3) ha manifestado el consentimiento libremente y sin influencias indebidas, y (4) el consentimiento ha sido adecuadamente documentado. b) **Cuando las personas son incapaces**

legalmente de dar su consentimiento informado, los psicólogos obtienen el permiso informado de una persona legalmente autorizada, si tal consentimiento sustituto está permitido por la ley. c) Además, los psicólogos: (1) informan a esas personas legalmente incapaces de dar consentimiento informado, sobre las intervenciones propuestas, y lo hacen mesurando sus capacidades psicológicas, (2) procuran su acuerdo con esas intervenciones, y (3) **tienen en cuenta las preferencias y los mejores intereses de tales personas.**

- El **Código de la American Psychological Association (APA)**, en su versión 2002, (vigencia 1° de marzo de 2003) dice lo propio en el Capítulo 3. Relaciones Humanas y en el Capítulo 10. Terapia en los siguientes términos: 3.10 Consentimiento informado (a) Cuando los psicólogos conducen investigaciones o prestan servicios de evaluación, terapia, *counseling*, en persona o por vías de transmisión electrónica u otras formas de comunicación, obtienen el consentimiento informado del o los individuos, utilizando un lenguaje que sea razonablemente comprensible para la o las personas, excepto cuando llevar adelante tales actividades sin consentimiento esté autorizado por ley o regulaciones gubernamentales o esté establecido en este Código de Ética. (Ver también Normas 8.02, C. I. en la investigación; 9.03, C. I. en evaluaciones; y 10.01, C. I. en terapia). (b) **En el caso de las personas legalmente incapaces para dar consentimiento informado**, los psicólogos igualmente (1) proveen una explicación apropiada, (2) procuran el acuerdo del individuo, (3) consideran las preferencias y los mejores intereses de tales personas, y (4) **obtienen el permiso apropiado de una persona legalmente autorizada, si tal consentimiento sustituto está permitido o requerido por ley. <u>Si no lo estuviera, los psicólogos toman las medidas razonables para proteger los derechos y el bienestar del individuo</u>**. (c) Cuando los servicios psicológicos sean indicados o autorizados por la justicia, los psicólogos informarán al individuo antes de proceder sobre la naturaleza de dichos servicios, incluyendo si fueron o no indicados o autorizados por la justicia y los límites de la confidencialidad. (d) Los psicólogos documentan apropiadamente el consentimiento escrito u oral, el permiso y el asentimiento. (Ver también Normas 8.02, C.I. en la investigación; 9.03, C.I. en evaluaciones; y 10.01, C.I. en terapia).

CONCLUSIÓN

De acuerdo a lo expuesto, los códigos en general contemplan que:

1. En el caso de niños/as menores de trece años, se obtendrá el consentimiento informado de un adulto legalmente responsable. En la coparentalidad, cualquiera de los adultos responsables está capacitado para brindar ese consentimiento. No contradice este principio ninguno de los códigos de ética profesional investigados.
2. Si surge un conflicto entre los padres, será la justicia la que determinará la suspensión o prosecución del tratamiento en curso.
3. El código de Ética de FePRA, cap. 2 art. 11 contempla inclusive, al igual que otros, la posibilidad de actuar como profesionales sin el consentimiento de los representantes legales del niño, cuando razones de urgencia así lo exijan, y teniendo en cuenta el mejor interés de la persona asistida recomendando recabar la opinión o actuar conjuntamente con otro colega.
4. En el caso de tratamientos e intervenciones no tradicionalmente establecidas y protocolizadas, el psicólogo siempre deberá tomar las medidas razonables para proteger los derechos y el bienestar del individuo, del paciente.
5. No se explicita en la ley, ni en los protocolos del Psicólogo la obligación de citar a otros representantes legales del niño en el caso que los hubiera para solicitar consentimiento y/o informar el inicio de tratamiento con el niño/niña. No es obligación del psicólogo gestionar el consentimiento de todos los representantes legales. Y siempre debería ser el objetivo de la intervención del mismo velar por el interés superior de su paciente aunque sea niño/a. Está pasando en la práctica profesional que el psicólogo busca cubrir lo que el sentido común y ciertas prácticas judiciales han instalado como modo *operandi* para la práctica clínica con niños, priorizando el interés del adulto por encima de la seguridad y restitución de derechos del niño/a y sujetos vulnerados. La entrevista psicológica con padres, dentro del proceso diagnóstico y clínico con niños/as, debe responder al interés y necesidades de la prosecución del tratamiento con el niño y a garantizar la salud y bienestar del mismo.

Es decir:

Si un padre y/o representante legal solicita tratamiento psicológico para un niño/niña a su cargo, el psicólogo puede responder a la demanda. Legalmente nada impide a alguno de los progenitores y/o representantes legales de un menor solicitar el inicio de un tratamiento o evaluación psicológica para el niño/a si lo considera en el mejor interés para ese niño. Si al respecto surgiera un conflicto entre los padres y/o representantes legales, es el juez quien debe decidir al respecto tomando en cuenta el interés superior del niño/a.

En términos prácticos, la parte en desacuerdo deberá dirigirse al juzgado con la finalidad de revocar la intervención de un psicólogo y será el juez quien lo determine. No pueden amedrentar ni amenazar al profesional psicólogo tratante. El mismo además tiene la facultad de decidir las intervenciones que considera ética y profesionalmente más adecuadas para resguardar la seguridad y salud física y emocional de su paciente. (Como lo indican y contemplan los códigos de Ética de la Profesión). En este sentido la decisión de entrevistar a los adultos referentes del niño/a, debe estar de acuerdo a las conveniencias y las garantías del niño/a - paciente y la posibilidad de continuar intervención profesional óptima en función del paciente.

El compromiso ético del psicólogo está con su paciente y ejercicio profesional y no con las demandas de los posibles representantes legales u adultos e instituciones en el caso de tratamiento con niños. Exceptuando lo requerido por un juez.

Consentimiento informado en casos de niños víctimas y/o testigos de agresiones sexuales

... Probablemente, a esta altura, quedan pocas dudas de que el abuso sexual infantil constituye uno de los traumas psíquicos más intensos y de que sus consecuencias son sumamente destructivas para la personalidad.

Es posible comparar sus efectos al de un balazo en el aparato psíquico: produce heridas de tal magnitud en el tejido emocional, que hacen muy difícil predecir cómo cicatrizará el psiquismo y cuáles serán las secuelas...

Intebi Irene, 1998[66]

[66] Intebi, I. (1998) *Abuso sexual infantil: en las mejores familias*, Buenos Aires: Noveduc, p. 173.

ANTECEDENTES

En la actualidad podemos señalar una serie de factores que dificultan las intervenciones de colegas psicólogos que se vinculan profesionalmente interviniendo en casos de agresiones sexuales, especialmente cuando se trata de niños/as.

Si tiempo atrás un sujeto acusado de haber agredido sexualmente a un niño/a tendía a desaparecer de la escena, hoy en día muchas veces asistimos a un escenario distinto, el presunto agresor intenta tomar dominio activo de la escena resistiéndose a perder la capacidad de manipular al niño, su familia e incluso el ámbito de tratamiento psicológico del niño/a. Los modos mediante los cuales intentan perpetuar la situación de abuso son diversos, desde ser el que lleva y trae al niño a su tratamiento, buscando operar sobre la madre, o interfiriendo en los espacios psicológicos de los niños amedrentando y agrediendo de diversas maneras, inclusive judiciales a los psicólogos a cargo.

Existen registros y experiencias históricas que dan cuenta de cómo los dispositivos analíticos fueron perfeccionándose en pos de proteger adecuadamente a las personas vulneradas. Un hito importante en esto fueron los desarrollos teóricos, muchos de ellos feministas, que comienzan a postular la necesidad de mantener el secreto sobre los espacios en los cuales las víctimas de violencia doméstica recibían apoyo psicológico, grupal e incluso de vivienda. La protección establecida para las mujeres que padecían las agresiones respondía a evitar que corra riesgos su integridad psicoemocional una vez que han comenzado el proceso de develamiento de la violencia. La protección está en el hecho de que la víctima esté protegida para que al momento de develar el sufrimiento no esté al alcance de su agresor y las posibles medidas de acallamiento que el mismo puede ejercer sobre la víctima en forma retaliativa.

Si desde lo social, en muchos países, se contemplaron e implementaron dispositivos acordes a estos parámetros para la protección de mujeres víctimas de violencia doméstica, por qué no existe la misma sensibilidad para la protección de niñas y niños que comienzan con el proceso de develamiento del abuso que viven.

Porque se insiste, aún bajo la penalización de profesionales, por ejemplo que se debe citar, entrevistar, pedir el consentimiento y poner al corriente a una persona supuestamente identificada como perpetrador por las víctimas al momento en que la misma han comenzado a develar y pedir ayuda. Es claro que esta insistencia en el control de la situación parte de los presuntos agresores y de las fracciones institucionales que los avalan y protegen muchas veces desde ideologías patriarcales y obsoletas, desconociendo los riesgos de la persona vulnerada, la legislación que los protege y las buenas prácticas profesionales que al respecto se han instalado en la historia de las distintas disciplinas avaladas por casuística y revisiones teóricas. Contrariamente a implementar estas medidas de protección a un niño/a sobreviviente y testigo único de agresiones sexuales, muchas veces se ataca desde lo institucional a los adultos protectores y a los profesionales que intervienen como testigos de lo que el niño expresa arrojando a los más vulnerables en algunas oportunidades nuevamente a los brazos de sus agresores.

Desde la comprensión de la realidad que viven los niños y niñas abusados puede situarse el hecho de que el mismo comience a develar como la instauración de una situación de emergencia y en este punto retomar lo que establece el **Código de Ética del Colegio de Psicólogos de la Provincia de Buenos Aires que, incluye las modificaciones de la resolución N° 729 del 18 de agosto de 2000**, en el **Capítulo II**: Responsabilidad Profesional ubica el tema de los tratamientos con menores de edad diciendo: Art. 11. **En caso de tratar a menores de edad, el psicólogo deberá obtener el consentimiento de sus padres, tutores o representantes legales. Solo actuará sin él cuando razones de urgencia así lo exijan, caso en el que se recomienda recabar la opinión o actuar conjuntamente con otro colega**. Buscando asesorarse y actuar en red con otros efectores antes que develar a los tutores y/o representantes legales lo revelado por el niño. Esto se realiza cuando se tiene en claro por los dichos del niño/niña quién o quiénes son los agresores y con qué figuras emocionalmente significativas cuenta y tendrían la capacidad para protegerlo.

Ochotorena y Arruabarrena Madariaga en el *Manual de Protección Infantil*, en el capítulo 5 "Investigación de Situaciones de Desprotección Infantil", Fuentes de información que se van a consultar y secuencia temporal, indican:

> … En algunos casos, como en las sospechas de abuso sexual intrafamiliar, puede no ser adecuado acceder en primer lugar a los padres. En estas situaciones el testimonio del niño suele constituir una fuente

> de información muy importante, e incluso hay ocasiones en que la verificación del abuso se basa de manera exclusiva en el relato del niño. En estos casos si el padre/madre abusivo es conocedor que se está llevando a cabo la investigación es probable que amenace, coaccione o presione al niño para que niegue ante el investigador que el abuso se ha producido. De ahí que se considere preferible entrevistar al niño antes que a los padres, y sin la presencia de estos. En el caso de abuso extrafamiliar y cuando no son los padres los sospechosos de haber cometido el abuso, se permite su presencia durante la entrevista al niño.[67]

Es decir que en el caso de que hubiera sospechas fundadas que uno de los padres es el agresor, el hecho de citarlo para lograr el consentimiento para el proceso de investigación es principalmente poner en conocimiento del mismo que la persona y/o niño victimizado está comenzando a revelar dándole la posibilidad de tomar medidas y represalias sobre el mismo. Este hecho es gravísimo y fue contemplado ampliamente en el tratamiento con víctimas de violencia donde poner en conocimiento al agresor de que la persona victimizada comenzó a buscar una salida al atrapamiento en el circuito de la violencia es generar las condiciones para que dicho agresor tome represalias y se aborte toda esperanza de ayuda y salida para la persona violentada a la vez que esas represalias pueden ser letales y/o altamente lesionantes física y psíquicamente. Está registrado que este dar aviso al agresor sobre el develamiento lleva al niño vulnerado a retractarse y silenciar, quedando nuevamente sumergido en una situación de mayor vulneración, ya que intentó defenderse y el agresor demostró que eso "es imposible para él". Se encamina así lo estudiado como el Síndrome de Indefensión Adquirida que refuerza paradójicamente la dependencia, sumisión y adaptación al abuso.

Otro lineamiento importante es considerar lo expuesto por la Guía de buenas prácticas para el abordaje de niños/as, adolescentes víctimas o testigos de abuso sexual y otros delitos, en el marco del capítulo 4 "Abordajes y seguimiento de la NNyA y su familia", se enfatiza la necesidad e importancia de tomar las medidas de precaución necesarias para "reducir la oportunidad de que el imputado pueda amenazar o intimidar a la NNyA". Como tales se consideran las medidas precautorias que provee la ley, perímetros,

[67] Ochotorena, JP.; Arrubarrena Madariaga, MI. (1996) *Manual de Protección Infantil*, Barcelona: Masson, p. 165.

exclusiones, entre otras. Estas instancias también debieran resguardar el espacio terapéutico de los NNyA en riesgo. Inclusive se recomienda designar un profesional que "sirva como contacto para responder a las consultas e inquietudes de los integrantes de la familia".[68] Si bien esto está desarrollado como indicaciones de procedimiento para ámbitos de legales y forenses, podría sobre la misma base argumental establecerse que el profesional que pudiera estar a cargo de las entrevistas con familiares de los imputados y/o sospechosos de ASI, de acuerdo al relato de acontecimientos aportados por el niño/a, sea otro profesional que el terapeuta del niño, a fin de resguardar el espacio terapéutico para el NNyA y evitar el contacto que pudiera ser amedrentador, inhibir el proceso de develamiento y contaminador del terapeuta que atiende al niño.

De acuerdo a lo expuesto en el presente documento el psicólogo está autorizado a atender a un niño/a con la autorización de uno de los padres, y en el caso que se revelen situaciones de ASI, la decisión de citar al adulto "presunto perpetuador", debe ser una acción evaluada estratégicamente en función del interés superior del niño. Desde nuestro lugar de psicólogos implica actuar en función de resguardar la salud de nuestros pacientes.

[68] Berlinerblau, V.; Nino, M.; Viola, S. (2013) *Guía de buenas prácticas para el abordaje de niños/as adolescentes víctimas o testigos de abuso sexual y otros delitos. Protección de sus derechos, acceso a la justicia y obtención de pruebas válidas para el proceso*, Buenos Aires: Unicef, JUFEJUS, ADC, p. 67.

Anexo 2

Derechos internacionales de los niños/as a ser escuchados

Licenciada María Cecilia López[69]

Las niñas y niños tienen derecho a ser protegidos de toda forma de abuso sexual. Todo profesional que trabaje con niñas y niños debe conocer aquellos artículos de la Convención Internacional de los Derechos del Niño (CIDN) vinculados directamente a la protección contra el abuso sexual en la infancia. A continuación, citamos algunos párrafos que hacen mención a varios artículos de la CIDN del libro de la doctora Graciela D. Jofré:

> "**Artículo 9.1**: Los Estados Partes velarán por que el niño no sea separado de sus padres contra la voluntad de estos, excepto cuando, a reserva de revisión judicial, las autoridades competentes determinen, la conformidad con la ley y los procedimientos aplicables, que tal separación es necesaria en el interés superior del niño. Tal determinación puede ser necesaria en casos particulares, por ejemplo, en los casos en que el niño sea objeto de maltrato o descuido por parte de sus padres o cuando estos viven separados y debe adoptarse una decisión acerca del lugar de residencia del niño (...) Los Estados Partes respetarán el derecho del niño que esté separado de uno o de ambos padres a mantener relaciones personales y contacto directo con ambos padres de modo regular, salvo si ello es contrario al interés superior del niño".
>
> De este modo la CIDN determina la prioridad de este principio por sobre el contacto con los padres especificando como una de las causales el maltrato a esa niña o niño por parte de esos padres. Esto cobra especial relevancia cuando hay una denuncia de abuso sexual de una niña o niño, la manera más cruel y devastadora de maltrato a la infancia y la adolescencia, situación por otra parte específicamente contemplada por la CIDN en sus artículos 19 y 34. Dice en su parte pertinente al artículo 19 de la CDN en su inciso 1:
>
> "**Artículo 19.1**: Los Estados Partes adoptarán todas las medidas legislativas, administrativas, sociales y educativas apropiadas para proteger al niño contra toda forma de perjuicio o abuso físico

[69] El marco jurídico detallado en este anexo corresponde al capítulo 7 del libro *Diagnóstico del abuso sexual en niñas y niños menores de 5 años*, ob. cit.

o mental, descuido o trato negligente, malos tratos o explotación, incluido el abuso sexual, mientras el niño se encuentre bajo la custodia de los padres, de un representante legal o de cualquier otra persona que lo tenga a su cargo".

Y el mismo artículo, además de resaltar la necesidad de la protección del niño/a víctima de abuso sexual, entre otras formas de maltrato, en su inciso 2 precisa sus alcances de la siguiente forma:

"**Artículo 19.2**: Esas medidas de protección deberían comprender, según corresponda, procedimientos eficaces para el establecimiento de programas sociales con objeto de proporcionar la asistencia necesaria al niño y a quienes cuidan de él, así como para otras formas de prevención y para la identificación, notificación, remisión a una institución, investigación, tratamiento y observación ulterior de los casos antes descritos de malos tratos al niño y, según corresponda, la intervención judicial".

En el artículo 34 de la CDN vuelve a remarcarse la necesidad de protección del niño víctima de abuso sexual expresando:

"**Artículo 34**: Los Estados Partes se comprometen a proteger al niño contra todas las formas de explotación y abusos sexuales. Con este fin, los Estados Partes tomarán, en particular, todas las medidas de carácter nacional, bilateral y multilateral que sean necesarias para impedir: a) la incitación o la coacción para que un niño se dedique a cualquier actividad sexual ilegal; b) la explotación del niño en la prostitución u otras prácticas sexuales ilegales; c) la explotación del niño en espectáculos o materiales pornográficos".

Cuando hay una denuncia de abuso sexual infantil, constituye el "interés superior del niño" el resguardo y la recuperación de su integridad física, sexual y psicológica dañada; cuidar de esa niña, de ese niño, respetando su dignidad humana vulnerada.

Así mismo la CIDN es clara en el otro deber del juez/a, como funcionario/a del Estado: debemos disponer todas las medidas para que esa niña/o acceda a tratamientos terapéuticos o médicos que necesite en su calidad de víctima de delito. Esto está contemplado expresamente en el artículo 39 de la CIDN, el cual expresa:

"**Artículo 39**: Los Estados Partes adoptarán todas las medidas apropiadas para promover la recuperación física y psicológica y la reintegración social de todo niño víctima de toda forma de abandono, explotación o abuso; tortura u otra forma de tratos o penas crueles, inhumanos o degradantes; o conflictos armados. Esa recuperación y reintegración se llevarán a cabo en un ambiente que forme la salud, el respeto de sí mismo y la dignidad del niño".[70]

[70] Jofré, GD. (2016) *Niñas y niños en la justicia: abuso sexual en la infancia*, Buenos Aires: Maipue.

El derecho de las niñas y niños a ser escuchados en su propio idioma y su marco legislativo

Si bien desde la psicología sabemos que las niñas y niños suelen relatar su trauma mediante un lenguaje lúdico o gráfico y no solo mediante palabras, también es importante conocer que contamos con un marco legislativo nacional e internacional que abala estas formas de expresión. En este apartado mencionaremos algunas de las leyes y artículos que garantizan el derecho de las niñas y niños a ser escuchados en su propio idioma.

La Convención Internacional sobre los Derechos del Niño (CIDN), tratado de Naciones Unidas firmado en 1989, indica que los Estados que la suscriben deberán adoptar medidas legislativas, administrativas, sociales y judiciales con el objetivo no solo de proteger a las niñas y niños haciendo valer derechos tan básicos como comer, tomar agua potable o estudiar sino, entre otros, a la hora de ser protegidos contra el asesinato y toda forma de agresión. Aunque cueste creerlo, hace tan solo treinta años que se comenzó a considerar a los niños y niñas como sujetos de derechos y como seres autónomos, capaces de adoptar un rol activo y participar en aquellos procesos judiciales en los que pueden llegar a verse afectados.

La Convención sobre los Derechos del Niño fue ratificada por Argentina en 1990 mediante la **ley 23.849**, e incorporada a la Constitución Nacional en 1994. No obstante, recién en el año 2005 se sancionó una ley específica de Protección Integral de los Derechos de las Niñas, Niños y Adolescentes mediante la **ley 26.061**, que tiene como finalidad la protección de las niñas y niños y la garantía de su condición de sujetos de derecho.

De esta manera, por primera vez, se consideró en el ámbito legislativo el derecho de niños y niñas a ser oídos. El doctor Rosello señala que podemos encontrar esta información en el artículo 12 de la Convención, el cual prescribe:

> "1. Los Estados Parte garantizarán al niño que esté en condiciones de formarse un juicio propio el derecho de expresar su opinión libremente en todos los asuntos que afectan al niño, teniéndose debidamente en cuenta las opiniones del niño, en función de la edad y madurez del niño.
>
> 2. Con tal fin, se dará en particular al niño oportunidad de ser escuchado en todo procedimiento judicial o administrativo que afecte al niño, ya sea directamente o por medio de un representante o de un

> órgano apropiado, en consonancia con las normas de procedimientos de la ley nacional".[71]

Y agrega:

> Como se puede apreciar el primer párrafo garantiza el derecho a todo niño que esté en condiciones de formar un juicio propio a expresar su opinión libremente, mientras que en el segundo párrafo se reconoce al niño el derecho a ser oído en todo proceso judicial administrativo que lo afecte.[72]

Asimismo, en el año 2009 el Comité sobre los Derechos del Niño dictó la Observación General N° 12 sobre el derecho del niño a ser escuchado. Al respecto, transcribiremos parte del artículo del doctor Rosello, en el cual cita sus puntos más salientes:

> "11. Los Estados parte deben alentar al niño a que se forme una opinión libre y ofrecer un entorno que permita al niño ejercer su derecho a ser escuchado".
>
> "15. El **artículo 12** de la Convención establece el derecho de cada niño a expresar su opinión libremente en todos los asuntos que lo afectan y el subsiguiente derecho de que esas opiniones se tengan debidamente en cuenta, en función de la edad y madurez del niño. Recae así sobre los Estados parte la clara obligación jurídica de reconocer ese derecho y garantizar su observancia escuchando las opiniones del niño y teniéndolas debidamente en cuenta. Tal obligación supone que los Estados parte, con respecto a su respectivo sistema judicial, deben garantizar directamente ese derecho o adoptar o revisar leyes para que el niño pueda disfrutarlo plenamente.
>
> 16. El niño, sin embargo, tiene derecho a no ejercer ese derecho. Para el niño, expresar sus opiniones es una opción, no una obligación. Los Estados parte deben asegurarse de que el niño reciba toda la información y el asesoramiento necesarios para tomar una decisión que favorezca su interés superior".
>
> "20. Los Estados parte deben garantizar el derecho a ser escuchado a todo niño 'que esté en condiciones de formarse un juicio propio'. Estos términos no deben verse como una limitación, sino como una obligación para los Estados parte de evaluar la capacidad del niño de formarse una opinión autónoma en la mayor medida posible. Esto significa que los Estados parte no puedan partir de la premisa de que un niño es incapaz de expresar sus propias opiniones. Al

[71] Asamblea General de las Naciones Unidas (1989) "Convención sobre los Derechos del Niño", Nueva York. Citada en Rosello, JI. (2018), ob. cit.

[72] Rosello, JI. (2018), ob. cit.

contrario, los Estados parte deben dar por supuesto que el niño tiene capacidad para formarse sus propias opiniones y reconocer que tiene derecho a expresarlas; no corresponde al niño probar primero que tiene esa capacidad.

21. El Comité hace hincapié en que el **artículo 12** no impone ningún límite de edad al derecho del niño a expresar su opinión y desaconseja a los estados parte que introduzcan por ley o en la práctica límites de edad que restrinjan el derecho del niño a ser escuchado en todos los asuntos que lo afectan (...)".

"Hay estudios que demuestran que el niño es capaz de formarse opiniones desde muy temprana edad, incluso cuando todavía no puede expresarlas verbalmente. Por consiguiente, la plena aplicación del *artículo 12 exige el reconocimiento y respeto de las formas no verbales de comunicación, como el juego, la expresión corporal y facial y el dibujo y la pintura, mediante las cuales los niños muy pequeños* demuestran capacidad de comprender, elegir y tener preferencias. En segundo lugar, el niño no debe tener necesariamente un conocimiento exhaustivo de todos los aspectos del asunto que lo afecta, sino una comprensión suficiente para ser capaz de formarse adecuadamente un juicio propio sobre el asunto. En tercer lugar, los Estados parte también tienen la obligación de garantizar la observancia de este derecho para los niños que experimenten dificultades para hacer oír su opinión. Por ejemplo, los niños con discapacidades deben tener disponibles y poder utilizar los modos de comunicación que necesiten para facilitar la expresión de sus opiniones. También, debe hacerse un esfuerzo por reconocer el derecho a la expresión de opiniones para los niños pertenecientes a minorías, niños indígenas y migrantes y otros niños que no hablen el idioma mayoritario. Por último, los Estados parte deben ser conscientes de las posibles consecuencias negativas de una práctica desconsiderada de este derecho, especialmente en casos en que los niños sean muy pequeños o en que el niño haya sido víctima de delitos penales, abusos sexuales, violencia u otras formas de maltrato".

"Los Estados parte deben adoptar todas las medidas necesarias para garantizar que se ejerza el derecho a ser escuchado asegurando la plena protección del niño". [Destacado por las autoras].[73]

Una vez destacado lo fundamental de la Observación N° 12, el doctor Rosello comenta:

[73] Comité sobre los Derechos del Niño, Observación General N° 12 (2009) "El derecho del niño a ser escuchado". Citado Rosello, JI. (2018), ob. cit.

En el ámbito local vemos al derecho a ser oído en la **ley 26.061 (artículos 2°, 3°, 24 y 27)** denominada "Ley de Protección Integral de los Derechos de las Niñas, Niños y Adolescentes" reglamentada por decreto del Poder Ejecutivo Nacional N° 415/2006. Antes de entrar a describir qué disponen los artículos arriba mencionados no está demás decir que la **ley 26.061** se propuso adecuar el derecho interno a los delineamientos de la CDN como así también aclarar el alcance del **artículo 123** que generó algunas dificultades interpretativas. Dicho esto, veamos qué disponen los artículos mencionados: A través del **artículo 2** se establece que cualquiera que sea la forma en que se manifiesten los NNA tienen derecho a ser oídos y atendidos en todos los ámbitos y que todos los derechos y garantías contenidos en la ley son de orden público, inalienables e irrenunciables. Por medio del **art. 3** se determina que debe entenderse por interés superior del niño al decir que la "máxima satisfacción integral y simultánea de los derechos y garantías reconocidos por esta ley", reconociendo expresamente el derecho a ser oído de los NNA. El **Art. 24** dispone que los NNA tienen derecho a participar y expresar libremente su opinión en todos los asuntos que les conciernan y tengan interés y que la misma sea tenida en cuenta de acuerdo a su madurez y desarrollo. Mientras que el **art. 27** dispone que: "Los Organismos del Estado deberán garantizar a las niñas, niños y adolescentes en cualquier procedimiento judicial o administrativo que los afecte, además de todos aquello derechos contemplados en la Constitución Nacional, la Convención sobre los Derechos del Niño, en los tratados internacionales ratificados por la Nación Argentina y en las leyes que en su consecuencia se dicten, los siguientes derechos y garantías: a) A ser oído ante la autoridad competente cada vez que así lo solicite la niña. Niño o adolescente; b) A que su opinión sea tomada primordialmente en cuenta al momento de arribar a una decisión que lo afecte; c) A ser asistido por un letrado preferentemente especializado en niñez y adolescencia desde el inicio del procedimiento judicial o administrativo que lo incluya. En caso de carecer de recursos económicos el Estado deberá asignarle de oficio un letrado que lo patrocine; d) A participar activamente en todo procedimiento; e) A recurrir ante el superior frente a cualquier decisión que lo afecte".

El derecho a ser oído también fue reconocido expresamente en el ámbito de la Provincia de Buenos Aires a través de la **ley 13.298** de Promoción y Protección integral de los Derechos del Niño que en su artículo 4 inc. b establece que para determinar cuál es el interés superior del niño se debe apreciar su opinión teniendo en cuenta su desarrollo psicofísico y en la **ley 13.634** que en su artículo 3 dispone:

- o Observación directa de comportamientos.
- o Métodos comparativos.
- o Métodos experimentales.
- o Métodos clínicos.
- o Técnicas psicométricas (test).
- o Técnicas sociométricas (sociograma).

"Los niños tienen derecho a ser oídos en cualquier etapa del proceso, a peticionar, a expresar sus opiniones y a que estas se tengan en cuenta en las decisiones que afecten o hagan a sus derechos, considerando su desarrollo psicofísico. En el caso de los niños por nacer ejercerá este derecho la madre. El juez garantizará debidamente el ejercicio de este derecho".

Por último, y en cuanto a la recepción legislativa hay que decir que el 1° de agosto de 2015 entró en vigencia el nuevo Código Civil y Comercial de la Nación –**ley 26.994**– el cual regula el derecho del niño a ser oído en los artículos que a continuación se transcriben:

Art. 26 (ejercicio de los derechos de las personas menores de edad): "La persona menor de edad ejerce sus derechos a través de sus representantes legales... La persona menor de edad tiene derecho a ser oída en todo proceso judicial que le concierne, así como participar en las decisiones sobre su persona...".

Art. 595 inc. f (principios generales que rigen la adopción): "El derecho del niño, niña o adolescente a ser oído y que su opinión sea tomada en cuenta según su edad y grado de madurez, siendo obligatorio requerir su consentimiento a partir de los diez años".

Art. 617 inc. b (reglas del procedimiento de adopción): que establece que: "el juez debe oír personalmente al pretenso adoptado y tener en cuenta su opinión según su edad y grado de madurez".

Art. 635 inc. c (causas de nulidad relativas a la adopción): que establece que adolece de nulidad relativa la adopción obtenida en violación a las disposiciones referidas a... "el derecho del niño a ser oído y a que su opinión sea tenida en cuenta según su edad y grado de madurez".

Art. 639 (responsabilidad parental – principios): "La responsabilidad parental se rige por los siguientes principios... inc. c) el derecho del niño a ser oído y a que su opinión sea tenida en cuenta según su edad y su grado de madurez".

Art. 646 (responsabilidad parental - deberes de los progenitores): en su inciso c) dispone: "respetar el derecho del niño y adolescente a ser oído y a participar en su proceso educativo, así como en todo lo referente a sus derechos personalísimos".

Art. 653 (responsabilidad parental – cuidado personal unilateral del hijo): "establece que es deber del juez ponderar, inc. c) la opinión del hijo".

Art. 707 (procesos de familia): "Las personas mayores con capacidad restringida y los niños, niñas y adolescentes tienen derecho a ser oídos en todos los procesos que los afecten directamente. Su

> opinión debe ser tenida en cuenta y valorada según su grado de discernimiento y la cuestión debatida en el proceso".
>
> Ahora bien, de la lectura de toda la normativa reseñada –internacional, nacional y provincial– si bien surge como regla general que el niño tiene derecho a ser oído, en ninguna de ellas se establece que la única forma válida de ejercerlo es a través del contacto directo con el juez, lo cual generó dudas en torno a cómo debía ser ejercido el mismo.
>
> Estas dudas fueron aclaradas por la Corte Suprema de la Nación en la causa "Wilner, Eduardo Mario c/ Osswald, María Gabriela" en la que dijo: "... Que, por otro lado, no es un imperativo la consulta directa de la voluntad de la niña. El **art. 12 de la Convención sobre los Derechos de los Niños impone a los Estados la obligación de garantizarle el derecho a ser oído**, ya sea directamente o por medio de un representante o de un órgano apropiado, circunstancia satisfecha dada la intervención del Asesor de Menores en ambas instancias".
>
> De lo dicho por nuestro máximo tribunal se desprende que el derecho a ser oído puede ejercerse, ya sea a través de una entrevista directa con el juez, como así también, al comparecer el menor ante el Cuerpo Técnico del juzgado como a través de la figura del abogado del niño. [Destacado por las autoras].[74]

La ideología SAP en el marco legislativo

En Argentina, en 1993 fue promulgada la **ley 24.270** la cual, si bien se refiere al impedimento de contacto del niño/a con alguno de sus padres, suele jugar a favor de revinculaciones forzadas entre el niño/a víctima de un delito por incesto con su progenitor incestuador. La doctora Jofré (2016) dice al respecto:

> Es una ley conformada por solo seis artículos que facilita un proceso exprés, tipificando como delito penal la acción de un "padre o tercero" que "impidiere u obstruyere el contacto de menores de edad con sus padres no convivientes" y obligando al juez a la fijación de régimen comunicacional o de visitas en corto plazo. Esta ley penal omite expresamente toda alusión a principios esenciales que protegen los derechos humanos de niños/as regidos por leyes nacionales como la ley 26.061 e internacionales como la Convención Internacional sobre los Derechos del Niño. Es una ley que no discrimina el sexo en su terminología pero que en su práctica es ejercida contra las madres

[74] Rosello, JI. (2018), ob. cit.

protectoras en situaciones de violencia de género y abusos sexuales de niñas y niños. Es una ley festejada ampliamente por agrupaciones de padres promotores de la ideología de la "alienación parental" y por sus profesionales del derecho acólitos.[75]

Ley Rozanski

En Argentina también tenemos la **ley 25.852**, conocida como "Ley Rozanski", que establece la reforma del Código Procesal Penal para la toma de testimonio de NNyA menores de 16 años víctimas o testigos de delito, que dice:

> "Cuando se trate de víctimas o testigos de los delitos tipificados en el Código Penal, libro II, título I, capítulo II, y título III, que a la fecha en que se requiera su comparecencia no hayan cumplido los 16 años de edad se seguirá el siguiente procedimiento:
>
> - Los menores aludidos solo serán entrevistados por un psicólogo especialista en niños y/o adolescentes, designado por el tribunal que ordene la medida, no pudiendo en ningún caso ser interrogados en forma directa por dicho tribunal o las partes;
> - El acto se llevará a cabo en un gabinete acondicionado con los implementos adecuados a la edad y etapa evolutiva del menor;"

Sin embargo, en la provincia de Buenos Aires el Código Procesal Penal tiene una reforma que contradice la Ley Nacional que antes mencionamos mediante el artículo 102 bis (incorporado a la Ley Nacional mediante la ley 13.954). Respecto de esto, López y Müller, dicen:

> La diferencia básica se centra en que la Ley nacional habla de entrevista y la provincial habla de interrogatorio; la Ley nacional dice que solo puede entrevistar al niño, niña o adolescente un psicólogo especializado, la provincial dice que lo tiene que hacer el fiscal, juez o tribunal y que si quiere puede pedir colaboración del psicólogo; ahí, a nuestro modesto entender se está incumpliendo la Ley nacional que dice claramente que prohíbe a los fiscales, jueces o tribunales interrogar a niños, niñas o adolescentes en forma directa.[76]

La metodología que en la actualidad suele emplearse en la práctica de muchos juzgados para entrevistar a los niños y niñas menores de 5 años en el dispositivo de cámara Gesell no considera

[75] Jofré, GD. (2016), ob. cit.

[76] López, MC.; Müller, MB. (2013) *Madres de hierro. Las madres en el abuso sexual infantil*, Buenos Aires: Maipue.

la figura del psicólogo experto en psicología infanto-juvenil ni en abuso sexual, lo cual suele tener una incidencia negativa a la hora de comunicarse y comprender en profundidad otros tipos de lenguajes de las víctimas más allá de su relato oral textual.

Ley Piazza y su reforma

En el año 2011 fue sancionada la **ley 26.705**, también llamada "Ley Piazza", a través de la cual se establece una reforma al artículo 63 del Código Penal Federal Argentino en lo que respecta a los plazos de prescripción para poder realizar una denuncia sobre abuso sexual que haya ocurrido en la infancia de una persona. Con esta ley una víctima de abuso sexual que no haya podido realizar la correspondiente denuncia mientras era un niño/a, por ejemplo, podrá hacerlo a partir de los 18 años, siendo que desde esa edad comenzará a computarse el tiempo para la prescripción de dicho delito.

Sin embargo, en el año 2015 la Ley Piazza fue modificada por la **ley 27.206**, también llamada como la ley de "Respeto a los Tiempos de las Víctimas" ya que su objetivo es ampliar el tiempo de prescripción de la denuncia para que pueda comenzar a computarse no solo a partir de la mayoría de edad de la persona sino a partir del momento en que se sienta preparada psicológica y emocionalmente para realizar la denuncia. Así, con esta nueva ley el plazo de prescripción comienza a correr a partir del momento de la denuncia independientemente de la edad de la víctima. Vale destacar que las leyes penales no son retroactivas; es decir, comienzan a regir a partir de su año de sanción, en este caso, hace muy pocos años atrás.

Abreviaturas

Artículo: art.
Capítulo: cap.
Código Civil: Cciv.
Contra: c/
Departamento: dpto.
Doctor: Dr.
Doctora: Dra.
Expediente: expte.
Fojas: fs.
Inciso: inc.
Investigación penal preparatoria: I. P. P.
Licenciado/Licenciada: Lic.
Matrícula nacional: M. N.
Matrícula provincial: M. P.
Provincia: pcia.
Recurso: rec.
Referencia: ref.
Señor: Sr.
Señora: Sra.
Señorita: Srta.
Sobre: s/

Bibliografía

Aberastury, A. *Aportaciones al psicoanálisis de niños*, Buenos Aires: Paidós.

— (2010) *El niño y sus juegos*, Buenos Aires: Paidós.

— *Teoría y técnica del psicoanálisis de niños*, Buenos Aires: Paidós.

Abregú, M.; Courtis, C. (2004) "Perspectivas y posibilidades del *amicus curiae* en el derecho argentino", artículo publicado en *La aplicación de los tratados sobre derechos humanos por los tribunales locales*, Del Puerto, 1ª reimpresión.

Asociación Americana de Psiquiatría (2014) DSM-5®, *Manual diagnóstico y estadístico de los trastornos mentales*, 5ta. Edición. Última edición 2018, Buenos Aires: Panamericana.

Aulagnier, P. (1988) *La violencia de la interpretación. Del pictograma al enunciado*, Buenos Aires: Amorrortu.

Batres, G. (1997) *Del ultraje a la esperanza: tratamiento de las secuelas del incesto*, San José, Costa Rica: ILANUD.

— (1997) *Manual para el tratamiento grupal del incesto y abuso sexual infantil*, San José, Costa Rica: ILANUD.

— *Tratamiento grupal: adultas y adolescentes sobrevivientes de incesto y adolescentes*, San José, Costa Rica: ILANUD.

Barilari, Z.; Beigbeder de Acosta, C.; Colombo, RI. (2007) *Abuso y maltrato infantil, inventario de frases revisado*, Buenos Aires: Cauquén.

Bentivegna, SA.; Ortiz, DO. (2013) *Violencia familiar. Aspectos prácticos*, Buenos Aires: Hammurabi.

— (2016) *La gran telaraña. Violencia contra la mujer con una mirada de género*, Buenos Aires: Maipue.

— (2021) *Violencia familiar. Violencia contra la mujer. Maltrato y abuso sexual en la infancia*, Buenos Aires: Hammurabi.

Bentivegna, SA; Müller, MB. (2020) *Revinculación paternofilial forzada*, Buenos Aires: Hammurabi.

Berlinerblau, V. (2010) "Niños víctimas, niños testigos: sus testimonios en alegatos de abuso sexual infantil. Competencia, credibilidad, particularidades y necesidades especiales del niño testigo. Videograbación de las entrevistas de declaración testimonial", en *Acceso a la justicia de niños-as víctimas: Protección de los derechos de niños, niñas y adolescentes víctimas o testigos de delitos o violencia*, Buenos Aires: Unicef, JUFEJUS, ADC.

Berlinerblau, V.; Nino, M.; Viola, S. (2013) *Guía de buenas prácticas para el abordaje de niños/as adolescentes víctimas o testigos de abuso sexual y otros delitos. Protección de sus derechos, acceso a la justicia y obtención de pruebas válidas para el proceso*, Buenos Aires: Unicef, JUFEJUS, ADC.

Bianco, M.; Wachter, P.; Chiapparrone, N.; Müller, MB. (2016) *Abuso Sexual en la Infancia: guía para orientación y recursos disponibles en CABA y Provincia de Buenos Aires. Actualización,* Buenos Aires: Fundación para el Estudio e Investigación de la Mujer - FEIM.

Bleger, J. (1964) "La entrevista psicológica. Su empleo en el diagnóstico y la investigación". Ficha editada por el Departamento de Psicología de la Facultad de Filosofía y Letras de la Universidad de Buenos Aires.

— (1967) *Simbiosis y ambigüedad,* Buenos Aires: Paidós.

— (1985) *Temas de psicología (entrevista y grupos),* Buenos Aires: Nueva Visión.

Bösenberg, C.; González, BA.; Digangi, A. (2019) "Consentimiento parental para el tratamiento psicológico en menores de edad. Especificación en ASI", Comisión de Violencia y ASI del Colegio de Psicólogos de Buenos Aires, R XV.

Castex, M. (1997) *El daño psíquico en la medicina y la psicología forense,* Buenos Aires: CEP, Buenos Aires: Facultad de Psicología, UBA.

Cattáneo, BH. (2015) *Informe psicológico,* Buenos Aires: Eudeba.

Collin Gorráez, M. (2012) *Introducción a la entrevista psicológica,* México: Trillas.

Colombo, MI.; Beigbeder de Agosta, C. (2005) *Abuso y maltrato infantil: Hora de Juego Diagnóstica,* Buenos Aires: Cauquén.

Colombo, R; Gurvich, M. (2012) *Evaluación Psicológica. Actualización de la Prueba Gráfica HTP,* Buenos Aires: Cauquén.

Davis, F. (2004) *La comunicación no verbal,* México: Alianza.

Divenosa, M.; Costa, I. (2013) *Psicología. Teoría sobre el psiquismo y campos de acción,* Buenos Aires: Maipue.

Fernández Ballesteros, R. (2011) *Evaluación psicológica. Concepto, métodos y estudios de casos,* Pirámide.

Fernández Valle, M. (2005) "Acceso a la justicia, democratización del proceso judicial, y propuestas para una regulación general del amicus curiae", en *Políticas Públicas Recomendación N° 17,* octubre, CIPPEC.

Fichte, JG. (1996) *Sobre la capacidad lingüística y el origen de la lengua,* Madrid: Tecnos.

Finkelhor, D. (1980) *Abuso sexual al menor,* México: Pax.

Fons, M. (1993) *Evaluación psicológica infantil,* Barcelona: Barcanova.

Frank de Verthely, R. (1989) Capítulo V: "El informe psicológico: características, objetivos y dificultades en el área clínica", en *Temas de evaluación psicológica,* Buenos Aires: Lugar.

Freud, A. (1977) *El psicoanálisis infantil y la clínica,* Buenos Aires: Paidós.

— (1993) *Normalidad y patología en la niñez,* Buenos Aires: Paidós.

Freud, S. (1981) *Obras completas.* Traducción López Ballesteros. Madrid: Biblioteca Nueva.

García Arzeno, ME. (2000) Cap. XVIII: "El informe psicodiagnóstico", en *Nuevas aportaciones al psicodiagnóstico clínico,* Buenos Aires: Lugar.

García Arzeno, ME.; Siquier de Ocampo, ML.; Grassano de Piccolo, EN. (1978) *Las técnicas proyectivas y el proceso psicodiagnóstico,* Buenos Aires: Nueva Visión.

García Vázquez, S. "Trauma psíquico y método psicoanalítico", en *Revista Uruguaya de Psicoanálisis,* N° 100.

Giberti, E. (2005) *Abuso sexual y malos tratos contra niños, niñas y adolescentes. Perspectivas psicológicas y sociales,* Buenos Aires: Espacio.

— (2015) *Abuso sexual contra niñas, niños y adolescentes. Un daño horroroso que persiste al interior de las familias,* Buenos Aires: Noveduc [Familias], Tomo 7.

— "El trauma de la irrupción de la sexualidad adulta en el universo infantil y sus consecuencias ulteriores", en *Revista Serie Victimología,* N° 4: "Temas de victimología general", Córdoba: Encuentro, Brujas.

— "Violencia Sexual contra niños y niñas en las organizaciones familiares", en *Página/12,* Psicología, 15/11/2007.

Giberti, E. (dir.); Lamberti, S.; Viar, JP; Yantorno, N. (1998) *Incesto paterno-filial. Una visión multidisciplinaria,* Buenos Aires: Universidad.

Giberti, E.; Garaventa, J.; Lamberti, S. (2005) *Vulnerabilidad, desvalimiento y maltrato infantil en las organizaciones familiares,* Buenos Aires: Noveduc.

Godoy Cervera, V.; Higueras, L. (2005) "Análisis de contenido basado en criterios (CBCA) en la evaluación de la credibilidad del testimonio", en *Papeles del Psicólogo,* Consejo General de Colegios Oficiales de Psicólogos, España, Vol. 26.

Hirigoyen, MF. *Mujeres maltratadas,* Buenos Aires: Paidós.

Intebi, I. (1998) *Abuso sexual infantil: en las mejores familias,* Buenos Aires: Noveduc.

— (2007) *Valoración de sospechas de abuso sexual infantil,* Cantabria: Dirección General de Políticas Sociales, [Documentos Técnicos].

— (2011) *Proteger, reparar, penalizar,* Buenos Aires: Granica.

Intebi, I.; Osnajanski, N. (2003) *Maltrato de niños, niñas y adolescentes: detección e intervención,* Buenos Aires: Familias del Nuevo Siglo.

Janín, B. (2011) *El sufrimiento psíquico de los niños,* Buenos Aires: Noveduc.

— (2013) *Intervenciones en la clínica psicoanalítica con niños,* Buenos Aires: Noveduc.

— (2014) "El juego en la constitución subjetiva del niño", en *Revista Actualidad Psicológica,* año XXXVIII, N° 427.

Jofré, GD. (2016) *Niñas y niños en la justicia: abuso sexual en la infancia,* Buenos Aires: Maipue.

Juárez López, JR.; Sala Berga, E. (2011) "Entrevistando a niños preescolares víctimas de abuso sexual y/o maltrato familiar", *Investigación Ambit social i criminològic,* Generalitat de Catalunya, Departament de Justicia, España.

Jung, CG. (1984) *El hombre y sus símbolos,* Barcelona: Luis Caralt.

Klein, M. (1987) "Psicoanálisis de niños", en *Obras completas,* Buenos Aires: Paidós.

Kohut, H. (1980) *La restauración del self,* Buenos Aires: Paidós.

Lacan, J. (1956) *El seminario 4: La relación de objeto,* Buenos Aires: Paidós.

Laguingue, C. (1971) *Clases de psicología,* Universidad Nacional de Córdoba.

Lair, R. *La comunicación eficaz,* Buenos Aires: Urano.

Laplanche, J.; Pontalis, JB. (2004) *Diccionario de psicoanálisis,* Barcelona: Labor.

Liberman, D. (1971) *Lingüística, comunicación interactiva,* Buenos Aires: Galerna.

López, MC. (2005) *La búsqueda de la espada mágica. Historia real de un largo silencio,* Buenos Aires: Guadal.

— (2010) *Abuso sexual. Cómo prevenirlo, cómo detectarlo,* Buenos Aires: Paidós.

— "Consideraciones a tener en cuenta en el relato testimonial de los niños y niñas presuntas víctimas de delitos sexuales", en *Cuaderno Jurídico de Familia,* Buenos Aires: El Derecho, UCA, N° 43, septiembre de 2013.

— (2013) *La búsqueda de la espada mágica. Historia real de un largo silencio,* Buenos Aires: Maipue.

— (2014) *Los juegos en la detección del abuso sexual infantil,* Buenos Aires: Maipue.

— (2017) "Crónicas de Revinculaciones forzadas. La desprotección de los Niños víctimas de incesto", en *Revista Serie Victimología,* N° 20: "Violencia familiar, protección niños víctimas", dirigida por Hilda Marchiori. Córdoba: Encuentro, Brujas.

— (2017) *La entrevista psicológica a niñas y niños víctimas de abusos sexuales,* Buenos Aires: Maipue.

— (2019) *Terapia del juego con muñecos en el abuso sexual,* Buenos Aires: Maipue.

— (2021) *Arteterapia y resiliencia: talleres y técnicas para todas las edades,* Buenos Aires: Maipue.

— (2021) *Diagnóstico del abuso sexual en niñas y niños menores de 5 años,* Buenos Aires: Maipue.

López, MC.; Alarcón, R. (2010) "Los dibujos de un niño abusado sexualmente", en *Violencia familiar y abuso sexual,* Lima: Unifé.

López, MC.; Müller, MB. (2011) *Los dibujos en el abuso sexual infantil,* Buenos Aires: Maipue.

— (2013) *Madres de hierro. Las madres en el abuso sexual infantil,* Buenos Aires: Maipue.

Maffioletti Zeledón, F.; Barrera, MPR: "Perfil de personalidad de agresores sexuales en *Revista Serie Victimología,* N° 4, dirigida por Hilda Marchiori. Córdoba: Encuentro, Brujas.

Maganto MC.; Cruz Sáez, S. "La entrevista psicológica", en Moreno Rosset, C. (coord.) (2003) *Ejercicios prácticos de evaluación psicológica: concepto, proceso y aplicación en las áreas del desarrollo y de la inteligencia*, Madrid: Sanz y Torres.

Maganto, C. (1995) *Psicodiagnóstico infantil. Aspectos conceptuales y metodológicos*, Servicio Editorial Universidad del País Vasco.

Marchiori, H. (colab.) (1991) *Relación autor-víctima del delito en el grupo familiar*, Córdoba: Lerner.

— (colab.) (1998) *Victimología y asistencia a las víctimas*, Montevideo: Álvarez.

— (comp.) (2010) *Victimología 9. Violencia en niños y adolescentes*, Córdoba: Encuentro, Brujas.

— (2013) *La víctima del delito*, edición ampliada, México: Porrúa.

— (2017) "Paradojas victimológicas. La vulnerabilidad de las víctimas", en *Revista Serie Victimología*, N° 20, Córdoba: Encuentro, Brujas.

Marioti, F. (2008) *Creatividad y desarrollo de la personalidad a través del juego*, México: Trillas.

Martínez Selva, JM (2005) *La psicología de la mentira*, Buenos Aires: Paidós.

Méndez, FX. (1998) *Miedos y temores en la infancia. Ayudar a los niños a superarlos*, Barcelona: Pirámide.

Miller, A. (2004) *El cuerpo nunca miente*, Buenos Aires: Tusquets.

Morales Miranda, C. (2007) *Trauma psíquico y trastorno del estrés post-traumático*, Lima: Libro Amigo.

Morales Plesent, MG. (1979) *Las mujeres maltratadas*, Madrid: Agapea.

Morga Rodríguez, LE. *Teoría y técnica de la entrevista*, Tlalnepantla: Red Tercer Milenio.

Mosca, G. (2020) *Las técnicas proyectivas y su articulación en el ámbito forense*, Buenos Aires: Maipue.

Müller, MB. (2015) *Abuso sexual en la infancia. Mitos, construcciones e injusticias: el éxito judicial del falso síndrome de alienación parental*, Buenos Aires: Maipue.

Nahoul Serio, V. *Técnica de la entrevista con adolescentes: integrando modelos psicológicos*, Córdoba: Brujas, 2014.

Nudel, CR. (2014) *Herramientas para la pericia psicológica en delitos sexuales intrafamiliares*, Buenos Aires: Akadia.

Ochotorena, JP.; Arrubarrena Madariaga, MI. (1996) *Manual de Protección Infantil*, Barcelona: Masson.

Pease, A. (1997) *El lenguaje del cuerpo: cómo interpretar a los demás a través de sus gestos*, México: Paidós.

Pérez, L.; Pérez, R.; Seca, MV. (2020) *Metodología de la investigación científica*, Buenos Aires: Maipue.

Perpiñá, C. (coord.) (2012) *Manual de la entrevista psicológica. Saber escuchar, saber preguntar*, Barcelona: Pirámide.

Perrone, R.; Nannini, M. (2005) *Violencia y abusos sexuales en la familia. Un abordaje sistémico y comunicacional*, Buenos Aires: Paidós.

Piaget, J. (1969) *Psicología del niño*, Madrid: Morata.

— (1979) *La formación del símbolo en el niño*, México: Fondo de Cultura Económica.

Rapaport, D. (1978) *El método psicoanalítico, la teoría del pensamiento y las técnicas proyectivas*, Buenos Aires: Hormé.

Ribeiro, L. *La comunicación eficaz*, Buenos Aires: Urano, 2001.

Ridao, Á. (2008) "El lenguaje secreto de los juguetes", en Universidad Nacional de Cuyo, X Congreso Nacional y II Congreso Internacional: Repensar la Niñez en el siglo XXI, Mendoza.

Rodulfo, M. (1992) "La subjetividad destruida", en *Diarios clínicos*, N° 5, Buenos Aires: Lugar.

Rozanski, CA. (2003) *Abuso sexual infantil. ¿Denunciar o silenciar?*, Buenos Aires: Javier Vergara.

Rulicki, S. (2007) *Comunicación no verbal. Cómo la inteligencia emocional se expresa a través de los gestos*, Buenos Aires: Granica.

— (2013) *Detective de sonrisas. Curso avanzado de comunicación no-verbal*, Buenos Aires: Granica.

Sartre, JP. (1964) *Las palabras*, Buenos Aires: Losada.

Saussure, F. (1945) *Curso de lingüística general*, Buenos Aires: Losada.

Toporosi, S. (2015) "Jornadas de Abuso Sexual Infantil" (apuntes). Organizado y avalado por el Instituto de Estudios Judiciales de la Suprema Corte de Justicia de la Provincia de Buenos Aires e Instituto de Niñas, Niños y Adolescentes del Colegio de Abogados de La Plata, y Ad Referéndum del Honorable Consejo de la Universidad de La Plata.

Trapassi, L. (2008) *Los recursos de la mentira*, Barcelona: Anthropos.

Travacio, M. (1996) *Manual de Psicología Forense*, Secretaría de Cultura, Oficina de Publicaciones del CBC, Facultad de Psicología, UBA, Buenos Aires.

Unicef (2016) *Abuso sexual contra niños, niñas y adolescentes: Una guía para tomar acciones y proteger sus derechos*, Buenos Aires.

Vázquez Mezquita, B. (1995) *Agresión sexual. Evaluación y tratamiento en menores*, Madrid: Siglo XXI.

Vilá, MC. (2017) "La contratransferencia en Psicoterapia con sobrevivientes de traumas de Violencia Familiar", en *Revista Serie Victimología*, N° 20, Córdoba: Encuentro, Brujas.

Volnovich, J. (comp.) (2002) *Abuso sexual en la infancia*, Buenos Aires: Lumen.

— (comp.) (2006) *Abuso sexual en la infancia 2. Campo de intervención*, Buenos Aires: Lumen.

Volnovich, JC. (2014) "Pensando en jugar", en *Revista Argentina de Psicología*, N° 33.

Walker, L. "Mujeres agredidas: la teoría del Ciclo de la violencia", en *Revista Serie Victimología*, N° 20, Córdoba: Encuentro, Brujas.

— (2012) *El síndrome de la mujer maltratada*, Madrid: Agapea.

Wierbza, S. "Los adolescentes y las decisiones sobre su salud en el Anteproyecto de Reforma del Código Civil y Comercial de la Nación", Infojus, 2013, Derecho Privado.

Winnicot, D. (1971) *Los procesos de maduración y el ambiente facilitador. Estudio para una teoría del desarrollo emocional*, Buenos Aires: Paidós.

En línea

Federación de Psicólogos de la República Argentina (FePRA, 1999) "Código de Ética de la Federación de Psicólogos de la República Argentina". Disponible: <http://www.fepra.org.ar >.

Rosello, JI. (2018) "El derecho del niño a ser oído", en blog Palabras del Derecho. Disponible: <http://palabrasdelderecho.blogspot.com>.

Made in the USA
Monee, IL
19 October 2026

66035233R00262